ⅢLegalteca

ⅢARANZADI LA LEY

Activa tu ⅢLegalteca

Código de activación *: 2025S004

Accede a la versión electrónica de este libro en la Biblioteca Digital ⅢLegalteca siguiendo estas instrucciones:

1. Escanea este código QR
   o abre tu navegador de internet y accede a
   https://www.aranzadilaley.es/activatulegalteca

2. Inserta el **Código de activación** que aparece al inicio de esta página y pulsa **Validar código.**

3. Una vez validado el código aparecerá una nueva pantalla, en la que debes identificarte con tu usuario y contraseña o definirla si no eres usuario, a continuación, pulsa **Activar.**

Completado el proceso, podrás entrar en tu biblioteca para ver el libro en tu estantería.

Tendrás acceso a la versión digital con todas sus actualizaciones
hasta el **1 de septiembre de 2025**

* Este código podrá ser utilizado para una descarga, dejará de estar operativo a partir del momento en el que exista una edición posterior o descatalogación. Te recomendamos que procedas a la descarga de la obra en **ⅢLegalteca** lo antes posible.

IIILegalteca

IIIARANZADI LA LEY

Descubre las ventajas de IIILegalteca, la mayor biblioteca digital profesional de España

IIILegalteca es la biblioteca digital de **Aranzadi LA LEY** donde puedes ver y trabajar con todos los contenidos de autor que te ofrecemos, entre los que encontrarás además de libros, revistas, anuarios y obras actualizables.

Además, si tus publicaciones contienen formularios los podrás editar, imprimir, exportar y enviar desde el propio **IIILegalteca.**

Funcionalidades que marcan la diferencia en IIILegalteca

ACCESO OFFLINE

Puedes consultar las publicaciones desde cualquier dispositivo y sin necesidad de conexión a Internet. El usuario se puede descargar su publicación cómodamente para después acceder a ella.

PERSONALIZACIÓN

La posibilidad de añadir notas, marcas y resaltes en el contenido, copiar y generar dosieres con la información seleccionada multiplica la eficiencia en el trabajo diario.

DOSIERES

Esta funcionalidad facilita la labor de investigación, permitiendo agrupar un conjunto de recortes o extractos de una o varias publicaciones para tener localizada la información relacionada con un determinado caso, un expediente de un cliente o una tipología de asuntos.

BUSCADOR JURÍDICO

Con el potente buscador jurídico avanzado con semántica y relevancia incorporadas, encontrarás fácilmente la información sobre los textos de las obras, números de revistas o versiones de una obra y dosieres creados, en todos los contenidos de la biblioteca.

CONTENIDOS ENRIQUECIDOS

Una de las grandes ventajas es que todas las publicaciones en **IIILegalteca** tienen enlaces a legislación y jurisprudencia que permiten el acceso a quien sea suscriptor de la Base de Datos correspondiente.

CÓDIGO CIVIL

8.ª Edición

CÓDIGOS
Ley It Be
2025

ⅢARANZADI LA LEY

Código Civil

SUMARIO

§ 1. Real Decreto de 24 de julio de 1889, texto de la edición del Código Civil mandada publicar en cumplimiento de la Ley de 26 de mayo último

(*GACETA* de 25 de Julio de 1889)

ÍNDICE SISTEMÁTICO

Nueva generación de
BASES DE DATOS con [IA]

La evolución del
conocimiento
ya está aquí

§ 1. Real Decreto de 24 de julio de 1889, texto de la edición del Código Civil mandada publicar en cumplimiento de la Ley de 26 de mayo último

(*GACETA* de 25 de Julio de 1889)

Téngase en cuenta que el texto de la edición revisada del Código Civil se publicó en las Gacetas de 25 a 27 y 30 de julio de 1889, números 206 a 207 y 211.

Teniendo presente lo dispuesto en la ley de 26 de Mayo último; conformándome con lo propuesto por el Ministro de Gracia y Justicia, y de acuerdo con el parecer de mi Consejo de Ministros.

En nombre de mi Augusto Hijo el REY D. Alfonso XIII, como REINA Regente del Reino,

Vengo en decretar que se publique e inserte en la GACETA DE MADRID el adjunto texto de la nueva edición del Código Civil, hecha con las enmiendas y adiciones propuestas por la Sección de lo civil de la Comisión general de codificación, según el resultado de la discusión habida en ambos Cuerpos Colegisladores, y en cumplimiento de lo preceptuado por la mencionada Ley de 26 de Mayo último.

TÍTULO PRELIMINAR
DE LAS NORMAS JURÍDICAS, SU APLICACIÓN Y EFICACIA

Título Preliminar redactado por Decreto 1836/1974, 31 mayo, por el que se sanciona con fuerza de Ley el Texto Articulado del Título Preliminar del Código Civil («B.O.E.» 9 julio).

CAPÍTULO PRIMERO
FUENTES DEL DERECHO

Artículo 1. 1. Las fuentes del ordenamiento jurídico español son la ley, la costumbre y los principios generales del derecho.

Véanse artículos 9 y 149.1.8.º de la Constitución Española.

2. Carecerán de validez las disposiciones que contradigan otra de rango superior.

Véanse:
- Artículo 2.2 del presente Código.
- Artículo 9.3. de la Constitución Española.
- Artículos 37 y 128.2 de la Ley 39/2015, de 1 de octubre, del Procedimiento Administrativo Común de las Administraciones Públicas (B.O.E. 2 octubre).

3. La costumbre sólo regirá en defecto de ley aplicable, siempre que no sea contraria a la moral o al orden público y que resulte probada.

Los usos jurídicos que no sean meramente interpretativos de una declaración de voluntad tendrán la consideración de costumbre.

4. Los principios generales del derecho se aplicarán en defecto de ley o costumbre, sin perjuicio de su carácter informador del ordenamiento jurídico.

5. Las normas jurídicas contenidas en los tratados internacionales no serán de aplicación directa en España en tanto no hayan pasado a formar parte del ordenamiento interno mediante su publicación íntegra en el «Boletín Oficial del Estado».

6. La jurisprudencia complementará el ordenamiento jurídico con la doctrina que, de modo reiterado, establezca el Tribunal Supremo al interpretar y aplicar la ley, la costumbre y los principios generales del derecho.

Véanse:
- Artículos 161.1 a), 162 y 164 de la Constitución Española.
- Artículos 31 a 34, 40.2, 76 y 77 LOTC.

7. Los Jueces y Tribunales tienen el deber inexcusable de resolver en todo caso los asuntos de que conozcan, ateniéndose al sistema de fuentes establecido.

Artículo 2. 1. Las leyes entrarán en vigor a los veinte días de su completa publicación en el «Boletín Oficial del Estado», si en ellas no se dispone otra cosa.

Véanse:
- Artículo 9.3 de la Constitución Española.
- Artículo 254 Tratado de Funcionamiento de la Unión Europea.
- Artículo 30 de la Ley 39/2015, de 1 de octubre, del Procedimiento Administrativo Común de las Administraciones Públicas («B.O.E.» 2 octubre).
- Real Decreto 181/2008, de 8 de febrero, de ordenación del diario oficial «Boletín Oficial del Estado».

2. Las leyes sólo se derogan por otras posteriores. La derogación tendrá el alcance que expresamente se disponga y se extenderá siempre a todo aquello que en la ley nueva, sobre la misma materia, sea incompatible con la anterior. Por la simple derogación de una ley no recobran vigencia las que ésta hubiere derogado.

Véase artículo 12 del presente Código.

3. Las leyes no tendrán efecto retroactivo si no dispusieren lo contrario.

Véanse:
- Artículo 4.2 del CC y Disposiciones Transitorias del presente Código.
- Artículo 9.3, 93 y 96 de la Constitución Española.
- Artículo 2.2. del Código Penal.

CAPÍTULO II
APLICACIÓN DE LAS NORMAS JURÍDICAS

Artículo 3. 1. Las normas se interpretarán según el sentido propio de sus palabras, en relación con el contexto, los antecedentes históricos y legislativos y la realidad social del tiempo en que han de ser aplicadas, atendiendo fundamentalmente al espíritu y finalidad de aquellas.

2. La equidad habrá de ponderarse en la aplicación de las normas, si bien las resoluciones de los Tribunales sólo podrán descansar de manera exclusiva en ella cuando la ley expresamente lo permita.

Véanse:
- Artículos 42 y 57 de la Constitución Española.
- Artículos 13, 1103, 1154 y 1690 del presente Código.
- Leyes 1 y 75 de la Ley 1/1973, de 1 de marzo, por la que se aprueba la Compilación del Derecho Civil Foral de Navarra.
- Artículo 34 de la Ley 60/2003, de 23 de diciembre, de Arbitraje.
- Artículo 1.2 del Decreto Legislativo 79/1990, de 6 de septiembre, por el que se aprueba el Texto Refundido de la Compilación del Derecho Civil de las Islas Baleares.
- Artículo 47 del texto refundido de la Ley de Propiedad Intelectual
- Artículo 111.2 y 9 de la Ley 29/2002, de 30 de diciembre. Primera ley del Código civil de Cataluña.
- Artículo 2.3 de la Ley 2/2006, de 14 de junio, de Derecho Civil de Galicia.

- Artículo 4 de la L.O. 3/2007, de 22 de marzo, para la igualdad efectiva de mujeres y hombres.

Artículo 4. 1. Procederá la aplicación analógica de las normas cuando éstas no contemplen un supuesto específico, pero regulen otro semejante entre los que se aprecie identidad de razón.

2. Las leyes penales, las excepcionales y las de ámbito temporal no se aplicarán a supuestos ni en momentos distintos de los comprendidos expresamente en ellas.

Véanse:
- Disposiciones Transitorias del presente Código.
- Artículo 9.3. de la Constitución Española.
- Artículo 2.2 del Código Penal.

3. Las disposiciones de este Código se aplicarán como supletorias en las materias regidas por otras leyes.

Artículo 5. 1. Siempre que no se establezca otra cosa, en los plazos señalados por días, a contar de uno determinado, quedará éste excluido del cómputo, el cual deberá empezar en el día siguiente; y si los plazos estuviesen fijados por meses o años, se computarán de fecha a fecha. Cuando en el mes del vencimiento no hubiera día equivalente al inicial del cómputo, se entenderá que el plazo expira el último del mes.

2. En el cómputo civil de los plazos no se excluyen los días inhábiles.

CAPÍTULO III
EFICACIA GENERAL DE LAS NORMAS JURÍDICAS

Artículo 6. 1. La ignorancia de las leyes no excusa de su cumplimiento.

El error de derecho producirá únicamente aquellos efectos que las leyes determinen.

2. La exclusión voluntaria de la ley aplicable y la renuncia a los derechos en ella reconocidos sólo serán válidas cuando no contraríen el interés o el orden público ni perjudiquen a terceros.

3. Los actos contrarios a las normas imperativas y a las prohibitivas son nulos de pleno derecho, salvo que en ellas se establezca un efecto distinto para el caso de contravención.

4. Los actos realizados al amparo del texto de una norma que persigan un resultado prohibido por el ordenamiento jurídico, o contrario a él, se considerarán ejecutados en fraude de ley y no impedirán la debida aplicación de la norma que se hubiere tratado de eludir.

Véanse:
-Artículo 12.4 del presente Código.
-Artículo 4 LAU 1994.
-Artículo 11.2 LOPJ.
-Artículo 5 de la Ley Orgánica 4/1987, de 15 de julio, de la competencia y organización de la Jurisdicción Militar.
-Artículo 3 de la Ley 22/2007, de 11 de julio, sobre comercialización a distancia de servicios financieros destinados a los consumidores («B.O.E.» 12 julio).
-Artículo 2 de la Ley 2/2009, de 31 de marzo, por la que se regula la contratación con los consumidores de préstamos o créditos hipotecarios y de servicios de intermediación para la celebración de contratos de préstamo o crédito («B.O.E.» 1 abril).

Artículo 7. 1. Los derechos deberán ejercitarse conforme a las exigencias de la buena fe.

Véanse:
- Artículos 11.1 y 542.2 LOPJ.

- Artículo 106.1 de la Ley Orgánica 4/1987, de 15 de julio, de la competencia y organización de la Jurisdicción Militar.

2. La ley no ampara el abuso del derecho o el ejercicio antisocial del mismo. Todo acto u omisión que por la intención de su autor, por su objeto o por las circunstancias en que se realice sobrepase manifiestamente los límites normales del ejercicio de un derecho, con daño para tercero, dará lugar a la correspondiente indemnización y a la adopción de las medidas judiciales o administrativas que impidan la persistencia en el abuso.

CAPÍTULO IV
NORMAS DE DERECHO INTERNACIONAL PRIVADO

Artículo 8. 1. Las leyes penales, las de policía y las de seguridad pública obligan a todos los que se hallen en territorio español.

Véase artículo 13 de la Constitución Española.

2. ...

Número 2 del artículo 8 derogado por el apartado 2.1.º de la Disposición Derogatoria Única de la Ley 1/2000, 7 enero, de Enjuiciamiento Civil («B.O.E.» 8 enero).
Vigencia: 8 enero 2001

Véase artículo 3 LEC.

Artículo 9. 1. La ley personal correspondiente a las personas físicas es la determinada por su nacionalidad. Dicha ley regirá la capacidad y el estado civil, los derechos y deberes de familia y la sucesión por causa de muerte.

El cambio de ley personal no afectará a la mayoría de edad adquirida de conformidad con la ley personal anterior.

2. Los efectos del matrimonio se regirán por la ley personal común de los cónyuges al tiempo de contraerlo; en defecto de esta ley, por la ley personal o de la residencia habitual de cualquiera de ellos, elegida por ambos en documento auténtico otorgado antes de la celebración del matrimonio; a falta de esta elección, por la ley de la residencia habitual común inmediatamente posterior a la celebración, y, a falta de dicha residencia, por la del lugar de celebración del matrimonio.

La nulidad, la separación y el divorcio se regirán por la ley que determina el artículo 107.

Párrafo 2.º del número 2 del artículo 9 redactado por el número dos del artículo tercero de la L.O. 11/2003, de 29 de septiembre, de medidas concretas en materia de seguridad ciudadana, violencia doméstica e integración social de los extranjeros («B.O.E.» 30 septiembre).
Vigencia: 1 octubre 2003

Número 2 del artículo 9 redactado por Ley 11/1990, 15 octubre («B.O.E.» 18 octubre), de reforma del Código Civil, en aplicación del principio de no discriminación por razón de sexo.

Véase artículo 107 del presente Código

3. Los pactos o capitulaciones por los que se estipule, modifique o sustituya el régimen económico del matrimonio serán válidos cuando sean conformes bien a la ley que rija los efectos del matrimonio, bien a la ley de la nacionalidad o de la residencia habitual de cualquiera de las partes al tiempo del otorgamiento.

Número 3 del artículo 9 redactado por Ley 11/1990, 15 octubre («B.O.E.» 18 octubre), de reforma del Código Civil, en aplicación del principio de no discriminación por razón de sexo.

4. La determinación y el carácter de la filiación por naturaleza se regirán por la ley de la residencia habitual del hijo en el momento del establecimiento de la filia-

ción. A falta de residencia habitual del hijo, o si esta ley no permitiere el establecimiento de la filiación, se aplicará la ley nacional del hijo en ese momento. Si esta ley no permitiere el establecimiento de la filiación o si el hijo careciere de residencia habitual y de nacionalidad, se aplicará la ley sustantiva española. En lo relativo al establecimiento de la filiación por adopción, se estará a lo dispuesto en el apartado 5.

La ley aplicable al contenido de la filiación, por naturaleza o por adopción, y al ejercicio de la responsabilidad parental, se determinará con arreglo al Convenio de La Haya, de 19 de octubre de 1996, relativo a la competencia, la ley aplicable, el reconocimiento, la ejecución y la cooperación en materia de responsabilidad parental y de medidas de protección de los niños.

> *Número 4 del artículo 9 redactado por el apartado uno del artículo segundo de la Ley 26/2015, de 28 de julio, de modificación del sistema de protección a la infancia y a la adolescencia («B.O.E.» 29 julio).*
> *Vigencia: 18 agosto 2015*

5. La adopción internacional se regirá por las normas contenidas en la Ley de Adopción Internacional. Igualmente, las adopciones constituidas por autoridades extranjeras surtirán efectos en España con arreglo a las disposiciones de la citada Ley de Adopción Internacional.

> *Número 5 del artículo 9 redactado por el apartado uno de la disposición final primera de la Ley 54/2007, de 28 de diciembre, de Adopción internacional («B.O.E.» 29 diciembre).*
> *Vigencia: 30 diciembre 2007*
>
> *Véanse:*
> *- Ley 54/2007, de 28 de diciembre, de Adopción internacional («B.O.E.» 29 diciembre).*
> *- Real Decreto 573/2023, de 4 de julio, por el que se aprueba el Reglamento de Adopción internacional («B.O.E.» 5 de julio).*
> *- Convenio relativo a la protección del niño y a la cooperación en materia de adopción internacional, hecho en La Haya el 29 de mayo de 1993. Instrumento de ratificación del 30 de junio de 1995 («B.O.E.» 1 agosto 1995).*
> *- Convenio de colaboración en materia de adopción de niños y niñas entre el Reino de España y la Federación de Rusia, hecho en Madrid el 9 de julio de 2014 («B.O.E.» 27 marzo 2015).*

6. La ley aplicable a la protección de menores se determinará de acuerdo con el Convenio de La Haya, de 19 de octubre de 1996, a que se hace referencia en el apartado 4 de este artículo.

La ley aplicable a las medidas de apoyo para personas con discapacidad será la de su residencia habitual. En el caso de cambio de residencia a otro Estado, se aplicará la ley de la nueva residencia habitual, sin perjuicio del reconocimiento en España de las medidas de apoyo acordadas en otros Estados. Será de aplicación, sin embargo, la ley española para la adopción de medidas de apoyo provisionales o urgentes.

> *Párrafo segundo del número 6 del artículo 9 redactado por el apartado uno del artículo segundo de la Ley 8/2021, de 2 de junio, por la que se reforma la legislación civil y procesal para el apoyo a las personas con discapacidad en el ejercicio de su capacidad jurídica («B.O.E.» 3 junio).*
> *Vigencia: 3 septiembre 2021*
>
> *Número 6 del artículo 9 redactado por el apartado uno del artículo segundo de la Ley 26/2015, de 28 de julio, de modificación del sistema de protección a la infancia y a la adolescencia («B.O.E.» 29 julio).*
> *Vigencia: 18 agosto 2015*

7. La ley aplicable a las obligaciones de alimentos entre parientes se determinará de acuerdo con el Protocolo de La Haya, de 23 de noviembre de 2007, sobre la ley aplicable a las obligaciones alimenticias o texto legal que lo sustituya.

Número 7 del artículo 9 redactado por el apartado uno del artículo segundo de la Ley 26/2015, de 28 de julio, de modificación del sistema de protección a la infancia y a la adolescencia («B.O.E.» 29 julio).
Vigencia: 18 agosto 2015

8. La sucesión por causa de muerte se regirá por la ley nacional del causante en el momento de su fallecimiento, cualesquiera que sean la naturaleza de los bienes y el país donde se encuentren. Sin embargo, las disposiciones hechas en testamento y los pactos sucesorios ordenados conforme a la ley nacional del testador o del disponente en el momento de su otorgamiento conservarán su validez aunque sea otra la ley que rija la sucesión, si bien las legítimas se ajustarán, en su caso, a esta última. Los derechos que por ministerio de la ley se atribuyan al cónyuge supérstite se regirán por la misma ley que regule los efectos del matrimonio, a salvo siempre las legítimas de los descendientes.

Número 8 del artículo 9 redactado por Ley 11/1990, 15 octubre («B.O.E.» 18 octubre), de reforma del Código Civil, en aplicación del principio de no discriminación por razón de sexo.

Véase Convenio relativo al establecimiento de un sistema de inscripción de testamentos, hecho en Basilea el 16 may 1972.

9. A los efectos de este capítulo, respecto de las situaciones de doble nacionalidad previstas en las leyes españolas se estará a lo que determinen los tratados internacionales, y, si nada estableciesen, será preferida la nacionalidad coincidente con la última residencia habitual y, en su defecto, la última adquirida.

Prevalecerá en todo caso la nacionalidad española del que ostente además otra no prevista en nuestras leyes o en los tratados internacionales. Si ostentare dos o más nacionalidades y ninguna de ellas fuera la española se estará a lo que establece el apartado siguiente.

Véanse:
- Artículo 11.3. de la Constitución Española.
- Artículo 24.1 del presente Código.
- Instrucción de 20 de marzo de 1991, por la que se dictan reglas orientativas sobre la interpretación de los nuevos preceptos en materia de nacionalidad establecidos por la Ley 18/1990 de 17 de diciembre, de reforma del Código Civil(BOE 26-03-1991).

10. Se considerará como ley personal de los que carecieren de nacionalidad o la tuvieren indeterminada, la ley del lugar de su residencia habitual.

Véanse:
- Convención sobre el Estatuto de los Refugiados, hecha en Ginebra el 28 de julio de 1951, y al Protocolo sobre el Estatuto de los Refugiados, hecho en Nueva York el 31 de enero de 1967.
- Ley 12/2009, de 30 de octubre, reguladora del derecho de asilo y de la protección subsidiaria («B.O.E.» 31 octubre).
- Real Decreto 203/1995, de 10 de febrero, por el que se aprueba el Reglamento de aplicación de la Ley 5/1984, de 26 de marzo, reguladora del derecho de asilo y de la condición de refugiado, modificada por la Ley 9/1994, de 19 de mayo («B.O.E.» 2 marzo).

11. La ley personal correspondiente a las personas jurídicas es la determinada por su nacionalidad y regirá en todo lo relativo a capacidad, constitución, representación, funcionamiento, transformación, disolución y extinción.

En la fusión de sociedades de distinta nacionalidad se tendrán en cuenta las respectivas leyes personales.

Artículo 10. 1. La posesión, la propiedad y los demás derechos sobre bienes inmuebles, así como su publicidad, se regirán por la ley del lugar donde se hallen.

La misma ley será aplicable a los bienes muebles.

A los efectos de la constitución o cesión de derechos sobre bienes en tránsito, éstos se considerarán situados en el lugar de su expedición, salvo que el remitente y el destinatario hayan convenido, expresa o tácitamente, que se consideren situados en el lugar de su destino.

2. Los buques, las aeronaves y los medios de transporte por ferrocarril, así como todos los derechos que se constituyan sobre ellos, quedarán sometidos a la ley del lugar de su abanderamiento, matrícula o registro. Los automóviles y otros medios de transporte por carretera quedarán sometidos a la ley del lugar donde se hallen.

3. La emisión de los títulos-valores se atenderá a la ley del lugar en que se produzca.

Véanse artículos 98 a 105 y 162 a 167 de la Ley cambiaria y del cheque.

4. Los derechos de propiedad intelectual e industrial se protegerán dentro del territorio español de acuerdo con la ley española, sin perjuicio de lo establecido por los convenios y tratados internacionales en los que España sea parte.

5. Se aplicará a las obligaciones contractuales la ley a que las partes se hayan sometido expresamente, siempre que tenga alguna conexión con el negocio de que se trate; en su defecto, la ley nacional común a las partes; a falta de ella, la de la residencia habitual común, y, en último término, la ley del lugar de celebración del contrato.

No obstante lo dispuesto en el párrafo anterior, a falta de sometimiento expreso, se aplicará a los contratos relativos a bienes inmuebles la ley del lugar donde estén sitos, y a las compraventas de muebles corporales realizadas en establecimientos mercantiles, la ley del lugar en que éstos radiquen.

Véase Convenio relativo a la Adhesión del Reino de España y de la República Portuguesa al Convenio sobre la Ley aplicable a las obligaciones contractuales, abierto a la firma en Roma el 19 de junio de 1980 («B.O.E.» 19 julio 1993).

6. A las obligaciones derivadas del contrato de trabajo, en defecto de sometimiento expreso de las partes y sin perjuicio de lo dispuesto en el apartado 1 del artículo 8.º, les será de aplicación la ley del lugar donde se presten los servicios.

7. Las donaciones se regirán, en todo caso, por la ley nacional del donante.

8. En los contratos celebrados entre personas que se encuentren en España, las personas físicas que gocen de capacidad de conformidad con la ley española solo podrán invocar su discapacidad resultante de la ley de otro país si, en el momento de la celebración del contrato, la otra parte hubiera conocido tal discapacidad o la hubiera ignorado en virtud de negligencia por su parte.

Número 8 del artículo 10 redactado por el apartado dos del artículo segundo de la Ley 8/2021, de 2 de junio, por la que se reforma la legislación civil y procesal para el apoyo a las personas con discapacidad en el ejercicio de su capacidad jurídica («B.O.E.» 3 junio).
Vigencia: 3 septiembre 2021

9. Las obligaciones no contractuales se regirán por la ley del lugar donde hubiere ocurrido el hecho de que deriven.

La gestión de negocios se regulará por la ley del lugar donde el gestor realice la principal actividad.

En el enriquecimiento sin causa se aplicará la ley en virtud de la cual se produjo la transferencia del valor patrimonial en favor del enriquecido.

10. La ley reguladora de una obligación se extiende a los requisitos del cumplimiento y a las consecuencias del incumplimiento, así como a su extinción. Sin em-

bargo, se aplicará la ley del lugar de cumplimiento a las modalidades de la ejecución que requieran intervención judicial o administrativa.

11. A la representación legal se aplicará la ley reguladora de la relación jurídica de la que nacen las facultades del representante, y a la voluntaria, de no mediar sometimiento expreso, la ley del país en donde se ejerciten las facultades conferidas.

Artículo 11. 1. Las formas y solemnidades de los contratos, testamentos y demás actos jurídicos se regirán por la ley del país en que se otorguen. No obstante, serán también válidos los celebrados con las formas y solemnidades exigidas por la ley aplicable a su contenido, así como los celebrados conforme a la ley personal del disponente o la común de los otorgantes. Igualmente serán válidos los actos y contratos relativos a bienes inmuebles otorgados con arreglo a las formas y solemnidades del lugar en que éstos radiquen.

Si tales actos fueren otorgados a bordo de buques o aeronaves durante su navegación, se entenderán celebrados en el país de su abanderamiento, matrícula o registro. Los navíos y las aeronaves militares se consideran como parte del territorio del Estado a que pertenezcan.

> *Véanse artículos 98 a 105 y 162 a 167 de la Ley 19/1985, de 16 de julio, Cambiaria y del Cheque.*

2. Si la ley reguladora del contenido de los actos y contratos exigiere para su validez una determinada forma o solemnidad, será siempre aplicada, incluso en el caso de otorgarse aquéllos en el extranjero.

3. Será de aplicación la ley española a los contratos, testamentos y demás actos jurídicos autorizados por funcionarios diplomáticos o consulares de España en el extranjero.

Artículo 12. 1. La calificación para determinar la norma de conflicto aplicable se hará siempre con arreglo a la ley española.

2. La remisión al derecho extranjero se entenderá hecha a su ley material, sin tener en cuenta el reenvío que sus normas de conflicto puedan hacer a otra ley que no sea la española.

3. En ningún caso tendrá aplicación la ley extranjera cuando resulte contraria al orden público.

4. Se considerará como fraude de ley la utilización de una norma de conflicto con el fin de eludir una ley imperativa española.

5. Cuando una norma de conflicto remita a la legislación de un Estado en el que coexistan diferentes sistemas legislativos, la determinación del que sea aplicable entre ellos se hará conforme a la legislación de dicho Estado.

6. Los Tribunales y autoridades aplicarán de oficio las normas de conflicto del derecho español.

...

> *Párrafo 2.º del número 6 del artículo 12 derogado por el apartado 2.1.º de la Disposición Derogatoria Única de la Ley 1/2000, 7 enero, de Enjuiciamiento Civil («B.O.E.» 8 enero).*
> *Vigencia: 8 enero 2001*
>
> *Véanse:*
> *- Artículos 6.4 y 16 del presente Código.*
> *- Artículo 281.2 LEC.*
> *- Artículos 23, 31 y 34 de la Ley 54/2007, de 28 de diciembre, de Adopción internacional («B.O.E.» 29 diciembre).*
> *- Artículo 34 de la Ley 60/2003, de 23 de diciembre, de Arbitraje («B.O.E.» 26 diciembre).*

- Resolución-Circular de 29 julio de 2005, de la Dirección General de los Registros y del Notariado, sobre matrimonios civiles entre personas del mismo sexo («B.O.E.» 8 agosto).

CAPÍTULO V
ÁMBITO DE APLICACIÓN DE LOS REGÍMENES JURÍDICOS CIVILES COEXISTENTES EN EL TERRITORIO NACIONAL

Artículo 13. 1. Las disposiciones de este título preliminar, en cuanto determinan los efectos de las leyes y las reglas generales para su aplicación, así como las del título IV del libro I, con excepción de las normas de este último relativas al régimen económico matrimonial, tendrán aplicación general y directa en toda España.

2. En lo demás y con pleno respeto a los derechos especiales o forales de las provincias o territorios en que están vigentes, regirá el Código Civil como derecho supletorio, en defecto del que lo sea en cada una de aquéllas, según sus normas especiales.

Artículo 14. 1. La sujeción al derecho civil común o al especial o foral se determina por la vecindad civil.

Véanse las Leyes 12 a 16 de la Ley 1/1973, de 1 de marzo, por la que se aprueba la Compilación del Derecho Civil Foral de Navarra.

2. Tienen vecindad civil en territorio de derecho común, o en uno de los de derecho especial o foral, los nacidos de padres que tengan tal vecindad.

Por la adopción, el adoptado no emancipado adquiere la vecindad civil de los adoptantes.

3. Si al nacer el hijo, o al ser adoptado, los padres tuvieren distinta vecindad civil, el hijo tendrá la que corresponda a aquél de los dos respecto del cual la filiación haya sido determinada antes; en su defecto, tendrá la del lugar del nacimiento, y, en último término, la vecindad de derecho común.

Sin embargo, los padres, o el que de ellos ejerza o le haya sido atribuida la patria potestad, podrán atribuir al hijo la vecindad civil de cualquiera de ellos en tanto no transcurran los seis meses siguientes al nacimiento o a la adopción.

La privación o suspensión en el ejercicio de la patria potestad, o el cambio de vecindad de los padres, no afectarán a la vecindad civil de los hijos.

En todo caso el hijo desde que cumpla catorce años y hasta que transcurra un año después de su emancipación podrá optar bien por la vecindad civil del lugar de su nacimiento, bien por la última vecindad de cualquiera de sus padres. Si no estuviera emancipado, habrá de ser asistido en la opción por el representante legal.

4. El matrimonio no altera la vecindad civil. No obstante, cualquiera de los cónyuges no separados, ya sea legalmente o de hecho, podrá, en todo momento, optar por la vecindad civil del otro.

5. La vecindad civil se adquiere:

1.º Por residencia continuada durante dos años, siempre que el interesado manifieste ser esa su voluntad.

2.º Por residencia continuada de diez años, sin declaración en contrario durante este plazo.

Ambas declaraciones se harán constar en el Registro Civil y no necesitan ser reiteradas.

6. En caso de duda prevalecerá la vecindad civil que corresponda al lugar de nacimiento.

Artículo 14 redactado por Ley 11/1990, 15 octubre («B.O.E.» 18 octubre), de reforma del Código Civil, en aplicación del principio de no discriminación por razón de sexo.

Véanse:
- Artículos 15, 16, 108.2, 115 y ss., 154, 156, 159, 170, 178.1 y 314 del presente Código.
- Circular de 26 de noviembre de 1980, de la Dirección General de los Registros y del Notariado, sobre menciones de identidad («B.O.E.» 28 noviembre).

Artículo 15. 1. El extranjero que adquiera la nacionalidad española deberá optar, al inscribir la adquisición de la nacionalidad, por cualquiera de las vecindades siguientes:

a) La correspondiente al lugar de residencia.
b) La del lugar del nacimiento.
c) La última vecindad de cualquiera de sus progenitores o adoptantes.
d) La del cónyuge.

Esta declaración de opción se formulará, según los casos, por el propio optante, solo o con los apoyos que la persona con discapacidad, en su caso, precise, o por su representante legal. Cuando la adquisición de la nacionalidad se haga por declaración o a petición del representante legal, la autorización necesaria deberá determinar la vecindad civil por la que se ha de optar.

Párrafo segundo del número 1 del artículo 15 redactado por el apartado tres del artículo segundo de la Ley 8/2021, de 2 de junio, por la que se reforma la legislación civil y procesal para el apoyo a las personas con discapacidad en el ejercicio de su capacidad jurídica («B.O.E.» 3 junio).
Vigencia: 3 septiembre 2021

2. El extranjero que adquiera la nacionalidad por carta de naturaleza tendrá la vecindad civil que el Real Decreto de concesión determine, teniendo en cuenta la opción de aquél, de acuerdo con lo que dispone el apartado anterior u otras circunstancias que concurran en el peticionario.

3. La recuperación de la nacionalidad española lleva consigo la de aquella vecindad civil que ostentara el interesado al tiempo de su pérdida.

4. La dependencia personal respecto a una comarca o localidad con especialidad civil propia o distinta, dentro de la legislación especial o foral del territorio correspondiente, se regirá por las disposiciones de este artículo y las del anterior.

Artículo 15 redactado por Ley 18/1990, 17 diciembre («B.O.E.» 18 diciembre), de reforma del Código Civil en materia de nacionalidad.

Artículo 16. 1. Los conflictos de leyes que puedan surgir por la coexistencia de distintas legislaciones civiles en el territorio nacional se resolverán según las normas contenidas en el capítulo IV con las siguientes particularidades:

Véase artículo 149.1.8.º de la Constitución Española.

1.º Será ley personal la determinada por la vecindad civil.
2.º No será aplicable lo dispuesto en los apartados 1, 2 y 3 del artículo 12 sobre calificación, remisión y orden público.

Véase artículo 164 de la Ley Orgánica 6/2006, de 19 de julio, de reforma del Estatuto de Autonomía de Cataluña.

2. El derecho de viudedad regulado en la Compilación aragonesa corresponde a los cónyuges sometidos al régimen económico matrimonial de dicha Compilación, aunque después cambie su vecindad civil, con exclusión en este caso de la legítima que establezca la ley sucesoria.

El derecho expectante de viudedad no podrá oponerse al adquirente a título oneroso y de buena fe de los bienes que no radiquen en territorio donde se reconozca tal derecho, si el contrato se hubiera celebrado fuera de dicho territorio, sin haber hecho constar el régimen económico matrimonial del transmitente.

El usufructo viudal corresponde también al cónyuge supérstite cuando el premuerto tuviese vecindad civil aragonesa en el momento de su muerte.

3. Los efectos del matrimonio entre españoles se regularán por la ley española que resulte aplicable según los criterios del artículo 9 y, en su defecto, por el Código Civil.

En este último caso se aplicará el régimen de separación de bienes del Código Civil si conforme a una y otra ley personal de los contrayentes hubiera de regir un sistema de separación.

Artículo 16 redactado por Ley 11/1990, 15 octubre («B.O.E.» 18 octubre), de reforma del Código Civil, en aplicación del principio de no discriminación por razón de sexo.

Véanse artículos 8 a 12, 14 y 15, 1315 y ss. y 1435 a 1444 del Código Civil.

LIBRO PRIMERO
DE LAS PERSONAS

TÍTULO PRIMERO
DE LOS ESPAÑOLES Y EXTRANJEROS

Artículo 17. 1. Son españoles de origen:
a) Los nacidos de padre o madre españoles.
b) Los nacidos en España de padres extranjeros si, al menos, uno de ellos, hubiera nacido también en España. Se exceptúan los hijos de funcionario diplomático o consular acreditado en España.
c) Los nacidos en España de padres extranjeros, si ambos carecieren de nacionalidad o si la legislación de ninguno de ellos atribuye al hijo una nacionalidad.

Véase Instrucción de 28 de marzo de 2007, de la Dirección General de los Registros y del Notariado, sobre competencia de los Registros Civiles municipales y demás reglas relativas a los expedientes de declaración de nacionalidad española con valor de simple presunción («B.O.E.» 10 abril).

d) Los nacidos en España cuya filiación no resulte determinada. A estos efectos, se presumen nacidos en territorio español los menores de edad cuyo primer lugar conocido de estancia sea territorio español.
2. La filiación o el nacimiento en España, cuya determinación se produzca después de los dieciocho años de edad, no son por sí solos causa de adquisición de la nacionalidad española. El interesado tiene entonces derecho a optar por la nacionalidad española de origen en el plazo de dos años a contar desde aquella determinación.

Artículo 17 redactado por Ley 18/1990, 17 diciembre («B.O.E.» 18 diciembre), de reforma del Código Civil en materia de nacionalidad.

Artículo 18. La posesión y utilización continuada de la nacionalidad española durante diez años, con buena fe y basada en un título inscrito en el Registro Civil, es causa de consolidación de la nacionalidad, aunque se anule el título que la originó.

Artículo 18 redactado por Ley 18/1990, 17 diciembre («B.O.E.» 18 diciembre), de reforma del Código Civil en materia de nacionalidad.

Véanse los artículos 20 a 23 y 464 del presente Código.

Artículo 19. 1. El extranjero menor de dieciocho años adoptado por un español adquiere, desde la adopción, la nacionalidad española de origen.

Véanse artículos 108 y 175 a 180 del presente Código.

2. Si el adoptado es mayor de dieciocho años, podrá optar por la nacionalidad española de origen en el plazo de dos años a partir de la constitución de la adopción.

Artículo 19 redactado por Ley 18/1990, 17 diciembre («B.O.E.» 18 diciembre), de reforma del Código Civil en materia de nacionalidad.

Véase artículo 11.1 de la Constitución Española.

3. Sin perjuicio de lo dispuesto en el apartado 1, si de acuerdo con el sistema jurídico del país de origen el menor adoptado mantiene su nacionalidad, ésta será reconocida también en España.

Número 3 del artículo 19 introducido por el apartado dos del artículo segundo de la Ley 26/2015, de 28 de julio, de modificación del sistema de protección a la infancia y a la adolescencia («B.O.E.» 29 julio).
Vigencia: 18 agosto 2015

Véanse:
- Artículo 20 del presente Código.
- Artículo 30 de la Ley 54/2007, de 28 de diciembre, de Adopción internacional («B.O.E.» 29 diciembre).

Artículo 20. 1. Tienen derecho a optar por la nacionalidad española:

a) Las personas que estén o hayan estado sujetas a la patria potestad de un español.

b) Aquellas cuyo padre o madre hubiera sido originariamente español y nacido en España.

c) Las que se hallen comprendidas en el segundo apartado de los artículos 17 y 19.

Véanse:
- Artículo 11.1 de la Constitución Española.
- Artículos 22.2. b), 154, 162, 314, 319 y 323 del presente Código.
- Decreto 1347/1969, de 26 de junio, por el que se reglamenta la opción de nacionalidad prevista en el Tratado sobre retrocesión del territorio de Ifni.
- Real Decreto 2258/1976, de 10 de agosto, sobre opción de la nacionalidad española por parte de los naturales del Sahara.

2. La declaración de opción se formulará:

a) Por el representante legal del optante menor de catorce años. En caso de discrepancia entre los representantes legales del menor de catorce años sobre la tramitación de la declaración de opción, se tramitará el expediente de jurisdicción voluntaria previsto al efecto.

b) Por el propio interesado, asistido por su representante legal, cuando aquél sea mayor de catorce años.

c) Por el interesado, por sí solo, si está emancipado o es mayor de dieciocho años. La opción caducará a los veinte años de edad, pero si el optante no estuviera emancipado según su ley personal al llegar a los dieciocho años, el plazo para optar se prolongará hasta que transcurran dos años desde la emancipación.

d) Por el interesado con discapacidad con los apoyos y ajustes de procedimiento que, en su caso, precise.

e) Por el interesado, por sí solo, dentro de los dos años siguientes a la extinción de las medidas de apoyo que le hubieran impedido ejercitarla con anterioridad.

Número 2 del artículo 20 redactado por el apartado cuatro del artículo segundo de la Ley 8/2021, de 2 de junio, por la que se reforma la legislación civil y procesal para el apoyo a las personas con discapacidad en el ejercicio de su capacidad jurídica («B.O.E.» 3 junio).
Vigencia: 3 septiembre 2021

3. No obstante lo dispuesto en el apartado anterior, el ejercicio del derecho de opción previsto en el apartado 1.b) de este artículo no estará sujeto a límite alguno de edad.

Artículo 20 redactado por el artículo único de la Ley 36/2002, de 8 de octubre, de modificación del Código Civil en materia de nacionalidad («B.O.E.» 9 octubre).
Vigencia: 9 enero 2003

Véase el Convenio de nacionalidad entre el Reino de España y la República Francesa, hecho en Montauban el 15 de marzo de 2021 («B.O.E.» 29 marzo 2022).

Artículo 21. 1. La nacionalidad española se adquiere por carta de naturaleza, otorgada discrecionalmente mediante Real Decreto, cuando en el interesado concurran circunstancias excepcionales.

Véase el artículo 1 de la Ley 12/2015, de 24 de junio, en materia de concesión de la nacionalidad española a los sefardíes originarios de España («B.O.E.» 25 junio).

Véanse:
- Real Decreto 1792/2008, de 3 de noviembre, sobre concesión de la nacionalidad española a los voluntarios integrantes de las Brigadas Internacionales («B.O.E.» 17 noviembre).
- Real Decreto 2987/1977, de 28 de octubre, sobre concesion de la nacionalidad española a determinados guineanos («B.O.E.» 25 noviembre).

2. La nacionalidad española también se adquiere por residencia en España, en las condiciones que señala el artículo siguiente y mediante la concesión otorgada por el Ministro de Justicia, que podrá denegarla por motivos razonados de orden público o interés nacional.

Véanse:
- Artículos 29 y siguientes de la Ley Orgánica 4/2000, de 11 de enero, sobre derechos y libertades de los extranjeros en España y su integración social.
- Instrucción de 28 de febrero de 2006, de la Dirección General de los Registros y del Notariado, sobre competencia de los Registros Civiles Municipales en materia de adquisición de nacionalidad española y adopciones internacionales.

3. En uno y otro caso la solicitud podrá formularla:
a) El interesado emancipado o mayor de dieciocho años.
b) El mayor de catorce años asistido por su representante legal.
c) El representante legal del menor de catorce años. En caso de discrepancia entre los representantes legales sobre la solicitud de nacionalidad por residencia, se tramitará el expediente de jurisdicción voluntaria previsto al efecto.

Letra c) del número 3 del artículo 21 redactada por el apartado cinco del artículo segundo de la Ley 8/2021, de 2 de junio, por la que se reforma la legislación civil y procesal para el apoyo a las personas con discapacidad en el ejercicio de su capacidad jurídica («B.O.E.» 3 junio).
Vigencia: 3 septiembre 2021

d) El interesado con discapacidad con los apoyos y ajustes de procedimiento que, en su caso, precise.

Letra d) del número 3 del artículo 21 redactada por el apartado cinco del artículo segundo de la Ley 8/2021, de 2 de junio, por la que se reforma la legislación civil y procesal para el apoyo a las personas con discapacidad en el ejercicio de su capacidad jurídica («B.O.E.» 3 junio).
Vigencia: 3 septiembre 2021

En este caso y en el anterior, el representante legal sólo podrá formular la solicitud si previamente ha obtenido autorización conforme a lo previsto en la letra a) del apartado 2 del artículo anterior.

4. Las concesiones por carta de naturaleza o por residencia caducan a los ciento ochenta días siguientes a su notificación, si en este plazo no comparece el interesado ante funcionario competente para cumplir los requisitos del artículo 23.

Artículo 21 redactado por Ley 18/1990, 17 diciembre («B.O.E.» 18 diciembre), de reforma del Código Civil en materia de nacionalidad.

Véanse:
- Artículo 23 de este Código.

> *- Artículos 63 y siguientes de la Ley de Registro Civil.*
> *- Artículos 220 a 224 del Reglamento del Registro Civil.*

Artículo 22. 1. Para la concesión de la nacionalidad por residencia se requiere que ésta haya durado diez años. Serán suficientes cinco años para los que hayan obtenido la condición de refugiado y dos años cuando se trate de nacionales de origen de países iberoamericanos, Andorra, Filipinas, Guinea Ecuatorial o Portugal o de sefardíes.

> *Véanse:*
> *- Artículos 29 y siguientes de la Ley Orgánica 4/2000, de 11 de enero, sobre derechos y libertades de los extranjeros en España y su integración social.*
> *- Disp. Adic. 1.ª de la Ley 36/2002, de 8 de octubre, de modificación del Código Civil en materia de nacionalidad.*

2. Bastará el tiempo de residencia de un año para:

a) El que haya nacido en territorio español.

b) El que no haya ejercitado oportunamente la facultad de optar.

> *Véanse artículos 20 y 23 del presente Código.*

c) El que haya estado sujeto legalmente a la tutela, curatela con facultades de representación plena, guarda o acogimiento de un ciudadano o institución españoles durante dos años consecutivos, incluso si continuare en esta situación en el momento de la solicitud.

> *Letra c) del número 2 del artículo 22 redactada por el apartado seis del artículo segundo de la Ley 8/2021, de 2 de junio, por la que se reforma la legislación civil y procesal para el apoyo a las personas con discapacidad en el ejercicio de su capacidad jurídica («B.O.E.» 3 junio).*
> *Vigencia: 3 septiembre 2021*

d) El que al tiempo de la solicitud llevare un año casado con español o española y no estuviere separado legalmente o de hecho.

e) El viudo o viuda de española o español, si a la muerte del cónyuge no existiera separación legal o de hecho.

f) El nacido fuera de España de padre o madre, abuelo o abuela, que originariamente hubieran sido españoles.

3. En todos los casos, la residencia habrá de ser legal, continuada e inmediatamente anterior a la petición.

A los efectos de lo previsto en el párrafo d) del apartado anterior, se entenderá que tiene residencia legal en España el cónyuge que conviva con funcionario diplomático o consular español acreditado en el extranjero.

4. El interesado deberá justificar, en el expediente regulado por la legislación del Registro Civil, buena conducta cívica y suficiente grado de integración en la sociedad española.

5. La concesión o denegación de la nacionalidad por residencia deja a salvo la vía judicial contencioso-administrativa.

> *Artículo 22 redactado por el artículo único de la Ley 36/2002, de 8 de octubre, de modificación del Código Civil en materia de nacionalidad («B.O.E.» 9 octubre).*
> *Vigencia: 9 enero 2003*

Artículo 23. Son requisitos comunes para la validez de la adquisición de la nacionalidad española por opción, carta de naturaleza o residencia:

a) Que el mayor de catorce años y capaz para prestar una declaración por sí jure o prometa fidelidad al Rey y obediencia a la Constitución y a las leyes.

b) Que la misma persona declare que renuncia a su anterior nacionalidad. Quedan a salvo de este requisito los naturales de países mencionados en el apartado 1 del artículo 24 y los sefardíes originarios de España.

Los franceses que adquieran la nacionalidad española por opción, carta de naturaleza o residencia están exentos del requisito establecido en el artículo 23.b) del Código Civil de renuncia a la nacionalidad anterior, en este caso, la francesa y, por otra parte, los españoles emancipados que, residiendo habitualmente en el extranjero, adquieran voluntariamente la nacionalidad francesa, no perderán la nacionalidad española, conforme establece la Instrucción de 31 de marzo de 2022, de la Dirección General de Seguridad Jurídica y Fe Pública, por la que se acuerdan los criterios para la aplicación del Convenio de nacionalidad entre el Reino de España y la República Francesa («B.O.E.» 29 marzo y 6 abril 2022).

c) Que la adquisición se inscriba en el Registro Civil español.

Artículo 23 redactado por la disposición final primera de la Ley 12/2015, de 24 de junio, en materia de concesión de la nacionalidad española a los sefardíes originarios de España («B.O.E.» 25 junio).
Vigencia: 1 octubre 2015

Véase la Instrucción de 29 de septiembre de 2015, de la Dirección General de los Registros y del Notariado, sobre la aplicación de la Ley 12/2015, de 24 de junio, en materia de concesión de la nacionalidad española a los sefardíes originarios de España («B.O.E.» 30 septiembre).

Artículo 24. 1. Pierden la nacionalidad española los emancipados que, residiendo habitualmente en el extranjero, adquieran voluntariamente otra nacionalidad o utilicen exclusivamente la nacionalidad extranjera que tuvieran atribuida antes de la emancipación. La pérdida se producirá una vez que transcurran tres años, a contar, respectivamente, desde la adquisición de la nacionalidad extranjera o desde la emancipación. No obstante, los interesados podrán evitar la pérdida si dentro del plazo indicado declaran su voluntad de conservar la nacionalidad española al encargado del Registro Civil.

La adquisición de la nacionalidad de países iberoamericanos, Andorra, Filipinas, Guinea Ecuatorial o Portugal no es bastante para producir, conforme a este apartado, la pérdida de la nacionalidad española de origen.

El Convenio de Nacionalidad entre España y Francia modifica el segundo párrafo del artículo 24.1, en el sentido de incluir a Francia en la relación de países cuya adquisición de nacionalidad no es bastante para producir la pérdida de la nacionalidad española de origen, conforme establece la Instrucción de 31 de marzo de 2022, de la Dirección General de Seguridad Jurídica y Fe Pública, por la que se acuerdan los criterios para la aplicación del Convenio de nacionalidad entre el Reino de España y la República Francesa («B.O.E.» 29 marzo y 6 abril 2022).

Véase la Ley 12/2015, de 24 de junio, en materia de concesión de la nacionalidad española a los sefardíes originarios de España («B.O.E.» 25 junio).

2. En todo caso, pierden la nacionalidad española los españoles emancipados que renuncien expresamente a ella, si tienen otra nacionalidad y residen habitualmente en el extranjero.

3. Los que habiendo nacido y residiendo en el extranjero ostenten la nacionalidad española por ser hijos de padre o madre españoles, también nacidos en el extranjero, cuando las leyes del país donde residan les atribuyan la nacionalidad del mismo, perderán, en todo caso, la nacionalidad española si no declaran su voluntad de conservarla ante el encargado del Registro Civil en el plazo de tres años, a contar desde su mayoría de edad o emancipación.

Téngase en cuenta que la disposición adicional segunda de la Ley 36/2002, de 8 de octubre, de modificación del Código Civil en materia de nacionalidad, establece que la causa de pérdida prevista en este apartado sólo será de aplicación a quienes lleguen a la mayoría de edad o emancipación después del 9 de enero de 2003, fecha de su entrada en vigor.

4. No se pierde la nacionalidad española, en virtud de lo dispuesto en este precepto, si España se hallare en guerra.

Artículo 24 redactado por el artículo único de la Ley 36/2002, de 8 de octubre, de modificación del Código Civil en materia de nacionalidad («B.O.E.» 9 octubre).
Vigencia: 9 enero 2003

Artículo 25. 1. Los españoles que no lo sean de origen perderán la nacionalidad:
a) Cuando durante un período de tres años utilicen exclusivamente la nacionalidad a la que hubieran declarado renunciar al adquirir la nacionalidad española.
b) Cuando entren voluntariamente al servicio de las armas o ejerzan cargo político en un Estado extranjero contra la prohibición expresa del Gobierno.

Véase Convenio para la protección de los derechos humanos y de las libertades fundamentales.

2. La sentencia firme que declare que el interesado ha incurrido en falsedad, ocultación o fraude en la adquisición de la nacionalidad española produce la nulidad de tal adquisición, si bien no se derivarán de ella efectos perjudiciales para terceros de buena fe. La acción de nulidad deberá ejercitarse por el Ministerio Fiscal de oficio o en virtud de denuncia, dentro del plazo de quince años.

Artículo 25 redactado por el artículo único de la Ley 36/2002, de 8 de octubre, de modificación del Código Civil en materia de nacionalidad («B.O.E.» 9 octubre).
Vigencia: 9 enero 2003

Artículo 26. 1. Quien haya perdido la nacionalidad española podrá recuperarla cumpliendo los siguientes requisitos:
a) Ser residente legal en España. Este requisito no será de aplicación a los emigrantes ni a los hijos de emigrantes. En los demás casos podrá ser dispensado por el Ministro de Justicia cuando concurran circunstancias excepcionales.

El Convenio de Nacionalidad entre España y Francia modifica el apartado 1.a) del artículo 26 del Código Civil excluyendo del requisito legal de residencia en España para la recuperación de la nacionalidad española de los españoles que la hubieran perdido al adquirir la francesa con anterioridad a la entrada en vigor del Convenio y se acojan a los términos del mismo, conforme establece la Instrucción de 31 de marzo de 2022, de la Dirección General de Seguridad Jurídica y Fe Pública, por la que se acuerdan los criterios para la aplicación del Convenio de nacionalidad entre el Reino de España y la República Francesa («B.O.E.» 29 marzo y 6 abril 2022).

b) Declarar ante el encargado del Registro Civil su voluntad de recuperar la nacionalidad española.
c) Inscribir la recuperación en el Registro Civil.

Véanse artículos 220 a 224, 226 y 229 del Reglamento del Registro Civil.

2. No podrán recuperar o adquirir, en su caso, la nacionalidad española sin previa habilitación concedida discrecionalmente por el Gobierno, los que se encuentren incursos en cualquiera de los supuestos previstos en el artículo anterior.

Artículo 26 redactado por el artículo único de la Ley 36/2002, de 8 de octubre, de modificación del Código Civil en materia de nacionalidad («B.O.E.» 9 octubre).
Vigencia: 9 enero 2003

Artículo 27. Los extranjeros gozan en España de los mismos derechos civiles que los españoles, salvo lo dispuesto en las leyes especiales y en los Tratados.

Artículo 27 redactado por Ley 15 julio 1954 («B.O.E.» 16 julio), de modificación de determinados artículos del Título Primero del Libro Primero del Código Civil.

Artículo 28. Las corporaciones, fundaciones y asociaciones, reconocidas por la ley y domiciliadas en España, gozarán de la nacionalidad española, siempre que tengan el concepto de personas jurídicas con arreglo a las disposiciones del presente Código.

Las asociaciones domiciliadas en el extranjero tendrán en España la consideración y los derechos que determinen los tratados o leyes especiales.

TÍTULO II
DEL NACIMIENTO Y LA EXTINCIÓN DE LA PERSONALIDAD CIVIL

CAPÍTULO PRIMERO
DE LAS PERSONAS NATURALES

Artículo 29. El nacimiento determina la personalidad; pero el concebido se tiene por nacido para todos los efectos que le sean favorables, siempre que nazca con las condiciones que expresa el artículo siguiente.

Artículo 30. La personalidad se adquiere en el momento del nacimiento con vida, una vez producido el entero desprendimiento del seno materno.

> *Artículo 30 redactado por la disposición final tercera de la Ley 20/2011, de 21 de julio, del Registro Civil («B.O.E.» 22 julio).*
> *Vigencia: 23 julio 2011*
>
> *Véase la disposición adicional cuarta de la Ley 20/2011, de 21 de julio, del Registro Civil («B.O.E.» 22 julio), sobre constancia en el Registro Civil de los fallecimientos con posterioridad a los seis meses de gestación.*

Artículo 31. La prioridad del nacimiento, en el caso de partos dobles, da al primer nacido los derechos que la ley reconozca al primogénito.

> *Véanse:*
> *- Artículos 184.2.º y 4.º del presente Código.*
> *- Artículo 170.1.º del Reglamento del Registro Civil de 14 de noviembre de 1958.*

Artículo 32. La personalidad civil se extingue por la muerte de las personas.

...

> *Párrafo 2.º del artículo 32 derogado por Ley 13/1983, 24 octubre («B.O.E.» 26 octubre), de reforma del Código Civil en materia de tutela.*

Artículo 33. Si se duda, entre dos o más personas llamadas a sucederse, quién de ellas ha muerto primero, el que sostenga la muerte anterior de una o de otra, debe probarla; a falta de prueba, se presumen muertas al mismo tiempo y no tiene lugar la transmisión de derechos de uno a otro.

Artículo 34. Respecto a la presunción de muerte del ausente y sus efectos, se estará a lo dispuesto en el título VIII de este libro.

> *Véanse los artículos 181 a 198 del presente Código.*

CAPÍTULO II
DE LAS PERSONAS JURÍDICAS

Artículo 35. Son personas jurídicas:

> *Véanse:*
> *- Artículos 6, 7, 22, 28 y 36 de la Constitución Española.*
> *- Sobre reconocimiento por el Estado español de la personalidad jurídica civil de la Iglesia Católica, Ordenes, Congregaciones, Asociaciones y otras entidades y fundaciones religiosas: artículos I.1.3 y 4 del Acuerdo entre el Estado español y la Santa Sede sobre asuntos jurídicos, de 3 enero 1979 («B.O.E.» 15 diciembre).*

1.º Las corporaciones, asociaciones y fundaciones de interés público reconocidas por la ley.

Su personalidad empieza desde el instante mismo en que, con arreglo a derecho, hubiesen quedado válidamente constituidas.

2.º Las asociaciones de interés particular, sean civiles, mercantiles o industriales, a las que la ley conceda personalidad propia, independiente de la de cada uno de los asociados.

Véase Ley Orgánica 1/2002, de 22 de marzo, reguladora del Derecho de Asociación

Artículo 36. Las asociaciones a que se refiere el número 2.º del artículo anterior se regirán por las disposiciones relativas al contrato de sociedad, según la naturaleza de éste.

Artículo 37. La capacidad civil de las corporaciones se regulará por las leyes que las hayan creado o reconocido; la de las asociaciones por sus estatutos, y las de las fundaciones por las reglas de su institución, debidamente aprobadas por disposición administrativa, cuando este requisito fuere necesario.

Artículo 38. Las personas jurídicas pueden adquirir y poseer bienes de todas clases, así como contraer obligaciones y ejercitar acciones civiles o criminales, conforme a las leyes y reglas de su constitución.

Véanse:
- Artículos 242, 251, 254, 515, 744, 745.2.º, 746, 748, 956 a 958, 993, 994 y 1812 del presente Código.
- Artículo 7.3 LOPJ.
- Artículo 6.1.3º LEC.
- Artículos 31 y 120 del Código Penal.

La Iglesia se regirá en este punto por lo concordado entre ambas potestades, y los establecimientos de instrucción y beneficencia por lo que dispongan las leyes especiales.

Véanse:
- Artículo 16.3. de la Constitución Española.
- Acuerdo entre el Estado español y la Santa Sede sobre asuntos jurídicos, de 3 de enero de 1979 («B.O.E.» 15 diciembre).
- Real Decreto 2398/1977, de 27 de agosto, por el que se regula la Seguridad Social del clero.
- Orden EHA/3958/2006, de 28 de diciembre, por la que se establecen el alcance y los efectos temporales de la supresión de la no sujeción y de las exenciones establecidas en los artículos III y IV del Acuerdo sobre Asuntos Jurídicos de 3 de enero de 1979 suscrito entre la Santa Sede y el Estado Español, respecto al Impuesto sobre el Valor Añadido y al Impuesto General Indirecto Canario.

Artículo 39. Si por haber expirado el plazo durante el cual funcionaban legalmente, o por haber realizado el fin para el cual se constituyeron, o por ser ya imposible aplicar a éste la actividad y los medios de que disponían, dejasen de funcionar las corporaciones, asociaciones y fundaciones, se dará a sus bienes la aplicación que las leyes, o los estatutos, o las cláusulas fundacionales, les hubiesen en esta previsión asignado. Si nada se hubiere establecido previamente, se aplicarán esos bienes a la realización de fines análogos, en interés de la región, provincia o Municipio que principalmente debieran recoger los beneficios de las instituciones extinguidas.

Véanse:
- Artículo 1666 del presente Código.
- Artículos 218 a 237 del Código de Comercio.
- Artículos 7.1 k) y 17 de la Ley Orgánica 1/2002, de 22 de marzo, reguladora del Derecho de Asociación.
- Ley 50/2002, de 26 de diciembre, de Fundaciones («B.O.E.» 27 diciembre).

TÍTULO III
DEL DOMICILIO

Véanse los artículos 18.2 y 19 de la Constitución Española.

Artículo 40. Para el ejercicio de los derechos y el cumplimiento de las obligaciones civiles, el domicilio de las personas naturales es el lugar de su residencia habitual, y en su caso, el que determine la Ley de Enjuiciamiento Civil.

El domicilio de los diplomáticos residentes por razón de su cargo en el extranjero, que gocen del derecho de extraterritorialidad, será el último que hubieren tenido en territorio español.

> *Véanse:*
> *- Artículo 70 del presente Código.*
> *- Artículos 50 a 60 LEC.*

Artículo 41. Cuando ni la ley que las haya creado o reconocido, ni los estatutos o las reglas de fundación fijaren el domicilio de las personas jurídicas, se entenderá que lo tienen en el lugar en que se halle establecida su representación legal, o donde ejerzan las principales funciones de su instituto.

TÍTULO IV
DEL MATRIMONIO

CAPÍTULO PRIMERO
DE LA PROMESA DE MATRIMONIO

Artículo 42. La promesa de matrimonio no produce obligación de contraerlo ni de cumplir lo que se hubiere estipulado para el supuesto de su no celebración.
No se admitirá a trámite la demanda en que se pretenda su cumplimiento.

> *Artículo 42 redactado por Ley 30/1981, 7 julio («B.O.E.» 20 julio), por la que se modifica la regulación del matrimonio en el Código Civil y se determina el procedimiento a seguir en las causas de nulidad, separación y divorcio.*

Artículo 43. El incumplimiento sin causa de la promesa cierta de matrimonio hecha por persona mayor de edad o por menor emancipado sólo producirá la obligación de resarcir a la otra parte de los gastos hechos y las obligaciones contraídas en consideración al matrimonio prometido.

Esta acción caducará al año contado desde el día de la negativa a la celebración del matrimonio.

> *Artículo 43 redactado por Ley 30/1981, 7 julio («B.O.E.» 20 julio), por la que se modifica la regulación del matrimonio en el Código Civil y se determina el procedimiento a seguir en las causas de nulidad, separación y divorcio.*

CAPÍTULO II
DE LOS REQUISITOS DEL MATRIMONIO

Artículo 44. Toda persona tiene derecho a contraer matrimonio conforme a las disposiciones de este Código.
El matrimonio tendrá los mismos requisitos y efectos cuando ambos contrayentes sean del mismo o de diferente sexo.

> *Artículo 44 redactado por el apartado uno de la disposición final primera de la Ley 4/2023, de 28 de febrero, para la igualdad real y efectiva de las personas trans y para la garantía de los derechos de las personas LGTBI («B.O.E.» 1 marzo).*
> *Vigencia: 2 marzo 2023*

Artículo 45. No hay matrimonio sin consentimiento matrimonial.
La condición, término o modo del consentimiento se tendrá por no puesta.

Artículo 45 redactado por Ley 30/1981, 7 julio («B.O.E.» 20 julio), por la que se modifica la regulación del matrimonio en el Código Civil y se determina el procedimiento a seguir en las causas de nulidad, separación y divorcio.

Véase Instrucción de 31 de enero de 2006, de la Dirección General de los Registros y del Notariado, sobre los matrimonios de complacencia («B.O.E.» 17 febrero).

Artículo 46. No pueden contraer matrimonio:
1.º Los menores de edad no emancipados.
2.º Los que estén ligados con vínculo matrimonial.

Artículo 46 redactado por Ley 30/1981, 7 julio («B.O.E.» 20 julio), por la que se modifica la regulación del matrimonio en el Código Civil y se determina el procedimiento a seguir en las causas de nulidad, separación y divorcio.

Véanse:
- Artículos 48, 73.2.º, 75, 88.2, 314.2, 315, 316, 319 y 320 del presente Código.
- Artículo 32.2.º de la Constitución Española.
- Artículos 217 a 219 del Código Penal.

Artículo 47. Tampoco pueden contraer matrimonio entre sí:
1.º Los parientes en línea recta por consanguinidad o adopción.
2.º Los colaterales por consanguinidad hasta el tercer grado.
3.º Los condenados por haber tenido participación en la muerte dolosa del cónyuge o persona con la que hubiera estado unida por análoga relación de afectividad a la conyugal.

Apartado 3.º del artículo 47 redactado por el apartado uno de la disposición final primera de la Ley 15/2015, de 2 de julio, de la Jurisdicción Voluntaria («B.O.E.» 3 julio).
Vigencia: 23 julio 2015

Artículo 47 redactado por Ley 30/1981, 7 julio («B.O.E.» 20 julio), por la que se modifica la regulación del matrimonio en el Código Civil y se determina el procedimiento a seguir en las causas de nulidad, separación y divorcio.

Artículo 48. El Juez podrá dispensar, con justa causa y a instancia de parte, mediante resolución previa dictada en expediente de jurisdicción voluntaria, los impedimentos de muerte dolosa del cónyuge o persona con la que hubiera estado unida por análoga relación de afectividad a la conyugal y de parentesco de grado tercero entre colaterales. La dispensa ulterior convalida, desde su celebración, el matrimonio cuya nulidad no haya sido instada judicialmente por alguna de las partes.

Artículo 48 redactado por el apartado dos de la disposición final primera de la Ley 15/2015, de 2 de julio, de la Jurisdicción Voluntaria («B.O.E.» 3 julio).
Vigencia: 23 julio 2015

Véanse los artículos 81 y siguientes de la Ley 15/2015, de 2 de julio, de la Jurisdicción Voluntaria («B.O.E.» 3 julio).

CAPÍTULO III
DE LA FORMA DE CELEBRACIÓN DEL MATRIMONIO
SECCIÓN PRIMERA
DISPOSICIONES GENERALES

Artículo 49. Cualquier español podrá contraer matrimonio dentro o fuera de España:
1.º En la forma regulada en este Código.
2.º En la forma religiosa legalmente prevista.
También podrá contraer matrimonio fuera de España con arreglo a la forma establecida por la ley del lugar de celebración.

Artículo 49 redactado por el apartado tres de la disposición final primera de la Ley 15/2015, de 2 de julio, de la Jurisdicción Voluntaria («B.O.E.» 3 julio).
Vigencia: 30 junio 2020

Artículo 50. Si ambos contrayentes son extranjeros, podrá celebrarse el matrimonio en España con arreglo a la forma prescrita para los españoles o cumpliendo la establecida por la ley personal de cualquiera de ellos.

Artículo 50 redactado por Ley 30/1981, 7 julio («B.O.E.» 20 julio), por la que se modifica la regulación del matrimonio en el Código Civil y se determina el procedimiento a seguir en las causas de nulidad, separación y divorcio.

Véanse:
- Artículo 9.1 del presente Código.
- Instrucción 9 enero 1995, sobre el expediente previo al matrimonio cuando uno de los contrayentes está domiciliado en el extranjero («B.O.E.» 25 enero).

SECCIÓN SEGUNDA
DE LA CELEBRACIÓN DEL MATRIMONIO

Rúbrica de la sección segunda del Capítulo III del Título IV del Libro I redactada por el apartado cuatro de la disposición final primera de la Ley 15/2015, de 2 de julio, de la Jurisdicción Voluntaria («B.O.E.» 3 julio).
Vigencia: 23 julio 2015

Artículo 51. 1. La competencia para constatar mediante acta o expediente el cumplimiento de los requisitos de capacidad de ambos contrayentes y la inexistencia de impedimentos o su dispensa, o cualquier género de obstáculos para contraer matrimonio corresponderá al Secretario judicial, Notario o Encargado del Registro Civil del lugar del domicilio de uno de los contrayentes o al funcionario diplomático o consular Encargado del Registro Civil si residiesen en el extranjero.

2. Será competente para celebrar el matrimonio:

1.º El Alcalde del municipio donde se celebre el matrimonio o concejal en quien éste delegue.

Ordinal 1.º del número 2 del artículo 51 redactado por el apartado uno de la disposición final segunda de la L.O. 1/2025, de 2 de enero, de medidas en materia de eficiencia del Servicio Público de Justicia («B.O.E.» 3 enero).
Vigencia: 3 abril 2025

2.º El Secretario judicial o Notario libremente elegido por ambos contrayentes que sea competente en el lugar de celebración.

3.º El funcionario diplomático o consular Encargado del Registro Civil en el extranjero.

Artículo 51 redactado por el apartado cinco de la disposición final primera de la Ley 15/2015, de 2 de julio, de la Jurisdicción Voluntaria («B.O.E.» 3 julio).
Vigencia: 30 junio 2020

Artículo 52. Podrán celebrar el matrimonio del que se halle en peligro de muerte:

1.º El Alcalde o Concejal en quien delegue, letrado o letrada de la Administración de Justicia, notario o notaria, o personal funcionario a que se refiere el artículo 51.

Ordinal 1.º del artículo 52 redactado por el apartado dos de la disposición final segunda de la L.O. 1/2025, de 2 de enero, de medidas en materia de eficiencia del Servicio Público de Justicia («B.O.E.» 3 enero).
Vigencia: 3 abril 2025

2.º El Oficial o Jefe superior inmediato respecto de los militares en campaña.

3.º El Capitán o Comandante respecto de los matrimonios que se celebren a bordo de nave o aeronave.

El matrimonio en peligro de muerte no requerirá para su celebración la previa tramitación del acta o expediente matrimonial, pero sí la presencia, en su celebración, de dos testigos mayores de edad y, cuando el peligro de muerte derive de enfermedad o estado físico de alguno de los contrayentes, dictamen médico sobre su capacidad para la prestación del consentimiento y la gravedad de la situación, salvo imposibilidad acreditada, sin perjuicio de lo establecido en el artículo 65.

> *Artículo 52 redactado por el apartado seis de la disposición final primera de la Ley 15/2015, de 2 de julio, de la Jurisdicción Voluntaria («B.O.E.» 3 julio).*
> *Vigencia: 30 junio 2020*

Artículo 53. La validez del matrimonio no quedará afectada por la incompetencia o falta de nombramiento del Alcalde, Concejal/a, letrado o letrada de la Administración de Justicia, notario o notaria, o personal funcionario ante quien se celebre, siempre que al menos uno de los cónyuges hubiera procedido de buena fe y aquellos ejercieran sus funciones públicamente.

> *Artículo 53 redactado por el apartado tres de la disposición final segunda de la L.O. 1/2025, de 2 de enero, de medidas en materia de eficiencia del Servicio Público de Justicia («B.O.E.» 3 enero).*
> *Vigencia: 3 abril 2025*

Artículo 54. Cuando concurra causa grave suficientemente probada, el Ministro de Justicia podrá autorizar el matrimonio secreto. En este caso, el expediente se tramitará reservadamente, sin la publicación de edictos o proclamas.

> *Artículo 54 redactado por Ley 30/1981, 7 julio («B.O.E.» 20 julio), por la que se modifica la regulación del matrimonio en el Código Civil y se determina el procedimiento a seguir en las causas de nulidad, separación y divorcio.*

Artículo 55. Uno de los contrayentes podrá contraer matrimonio por apoderado, a quien tendrá que haber concedido poder especial en forma auténtica, siendo siempre necesaria la asistencia personal del otro contrayente.

En el poder se determinará la persona con quien ha de celebrarse el matrimonio, con expresión de las circunstancias personales precisas para establecer su identidad, debiendo apreciar su validez el Secretario judicial, Notario, Encargado del Registro Civil o funcionario que tramite el acta o expediente matrimonial previo al matrimonio.

El poder se extinguirá por la revocación del poderdante, por la renuncia del apoderado o por la muerte de cualquiera de ellos. En caso de revocación por el poderdante bastará su manifestación en forma auténtica antes de la celebración del matrimonio. La revocación se notificará de inmediato al Secretario judicial, Notario, Encargado del Registro Civil o funcionario que tramite el acta o expediente previo al matrimonio, y si ya estuviera finalizado a quien vaya a celebrarlo.

> *Artículo 55 redactado por el apartado ocho de la disposición final primera de la Ley 15/2015, de 2 de julio, de la Jurisdicción Voluntaria («B.O.E.» 3 julio).*
> *Vigencia: 30 junio 2020*

Artículo 56. Quienes deseen contraer matrimonio acreditarán previamente en acta o expediente tramitado conforme a la legislación del Registro Civil, que reúnen los requisitos de capacidad o la inexistencia de impedimentos o su dispensa, de acuerdo con lo previsto en este Código.

El Letrado de la Administración de Justicia, Notario, Encargado del Registro Civil o funcionario que tramite el acta o expediente, cuando sea necesario, podrá recabar de las Administraciones o entidades de iniciativa social de promoción y protección de los derechos de las personas con discapacidad, la provisión de apoyos humanos, técnicos y materiales que faciliten la emisión, interpretación y recepción del consentimiento del o los contrayentes. Solo en el caso excepcional de que alguno de los contrayentes presentare una condición de salud que, de modo evidente, categórico y sustancial, pueda impedirle prestar el consentimiento matrimonial pese a las medidas de apoyo, se recabará dictamen médico sobre su aptitud para prestar el consentimiento.

Artículo 56 redactado por el apartado nueve de la disposición final primera de la Ley 15/2015, de 2 de julio, de la Jurisdicción Voluntaria («B.O.E.» 3 julio), en la redacción dada a la misma por el apartado dos del artículo único de la Ley 4/2017, de 28 de junio, de modificación de la Ley 15/2015, de 2 de julio, de la Jurisdicción Voluntaria («B.O.E.» 29 junio).
Vigencia: 30 junio 2020

Véase el artículo 58 de la Ley 20/2011, de 21 de julio, del Registro Civil («B.O.E.» 22 julio).

Artículo 57. El matrimonio tramitado por el letrado o letrada de la Administración de Justicia o por personal funcionario consular o diplomático podrá celebrarse ante el mismo u otro distinto, o ante Alcalde o Concejal en quien este delegue, a elección de los contrayentes. Si se hubiere tramitado por el Encargado o Encargada del Registro Civil, el matrimonio deberá celebrarse ante el Alcalde o Concejal en quien éste delegue, que designen los contrayentes.

Finalmente, si fuera el notario o la notaria quien hubiera extendido el acta matrimonial, los contrayentes podrán otorgar el consentimiento, a su elección, ante el mismo notario o notaria u otro distinto del que hubiera tramitado el acta previa, Alcalde o Concejal en quien este delegue.

Artículo 57 redactado por el apartado cuatro de la disposición final segunda de la L.O. 1/2025, de 2 de enero, de medidas en materia de eficiencia del Servicio Público de Justicia («B.O.E.» 3 enero).
Vigencia: 3 abril 2025

Artículo 58. El Alcalde, Concejal, letrado o letrada de la Administración de Justicia, notario o notaria, o personal funcionario, después de leídos los artículos 66, 67 y 68, preguntará a cada uno de los contrayentes si consiente en contraer matrimonio con el otro y si efectivamente lo contrae en dicho acto y, respondiendo ambos afirmativamente, declarará que los mismos quedan unidos en matrimonio y extenderá el acta o autorizará la escritura correspondiente.

Artículo 58 redactado por el apartado cinco de la disposición final segunda de la L.O. 1/2025, de 2 de enero, de medidas en materia de eficiencia del Servicio Público de Justicia («B.O.E.» 3 enero).
Vigencia: 3 abril 2025

SECCIÓN TERCERA
DE LA CELEBRACIÓN EN FORMA RELIGIOSA

Artículo 59. El consentimiento matrimonial podrá prestarse en la forma prevista por una confesión religiosa inscrita, en los términos acordados con el Estado o, en su defecto, autorizados por la legislación de éste.

Artículo 59 redactado por Ley 30/1981, 7 julio («B.O.E.» 20 julio), por la que se modifica la regulación del matrimonio en el Código Civil y se determina el procedimiento a seguir en las causas de nulidad, separación y divorcio.

Artículo 60. 1. El matrimonio celebrado según las normas del Derecho canónico o en cualquiera de otras formas religiosas previstas en los acuerdos de cooperación entre el Estado y las confesiones religiosas produce efectos civiles.

2. Igualmente, se reconocen efectos civiles al matrimonio celebrado en la forma religiosa prevista por las iglesias, confesiones, comunidades religiosas o federacio-

nes de las mismas que, inscritas en el Registro de Entidades Religiosas, hayan obtenido el reconocimiento de notorio arraigo en España.

En este supuesto, el reconocimiento de efectos civiles requerirá el cumplimiento de los siguientes requisitos:

a) La tramitación de un acta o expediente previo de capacidad matrimonial con arreglo a la normativa del Registro Civil.

b) La libre manifestación del consentimiento ante un ministro de culto debidamente acreditado y dos testigos mayores de edad.

La condición de ministro de culto será acreditada mediante certificación expedida por la iglesia, confesión o comunidad religiosa que haya obtenido el reconocimiento de notorio arraigo en España, con la conformidad de la federación que, en su caso, hubiere solicitado dicho reconocimiento.

3. Para el pleno reconocimiento de los efectos civiles del matrimonio celebrado en forma religiosa se estará a lo dispuesto en el Capítulo siguiente.

> *Artículo 60 redactado por el apartado doce de la disposición final primera de la Ley 15/2015, de 2 de julio, de la Jurisdicción Voluntaria («B.O.E.» 3 julio).*
> *Vigencia: 23 julio 2015*

> *Véase la Orden JUS/577/2016, de 19 de abril, sobre inscripción en el Registro Civil de determinados matrimonios celebrados en forma religiosa y aprobación del modelo de certificado de capacidad matrimonial y de celebración de matrimonio religioso («B.O.E.» 22 abril).*

CAPÍTULO IV
DE LA INSCRIPCIÓN DEL MATRIMONIO EN EL REGISTRO CIVIL

Artículo 61. El matrimonio produce efectos civiles desde su celebración.

Para el pleno reconocimiento de los mismos será necesaria su inscripción en el Registro Civil.

El matrimonio no inscrito no perjudicará los derechos adquiridos de buena fe por terceras personas.

> *Artículo 61 redactado por Ley 30/1981, 7 julio («B.O.E.» 20 julio), por la que se modifica la regulación del matrimonio en el Código Civil y se determina el procedimiento a seguir en las causas de nulidad, separación y divorcio.*

Artículo 62. La celebración del matrimonio se hará constar mediante acta o escritura pública que será firmada por aquél ante quien se celebre, los contrayentes y dos testigos.

Extendida el acta o autorizada la escritura pública, se remitirá por el autorizante copia acreditativa de la celebración del matrimonio al Registro Civil competente, para su inscripción, previa calificación por el Encargado del mismo.

> *Artículo 62 redactado por el apartado trece de la disposición final primera de Ley 15/2015, de 2 de julio, de la Jurisdicción Voluntaria («B.O.E.» 3 julio).*
> *Vigencia: 30 junio 2020*

Artículo 63. La inscripción del matrimonio celebrado en España en forma religiosa se practicará con la simple presentación de la certificación de la iglesia, o confesión, comunidad religiosa o federación respectiva, que habrá de expresar las circunstancias exigidas por la legislación del Registro Civil.

Se denegará la práctica del asiento cuando de los documentos presentados o de los asientos del Registro conste que el matrimonio no reúne los requisitos que para su validez se exigen en este Título.

> *Artículo 63 redactado por el apartado catorce de la disposición final primera de la Ley 15/2015, de 2 de julio, de la Jurisdicción Voluntaria («B.O.E.» 3 julio).*
> *Vigencia: 23 julio 2015*

Artículo 64. Para el reconocimiento del matrimonio secreto basta su inscripción en el libro especial del Registro Civil Central, pero no perjudicará los derechos adquiridos de buena fe por terceras personas sino desde su publicación en el Registro Civil ordinario.

Artículo 64 redactado por Ley 30/1981, 7 julio («B.O.E.» 20 julio), por la que se modifica la regulación del matrimonio en el Código Civil y se determina el procedimiento a seguir en las causas de nulidad, separación y divorcio.

Artículo 65. En los casos en que el matrimonio se hubiere celebrado sin haberse tramitado el correspondiente expediente o acta previa, si éste fuera necesario, el Secretario judicial, Notario, o el funcionario diplomático o consular Encargado del Registro Civil que lo haya celebrado, antes de realizar las actuaciones que procedan para su inscripción, deberá comprobar si concurren los requisitos legales para su validez, mediante la tramitación del acta o expediente al que se refiere este artículo.

Si la celebración del matrimonio hubiera sido realizada ante autoridad o persona competente distinta de las indicadas en el párrafo anterior, el acta de aquélla se remitirá al Encargado del Registro Civil del lugar de celebración para que proceda a la comprobación de los requisitos de validez, mediante el expediente correspondiente. Efectuada esa comprobación, el Encargado del Registro Civil procederá a su inscripción.

Artículo 65 redactado por el apartado quince de la disposición final primera de la Ley 15/2015, de 2 de julio, de la Jurisdicción Voluntaria («B.O.E.» 3 julio).
Vigencia: 30 junio 2020

CAPÍTULO V
DE LOS DERECHOS Y DEBERES DE LOS CÓNYUGES

Artículo 66. Los cónyuges son iguales en derechos y deberes.

Artículo 66 redactado por el apartado dos del artículo único de la Ley 13/2005, de 1 de julio, por la que se modifica el Código Civil en materia de derecho a contraer matrimonio («B.O.E.» 2 julio).
Vigencia: 3 julio 2005

Véanse:
- Artículos 14 y 32 de la Constitución Española.
- Artículos 154, 1328 y 1375 del presente Código.
- Ley Orgánica 3/2007, de 22 de marzo, para la igualdad efectiva de mujeres y hombres.
- Ley [BALEARES] 12/2006, de 20 de septiembre, para la mujer.

Artículo 67. Los cónyuges deben respetarse y ayudarse mutuamente y actuar en interés de la familia.

Artículo 67 redactado por el apartado tres del artículo único de la Ley 13/2005, de 1 de julio, por la que se modifica el Código Civil en materia de derecho a contraer matrimonio («B.O.E.» 2 julio).
Vigencia: 3 julio 2005

Véanse artículos 143.1 y 154.2 del presente Código.

Artículo 68. Los cónyuges están obligados a vivir juntos, guardarse fidelidad y socorrerse mutuamente. Deberán, además, compartir las responsabilidades domésticas y el cuidado y atención de ascendientes y descendientes y otras personas dependientes a su cargo.

Artículo 68 redactado por el apartado uno del artículo primero de la Ley 15/2005, de 8 de julio, por la que se modifican el Código Civil y la Ley de Enjuiciamiento Civil en materia de separación y divorcio («B.O.E.» 9 julio).

Vigencia: 10 julio 2005

Véanse:
- Artículos 97.6, 98, 102.1, 143 y 144 del presente Código.
- Artículos 226 y siguientes del Código Penal.

Artículo 69. Se presume, salvo prueba en contrario, que los cónyuges viven juntos.

Artículo 69 redactado por Ley 30/1981, 7 julio («B.O.E.» 20 julio), por la que se modifica la regulación del matrimonio en el Código Civil y se determina el procedimiento a seguir en las causas de nulidad, separación y divorcio.

Véanse artículos 83, 97.6.º, 98, 102.1.º y 105 del presente Código.

Artículo 70. Los cónyuges fijarán de común acuerdo el domicilio conyugal y, en caso de discrepancia, resolverá el Juez, teniendo en cuenta el interés de la familia.

Artículo 70 redactado por Ley 30/1981, 7 julio («B.O.E.» 20 julio), por la que se modifica la regulación del matrimonio en el Código Civil y se determina el procedimiento a seguir en las causas de nulidad, separación y divorcio.

Artículo 71. Ninguno de los cónyuges puede atribuirse la representación del otro sin que le hubiere sido conferida.

Artículo 71 redactado por Ley 30/1981, 7 julio («B.O.E.» 20 julio), por la que se modifica la regulación del matrimonio en el Código Civil y se determina el procedimiento a seguir en las causas de nulidad, separación y divorcio.

Artículo 72. …

Artículo 72 derogado por Ley 30/1981, 7 julio («B.O.E.» 20 julio), por la que se modifica la regulación del matrimonio en el Código Civil y se determina el procedimiento a seguir en las causas de nulidad, separación y divorcio.

CAPÍTULO VI
DE LA NULIDAD DEL MATRIMONIO

Artículo 73. Es nulo cualquiera que sea la forma de su celebración:
1.º El matrimonio celebrado sin consentimiento matrimonial.
2.º El matrimonio celebrado entre las personas a que se refieren los artículos 46 y 47, salvo los casos de dispensa conforme al artículo 48.

Véase artículo 75 del presente Código.

3.º El que se contraiga sin la intervención del Alcalde o Concejal, letrado o letrada de la Administración de Justicia, notario o notaria, o personal funcionario ante quien deba celebrarse, o sin la de los testigos.

Ordinal 3.º del artículo 73 redactado por el apartado seis de la disposición final segunda de la L.O. 1/2025, de 2 de enero, de medidas en materia de eficiencia del Servicio Público de Justicia («B.O.E.» 3 enero).
Vigencia: 3 abril 2025

4.º El celebrado por error en la identidad de la persona del otro contrayente o en aquellas cualidades personales que, por su entidad, hubieren sido determinantes de la prestación del consentimiento.
5.º El contraído por coacción o miedo grave.

Artículo 74. La acción para pedir la nulidad del matrimonio corresponde a los cónyuges, al Ministerio Fiscal y a cualquier persona que tenga interés directo y legítimo en ella, salvo lo dispuesto en los artículos siguientes.

Artículo 74 redactado por Ley 30/1981, 7 julio («B.O.E.» 20 julio), por la que se modifica la regulación del matrimonio en el Código Civil y se determina el procedimiento a seguir en las causas de nulidad, separación y divorcio.

Véanse:
- Artículos 1300 a 1302 del presente Código.
- Artículos 748.3º, 753 y 769 y ss. LEC.

Artículo 75. Si la causa de nulidad fuere la falta de edad, mientras el contrayente sea menor sólo podrá ejercitar la acción cualquiera de sus padres, tutores o guardadores y, en todo caso, el Ministerio Fiscal.

Al llegar a la mayoría de edad sólo podrá ejercitar la acción el contrayente menor, salvo que los cónyuges hubieren vivido juntos durante un año después de alcanzada aquélla.

Artículo 75 redactado por Ley 30/1981, 7 julio («B.O.E.» 20 julio), por la que se modifica la regulación del matrimonio en el Código Civil y se determina el procedimiento a seguir en las causas de nulidad, separación y divorcio.

Artículo 76. En los casos de error, coacción o miedo grave solamente podrá ejercitar la acción de nulidad el cónyuge que hubiera sufrido el vicio.

Caduca la acción y se convalida el matrimonio si los cónyuges hubieran vivido juntos durante un año después de desvanecido el error o de haber cesado la fuerza o la causa del miedo.

Artículo 76 redactado por Ley 30/1981, 7 julio («B.O.E.» 20 julio), por la que se modifica la regulación del matrimonio en el Código Civil y se determina el procedimiento a seguir en las causas de nulidad, separación y divorcio.

Véanse artículos 73.4º y 5º, 1265 a 1268 y 1300 y ss. del presente Código.

Artículo 77. ...

Artículo 77 derogado por Ley 30/1981, 7 julio («B.O.E.» 20 julio), por la que se modifica la regulación del matrimonio en el Código Civil y se determina el procedimiento a seguir en las causas de nulidad, separación y divorcio.

Artículo 78. El Juez no acordará la nulidad de un matrimonio por defecto de forma, si al menos uno de los cónyuges lo contrajo de buena fe, salvo lo dispuesto en el número 3 del artículo 73.

Artículo 78 redactado por Ley 30/1981, 7 julio («B.O.E.» 20 julio), por la que se modifica la regulación del matrimonio en el Código Civil y se determina el procedimiento a seguir en las causas de nulidad, separación y divorcio.

Véase artículo 53 del presente Código.

Artículo 79. La declaración de nulidad del matrimonio no invalidará los efectos ya producidos respecto de los hijos y del contrayente o contrayentes de buena fe.

La buena fe se presume.

Artículo 79 redactado por Ley 30/1981, 7 julio («B.O.E.» 20 julio), por la que se modifica la regulación del matrimonio en el Código Civil y se determina el procedimiento a seguir en las causas de nulidad, separación y divorcio.

Véase artículo 98 del presente Código.

Artículo 80. Las resoluciones dictadas por los Tribunales eclesiásticos sobre nulidad de matrimonio canónico o las decisiones pontificias sobre matrimonio rato y no consumado tendrán eficacia en el orden civil, a solicitud de cualquiera de las partes, si se declaran ajustados al Derecho del Estado en resolución dictada por el Juez civil competente conforme a las condiciones a las que se refiere el artículo 954 de la Ley de Enjuiciamiento Civil.

Artículo 80 redactado por Ley 30/1981, 7 julio («B.O.E.» 20 julio), por la que se modifica la regulación del matrimonio en el Código Civil y se determina el procedimiento a seguir en las causas de nulidad, separación y divorcio.

Véase artículo VI del Acuerdo de 3 de enero de 1979, sobre Asuntos Económicos, suscrito entre el Estado Español y la Santa Sede.

CAPÍTULO VII
DE LA SEPARACIÓN

Artículo 81. Se decretará judicialmente la separación cuando existan hijos menores no emancipados o hijos mayores respecto de los que se hayan establecido judicialmente medidas de apoyo atribuidas a sus progenitores, cualquiera que sea la forma de celebración del matrimonio:

Párrafo introductorio del artículo 81 redactado por el apartado siete del artículo segundo de la Ley 8/2021, de 2 de junio, por la que se reforma la legislación civil y procesal para el apoyo a las personas con discapacidad en el ejercicio de su capacidad jurídica («B.O.E.» 3 junio).
Vigencia: 3 septiembre 2021

1.º A petición de ambos cónyuges o de uno con el consentimiento del otro, una vez transcurridos tres meses desde la celebración del matrimonio. A la demanda se acompañará una propuesta de convenio regulador redactada conforme al artículo 90 de este Código.

Véanse:
- Artículos 51 a 60 del presente Código.
- Artículo 777 LEC.

2.º A petición de uno solo de los cónyuges, una vez transcurridos tres meses desde la celebración del matrimonio. No será preciso el transcurso de este plazo para la interposición de la demanda cuando se acredite la existencia de un riesgo para la vida, la integridad física, la libertad, la integridad moral o libertad e indemnidad sexual del cónyuge demandante o de los hijos de ambos o de cualquiera de los miembros del matrimonio.

Véanse:
- Ley Orgánica 1/2004, de 28 de diciembre, de Medidas de Protección Integral contra la Violencia de Género.
- Artículos 21 y 208 del Reglamento del Registro Civil.

A la demanda se acompañará propuesta fundada de las medidas que hayan de regular los efectos derivados de la separación.

Artículo 81 redactado por el apartado dos del artículo primero de la Ley 15/2005, de 8 de julio, por la que se modifican el Código Civil y la Ley de Enjuiciamiento Civil en materia de separación y divorcio («B.O.E.» 9 julio).
Vigencia: 10 julio 2005

Artículo 82. 1. Los cónyuges podrán acordar su separación de mutuo acuerdo transcurridos tres meses desde la celebración del matrimonio mediante la formulación de un convenio regulador ante el letrado de la Administración de Justicia o en escritura pública ante Notario, en el que, junto a la voluntad inequívoca de separarse, determinarán las medidas que hayan de regular los efectos derivados de la separación en los términos establecidos en el artículo 90. Los funcionarios diplomáticos o consulares, en ejercicio de las funciones notariales que tienen atribuidas, no podrán autorizar la escritura pública de separación.

Los cónyuges deberán intervenir en el otorgamiento de modo personal, sin perjuicio de que deban estar asistidos por letrado en ejercicio, prestando su consentimiento ante el letrado de la Administración de Justicia o notario. Igualmente los hijos mayores o menores emancipados deberán otorgar el consentimiento ante el letrado de la Administración de Justicia o Notario respecto de las medidas que les afecten por carecer de ingresos propios y convivir en el domicilio familiar.

2. No será de aplicación lo dispuesto en este artículo cuando existan hijos en la situación a la que se refiere el artículo anterior.

Artículo 82 redactado por el apartado ocho del artículo segundo de la Ley 8/2021, de 2 de junio, por la que se reforma la legislación civil y procesal para el apoyo a las personas con discapacidad en el ejercicio de su capacidad jurídica («B.O.E.» 3 junio).
Vigencia: 3 septiembre 2021

Artículo 83. La sentencia o decreto de separación o el otorgamiento de la escritura pública del convenio regulador que la determine producen la suspensión de la vida común de los casados y cesa la posibilidad de vincular bienes del otro cónyuge en el ejercicio de la potestad doméstica.

Los efectos de la separación matrimonial se producirán desde la firmeza de la sentencia o decreto que así la declare o desde la manifestación del consentimiento de ambos cónyuges otorgado en escritura pública conforme a lo dispuesto en el artículo 82. Se remitirá testimonio de la sentencia o decreto, o copia de la escritura pública al Registro Civil para su inscripción, sin que, hasta que esta tenga lugar, se produzcan plenos efectos frente a terceros de buena fe.

Artículo 83 redactado por el apartado diecinueve de la disposición final primera de la Ley 15/2015, de 2 de julio, de la Jurisdicción Voluntaria («B.O.E.» 3 julio).
Vigencia: 23 julio 2015

Artículo 84. La reconciliación pone término al procedimiento de separación y deja sin efecto ulterior lo resuelto en él, pero ambos cónyuges separadamente deberán ponerlo en conocimiento del Juez que entienda o haya entendido en el litigio. Ello no obstante, mediante resolución judicial, serán mantenidas o modificadas las medidas adoptadas en relación a los hijos, cuando exista causa que lo justifique.

Cuando la separación hubiere tenido lugar sin intervención judicial, en la forma prevista en el artículo 82, la reconciliación deberá formalizase en escritura pública o acta de manifestaciones.

La reconciliación deberá inscribirse, para su eficacia frente a terceros, en el Registro Civil correspondiente.

Artículo 84 redactado por el apartado veinte de la disposición final primera de la Ley 15/2015, de 2 de julio, de la Jurisdicción Voluntaria («B.O.E.» 3 julio).
Vigencia: 23 julio 2015

CAPÍTULO VIII
DE LA DISOLUCIÓN DEL MATRIMONIO

Artículo 85. El matrimonio se disuelve, sea cual fuere la forma y el tiempo de su celebración, por la muerte o la declaración de fallecimiento de uno de los cónyuges y por el divorcio.

Artículo 85 redactado por Ley 30/1981, 7 julio («B.O.E.» 20 julio), por la que se modifica la regulación del matrimonio en el Código Civil y se determina el procedimiento a seguir en las causas de nulidad, separación y divorcio.

Véanse:
- Artículo 32.2 de la Constitución Española.
- Artículos 193 a 197 del presente Código.
- Artículo 770 de la LEC.

Artículo 86. Se decretará judicialmente el divorcio, cualquiera que sea la forma de celebración del matrimonio, a petición de uno solo de los cónyuges, de ambos o de uno con el consentimiento del otro, cuando concurran los requisitos y circunstancias exigidos en el artículo 81.

Artículo 86 redactado por el apartado cinco del artículo primero de la Ley 15/2005, de 8 de julio, por la que se modifican el Código Civil y la Ley de Enjuiciamiento Civil en materia de separación y divorcio («B.O.E.» 9 julio).
Vigencia: 10 julio 2005

Véanse artículos 748 a 755 y 769 a 778 LEC.

Artículo 87. Los cónyuges también podrán acordar su divorcio de mutuo acuerdo mediante la formulación de un convenio regulador ante el Secretario judicial o en escritura pública ante Notario, en la forma y con el contenido regulado en el artículo 82, debiendo concurrir los mismos requisitos y circunstancias exigidas en él. Los funcionarios diplomáticos o consulares, en ejercicio de las funciones notariales que tienen atribuidas, no podrán autorizar la escritura pública de divorcio.

Artículo 87 redactado por el apartado veintiuno de la disposición final primera de la Ley 15/2015, de 2 de julio, de la Jurisdicción Voluntaria («B.O.E.» 3 julio).
Vigencia: 23 julio 2015

Artículo 88. La acción de divorcio se extingue por la muerte de cualquiera de los cónyuges y por su reconciliación, que deberá ser expresa cuando se produzca después de interpuesta la demanda.

La reconciliación posterior al divorcio no produce efectos legales, si bien los divorciados podrán contraer entre sí nuevo matrimonio.

Artículo 88 redactado por Ley 30/1981, 7 julio («B.O.E.» 20 julio), por la que se modifica la regulación del matrimonio en el Código Civil y se determina el procedimiento a seguir en las causas de nulidad, separación y divorcio.

Artículo 89. Los efectos de la disolución del matrimonio por divorcio se producirán desde la firmeza de la sentencia o decreto que así lo declare o desde la manifestación del consentimiento de ambos cónyuges otorgado en escritura pública conforme a lo dispuesto en el artículo 87. No perjudicará a terceros de buena fe sino a partir de su respectiva inscripción en el Registro Civil.

Artículo 89 redactado por el apartado veintidós de la disposición final primera de la Ley 15/2015, de 2 de julio, de la Jurisdicción Voluntaria («B.O.E.» 3 julio).
Vigencia: 23 julio 2015

CAPÍTULO IX
DE LOS EFECTOS COMUNES A LA NULIDAD, SEPARACIÓN Y DIVORCIO

Artículo 90. 1. El convenio regulador a que se refieren los artículos 81, 82, 83, 86 y 87 deberá contener, al menos y siempre que fueran aplicables, los siguientes extremos:

a) El cuidado de los hijos sujetos a la patria potestad de ambos, el ejercicio de ésta y, en su caso, el régimen de comunicación y estancia de los hijos con el progenitor que no viva habitualmente con ellos.

b) Si se considera necesario, el régimen de visitas y comunicación de los nietos con sus abuelos, teniendo en cuenta, siempre, el interés de aquéllos.

b) bis El destino de los animales de compañía, en caso de que existan, teniendo en cuenta el interés de los miembros de la familia y el bienestar del animal; el reparto de los tiempos de convivencia y cuidado si fuere necesario, así como las cargas asociadas al cuidado del animal.

Letra b bis) del número 1 del artículo 90 introducida por el apartado uno del artículo primero de la Ley 17/2021, de 15 de diciembre, de modificación del Código Civil, la Ley Hipotecaria y la Ley de Enjuiciamiento Civil, sobre el régimen jurídico de los animales («B.O.E.» 16 diciembre).
Vigencia: 5 enero 2022

c) La atribución del uso de la vivienda y ajuar familiar.

d) La contribución a las cargas del matrimonio y alimentos, así como sus bases de actualización y garantías en su caso.

e) La liquidación, cuando proceda, del régimen económico del matrimonio.

f) La pensión que conforme al artículo 97 correspondiere satisfacer, en su caso, a uno de los cónyuges.

2. Los acuerdos de los cónyuges adoptados para regular las consecuencias de la nulidad, separación y divorcio presentados ante el órgano judicial serán aprobados por el juez salvo si son dañosos para los hijos o gravemente perjudiciales para uno de los cónyuges.

Si fueran gravemente perjudiciales para el bienestar de los animales de compañía, la autoridad judicial ordenará las medidas a adoptar, sin perjuicio del convenio aprobado.

Si las partes proponen un régimen de visitas y comunicación de los nietos con los abuelos, el juez podrá aprobarlo previa audiencia de los abuelos en la que estos presten su consentimiento. La denegación de los acuerdos habrá de hacerse mediante resolución motivada y en este caso los cónyuges deberán someter, a la consideración del juez, nueva propuesta para su aprobación, si procede.

Cuando los cónyuges formalizasen los acuerdos ante el letrado de la Administración de Justicia o notario y éstos considerasen que, a su juicio, alguno de ellos pudiera ser dañoso o gravemente perjudicial para uno de los cónyuges o para los hijos mayores o menores emancipados afectados, o gravemente perjudiciales para el bienestar de los animales de compañía, lo advertirán a los otorgantes y darán por terminado el expediente. En este caso, los cónyuges sólo podrán acudir ante el juez para la aprobación de la propuesta de convenio regulador.

Desde la aprobación del convenio regulador o el otorgamiento de la escritura pública, podrán hacerse efectivos los acuerdos por la vía de apremio.

Número 2 del artículo 90 redactado por el apartado uno del artículo primero de la Ley 17/2021, de 15 de diciembre, de modificación del Código Civil, la Ley Hipotecaria y la Ley de Enjuiciamiento Civil, sobre el régimen jurídico de los animales («B.O.E.» 16 diciembre).
Vigencia: 5 enero 2022

3. Las medidas que el juez adopte en defecto de acuerdo o las convenidas por los cónyuges judicialmente, podrán ser modificadas judicialmente o por nuevo convenio aprobado por el juez, cuando así lo aconsejen las nuevas necesidades de los hijos o el cambio de las circunstancias de los cónyuges.

Asimismo, podrá modificarse el convenio o solicitarse modificación de las medidas sobre los animales de compañía si se hubieran alterado gravemente sus circunstancias.

Las medidas que hubieran sido convenidas ante el letrado de la Administración de Justicia o en escritura pública podrán ser modificadas por un nuevo acuerdo, sujeto a los mismos requisitos exigidos en este Código.

Número 3 del artículo 90 redactado por el apartado uno del artículo primero de la Ley 17/2021, de 15 de diciembre, de modificación del Código Civil, la Ley Hipotecaria y la Ley de Enjuiciamiento Civil, sobre el régimen jurídico de los animales («B.O.E.» 16 diciembre).
Vigencia: 5 enero 2022

4. El juez o las partes podrán establecer las garantías reales o personales que requiera el cumplimiento del convenio.

Número 4 del artículo 90 redactado por el apartado uno del artículo primero de la Ley 17/2021, de 15 de diciembre, de modificación del Código Civil, la Ley Hipotecaria y la Ley de Enjuiciamiento Civil, sobre el régimen jurídico de los animales («B.O.E.» 16 diciembre).
Vigencia: 5 enero 2022

Artículo 90 redactado por el apartado veintitrés de la disposición final primera de la Ley 15/2015, de 2 de julio, de la Jurisdicción Voluntaria («B.O.E.» 3 julio).
Vigencia: 23 julio 2015

Artículo 91. En las sentencias de nulidad, separación o divorcio, o en ejecución de las mismas, la autoridad judicial, en defecto de acuerdo de los cónyuges o en caso de no aprobación del mismo, determinará conforme a lo establecido en los artículos siguientes las medidas que hayan de sustituir a las ya adoptadas con anterioridad en relación con los hijos, la vivienda familiar, el destino de los animales de compañía, las cargas del matrimonio, liquidación del régimen económico y las cautelas o garantías respectivas, estableciendo las que procedan si para alguno de estos conceptos no se hubiera adoptado ninguna. Estas medidas podrán ser modificadas cuando se alteren sustancialmente las circunstancias.

Cuando al tiempo de la nulidad, separación o divorcio existieran hijos comunes mayores de dieciséis años que se hallasen en situación de necesitar medidas de apoyo por razón de su discapacidad, la sentencia correspondiente, previa audiencia del menor, resolverá también sobre el establecimiento y modo de ejercicio de éstas, las cuáles, en su caso, entrarán en vigor cuando el hijo alcance los dieciocho años de edad. En estos casos la legitimación para instarlas, las especialidades de prueba y el contenido de la sentencia se regirán por lo dispuesto en la Ley de Enjuiciamiento Civil acerca de la provisión judicial de medidas de apoyo a las personas con discapacidad.

Artículo 91 redactado por el apartado dos del artículo primero de la Ley 17/2021, de 15 de diciembre, de modificación del Código Civil, la Ley Hipotecaria y la Ley de Enjuiciamiento Civil, sobre el régimen jurídico de los animales («B.O.E.» 16 diciembre).
Vigencia: 5 enero 2022

Artículo 92. 1. La separación, la nulidad y el divorcio no eximen a los padres de sus obligaciones para con los hijos.

2. El Juez, cuando deba adoptar cualquier medida sobre la custodia, el cuidado y la educación de los hijos menores, velará por el cumplimiento de su derecho a ser oídos y emitirá una resolución motivada en el interés superior del menor sobre esta cuestión.

3. En la sentencia se acordará la privación de la patria potestad cuando en el proceso se revele causa para ello.

4. Los padres podrán acordar en el convenio regulador o el Juez podrá decidir, en beneficio de los hijos, que la patria potestad sea ejercida total o parcialmente por uno de los cónyuges.

5. Se acordará el ejercicio compartido de la guarda y custodia de los hijos cuando así lo soliciten los padres en la propuesta de convenio regulador o cuando ambos lleguen a este acuerdo en el transcurso del procedimiento.

6. En todo caso, antes de acordar el régimen de guarda y custodia, el Juez deberá recabar informe del Ministerio Fiscal, oír a los menores que tengan suficiente juicio cuando se estime necesario de oficio o a petición del Fiscal, las partes o miembros del Equipo Técnico Judicial, o del propio menor, y valorar las alegaciones de las partes, la prueba practicada, y la relación que los padres mantengan entre sí y con sus hijos para determinar su idoneidad con el régimen de guarda.

7. No procederá la guarda conjunta cuando cualquiera de los progenitores esté incurso en un proceso penal iniciado por intentar atentar contra la vida, la integridad física, la libertad, la integridad moral o la libertad e indemnidad sexual del otro cónyuge o de los hijos que convivan con ambos. Tampoco procederá cuando el juez advierta, de las alegaciones de las partes y las pruebas practicadas, la existencia de indicios fundados de violencia doméstica o de género. Se apreciará también a estos efectos la existencia de malos tratos a animales, o la amenaza de causarlos, como medio para controlar o victimizar a cualquiera de estas personas.

El Pleno del Tribunal Constitucional, por providencia de 7 de marzo de 2023, ha acordado admitir a trámite la cuestión de inconstitucionalidad número 899-2023, en relación con el artículo 92.7 del Código Civil, y, de conformidad con lo dispuesto en el artículo 10.1 c) LOTC, reservar para sí el conocimiento de la presente cuestión 10.2 CE. («B.O.E.» 16 marzo).

Número 7 del artículo 92 redactado por el apartado uno de la disposición final primera de la Ley 16/2022, de 5 de septiembre, de reforma del texto refundido de la Ley Concursal («B.O.E.» 6 septiembre).
Vigencia: 26 septiembre 2022

8. Excepcionalmente, aun cuando no se den los supuestos del apartado cinco de este artículo, el Juez, a instancia de una de las partes, con informe del Ministerio Fiscal, podrá acordar la guarda y custodia compartida fundamentándola en que solo de esta forma se protege adecuadamente el interés superior del menor.

9. El Juez, antes de adoptar alguna de las decisiones a que se refieren los apartados anteriores, de oficio o a instancia de parte, del Fiscal o miembros del Equipo Técnico Judicial, o del propio menor, podrá recabar dictamen de especialistas debidamente cualificados, relativo a la idoneidad del modo de ejercicio de la patria potestad y del régimen de custodia de las personas menores de edad para asegurar su interés superior.

10. El Juez adoptará, al acordar fundadamente el régimen de guarda y custodia, así como el de estancia, relación y comunicación, las cautelas necesarias, procedentes y adecuadas para el eficaz cumplimiento de los regímenes establecidos, procurando no separar a los hermanos.

Artículo 92 redactado por el apartado uno de la disposición final segunda de la L.O. 8/2021, de 4 de junio, de protección integral a la infancia y la adolescencia frente a la violencia («B.O.E.» 5 junio).
Vigencia: 25 junio 2021

Artículo 93. El Juez, en todo caso, determinará la contribución de cada progenitor para satisfacer los alimentos y adoptará las medidas convenientes para asegurar la efectividad y acomodación de las prestaciones a las circunstancias económicas y necesidades de los hijos en cada momento.

Si convivieran en el domicilio familiar hijos mayores de edad o emancipados que carecieran de ingresos propios, el Juez, en la misma resolución, fijará los alimentos que sean debidos conforme a los artículos 142 y siguientes de este Código.

Párrafo 2.º del artículo 93 introducido por Ley 11/1990, 15 octubre («B.O.E.» 18 octubre), de reforma del Código Civil, en aplicación del principio de no discriminación por razón de sexo.

Artículo 93 redactado por Ley 30/1981, 7 julio («B.O.E.» 20 julio), por la que se modifica la regulación del matrimonio en el Código Civil y se determina el procedimiento a seguir en las causas de nulidad, separación y divorcio.

La Sentencia TS (Sala 1.ª) de 7 de julio de 2014, Rec. 2103/2012, declara como doctrina jurisprudencial que la situación de discapacidad de un hijo mayor de edad no determina por sí misma la extinción o la modificación de los alimentos que los padres deben prestarle en juicio matrimonial y deberán equipararse a los que se entregan a los menores mientras se mantenga la convivencia del hijo en el domicilio familiar y se carezca de recursos.

La Sentencia TS (Sala 1.ªl) de 14 octubre 2014, Rec. 660/2013, fija como doctrina jurisprudencial que la obligación de pagar alimentos a los hijos menores no se extingue por el solo hecho de haber ingresado en prisión el progenitor que debe prestarlos si al tiempo no se acredita la falta de ingresos o de recursos para poder hacerlos efectivos.

La Sentencia TS (Sala 1.ª) de 24 de abril de 2000, declara que el cónyuge con el cual conviven hijos mayores de edad que carecieran de ingresos propios están legitimados para reclamar de su cónyuge en los procesos matrimoniales regidos por las dis-

posiciones adicionales de la Ley 30/1981, de 7 Jul., alimentos en concepto de contribución a su sostenimiento.

Artículo 94. La autoridad judicial determinará el tiempo, modo y lugar en que el progenitor que no tenga consigo a los hijos menores podrá ejercitar el derecho de visitarlos, comunicar con ellos y tenerlos en su compañía.

Respecto de los hijos con discapacidad mayores de edad o emancipados que precisen apoyo para tomar la decisión, el progenitor que no los tenga en su compañía podrá solicitar, en el mismo procedimiento de nulidad, separación o divorcio, que se establezca el modo en que se ejercitará el derecho previsto en el párrafo anterior.

La autoridad judicial adoptará la resolución prevista en los párrafos anteriores, previa audiencia del hijo y del Ministerio Fiscal. Así mismo, la autoridad judicial podrá limitar o suspender los derechos previstos en los párrafos anteriores si se dieran circunstancias relevantes que así lo aconsejen o se incumplieran grave o reiteradamente los deberes impuestos por la resolución judicial.

No procederá el establecimiento de un régimen de visita o estancia, y si existiera se suspenderá, respecto del progenitor que esté incurso en un proceso penal iniciado por atentar contra la vida, la integridad física, la libertad, la integridad moral o la libertad e indemnidad sexual del otro cónyuge o sus hijos. Tampoco procederá cuando la autoridad judicial advierta, de las alegaciones de las partes y las pruebas practicadas, la existencia de indicios fundados de violencia doméstica o de género. No obstante, la autoridad judicial podrá establecer un régimen de visita, comunicación o estancia en resolución motivada en el interés superior del menor o en la voluntad, deseos y preferencias del mayor con discapacidad necesitado de apoyos y previa evaluación de la situación de la relación paternofilial.

No procederá en ningún caso el establecimiento de un régimen de visitas respecto del progenitor en situación de prisión, provisional o por sentencia firme, acordada en procedimiento penal por los delitos previstos en el párrafo anterior.

Igualmente, la autoridad judicial podrá reconocer el derecho de comunicación y visita previsto en el apartado segundo del artículo 160, previa audiencia de los progenitores y de quien lo hubiera solicitado por su condición de hermano, abuelo, pariente o allegado del menor o del mayor con discapacidad que precise apoyo para tomar la decisión, que deberán prestar su consentimiento. La autoridad judicial resolverá teniendo siempre presente el interés del menor o la voluntad, deseos y preferencias del mayor con discapacidad.

Artículo 94 redactado por el apartado diez del artículo segundo de la Ley 8/2021, de 2 de junio, por la que se reforma la legislación civil y procesal para el apoyo a las personas con discapacidad en el ejercicio de su capacidad jurídica («B.O.E.» 3 junio).
Vigencia: 3 septiembre 2021

Artículo 94 bis. La autoridad judicial confiará para su cuidado a los animales de compañía a uno o ambos cónyuges, y determinará, en su caso, la forma en la que el cónyuge al que no se le hayan confiado podrá tenerlos en su compañía, así como el reparto de las cargas asociadas al cuidado del animal, todo ello atendiendo al interés de los miembros de la familia y al bienestar del animal, con independencia de la titularidad dominical de este y de a quién le haya sido confiado para su cuidado. Esta circunstancia se hará constar en el correspondiente registro de identificación de animales.

Artículo 94 bis introducido por el apartado cuatro del artículo primero de la Ley 17/2021, de 15 de diciembre, de modificación del Código Civil, la Ley Hipotecaria y la Ley de Enjuiciamiento Civil, sobre el régimen jurídico de los animales («B.O.E.» 16 diciembre).
Vigencia: 5 enero 2022

Artículo 95. La sentencia firme, el decreto firme o la escritura pública que formalicen el convenio regulador, en su caso, producirán, respecto de los bienes del matrimonio, la disolución o extinción del régimen económico matrimonial y aprobará su liquidación si hubiera mutuo acuerdo entre los cónyuges al respecto.

Si la sentencia de nulidad declarara la mala fe de uno solo de los cónyuges, el que hubiere obrado de buena fe podrá optar por aplicar en la liquidación del régimen económico matrimonial las disposiciones relativas al régimen de participación y el de mala fe no tendrá derecho a participar en las ganancias obtenidas por su consorte.

Artículo 95 redactado conforme establece el apartado veinticuatro de la disposición final primera de la Ley 15/2015, de 2 de julio, de la Jurisdicción Voluntaria («B.O.E.» 3 julio).
Vigencia: 23 julio 2015

Artículo 96. 1. En defecto de acuerdo de los cónyuges aprobado por la autoridad judicial, el uso de la vivienda familiar y de los objetos de uso ordinario de ella corresponderá a los hijos comunes menores de edad y al cónyuge en cuya compañía queden, hasta que todos aquellos alcancen la mayoría de edad. Si entre los hijos menores hubiera alguno en una situación de discapacidad que hiciera conveniente la continuación en el uso de la vivienda familiar después de su mayoría de edad, la autoridad judicial determinará el plazo de duración de ese derecho, en función de las circunstancias concurrentes.

A los efectos del párrafo anterior, los hijos comunes mayores de edad que al tiempo de la nulidad, separación o divorcio estuvieran en una situación de discapacidad que hiciera conveniente la continuación en el uso de la vivienda familiar, se equiparan a los hijos menores que se hallen en similar situación.

Extinguido el uso previsto en el párrafo primero, las necesidades de vivienda de los que carezcan de independencia económica se atenderán según lo previsto en el Título VI de este Libro, relativo a los alimentos entre parientes.

Cuando algunos de los hijos queden en la compañía de uno de los cónyuges y los restantes en la del otro, la autoridad judicial resolverá lo procedente.

2. No habiendo hijos, podrá acordarse que el uso de tales bienes corresponda al cónyuge no titular por el tiempo que prudencialmente se fije siempre que, atendidas las circunstancias, lo hicieran aconsejable y su interés fuera el más necesitado de protección.

3. Para disponer de todo o parte de la vivienda y bienes indicados cuyo uso haya sido atribuido conforme a los párrafos anteriores, se requerirá el consentimiento de ambos cónyuges o, en su defecto, autorización judicial. Esta restricción en la facultad dispositiva sobre la vivienda familiar se hará constar en el Registro de la Propiedad. La manifestación errónea o falsa del disponente sobre el uso de la vivienda no perjudicará al adquirente de buena fe.

Artículo 96 redactado por el apartado once del artículo segundo de la Ley 8/2021, de 2 de junio, por la que se reforma la legislación civil y procesal para el apoyo a las personas con discapacidad en el ejercicio de su capacidad jurídica («B.O.E.» 3 junio).
Vigencia: 3 septiembre 2021

Véase la disposición adicional cuarta del presente Código sobre la referencia a la discapacidad contenida en el presente artículo.

Artículo 97. El cónyuge al que la separación o el divorcio produzca un desequilibrio económico en relación con la posición del otro, que implique un empeoramiento en su situación anterior en el matrimonio, tendrá derecho a una compensación que podrá consistir en una pensión temporal o por tiempo indefinido, o en una prestación única, según se determine en el convenio regulador o en la sentencia.

A falta de acuerdo de los cónyuges, el Juez, en sentencia, determinará su importe teniendo en cuenta las siguientes circunstancias:

1.ª Los acuerdos a que hubieran llegado los cónyuges.

2.ª La edad y el estado de salud.

3.ª La cualificación profesional y las probabilidades de acceso a un empleo.

4.ª La dedicación pasada y futura a la familia.

5.ª La colaboración con su trabajo en las actividades mercantiles, industriales o profesionales del otro cónyuge.

6.ª La duración del matrimonio y de la convivencia conyugal.

7.ª La pérdida eventual de un derecho de pensión.

8.ª El caudal y los medios económicos y las necesidades de uno y otro cónyuge.

9.ª Cualquier otra circunstancia relevante.

En la resolución judicial o en el convenio regulador formalizado ante el Secretario judicial o el Notario se fijarán la periodicidad, la forma de pago, las bases para actualizar la pensión, la duración o el momento de cese y las garantías para su efectividad.

Párrafo final del artículo 97 redactado por el apartado veinticinco de la disposición final primera de la Ley 15/2015, de 2 de julio, de la Jurisdicción Voluntaria («B.O.E.» 3 julio).
Vigencia: 23 julio 2015

Artículo 97 redactado por el apartado nueve del artículo primero de la Ley 15/2005, de 8 de julio, por la que se modifican el Código Civil y la Ley de Enjuiciamiento Civil en materia de separación y divorcio («B.O.E.» 9 julio).
Vigencia: 10 julio 2005

Artículo 98. El cónyuge de buena fe cuyo matrimonio haya sido declarado nulo tendrá derecho a una indemnización si ha existido convivencia conyugal, atendidas las circunstancias previstas en el artículo 97.

Artículo 98 redactado por Ley 30/1981, 7 julio («B.O.E.» 20 julio), por la que se modifica la regulación del matrimonio en el Código Civil y se determina el procedimiento a seguir en las causas de nulidad, separación y divorcio.

Véanse artículos 78 y 79 del presente Código.

Artículo 99. En cualquier momento podrá convenirse la sustitución de la pensión fijada judicialmente o por convenio regulador formalizado conforme al artículo 97 por la constitución de una renta vitalicia, el usufructo de determinados bienes o la entrega de un capital en bienes o en dinero.

Artículo 99 redactado por el apartado veintiséis de la disposición final primera de la Ley 15/2015, de 2 de julio, de la Jurisdicción Voluntaria («B.O.E.» 3 julio).
Vigencia: 23 julio 2015

Artículo 100. Fijada la pensión y las bases de su actualización en la sentencia de separación o de divorcio, sólo podrá ser modificada por alteraciones en la fortuna de uno u otro cónyuge que así lo aconsejen.

La pensión y las bases de actualización fijadas en el convenio regulador formalizado ante el Secretario judicial o Notario podrán modificarse mediante nuevo convenio, sujeto a los mismos requisitos exigidos en este Código.

Artículo 100 redactado por el apartado veintisiete de la disposición final primera de la Ley 15/2015, de 2 de julio, de la Jurisdicción Voluntaria («B.O.E.» 3 julio).
Vigencia: 23 julio 2015

Artículo 101. El derecho a la pensión se extingue por el cese de la causa que lo motivó, por contraer el acreedor nuevo matrimonio o por vivir maritalmente con otra persona.

El derecho a la pensión no se extingue por el solo hecho de la muerte del deudor. No obstante, los herederos de éste podrán solicitar del Juez la reducción o supresión de aquélla, si el caudal hereditario no pudiera satisfacer las necesidades de la deuda o afectara a sus derechos en la legítima.

Artículo 101 redactado por Ley 30/1981, 7 julio («B.O.E.» 20 julio), por la que se modifica la regulación del matrimonio en el Código Civil y se determina el procedimiento a seguir en las causas de nulidad, separación y divorcio.

La STS 133/2004, de 17 marzo, declara como doctrina jurisprudencial en la interpretación de los artículos 100 y 101 del Código Civil que el hecho de recibir una herencia es una circunstancia en principio no previsible, sino sobrevenida, susceptible de incidir favorablemente en la situación económica del beneficiario o acreedor de la pensión y como tal determinante de su modificación o extinción.

CAPÍTULO X
DE LAS MEDIDAS PROVISIONALES POR DEMANDA DE NULIDAD, SEPARACIÓN Y DIVORCIO

Artículo 102. Admitida la demanda de nulidad, separación o divorcio, se producen, por ministerio de la Ley, los efectos siguientes:

1.º Los cónyuges podrán vivir separados y cesa la presunción de convivencia conyugal.

2.º Quedan revocados los consentimientos y poderes que cualquiera de los cónyuges hubiera otorgado al otro.

Asimismo, salvo pacto en contrario, cesa la posibilidad de vincular los bienes privativos del otro cónyuge en el ejercicio de la potestad doméstica.

A estos efectos, cualquiera de las partes podrá instar la oportuna anotación en el Registro Civil y, en su caso, en los de la Propiedad y Mercantil.

Artículo 102 redactado por Ley 30/1981, 7 julio («B.O.E.» 20 julio), por la que se modifica la regulación del matrimonio en el Código Civil y se determina el procedimiento a seguir en las causas de nulidad, separación y divorcio.

Artículo 103. Admitida la demanda, el Juez, a falta de acuerdo de ambos cónyuges aprobado judicialmente, adoptará, con audiencia de éstos, las medidas siguientes:

1.ª Determinar, en interés de los hijos, con cuál de los cónyuges han de quedar los sujetos a la patria potestad de ambos y tomar las disposiciones apropiadas de acuerdo con lo establecido en este Código y, en particular, la forma en que el cónyuge que no ejerza la guarda y custodia de los hijos podrá cumplir el deber de velar por éstos y el tiempo, modo y lugar en que podrá comunicar con ellos y tenerlos en su compañía.

Párrafo 1.º de la medida 1.ª del artículo 103 redactado por el apartado diez del artículo primero de la Ley 15/2005, de 8 de julio, por la que se modifican el Código Civil y la Ley de Enjuiciamiento Civil en materia de separación y divorcio («B.O.E.» 9 julio).
Vigencia: 10 julio 2005

Excepcionalmente, los hijos podrán ser encomendados a los abuelos, parientes u otras personas que así lo consintieren y, de no haberlos, a una institución idónea, confiriéndoseles las funciones tutelares que ejercerán bajo la autoridad del juez.

Párrafo 2.º de la medida 1.ª del artículo 103 redactado por el apartado cuatro del artículo primero de la Ley 42/2003, de 21 de noviembre, de modificación del Código Civil y de la Ley de Enjuiciamiento Civil en materia de relaciones familiares de los nietos con los abuelos («B.O.E.» 22 noviembre).
Vigencia: 23 noviembre 2003

Cuando exista riesgo de sustracción del menor por alguno de los cónyuges o por terceras personas podrán adoptarse las medidas necesarias y, en particular, las siguientes:

a) Prohibición de salida del territorio nacional, salvo autorización judicial previa.

b) Prohibición de expedición del pasaporte al menor o retirada del mismo si ya se hubiere expedido.

c) Sometimiento a autorización judicial previa de cualquier cambio de domicilio del menor.

> *Párrafo 3.º de la medida 1.ª del artículo 103 introducido por el artículo quinto de la L.O. 9/2002, de 10 de diciembre, de modificación de la L.O. 10/1995, de 23 de noviembre, del Código Penal, y del Código Civil, sobre sustracción de menores («B.O.E.» 11 diciembre).*
> *Vigencia: 12 diciembre 2002*

1.ª bis Determinar, atendiendo al interés de los miembros de la familia y al bienestar del animal, si los animales de compañía se confían a uno o a ambos cónyuges, la forma en que el cónyuge al que no se hayan confiado podrá tenerlos en su compañía, así como también las medidas cautelares convenientes para conservar el derecho de cada uno.

> *Medida 1 bis del artículo 103 introducida por el apartado cinco del artículo primero de la Ley 17/2021, de 15 de diciembre, de modificación del Código Civil, la Ley Hipotecaria y la Ley de Enjuiciamiento Civil, sobre el régimen jurídico de los animales («B.O.E.» 16 diciembre).*
> *Vigencia: 5 enero 2022*

2.ª Determinar, teniendo en cuenta el interés familiar más necesitado de protección, cuál de los cónyuges ha de continuar en el uso de la vivienda familiar y asimismo, previo inventario, los bienes y objetos del ajuar que continúan en ésta y los que se ha de llevar el otro cónyuge, así como también las medidas cautelares convenientes para conservar el derecho de cada uno.

3.ª Fijar la contribución de cada cónyuge a las cargas del matrimonio, incluidas si procede las «litis expensas», establecer las bases para la actualización de cantidades y disponer las garantías, depósitos, retenciones u otras medidas cautelares convenientes, a fin de asegurar la efectividad de lo que por estos conceptos un cónyuge haya de abonar al otro.

Se considerará contribución a dichas cargas el trabajo que uno de los cónyuges dedicará a la atención de los hijos comunes sujetos a patria potestad.

4.ª Señalar, atendidas las circunstancias, los bienes gananciales o comunes que, previo inventario, se hayan de entregar a uno u otro cónyuge y las reglas que deban observar en la administración y disposición, así como en la obligatoria rendición de cuentas sobre los bienes comunes o parte de ellos que reciban y los que adquieran en lo sucesivo.

5.ª Determinar, en su caso, el régimen de administración y disposición de aquellos bienes privativos que por capitulaciones o escritura pública estuvieran especialmente afectados a las cargas del matrimonio.

> *Véase artículo 90 E) del presente Código.*
>
> *Artículo 103 redactado por Ley 30/1981, 7 julio («B.O.E.» 20 julio), por la que se modifica la regulación del matrimonio en el Código Civil y se determina el procedimiento a seguir en las causas de nulidad, separación y divorcio.*

Artículo 104. El cónyuge que se proponga demandar la nulidad, separación o divorcio de su matrimonio puede solicitar los efectos y medidas a que se refieren los dos artículos anteriores.

Estos efectos y medidas sólo subsistirán si, dentro de los treinta días siguientes a contar desde que fueron inicialmente adoptados, se presenta la demanda ante el Juez o Tribunal competente.

Artículo 104 redactado por Ley 30/1981, 7 julio («B.O.E.» 20 julio), por la que se modifica la regulación del matrimonio en el Código Civil y se determina el procedimiento a seguir en las causas de nulidad, separación y divorcio.

Véanse:
- Artículos 61 y 64 de la L.O. 1/2004, de 28 de diciembre, de Medidas de Protección Integral contra la Violencia de Género («B.O.E.» 29 diciembre).
- Artículos 771 y 772 LEC.
- Artículo 544 ter. 7 LECrim.

Artículo 105. No incumple el deber de convivencia el cónyuge que sale del domicilio conyugal por una causa razonable y en el plazo de treinta días presenta la demanda o solicitud a que refieren los artículos anteriores.

Artículo 105 redactado por Ley 30/1981, 7 julio («B.O.E.» 20 julio), por la que se modifica la regulación del matrimonio en el Código Civil y se determina el procedimiento a seguir en las causas de nulidad, separación y divorcio.

Véase artículo 68 del presente Código.

Artículo 106. Los efectos y medidas previstos en este capítulo terminan, en todo caso, cuando sean sustituidos por los de la sentencia estimatoria o se ponga fin al procedimiento de otro modo.
La revocación de consentimientos y poderes se entiende definitiva.

Artículo 106 redactado por Ley 30/1981, 7 julio («B.O.E.» 20 julio), por la que se modifica la regulación del matrimonio en el Código Civil y se determina el procedimiento a seguir en las causas de nulidad, separación y divorcio.

La STS 162/2014, de 26 marzo (Sala Primera, de lo Civil) fija como doctrina la siguiente: "cada resolución desplegará su eficacia desde la fecha en que se dicte y será solo la primera resolución que fije la pensión de alimentos la que podrá imponer el pago desde la fecha de la interposición de la demanda, porque hasta esa fecha no estaba determinada la obligación, y las restantes resoluciones serán eficaces desde que se dicten, momento en que sustituyen a las citadas anteriormente".

CAPÍTULO XI
LEY APLICABLE A LA NULIDAD, LA SEPARACIÓN Y EL DIVORCIO

Rúbrica del Capítulo XI del Título IV del Libro I redactada por el número uno del artículo tercero de la L.O. 11/2003, de 29 de septiembre, de medidas concretas en materia de seguridad ciudadana, violencia doméstica e integración social de los extranjeros («B.O.E.» 30 septiembre).
Vigencia: 1 octubre 2003

Artículo 107. 1. La nulidad del matrimonio y sus efectos se determinarán de conformidad con la ley aplicable a su celebración.

Véase artículo 9.2 del presente Código.

2. La separación y el divorcio legal se regirán por las normas de la Unión Europea o españolas de Derecho internacional privado.

Número 2 del artículo 107 redactado por el apartado veintiocho de la disposición final primera de la Ley 15/2015, de 2 de julio, de la Jurisdicción Voluntaria («B.O.E.» 3 julio).
Vigencia: 23 julio 2015

Artículo 107 redactado por el número tres del artículo tercero de la L.O. 11/2003, de 29 de septiembre, de medidas concretas en materia de seguridad ciudadana, violencia doméstica e integración social de los extranjeros («B.O.E.» 30 septiembre).
Vigencia: 1 octubre 2003

TÍTULO V
DE LA PATERNIDAD Y FILIACIÓN

Título V del Libro I, con los artículos 108 a 141 redactados por el artículo 1 de la Ley 11/1981, de 13 de mayo, de modificación del Código Civil en materia de filiación, patria potestad y régimen económico del matrimonio («B.O.E.» 19 mayo).

CAPÍTULO PRIMERO
DE LA FILIACIÓN Y SUS EFECTOS

Artículo 108. La filiación puede tener lugar por naturaleza y por adopción. La filiación por naturaleza puede ser matrimonial y no matrimonial. Es matrimonial cuando los progenitores están casados entre sí.

La filiación matrimonial y la no matrimonial, así como la adoptiva, surten los mismos efectos, conforme a las disposiciones de este Código.

Artículo 108 redactado por el apartado dos de la disposición final primera de la Ley 4/2023, de 28 de febrero, para la igualdad real y efectiva de las personas trans y para la garantía de los derechos de las personas LGTBI («B.O.E.» 1 marzo).
Vigencia: 2 marzo 2023

Artículo 109. La filiación determina los apellidos con arreglo a lo dispuesto en la ley.

Si la filiación está determinada por ambas líneas, los progenitores de común acuerdo podrán decidir el orden de transmisión de su respectivo primer apellido, antes de la inscripción registral. Si no se ejercita esta opción, regirá lo dispuesto en la ley.

El orden de apellidos inscrito para el mayor de los hijos regirá en las inscripciones de nacimiento posteriores de sus hermanos del mismo vínculo.

El hijo, al alcanzar la mayoría de edad, podrá solicitar que se altere el orden de los apellidos.

Artículo 109 redactado por el apartado tres de la disposición final primera de la Ley 4/2023, de 28 de febrero, para la igualdad real y efectiva de las personas trans y para la garantía de los derechos de las personas LGTBI («B.O.E.» 1 marzo).
Vigencia: 2 marzo 2023

Artículo 110. Aunque no ostenten la patria potestad, ambos progenitores están obligados a velar por los hijos menores y a prestarles alimentos.

Artículo 110 redactado por el apartado cuatro de la disposición final primera de la Ley 4/2023, de 28 de febrero, para la igualdad real y efectiva de las personas trans y para la garantía de los derechos de las personas LGTBI («B.O.E.» 1 marzo).
Vigencia: 2 marzo 2023

Artículo 111. Quedará excluido de la patria potestad y demás funciones tuitivas y no ostentará derechos por ministerio de la Ley respecto del hijo o de sus descendientes, o en sus herencias, el progenitor:

Véase artículo 170 del presente Código.

1.º Cuando haya sido condenado a causa de las relaciones a que obedezca la generación, según sentencia penal firme.

Véanse:
- Artículo 170 del presente Código.
- Artículos 178 y siguientes del Código Penal.

2.º Cuando la filiación haya sido judicialmente determinada contra su oposición.

En ambos supuestos el hijo no ostentará el apellido del progenitor en cuestión más que si lo solicita él mismo o su representante legal.

Dejarán de producir efecto estas restricciones por determinación del representante legal del hijo aprobada judicialmente, o por voluntad del propio hijo una vez alcanzada la plena capacidad.

Quedarán siempre a salvo las obligaciones de velar por los hijos y prestarles alimentos.

CAPÍTULO II
DE LA DETERMINACIÓN Y PRUEBA DE LA FILIACIÓN

SECCIÓN PRIMERA
DISPOSICIONES GENERALES

Artículo 112. La filiación produce sus efectos desde que tiene lugar. Su determinación legal tiene efectos retroactivos siempre que la retroactividad sea compatible con la naturaleza de aquéllos y la Ley no dispusiere lo contrario.

En todo caso conservarán su validez los actos otorgados en nombre del hijo menor por su representante legal o, en el caso de los mayores con discapacidad que tuvieran previstas medidas de apoyo, los realizados conforme a estas, antes de que la filiación hubiera sido determinada.

Párrafo segundo del artículo 112 redactado por el apartado doce del artículo segundo de la Ley 8/2021, de 2 de junio, por la que se reforma la legislación civil y procesal para el apoyo a las personas con discapacidad en el ejercicio de su capacidad jurídica («B.O.E.» 3 junio).
Vigencia: 3 septiembre 2021

Artículo 113. La filiación se acredita por la inscripción en el Registro Civil, por el documento o sentencia que la determina legalmente, por la presunción de paternidad matrimonial y, a falta de los medios anteriores, por la posesión de estado. Para la admisión de pruebas distintas a la inscripción se estará a lo dispuesto en la Ley de Registro Civil.

No será eficaz la determinación de una filiación en tanto resulte acreditada otra contradictoria.

Artículo 114. Los asientos de filiación podrán ser rectificados conforme a la Ley de Registro Civil, sin perjuicio de lo especialmente dispuesto en el presente título sobre acciones de impugnación.

Podrán también rectificarse en cualquier momento los asientos que resulten contradictorios con los hechos que una sentencia penal declare probados.

Véase Convenio núm. 9 de la Comisión Internacional del Estado Civil (CIEC), de 10 de septiembre de 1964, relativo a las disposiciones rectificativas de actas de estado civil, hecho en París («B.O.E.» 17 enero 1977).

SECCIÓN SEGUNDA
DE LA DETERMINACIÓN DE LA FILIACIÓN MATRIMONIAL

Artículo 115. La filiación matrimonial materna y paterna quedará determinada legalmente:
1.º Por la inscripción del nacimiento junto con la del matrimonio de los padres.
2.º Por sentencia firme.

Véase Disposición transitoria 7.ª de la Ley 11/1981, de 13 de mayo, de modificación del Código Civil en materia de filiación, patria potestad y régimen económico del matrimonio («B.O.E.», 19 mayo).

Artículo 116. Se presumen hijos del marido los nacidos después de la celebración del matrimonio y antes de los trescientos días siguientes a su disolución o a la separación legal o de hecho de los cónyuges.

Véase el artículo 9.2 de la Ley 14/2006, de 26 de mayo, sobre técnicas de reproducción humana asistida («B.O.E.» 27 mayo).

Artículo 117. Nacido el hijo dentro de los ciento ochenta días siguientes a la celebración del matrimonio, podrá el marido destruir la presunción mediante declaración auténtica en contrario formalizada dentro de los seis meses siguientes al conocimiento del parto. Se exceptúan los casos en que hubiere reconocido la paternidad expresa o tácitamente o hubiese conocido el embarazo de la mujer con anterioridad a la celebración del matrimonio, salvo que, en este último supuesto, la declaración auténtica se hubiera formalizado, con el consentimiento de ambos, antes del matrimonio o después del mismo, dentro de los seis meses siguientes al nacimiento del hijo.

Véanse artículos 184 y 314 del Reglamento del Registro Civil de 14 de noviembre de 1958.

Artículo 118. Aun faltando la presunción de paternidad del marido por causa de la separación legal o de hecho de los cónyuges, podrá inscribirse la filiación como matrimonial si concurre el consentimiento de ambos.

Véase artículo 138 del presente Código.

Artículo 119. La filiación adquiere el carácter de matrimonial desde la fecha del matrimonio de los progenitores cuando éste tenga lugar con posterioridad al nacimiento del hijo siempre que el hecho de la filiación quede determinado legalmente conforme a lo dispuesto en la sección siguiente.

Lo establecido en el párrafo anterior aprovechará, en su caso, a los descendientes del hijo fallecido.

SECCIÓN TERCERA
DE LA DETERMINACIÓN DE LA FILIACIÓN NO MATRIMONIAL

Véanse los artículos 23 a 26 de la Ley 15/2015, de 2 de julio, de la Jurisdicción Voluntaria («B.O.E.» 3 julio).

Artículo 120. La filiación no matrimonial quedará determinada legalmente:

1.º En el momento de la inscripción del nacimiento, por la declaración conforme realizada por el padre o progenitor no gestante en el correspondiente formulario oficial a que se refiere la legislación del Registro Civil.

2.º Por el reconocimiento ante el Encargado del Registro Civil, en testamento o en otro documento público.

3.º Por resolución recaída en expediente tramitado con arreglo a la legislación del Registro Civil.

4.º Por sentencia firme.

5.º Respecto de la madre o progenitor gestante, cuando se haga constar su filiación en la inscripción de nacimiento practicada dentro de plazo, de acuerdo con lo dispuesto en la Ley del Registro Civil.

Artículo 120 redactado por el apartado cinco de la disposición final primera de la Ley 4/2023, de 28 de febrero, para la igualdad real y efectiva de las personas trans y para la garantía de los derechos de las personas LGTBI («B.O.E.» 1 marzo).
Vigencia: 2 marzo 2023

Artículo 121. El reconocimiento otorgado por menores no emancipados necesitará para su validez aprobación judicial con audiencia del Ministerio Fiscal.

Para la validez del reconocimiento otorgado por personas mayores de edad respecto de las que hayan establecido medidas de apoyo se estará a lo que resulte de la resolución judicial o escritura pública que las haya establecido. Si nada se hubiese dispuesto y no hubiera medidas voluntarias de apoyo, se instruirá la correspondiente revisión de las medidas de apoyo judicialmente adoptadas para completarlas a este fin.

Artículo 121 redactado por el apartado trece del artículo segundo de la Ley 8/2021, de 2 de junio, por la que se reforma la legislación civil y procesal para el apoyo a las personas con discapacidad en el ejercicio de su capacidad jurídica («B.O.E.» 3 junio).
Vigencia: 3 septiembre 2021

Artículo 122. Cuando un progenitor hiciere el reconocimiento separadamente, no podrá manifestar en él la identidad del otro a no ser que esté ya determinada legalmente.

Artículo 123. El reconocimiento de un hijo mayor de edad no producirá efectos sin su consentimiento expreso o tácito.

El consentimiento para la eficacia del reconocimiento de la persona mayor de edad con discapacidad se prestará por esta, de manera expresa o tácita, con los apoyos que requiera para ello. En caso de que exista resolución judicial o escritura pública que haya establecido medidas de apoyo, se estará a lo allí dispuesto.

Artículo 123 redactado por el apartado catorce del artículo segundo de la Ley 8/2021, de 2 de junio, por la que se reforma la legislación civil y procesal para el apoyo a las personas con discapacidad en el ejercicio de su capacidad jurídica («B.O.E.» 3 junio).
Vigencia: 3 septiembre 2021

Artículo 124. La eficacia del reconocimiento de la persona menor de edad requerirá el consentimiento expreso de su representante legal o la aprobación judicial con audiencia del Ministerio Fiscal y del progenitor legalmente conocido.

No será necesario el consentimiento o la aprobación si el reconocimiento se hubiere efectuado en testamento o dentro del plazo establecido para practicar la inscripción del nacimiento. La inscripción de la filiación del padre o progenitor no gestante así practicada podrá suspenderse a simple petición de la madre o progenitor gestante durante el año siguiente al nacimiento. Si el padre o progenitor no gestante solicitara la confirmación de la inscripción, será necesaria la aprobación judicial con audiencia del Ministerio Fiscal.

Artículo 124 redactado por el apartado seis de la disposición final primera de la Ley 4/2023, de 28 de febrero, para la igualdad real y efectiva de las personas trans y para la garantía de los derechos de las personas LGTBI («B.O.E.» 1 marzo).
Vigencia: 2 marzo 2023

Artículo 125. Cuando los progenitores del menor fueren hermanos o consanguíneos en línea recta, legalmente determinada la filiación respecto de uno, solo podrá quedar determinada legalmente respecto del otro previa autorización judicial, que se otorgará con audiencia del Ministerio Fiscal, cuando convenga al interés del menor.

El menor podrá, alcanzada la mayoría de edad, invalidar mediante declaración auténtica esta última determinación si no la hubiere consentido.

Artículo 125 redactado por el apartado dieciséis del artículo segundo de la Ley 8/2021, de 2 de junio, por la que se reforma la legislación civil y procesal para el apoyo a las personas con discapacidad en el ejercicio de su capacidad jurídica («B.O.E.» 3 junio).
Vigencia: 3 septiembre 2021

Artículo 126. El reconocimiento del ya fallecido sólo surtirá efecto si lo consintieren sus descendientes por sí o por sus representantes legales.

Véase artículo 176.3 del presente Código.

CAPÍTULO III
DE LAS ACCIONES DE FILIACIÓN

SECCIÓN PRIMERA
DISPOSICIONES GENERALES

Artículo 127. ...

Artículo 128. ...

Artículo 129. ...

Artículo 130. ...

Artículos 127 a 130 derogados por el apartado 2.1.º de la Disposición Derogatoria Única de la Ley 1/2000, 7 enero, de Enjuiciamiento Civil («B.O.E.» 8 enero).
Vigencia: 8 enero 2001

SECCIÓN SEGUNDA
DE LA RECLAMACIÓN

Artículo 131. Cualquier persona con interés legítimo tiene acción para que se declare la filiación manifestada por la constante posesión de estado.

Véase artículo 484 del presente Código.

Se exceptúa el supuesto en que la filiación que se reclame contradiga otra legalmente determinada.

Artículo 132. A falta de la correspondiente posesión de estado, la acción de reclamación de la filiación matrimonial, que es imprescriptible, corresponde a cualquiera de los dos progenitores o al hijo.

Si el hijo falleciere antes de transcurrir cuatro años desde que alcanzase plena capacidad, o durante el año siguiente al descubrimiento de las pruebas en que se haya de fundar la demanda, su acción corresponde a sus herederos por el tiempo que faltare para completar dichos plazos.

Artículo 132 redactado por el apartado siete de la disposición final primera de la Ley 4/2023, de 28 de febrero, para la igualdad real y efectiva de las personas trans y para la garantía de los derechos de las personas LGTBI («B.O.E.» 1 marzo).
Vigencia: 2 marzo 2023

Artículo 133. 1. La acción de reclamación de filiación no matrimonial, cuando falte la respectiva posesión de estado, corresponderá al hijo durante toda su vida.

Si el hijo falleciere antes de transcurrir cuatro años desde que alcanzare la mayoría de edad o desde que se eliminaren las medidas de apoyo que tuviera previstas a tales efectos, o durante el año siguiente al descubrimiento de las pruebas en que se funde la demanda, su acción corresponderá a sus herederos por el tiempo que faltare para completar dichos plazos.

Número 1 del artículo 133 redactado por el apartado diecisiete del artículo segundo de la Ley 8/2021, de 2 de junio, por la que se reforma la legislación civil y procesal para el apoyo a las personas con discapacidad en el ejercicio de su capacidad jurídica («B.O.E.» 3 junio).
Vigencia: 3 septiembre 2021

2. Igualmente podrán ejercitar la presente acción de filiación los progenitores en el plazo de un año contado desde que hubieran tenido conocimiento de los hechos en que hayan de basar su reclamación.

Esta acción no será transmisible a los herederos quienes solo podrán continuar la acción que el progenitor hubiere iniciado en vida.

Artículo 133 redactado por el apartado tres del artículo segundo de la Ley 26/2015, de 28 de julio, de modificación del sistema de protección a la infancia y a la adolescencia («B.O.E.» 29 julio).
Vigencia: 18 agosto 2015

Artículo 134. El ejercicio de la acción de reclamación, conforme a los artículos anteriores, por el hijo o el progenitor, permitirá en todo caso la impugnación de la filiación contradictoria.

...

Párrafo 2.º del artículo 134 derogado por el apartado 2.1.º de la Disposición Derogatoria Única de la Ley 1/2000, 7 enero, de Enjuiciamiento Civil («B.O.E.» 8 enero).
Vigencia: 8 enero 2001

Véase Ley 70.2 de la Ley 1/1973, de 1 de marzo, por la que se aprueba la Compilación del Derecho Civil Foral de Navarra.

Artículo 135. ...

Artículo 135 derogado por el apartado 2.1.º de la Disposición Derogatoria Única de la Ley 1/2000, 7 enero, de Enjuiciamiento Civil («B.O.E.» 8 enero).
Vigencia: 8 enero 2001

SECCIÓN TERCERA
DE LA IMPUGNACIÓN

Artículo 136. 1. El marido podrá ejercitar la acción de impugnación de la paternidad en el plazo de un año contado desde la inscripción de la filiación en el Registro Civil. Sin embargo, el plazo no correrá mientras el marido ignore el nacimiento. Fallecido el marido sin conocer el nacimiento, el año se contará desde que lo conozca el heredero.

2. Si el marido, pese a conocer el hecho del nacimiento de quien ha sido inscrito como hijo suyo, desconociera su falta de paternidad biológica, el cómputo del plazo de un año comenzará a contar desde que tuviera tal conocimiento.

3. Si el marido falleciere antes de transcurrir el plazo señalado en los párrafos anteriores, la acción corresponderá a cada heredero por el tiempo que faltare para completar dicho plazo.

Artículo 136 redactado por el apartado cuatro del artículo segundo de la Ley 26/2015, de 28 de julio, de modificación del sistema de protección a la infancia y a la adolescencia («B.O.E.» 29 julio).
Vigencia: 18 agosto 2015

La Sentencia TS (Sala Primera) de 15 julio 2016, Rec. 1290/2015, fija la siguiente doctrina: .
F.J. 4.º«Cabe que quien ha realizado un reconocimiento de complacencia de su paternidad ejercite una acción de impugnación de la paternidad, fundada en el hecho de no ser el padre biológico del reconocido. Si esa acción prospera, el reconocimiento devendrá ineficaz. La acción procedente será la regulada en el artículo 136 CC si la paternidad determinada legalmente por el reconocimiento es matrimonial en el momento de ejercicio de la acción; y será la que regula el artículo 140.II CC si la paternidad es no matrimonial y ha existido posesión de estado, aunque ésta no persista al tiempo del ejercicio de la acción».
F.J. 5.º «En caso de que el autor del reconocimiento de complacencia y la madre del reconocido hayan contraído matrimonio con posterioridad al nacimiento de éste, la ac-

ción de impugnación de la paternidad que dicho reconocedor podrá ejercitar será la regulada en el artículo 136 CC , durante el plazo de caducidad de un año que el mismo artículo establece. También será esa la acción, cuando el reconocimiento se haya realizado con anterioridad a la celebración del referido matrimonio; y a no ser que hubiera caducado antes la acción que regula el artículo 140.II CC , en cuyo caso, el reconocedor no podrá ejercitar la acción del artículo 136 CC : el matrimonio no abrirá un nuevo plazo de un año a tal efecto».

Artículo 137. 1. La filiación del padre o progenitor no gestante podrá ser impugnada por el hijo durante el año siguiente a la inscripción de la filiación. Si fuere menor o persona con discapacidad con medidas de apoyo, para impugnarla, el plazo del año se contará desde la mayoría de edad o desde la extinción de las medidas de apoyo.

El ejercicio de la acción, en interés del hijo que sea menor, corresponderá, asimismo, durante el año siguiente a la inscripción de la filiación, a la madre o progenitor gestante que ostente la patria potestad, a su representante legal o al Ministerio Fiscal.

Si se tratare de persona con discapacidad con medidas de apoyo, esta, quien preste el apoyo y se encuentre expresamente facultado para ello o, en su defecto, el Ministerio Fiscal, podrán, asimismo, ejercitar la acción de impugnación durante el año siguiente a la inscripción de la filiación.

2. Si el hijo, pese a haber transcurrido más de un año desde la inscripción en el registro, desde su mayoría de edad o desde la extinción de la medida de apoyo, desconociera la falta de paternidad biológica de quien aparece inscrito como su padre o progenitor no gestante, el cómputo del plazo de un año comenzará a contar desde que tuviera tal conocimiento.

3. Cuando el hijo falleciere antes de transcurrir los plazos establecidos en los párrafos anteriores, su acción corresponderá a sus herederos por el tiempo que faltare para completar dichos plazos.

4. Si falta en las relaciones familiares la posesión de estado de filiación matrimonial, la demanda podrá ser interpuesta en cualquier tiempo por el hijo o sus herederos.

Artículo 137 redactado por el apartado ocho de la disposición final primera de la Ley 4/2023, de 28 de febrero, para la igualdad real y efectiva de las personas trans y para la garantía de los derechos de las personas LGTBI («B.O.E.» 1 marzo).
Vigencia: 2 marzo 2023

Artículo 138. El reconocimiento y demás actos jurídicos que determinen conforme a la ley una filiación matrimonial o no matrimonial podrán ser impugnados por vicio de consentimiento según lo dispuesto en el artículo 141. La impugnación de la paternidad por otras causas se atenderá a las normas contenidas en esta sección.

Artículo 138 redactado por el apartado seis del artículo segundo de la Ley 26/2015, de 28 de julio, de modificación del sistema de protección a la infancia y a la adolescencia («B.O.E.» 29 julio).
Vigencia: 18 agosto 2015

Artículo 139. La madre o progenitor que conste como gestante podrá ejercitar la acción de impugnación de la filiación justificando la suposición del parto o no ser cierta la identidad del hijo.

Artículo 139 redactado por el apartado nueve de la disposición final primera de la Ley 4/2023, de 28 de febrero, para la igualdad real y efectiva de las personas trans y para la garantía de los derechos de las personas LGTBI («B.O.E.» 1 marzo).
Vigencia: 2 marzo 2023

Artículo 140. Cuando falte en las relaciones familiares la posesión de estado, la filiación paterna o materna no matrimonial podrá ser impugnada por aquéllos a quienes perjudique.

Cuando exista posesión de estado, la acción de impugnación corresponderá a quien aparece como hijo o progenitor y a quienes por la filiación puedan resultar afectados en su calidad de herederos forzosos. La acción caducará pasados cuatro años desde que el hijo, una vez inscrita la filiación, goce de la posesión de estado correspondiente.

> *La Sentencia TS (Sala Primera) de 15 julio 2016, Rec. 1290/2015, fija la siguiente doctrina: .*
>
> *F.J. 4.º«Cabe que quien ha realizado un reconocimiento de complacencia de su paternidad ejercite una acción de impugnación de la paternidad, fundada en el hecho de no ser el padre biológico del reconocido. Si esa acción prospera, el reconocimiento devendrá ineficaz. La acción procedente será la regulada en el artículo 136 CC si la paternidad determinada legalmente por el reconocimiento es matrimonial en el momento de ejercicio de la acción; y será la que regula el artículo 140.II CC si la paternidad es no matrimonial y ha existido posesión de estado, aunque ésta no persista al tiempo del ejercicio de la acción».*
>
> *F.J. 5.º «En caso de que el autor del reconocimiento de complacencia y la madre del reconocido hayan contraído matrimonio con posterioridad al nacimiento de éste, la acción de impugnación de la paternidad que dicho reconocedor podrá ejercitar será la regulada en el artículo 136 CC , durante el plazo de caducidad de un año que el mismo artículo establece. También será esa la acción, cuando el reconocimiento se haya realizado con anterioridad a la celebración del referido matrimonio; y a no ser que hubiera caducado antes la acción que regula el artículo 140.II CC , en cuyo caso, el reconocedor no podrá ejercitar la acción del artículo 136 CC : el matrimonio no abrirá un nuevo plazo de un año a tal efecto».*

Los hijos tendrán en todo caso acción durante un año después de alcanzar la mayoría de edad o de recobrar capacidad suficiente a tales efectos.

> *Párrafo final del artículo 140 redactado por el apartado siete del artículo segundo de la Ley 26/2015, de 28 de julio, de modificación del sistema de protección a la infancia y a la adolescencia («B.O.E.» 29 julio).*
> *Vigencia: 18 agosto 2015*

Artículo 141. La acción de impugnación del reconocimiento realizado mediante error, violencia o intimidación corresponde a quien lo hubiere otorgado. La acción caducará al año del reconocimiento o desde que cesó el vicio de consentimiento, y podrá ser ejercitada o continuada por los herederos de aquél, si hubiere fallecido antes de transcurrir el año.

TÍTULO VI
DE LOS ALIMENTOS ENTRE PARIENTES

> *Véanse:*
> *- Artículo 9.7 del presente Código.*
> *- Real Decreto 1618/2007, de 7 de diciembre, sobre organización y funcionamiento del Fondo de Garantía del Pago de Alimentos.*
> *- Decisión 2011/432/UE del Consejo, de 9 de junio de 2011, sobre la aprobación, en nombre de la Unión Europea, del Convenio de La Haya de 23 de noviembre de 2007 sobre cobro internacional de alimentos para los niños y otros miembros de la familia.*

Artículo 142. Se entiende por alimentos todo lo que es indispensable para el sustento, habitación, vestido y asistencia médica.

Los alimentos comprenden también la educación e instrucción del alimentista mientras sea menor de edad y aún después cuando no haya terminado su formación por causa que no le sea imputable.

Entre los alimentos se incluirán los gastos de embarazo y parto, en cuanto no estén cubiertos de otro modo.

Artículo 142 redactado por Ley 11/1981, 13 mayo («B.O.E.» 19 mayo), de modificación del Código Civil en materia de filiación, patria potestad y régimen económico del matrimonio.

Véanse:
- Artículo 39.3. de la Constitución Española.
- Artículos 9.7, 68, 90, 93, 110, 111, 154, 269, 275, 879, 930 a 934, 1041 y 1042, 1362, 1814 y 1894 del presente Código.
- Artículos 250.1.8º y 437 y ss. LEC.
- Artículos 226, 227 y 618 del Código Penal.

Artículo 143. Están obligados recíprocamente a darse alimentos en toda la extensión que señala el artículo precedente:

1.º Los cónyuges.
2.º Los ascendientes y descendientes.

Los hermanos sólo se deben los auxilios necesarios para la vida, cuando los necesiten por cualquier causa que no sea imputable al alimentista, y se extenderán en su caso a los que precisen para su educación.

Artículo 143 redactado por Ley 11/1981, 13 mayo («B.O.E.» 19 mayo), de modificación del Código Civil en materia de filiación, patria potestad y régimen económico del matrimonio.

Véanse:
- Artículos 269 y 275 del presente Código.
- Artículo 39.3. de la Constitución Española.

Artículo 144. La reclamación de alimentos cuando proceda y sean dos o más los obligados a prestarlos se hará por el orden siguiente:

1.º Al cónyuge.
2.º A los descendientes de grado más próximo.
3.º A los ascendientes, también de grado más próximo.
4.º A los hermanos, pero estando obligados en último lugar los que sólo sean uterinos o consanguíneos.

Entre los descendientes y ascendientes se regulará la gradación por el orden en que sean llamados a la sucesión legítima de la persona que tenga derecho a los alimentos.

Artículo 144 redactado por Ley 11/1981, 13 mayo («B.O.E.» 19 mayo), de modificación del Código Civil en materia de filiación, patria potestad y régimen económico del matrimonio.

Artículo 145. Cuando recaiga sobre dos o más personas la obligación de dar alimentos, se repartirá entre ellas el pago de la pensión en cantidad proporcional a su caudal respectivo.

Sin embargo, en caso de urgente necesidad y por circunstancias especiales, podrá el Juez obligar a una sola de ellas a que los preste provisionalmente, sin perjuicio de su derecho a reclamar de los demás obligados la parte que les corresponda.

Cuando dos o más alimentistas reclamaren a la vez alimentos de una misma persona obligada legalmente a darlos, y ésta no tuviere fortuna bastante para atender a todos, se guardará el orden establecido en el artículo anterior, a no ser que los alimentistas concurrentes fuesen el cónyuge y un hijo sujeto a la patria potestad, en cuyo caso éste será preferido a aquél.

Véase artículo 1137 del presente Código.

Artículo 146. La cuantía de los alimentos será proporcionada al caudal o medios de quien los da y a las necesidades de quien los recibe.

Artículo 146 redactado por Ley 11/1981, 13 mayo («B.O.E.» 19 mayo), de modificación del Código Civil en materia de filiación, patria potestad y régimen económico del matrimonio.

Artículo 147. Los alimentos, en los casos a que se refiere el artículo anterior, se reducirán o aumentarán proporcionalmente según el aumento o disminución que sufran las necesidades del alimentista y la fortuna del que hubiere de satisfacerlos.

Artículo 148. La obligación de dar alimentos será exigible desde que los necesitare, para subsistir, la persona que tenga derecho a percibirlos; pero no se abonarán sino desde la fecha en que se interponga la demanda.

Se verificará el pago por meses anticipados, y, cuando fallezca el alimentista, sus herederos no estarán obligados a devolver lo que éste hubiese recibido anticipadamente.

El Juez, a petición del alimentista o del Ministerio Fiscal, ordenará con urgencia las medidas cautelares oportunas para asegurar los anticipos que haga una Entidad pública u otra persona y proveer a las futuras necesidades.

Párrafo final del artículo 148 introducido por Ley 11/1981, 13 mayo («B.O.E.» 19 mayo), de modificación del Código Civil en materia de filiación, patria potestad y régimen económico del matrimonio.

Véanse:
- Artículos 880 y 894 del presente Código.
- Artículos 262 y 268 de la Ley 9/1998, de 15 de julio, del Código de Familia («D.O.G.C.» 23 julio).

Artículo 149. El obligado a prestar alimentos podrá, a su elección, satisfacerlos, o pagando la pensión que se fije, o recibiendo y manteniendo en su propia casa al que tiene derecho a ellos.

Esta elección no será posible en cuanto contradiga la situación de convivencia determinada para el alimentista por las normas aplicables o por resolución judicial. También podrá ser rechazada cuando concurra justa causa o perjudique el interés del alimentista menor de edad.

Artículo 149 redactado por L.O. 1/1996, 15 enero («B.O.E.» 17 enero), de Protección Jurídica del Menor.

Artículo 150. La obligación de suministrar alimentos cesa con la muerte del obligado, aunque los prestase en cumplimiento de una sentencia firme.

Artículo 151. No es renunciable ni transmisible a un tercero el derecho a los alimentos. Tampoco pueden compensarse con lo que el alimentista deba al que ha de prestarlos.

Pero podrán compensarse y renunciarse las pensiones alimenticias atrasadas, y transmitirse a título oneroso o gratuito el derecho a demandarlas.

Artículo 152. Cesará también la obligación de dar alimentos:
1.º Por muerte del alimentista.
2.º Cuando la fortuna del obligado a darlos se hubiere reducido hasta el punto de no poder satisfacerlos sin desatender sus propias necesidades y las de su familia.
3.º Cuando el alimentista pueda ejercer un oficio, profesión o industria, o haya adquirido un destino o mejorado de fortuna, de suerte que no le sea necesaria la pensión alimenticia para su subsistencia.
4.º Cuando el alimentista, sea o no heredero forzoso, hubiese cometido alguna falta de las que dan lugar a la desheredación.

Véanse artículos 852 a 855 del presente Código.

5.º Cuando el alimentista sea descendiente del obligado a dar alimentos, y la necesidad de aquél provenga de mala conducta o de falta de aplicación al trabajo, mientras subsista esta causa.

Artículo 153. Las disposiciones que preceden son aplicables a los demás casos en que por este Código, por testamento o por pacto se tenga derecho a alimentos, salvo lo pactado, lo ordenado por el testador o lo dispuesto por la ley para el caso especial de que se trate.

TÍTULO VII
DE LAS RELACIONES PATERNO-FILIALES

Título VII del Libro I, integrado por los artículos 154 al 171, redactados por el artículo 2 de la Ley 11/1981, de 13 de mayo, de modificación del Código Civil en materia de filiación, patria potestad y régimen económico del matrimonio («B.O.E.» 19 mayo).

CAPÍTULO PRIMERO
DISPOSICIONES GENERALES

Artículo 154. Los hijos e hijas no emancipados están bajo la patria potestad de los progenitores.

La patria potestad, como responsabilidad parental, se ejercerá siempre en interés de los hijos e hijas, de acuerdo con su personalidad, y con respeto a sus derechos, su integridad física y mental.

Esta función comprende los siguientes deberes y facultades:

1.º Velar por ellos, tenerlos en su compañía, alimentarlos, educarlos y procurarles una formación integral.

2.º Representarlos y administrar sus bienes.

3.º Decidir el lugar de residencia habitual de la persona menor de edad, que solo podrá ser modificado con el consentimiento de ambos progenitores o, en su defecto, por autorización judicial.

Si los hijos o hijas tuvieren suficiente madurez deberán ser oídos siempre antes de adoptar decisiones que les afecten sea en procedimiento contencioso o de mutuo acuerdo. En todo caso, se garantizará que puedan ser oídas en condiciones idóneas, en términos que les sean accesibles, comprensibles y adaptados a su edad, madurez y circunstancias, recabando el auxilio de especialistas cuando ello fuera necesario.

Los progenitores podrán, en el ejercicio de su función, recabar el auxilio de la autoridad.

Artículo 154 redactado por el número dos de la disposición final segunda de la L.O. 8/2021, de 4 de junio, de protección integral a la infancia y la adolescencia frente a la violencia («B.O.E.» 5 junio).
Vigencia: 25 junio 2021

Artículo 155. Los hijos deben:

1.º Obedecer a sus padres mientras permanezcan bajo su potestad, y respetarles siempre.

2.º Contribuir equitativamente, según sus posibilidades, al levantamiento de las cargas de la familia mientras convivan con ella.

Artículo 156. La patria potestad se ejercerá conjuntamente por ambos progenitores o por uno solo con el consentimiento expreso o tácito del otro. Serán válidos los actos que realice uno de ellos conforme al uso social y a las circunstancias o en situaciones de urgente necesidad.

Dictada una sentencia condenatoria y mientras no se extinga la responsabilidad penal o iniciado un procedimiento penal contra uno de los progenitores por atentar contra la vida, la integridad física, la libertad, la integridad moral o la libertad e indemnidad sexual de los hijos o hijas comunes menores de edad, o por atentar contra el otro progenitor, bastará el consentimiento de este para la atención y asistencia psicológica de los hijos e hijas menores de edad, debiendo el primero ser informado previamente. Lo anterior será igualmente aplicable, aunque no se haya interpuesto denuncia previa, cuando la mujer esté recibiendo asistencia en un servicio especializado de violencia de género, siempre que medie informe emitido por dicho servicio que acredite dicha situación. Si la asistencia hubiera de prestarse a los hijos e hijas mayores de dieciséis años se precisará en todo caso el consentimiento expreso de estos.

En caso de desacuerdo en el ejercicio de la patria potestad, cualquiera de los dos podrá acudir a la autoridad judicial, quien, después de oír a ambos y al hijo si tuviera suficiente madurez y, en todo caso, si fuera mayor de doce años, atribuirá la facultad de decidir a uno de los dos progenitores. Si los desacuerdos fueran reiterados o concurriera cualquier otra causa que entorpezca gravemente el ejercicio de la patria potestad, podrá atribuirla total o parcialmente a uno de los progenitores o distribuir entre ellos sus funciones. Esta medida tendrá vigencia durante el plazo que se fije, que no podrá nunca exceder de dos años. En los supuestos de los párrafos anteriores, respecto de terceros de buena fe, se presumirá que cada uno de los progenitores actúa en el ejercicio ordinario de la patria potestad con el consentimiento del otro.

En defecto o por ausencia o imposibilidad de uno de los progenitores, la patria potestad será ejercida exclusivamente por el otro.

Si los progenitores viven separados, la patria potestad se ejercerá por aquel con quien el hijo conviva. Sin embargo, la autoridad judicial, a solicitud fundada del otro progenitor, podrá, en interés del hijo, atribuir al solicitante la patria potestad para que la ejerza conjuntamente con el otro progenitor o distribuir entre ambos las funciones inherentes a su ejercicio.

> *Artículo 156 redactado por el apartado diecinueve del artículo segundo de la Ley 8/2021, de 2 de junio, por la que se reforma la legislación civil y procesal para el apoyo a las personas con discapacidad en el ejercicio de su capacidad jurídica («B.O.E.» 3 junio).*
> *Vigencia: 3 septiembre 2021*

Artículo 157. El menor no emancipado ejercerá la patria potestad sobre sus hijos con la asistencia de sus padres y, a falta de ambos, de su tutor; en casos de desacuerdo o imposibilidad, con la del Juez.

Artículo 158. El Juez, de oficio o a instancia del propio hijo, de cualquier pariente o del Ministerio Fiscal, dictará:

1.º Las medidas convenientes para asegurar la prestación de alimentos y proveer a las futuras necesidades del hijo, en caso de incumplimiento de este deber, por sus padres.

2.º Las disposiciones apropiadas a fin de evitar a los hijos perturbaciones dañosas en los caso de cambio de titular de la potestad de guarda.

3.º Las medidas necesarias para evitar la sustracción de los hijos menores por alguno de los progenitores o por terceras personas y, en particular, las siguientes:

a) Prohibición de salida del territorio nacional, salvo autorización judicial previa.

b) Prohibición de expedición del pasaporte al menor o retirada del mismo si ya se hubiere expedido.

c) Sometimiento a autorización judicial previa de cualquier cambio de domicilio del menor.

4.º La medida de prohibición a los progenitores, tutores, a otros parientes o a terceras personas de aproximarse al menor y acercarse a su domicilio o centro educativo y a otros lugares que frecuente, con respecto al principio de proporcionalidad.

5.º La medida de prohibición de comunicación con el menor, que impedirá a los progenitores, tutores, a otros parientes o a terceras personas establecer contacto escrito, verbal o visual por cualquier medio de comunicación o medio informático o telemático, con respeto al principio de proporcionalidad.

6.º La suspensión cautelar en el ejercicio de la patria potestad y/o en el ejercicio de la guarda y custodia, la suspensión cautelar del régimen de visitas y comunicaciones establecidos en resolución judicial o convenio judicialmente aprobado y, en general, las demás disposiciones que considere oportunas, a fin de apartar al menor de un peligro o de evitarle perjuicios en su entorno familiar o frente a terceras personas.

En caso de posible desamparo del menor, el Juzgado comunicará las medidas a la Entidad Pública. Todas estas medidas podrán adoptarse dentro de cualquier proceso judicial o penal o bien en un expediente de jurisdicción voluntaria, en que la autoridad judicial habrá de garantizar la audiencia de la persona menor de edad, pudiendo el Tribunal ser auxiliado por personas externas para garantizar que pueda ejercitarse este derecho por sí misma.

Artículo 158 redactado por el número tres de la disposición final segunda de la L.O. 8/2021, de 4 de junio, de protección integral a la infancia y la adolescencia frente a la violencia («B.O.E.» 5 junio).

Vigencia: 25 junio 2021

Artículo 159. Si los padres viven separados y no decidieren de común acuerdo, el Juez decidirá, siempre en beneficio de los hijos, al cuidado de qué progenitor quedarán los hijos menores de edad. El Juez oirá, antes de tomar esta medida, a los hijos que tuvieran suficiente juicio y, en todo caso, a los que fueran mayores de doce años.

Artículo 159 redactado por Ley 11/1990, 15 octubre («B.O.E.» 18 octubre), de reforma del Código Civil, en aplicación del principio de no discriminación por razón de sexo .

Véanse artículos 90 a 103 del presente Código.

Artículo 160. 1. Los hijos menores tienen derecho a relacionarse con sus progenitores aunque éstos no ejerzan la patria potestad, salvo que se disponga otra cosa por resolución judicial o por la Entidad Pública en los casos establecidos en el artículo 161. En caso de privación de libertad de los progenitores, y siempre que el interés superior del menor recomiende visitas a aquellos, la Administración deberá facilitar el traslado acompañado del menor al centro penitenciario, ya sea por un familiar designado por la administración competente o por un profesional que velarán por la preparación del menor a dicha visita. Asimismo la visita a un centro penitenciario se deberá realizar fuera de horario escolar y en un entorno adecuado para el menor.

Los menores adoptados por otra persona, solo podrán relacionarse con su familia de origen en los términos previstos en el artículo 178.4.

2. No podrán impedirse sin justa causa las relaciones personales del menor con sus hermanos, abuelos y otros parientes y allegados.

En caso de oposición, el Juez, a petición del menor, hermanos, abuelos, parientes o allegados, resolverá atendidas las circunstancias. Especialmente deberá asegurar que las medidas que se puedan fijar para favorecer las relaciones entre hermanos, y entre abuelos y nietos, no faculten la infracción de las resoluciones judiciales que restrinjan o suspendan las relaciones de los menores con alguno de sus progenitores.

Artículo 160 redactado por el apartado diez del artículo segundo de la Ley 26/2015, de 28 de julio, de modificación del sistema de protección a la infancia y a la adolescencia («B.O.E.» 29 julio).

Vigencia: 18 agosto 2015

Artículo 161. La Entidad Pública a la que, en el respectivo territorio, esté encomendada la protección de menores regulará las visitas y comunicaciones que correspondan a los progenitores, abuelos, hermanos y demás parientes y allegados respecto a los menores en situación de desamparo, pudiendo acordar motivadamente, en interés del menor, la suspensión temporal de las mismas previa audiencia de los afectados y del menor si tuviere suficiente madurez y, en todo caso, si fuera mayor de doce años, con inmediata notificación al Ministerio Fiscal. A tal efecto, el Director del centro de acogimiento residencial o la familia acogedora u otros agentes o profesionales implicados informarán a la Entidad Pública de cualquier indicio de los efectos nocivos de estas visitas sobre el menor.

El menor, los afectados y el Ministerio Fiscal podrán oponerse a dichas resoluciones administrativas conforme a la Ley de Enjuiciamiento Civil.

> *Artículo 161 redactado por el apartado once del artículo segundo de la Ley 26/2015, de 28 de julio, de modificación del sistema de protección a la infancia y a la adolescencia («B.O.E.» 29 julio).*
> *Vigencia: 18 agosto 2015*

> *La Sentencia TS (Sala 1.ª) de 18 junio 2015, Rec. 722/2014, fija como doctrina legal que, «tratándose del menor acogido, el derecho que a sus padres, abuelos y demás parientes corresponde para visitarle y relacionarse con él, podrá ser regulado o suspendido por el juez, atendidas las circunstancias y el interés del menor».*

CAPÍTULO II
DE LA REPRESENTACIÓN LEGAL DE LOS HIJOS

Artículo 162. Los padres que ostenten la patria potestad tienen la representación legal de sus hijos menores no emancipados.

Se exceptúan:

1.º Los actos relativos a los derechos de la personalidad que el hijo, de acuerdo con su madurez, pueda ejercitar por sí mismo.

No obstante, los responsables parentales intervendrán en estos casos en virtud de sus deberes de cuidado y asistencia.

2.º Aquellos en que exista conflicto de intereses entre los padres y el hijo.

3.º Los relativos a bienes que estén excluidos de la administración de los padres.

Para celebrar contratos que obliguen al hijo a realizar prestaciones personales se requiere el previo consentimiento de éste si tuviere suficiente juicio, sin perjuicio de lo establecido en el artículo 158.

> *Artículo 162 redactado conforme establece el apartado doce del artículo segundo de la Ley 26/2015, de 28 de julio, de modificación del sistema de protección a la infancia y a la adolescencia («B.O.E.» 29 julio).*
> *Vigencia: 18 agosto 2015*

Artículo 163. Siempre que en algún asunto los progenitores tengan un interés opuesto al de sus hijos no emancipados, se nombrará a éstos un defensor que los represente en juicio y fuera de él. Se procederá también a este nombramiento cuando los progenitores tengan un interés opuesto al del hijo menor emancipado cuya capacidad deban completar.

Si el conflicto de intereses existiera solo con uno de los progenitores, corresponde al otro por Ley y sin necesidad de especial nombramiento representar al menor o completar su capacidad.

> *Artículo 163 redactado por el apartado diez de la disposición final primera de la Ley 4/2023, de 28 de febrero, para la igualdad real y efectiva de las personas trans y para la garantía de los derechos de las personas LGTBI («B.O.E.» 1 marzo).*
> *Vigencia: 2 marzo 2023*

CAPÍTULO III
DE LOS BIENES DE LOS HIJOS Y DE SU ADMINISTRACIÓN

Artículo 164. Los padres administrarán los bienes de los hijos con la misma diligencia que los suyos propios, cumpliendo las obligaciones generales de todo administrador y las especiales establecidas en la Ley Hipotecaria.

> *Véanse:*
> *- Artículo 1810 del presente Código.*
> *- Artículos 2011 a 2030 LEC 1881.*
> *- Artículos 168.3.º, 190 y 191 de la Ley Hipotecaria.*
> *- Artículos 266 y 267 del Reglamento Hipotecario 1947.*

Se exceptúan de la administración paterna:

1.º Los bienes adquiridos por título gratuito cuando el disponente lo hubiere ordenado de manera expresa. Se cumplirá estrictamente la voluntad de éste sobre la administración de estos bienes y destino de sus frutos.

2.º Los adquiridos por sucesión en que uno o ambos de los que ejerzan la patria potestad hubieran sido justamente desheredados o no hubieran podido heredar por causa de indignidad, que serán administrados por la persona designada por el causante y, en su defecto y sucesivamente, por el otro progenitor o por un administrador judicial especialmente nombrado.

> *Apartado 2.º del artículo 164 redactado por el apartado seis del artículo único de la Ley 13/2005, de 1 de julio, por la que se modifica el Código Civil en materia de derecho a contraer matrimonio («B.O.E.» 2 julio).*
> *Vigencia: 3 julio 2005*

3.º Los que el hijo mayor de dieciséis años hubiera adquirido con su trabajo o industria. Los actos de administración ordinaria serán realizados por el hijo, que necesitará el consentimiento de los padres para los que excedan de ella.

> *Artículo 164 redactado por Ley 21/1987, 11 noviembre («B.O.E.» 17 noviembre), de modificación de determinados artículos del Código Civil y de la Ley de Enjuiciamiento Civil en materia de adopción.*

Artículo 165. Pertenecen siempre al hijo no emancipado los frutos de sus bienes, así como todo lo que adquiera con su trabajo o industria.

No obstante, los padres podrán destinar los del menor que viva con ambos o con uno solo de ellos, en la parte que le corresponda, al levantamiento de las cargas familiares, y no estarán obligados a rendir cuentas de lo que hubiesen consumido en tales atenciones.

Con este fin se entregarán a los padres, en la medida adecuada, los frutos de los bienes que ellos no administren. Se exceptúan los frutos de los bienes a que se refieren los números 1 y 2 del artículo anterior y los de aquellos donados o dejados a los hijos especialmente para su educación o carrera, pero si los padres carecieren de medios podrán pedir al Juez que se les entregue la parte que en equidad proceda.

> *Artículo 165 redactado por Ley 21/1987, 11 noviembre («B.O.E.» 17 noviembre), de modificación de determinados artículos del Código Civil y de la Ley de Enjuiciamiento Civil en materia de adopción.*
>
> *Véanse artículos 155.2º, 314, 354 y 355 y ss. del presente Código.*

Artículo 166. Los padres no podrán renunciar a los derechos de que los hijos sean titulares ni enajenar o gravar sus bienes inmuebles, establecimientos mercantiles o industriales, objetos preciosos y valores mobiliarios, salvo el derecho de suscripción preferente de acciones, sino por causas justificadas de utilidad o necesidad y previa la autorización del Juez del domicilio, con audiencia del Ministerio Fiscal.

Los padres deberán recabar autorización judicial para repudiar la herencia o legado deferidos al hijo. Si el Juez denegase la autorización, la herencia sólo podrá ser aceptada a beneficio de inventario.

Párrafo segundo del artículo 166 redactado por L.O. 1/1996, 15 enero («B.O.E.» 17 enero), de Protección Jurídica del Menor.

No será necesaria autorización judicial si el menor hubiese cumplido dieciséis años y consintiere en documento público, ni para la enajenación de valores mobiliarios siempre que su importe se reinvierta en bienes o valores seguros.

Véanse:
- Artículos 6.3, 271 a 273, 992, 1010, 1291, 1300 y 1810 del presente Código.
- Artículos 168, 190 y 191 de la Ley Hipotecaria.
- Disposición transitoria 10ª de la Ley 11/1981, de 13 de mayo, de modificación del Código Civil en materia de filiación, patria potestad y régimen económico del matrimonio («B.O.E.» 19 mayo).
- Artículos 63.23 y 2011 a 2030 LEC 1881.

Artículo 167. Cuando la administración de los progenitores ponga en peligro el patrimonio del hijo, el Juez, a petición del propio hijo, del Ministerio Fiscal o de cualquier pariente del menor, podrá adoptar las medidas que estime necesarias para la seguridad y recaudo de los bienes, exigir caución o fianza para la continuación en la administración o incluso nombrar un Administrador.

Artículo 167 redactado por el apartado treinta y uno de la disposición final primera de la Ley 15/2015, de 2 de julio, de la Jurisdicción Voluntaria («B.O.E.» 3 julio).
Vigencia: 23 julio 2015

Artículo 168. Al término de la patria potestad podrán los hijos exigir a los padres la rendición de cuentas de la administración que ejercieron sobre sus bienes hasta entonces. La acción para exigir el cumplimiento de esta obligación prescribirá a los tres años.

En caso de pérdida o deterioro de los bienes por dolo o culpa grave, responderán los padres de los daños y perjuicios sufridos.

CAPÍTULO IV
DE LA EXTINCIÓN DE LA PATRIA POTESTAD

Artículo 169. La patria potestad se acaba:
1.º Por la muerte o la declaración de fallecimiento de los padres o del hijo.
2.º Por la emancipación.
3.º Por la adopción del hijo.

Véanse artículos 172 a 180 del presente Código.

Artículo 170. Cualquiera de los progenitores podrá ser privado total o parcialmente de su potestad por sentencia fundada en el incumplimiento de los deberes inherentes a la misma o dictada en causa criminal o matrimonial.

Los Tribunales podrán, en beneficio e interés del hijo, acordar la recuperación de la patria potestad cuando hubiere cesado la causa que motivó la privación.

Artículo 170 redactado por el apartado once de la disposición final primera de la Ley 4/2023, de 28 de febrero, para la igualdad real y efectiva de las personas trans y para la garantía de los derechos de las personas LGTBI («B.O.E.» 1 marzo).
Vigencia: 2 marzo 2023

Artículo 171. ...

Artículo 171 suprimido por el apartado veinte del artículo segundo de la Ley 8/2021, de 2 de junio, por la que se reforma la legislación civil y procesal para el apoyo a las personas con discapacidad en el ejercicio de su capacidad jurídica («B.O.E.» 3 junio).
Vigencia: 3 septiembre 2021

CAPÍTULO V
DE LA ADOPCIÓN Y OTRAS FORMAS DE PROTECCIÓN DE MENORES

Capítulo V del Título VII del Libro I redactado por Ley 21/1987, de 11 de noviembre, por la que se modifican determinados artículos del Código Civil y de la Ley de Enjuiciamiento Civil en materia de adopción («B.O.E.» 17 noviembre). En el texto del Código Civil y demás disposiciones legales, la llamada «adopción plena» se entiende sustituida, en lo sucesivo, por la adopción que regula la citada Ley.

SECCIÓN PRIMERA
DE LA GUARDA Y ACOGIMIENTO DE MENORES

Artículo 172. 1. Cuando la Entidad Pública a la que, en el respectivo territorio, esté encomendada la protección de los menores constate que un menor se encuentra en situación de desamparo, tiene por ministerio de la ley la tutela del mismo y deberá adoptar las medidas de protección necesarias para su guarda, poniéndolo en conocimiento del Ministerio Fiscal y, en su caso, del Juez que acordó la tutela ordinaria. La resolución administrativa que declare la situación de desamparo y las medidas adoptadas se notificará en legal forma a los progenitores, tutores o guardadores y al menor afectado si tuviere suficiente madurez y, en todo caso, si fuere mayor de doce años, de forma inmediata sin que sobrepase el plazo máximo de cuarenta y ocho horas. La información será clara, comprensible y en formato accesible, incluyendo las causas que dieron lugar a la intervención de la Administración y los efectos de la decisión adoptada, y en el caso del menor, adaptada a su grado de madurez. Siempre que sea posible, y especialmente en el caso del menor, esta información se facilitará de forma presencial.

Se considera como situación de desamparo la que se produce de hecho a causa del incumplimiento o del imposible o inadecuado ejercicio de los deberes de protección establecidos por las leyes para la guarda de los menores, cuando éstos queden privados de la necesaria asistencia moral o material.

La asunción de la tutela atribuida a la Entidad Pública lleva consigo la suspensión de la patria potestad o de la tutela ordinaria. No obstante, serán válidos los actos de contenido patrimonial que realicen los progenitores o tutores en representación del menor y que sean en interés de éste.

La Entidad Pública y el Ministerio Fiscal podrán promover, si procediere, la privación de la patria potestad y la remoción de la tutela.

2. Durante el plazo de dos años desde la notificación de la resolución administrativa por la que se declare la situación de desamparo, los progenitores que continúen ostentando la patria potestad pero la tengan suspendida conforme a lo previsto en el apartado 1, o los tutores que, conforme al mismo apartado, tengan suspendida la tutela, podrán solicitar a la Entidad Pública que cese la suspensión y quede revocada la declaración de situación de desamparo del menor, si, por cambio de las circunstancias que la motivaron, entienden que se encuentran en condiciones de asumir nuevamente la patria potestad o la tutela.

Igualmente, durante el mismo plazo podrán oponerse a las decisiones que se adopten respecto a la protección del menor.

Pasado dicho plazo decaerá el derecho de los progenitores o tutores a solicitar u oponerse a las decisiones o medidas que se adopten para la protección del menor. No obstante, podrán facilitar información a la Entidad Pública y al Ministerio Fiscal sobre cualquier cambio de las circunstancias que dieron lugar a la declaración de situación de desamparo.

En todo caso, transcurridos los dos años, únicamente el Ministerio Fiscal estará legitimado para oponerse a la resolución de la Entidad Pública.

Durante ese plazo de dos años, la Entidad Pública, ponderando la situación y poniéndola en conocimiento del Ministerio Fiscal, podrá adoptar cualquier medida de protección, incluida la propuesta de adopción, cuando exista un pronóstico fundado de imposibilidad definitiva de retorno a la familia de origen.

3. La Entidad Pública, de oficio o a instancia del Ministerio Fiscal o de persona o entidad interesada, podrá revocar la declaración de situación de desamparo y decidir el retorno del menor con su familia, siempre que se entienda que es lo más adecuado para su interés. Dicha decisión se notificará al Ministerio Fiscal.

4. En cumplimiento de la obligación de prestar la atención inmediata, la Entidad Pública podrá asumir la guarda provisional de un menor mediante resolución administrativa, y lo comunicará al Ministerio Fiscal, procediendo simultáneamente a practicar las diligencias precisas para identificar al menor, investigar sus circunstancias y constatar, en su caso, la situación real de desamparo.

Tales diligencias se realizarán en el plazo más breve posible, durante el cual deberá procederse, en su caso, a la declaración de la situación de desamparo y consecuente asunción de la tutela o a la promoción de la medida de protección procedente. Si existieran personas que, por sus relaciones con el menor o por otras circunstancias, pudieran asumir la tutela en interés de éste, se promoverá el nombramiento de tutor conforme a las reglas ordinarias.

Cuando hubiera transcurrido el plazo señalado y no se hubiera formalizado la tutela o adoptado otra resolución, el Ministerio Fiscal promoverá las acciones procedentes para asegurar la adopción de la medida de protección más adecuada del menor por parte de la Entidad Pública.

5. La Entidad Pública cesará en la tutela que ostente sobre los menores declarados en situación de desamparo cuando constate, mediante los correspondientes informes, la desaparición de las causas que motivaron su asunción, por alguno de los supuestos previstos en los artículos 276 y 277.1, y cuando compruebe fehacientemente alguna de las siguientes circunstancias:

a) Que el menor se ha trasladado voluntariamente a otro país.

b) Que el menor se encuentra en el territorio de otra comunidad autónoma, en cuyo caso se procederá al traslado del expediente de protección y cuya Entidad Pública hubiere dictado resolución sobre declaración de situación de desamparo y asumido su tutela o medida de protección correspondiente, o entendiere que ya no es necesario adoptar medidas de protección a tenor de la situación del menor.

c) Que hayan transcurrido doce meses desde que el menor abandonó voluntariamente el centro de protección, encontrándose en paradero desconocido.

La guarda provisional cesará por las mismas causas que la tutela.

Número 5 del artículo 172 redactado por el número cuatro de la disposición final segunda de la L.O. 8/2021, de 4 de junio, de protección integral a la infancia y la adolescencia frente a la violencia («B.O.E.» 5 junio).
Vigencia: 25 junio 2021

Artículo 172 redactado por el apartado trece del artículo segundo de la Ley 26/2015, de 28 de julio, de modificación del sistema de protección a la infancia y a la adolescencia («B.O.E.» 29 julio).
Vigencia: 18 agosto 2015

Véase el artículo 18 de la L.O. 1/1996, de 15 de enero, de protección jurídica del menor, de modificación del Código Civil y de la Ley de Enjuiciamiento Civil («B.O.E.» 17 enero).

Artículo 172 bis. 1. Cuando los progenitores o tutores, por circunstancias graves y transitorias debidamente acreditadas, no puedan cuidar al menor, podrán solicitar de la Entidad Pública que ésta asuma su guarda durante el tiempo necesario, que no podrá sobrepasar dos años como plazo máximo de cuidado temporal del menor, salvo que el interés superior del menor aconseje, excepcionalmente, la prórroga de las medidas. Transcurrido el plazo o la prórroga, en su caso, el menor deberá regresar con sus progenitores o tutores o, si no se dan las circunstancias adecuadas para ello, ser declarado en situación legal de desamparo.

La entrega voluntaria de la guarda se hará por escrito dejando constancia de que los progenitores o tutores han sido informados de las responsabilidades que siguen manteniendo respecto del menor, así como de la forma en que dicha guarda va a ejercerse por la Entidad Pública garantizándose, en particular a los menores con discapacidad, la continuidad de los apoyos especializados que vinieran recibiendo o la adopción de otros más adecuados a sus necesidades.

La resolución administrativa sobre las asunción de la guarda por la Entidad Pública, así como sobre cualquier variación posterior de su forma de ejercicio, será fundamentada y comunicada a los progenitores o tutores y al Ministerio Fiscal.

2. Asimismo, la Entidad Pública asumirá la guarda cuando así lo acuerde el Juez en los casos en que legalmente proceda, adoptando la medida de protección correspondiente.

Artículo 172 bis introducido por el apartado catorce del artículo segundo de la Ley 26/2015, de 28 de julio, de modificación del sistema de protección a la infancia y a la adolescencia («B.O.E.» 29 julio).
Vigencia: 18 agosto 2015

Artículo 172 ter. 1. La guarda se realizará mediante el acogimiento familiar y, no siendo éste posible o conveniente para el interés del menor, mediante el acogimiento residencial. El acogimiento familiar se realizará por la persona o personas que determine la Entidad Pública. El acogimiento residencial se ejercerá por el Director o responsable del centro donde esté acogido el menor, conforme a los términos establecidos en la legislación de protección de menores.

No podrán ser acogedores los que no puedan ser tutores de acuerdo con lo previsto en la ley.

La resolución de la Entidad Pública en la que se formalice por escrito la medida de guarda se notificará a los progenitores o tutores que no estuvieran privados de la patria potestad o tutela, así como al Ministerio Fiscal.

2. Se buscará siempre el interés del menor y se priorizará, cuando no sea contrario a ese interés, su reintegración en la propia familia y que la guarda de los hermanos se confíe a una misma institución o persona para que permanezcan unidos. La situación del menor en relación con su familia de origen, tanto en lo que se refiere a su guarda como al régimen de visitas y otras formas de comunicación, será revisada, al menos cada seis meses.

3. La Entidad Pública podrá acordar, en relación con el menor en acogida familiar o residencial, cuando sea conveniente a su interés, estancias, salidas de fines de semana o de vacaciones con familias o con instituciones dedicadas a estas funciones. A tal efecto sólo se seleccionará a personas o instituciones adecuadas a las necesidades del menor. Dichas medidas deberán ser acordadas una vez haya sido oído el menor si tuviere suficiente madurez y, en todo caso, si fuera mayor de doce años.

La delegación de guarda para estancias, salidas de fin de semana o vacaciones contendrá los términos de la misma y la información que fuera necesaria para asegurar el bienestar del menor, en especial de todas las medidas restrictivas que haya establecido la Entidad Pública o el Juez. Dicha medida será comunicada a los progenitores o tutores, siempre que no hayan sido privados del ejercicio de la patria potestad o removidos del ejercicio de la tutela, así como a los acogedores. Se preservarán los datos de estos guardadores cuando resulte conveniente para el interés del menor o concurra justa causa.

4. En los casos de declaración de situación de desamparo o de asunción de la guarda por resolución administrativa o judicial, podrá establecerse por la Entidad Pública la cantidad que deben abonar los progenitores o tutores para contribuir, en

concepto de alimentos y en función de sus posibilidades, a los gastos derivados del cuidado y atención del menor, así como los derivados de la responsabilidad civil que pudiera imputarse a los menores por actos realizados por los mismos.

Artículo 172 ter introducido por el apartado quince del artículo segundo de la Ley 26/2015, de 28 de julio, de modificación del sistema de protección a la infancia y a la adolescencia («B.O.E.» 29 julio).
Vigencia: 18 agosto 2015

Artículo 173. 1. El acogimiento familiar produce la plena participación del menor en la vida de familia e impone a quien lo recibe las obligaciones de velar por él, tenerlo en su compañía, alimentarlo, educarlo y procurarle una formación integral en un entorno afectivo. En el caso de menor con discapacidad, deberá continuar con los apoyos especializados que viniera recibiendo o adoptar otros más adecuados a sus necesidades.

2. El acogimiento requerirá el consentimiento de los acogedores y del menor acogido si tuviera suficiente madurez y, en todo caso, si fuera mayor de doce años.

3. Si surgieren problemas graves de convivencia entre el menor y la persona o personas a quien hubiere sido confiado la guarda en acogimiento familiar, aquél, el acogedor, el Ministerio Fiscal, los progenitores o tutor que no estuvieran privados de la patria potestad o de la tutela o cualquier persona interesada podrán solicitar a la Entidad Pública la remoción de la guarda.

4. El acogimiento familiar del menor cesará:

a) Por resolución judicial.

b) Por resolución de la Entidad Pública, de oficio o a propuesta del Ministerio Fiscal, de los progenitores, tutores, acogedores o del propio menor si tuviera suficiente madurez, cuando se considere necesario para salvaguardar el interés del mismo, oídos los acogedores, el menor, sus progenitores o tutor.

c) Por la muerte o declaración de fallecimiento del acogedor o acogedores del menor.

d) Por la mayoría de edad del menor.

5. Todas las actuaciones de formalización y cesación del acogimiento se practicarán con la obligada reserva.

Artículo 173 redactado por el apartado dieciséis del artículo segundo de la Ley 26/2015, de 28 de julio, de modificación del sistema de protección a la infancia y a la adolescencia («B.O.E.» 29 julio).
Vigencia: 18 agosto 2015

Artículo 173 bis. 1. El acogimiento familiar podrá tener lugar en la propia familia extensa del menor o en familia ajena, pudiendo en este último caso ser especializado.

2. El acogimiento familiar podrá adoptar las siguientes modalidades atendiendo a su duración y objetivos:

a) Acogimiento familiar de urgencia, principalmente para menores de seis años, que tendrá una duración no superior a seis meses, en tanto se decide la medida de protección familiar que corresponda.

b) Acogimiento familiar temporal, que tendrá carácter transitorio, bien porque de la situación del menor se prevea la reintegración de éste en su propia familia, o bien en tanto se adopte una medida de protección que revista un carácter más estable como el acogimiento familiar permanente o la adopción. Este acogimiento tendrá una duración máxima de dos años, salvo que el interés superior del menor aconseje la prórroga de la medida por la previsible e inmediata reintegración familiar, o la adopción de otra medida de protección definitiva.

c) Acogimiento familiar permanente, que se constituirá bien al finalizar el plazo de dos años de acogimiento temporal por no ser posible la reintegración familiar, o bien directamente en casos de menores con necesidades especiales o cuando las circunstancias del menor y su familia así lo aconsejen. La Entidad Pública podrá solicitar del Juez que atribuya a los acogedores permanentes aquellas facultades de la tutela que faciliten el desempeño de sus responsabilidades, atendiendo, en todo caso, al interés superior del menor.

Artículo 173 bis redactado por el apartado diecisiete del artículo segundo de la Ley 26/2015, de 28 de julio, de modificación del sistema de protección a la infancia y a la adolescencia («B.O.E.» 29 julio).
Vigencia: 18 agosto 2015

Véase la disposición adicional segunda de la Ley 26/2015, de 28 de julio, de modificación del sistema de protección a la infancia y a la adolescencia («B.O.E.» 29 julio).

Artículo 174. 1. Incumbe al Ministerio Fiscal la superior vigilancia de la tutela, acogimiento o guarda de los menores a que se refiere esta sección.

2. A tal fin, la Entidad Pública le dará noticia inmediata de los nuevos ingresos de menores y le remitirá copia de las resoluciones administrativas de formalización de la constitución, variación y cesación de las tutelas, guardas y acogimientos. Igualmente le dará cuenta de cualquier novedad de interés en las circunstancias del menor.

El Ministerio Fiscal habrá de comprobar, al menos semestralmente, la situación del menor y promoverá ante la Entidad Pública o el Juez, según proceda, las medidas de protección que estime necesarias.

3. La vigilancia del Ministerio Fiscal no eximirá a la Entidad Pública de su responsabilidad para con el menor y de su obligación de poner en conocimiento del Ministerio Fiscal las anomalías que observe.

4. Para el cumplimiento de la función de la superior vigilancia de la tutela, acogimiento o guarda de los menores, cuando sea necesario, podrá el Ministerio Fiscal recabar la elaboración de informes por parte de los servicios correspondientes de las Administraciones Públicas competentes.

A estos efectos, los servicios correspondientes de las Administraciones Públicas competentes atenderán las solicitudes de información remitidas por el Ministerio Fiscal en el curso de las investigaciones tendentes a determinar la situación de riesgo o desamparo en la que pudiera encontrarse un menor.

Artículo 174 redactado por el apartado dieciocho del artículo segundo de la Ley 26/2015, de 28 de julio, de modificación del sistema de protección a la infancia y a la adolescencia («B.O.E.» 29 julio).
Vigencia: 18 agosto 2015

SECCIÓN SEGUNDA
DE LA ADOPCIÓN

Véanse los artículos 33 a 42 de la Ley 15/2015, de 2 de julio, de la Jurisdicción Voluntaria («B.O.E.» 3 julio).

Artículo 175. 1. La adopción requiere que el adoptante sea mayor de veinticinco años. Si son dos los adoptantes bastará con que uno de ellos haya alcanzado dicha edad. En todo caso, la diferencia de edad entre adoptante y adoptando será de, al menos, dieciséis años y no podrá ser superior a cuarenta y cinco años, salvo en los casos previstos en el artículo 176.2. Cuando fueran dos los adoptantes, será suficiente con que uno de ellos no tenga esa diferencia máxima de edad con el adoptando. Si los futuros adoptantes están en disposición de adoptar grupos de hermanos o menores con necesidades especiales, la diferencia máxima de edad podrá ser superior.

No pueden ser adoptantes los que no puedan ser tutores de acuerdo con lo previsto en este código.

2. Únicamente podrán ser adoptados los menores no emancipados. Por excepción, será posible la adopción de un mayor de edad o de un menor emancipado cuando, inmediatamente antes de la emancipación, hubiere existido una situación de acogimiento con los futuros adoptantes o de convivencia estable con ellos de, al menos, un año.

3. No puede adoptarse:

1.º A un descendiente.

2.º A un pariente en segundo grado de la línea colateral por consanguinidad o afinidad.

3.º A un pupilo por su tutor hasta que haya sido aprobada definitivamente la cuenta general justificada de la tutela.

4. Nadie podrá ser adoptado por más de una persona, salvo que la adopción se realice conjunta o sucesivamente por ambos cónyuges o por una pareja unida por análoga relación de afectividad a la conyugal. El matrimonio celebrado con posterioridad a la adopción permitirá al cónyuge la adopción de los hijos de su consorte. Esta previsión será también de aplicación a las parejas que se constituyan con posterioridad. En caso de muerte del adoptante, o cuando el adoptante sufra la exclusión prevista en el artículo 179, será posible una nueva adopción del adoptado.

5. En caso de que el adoptando se encontrara en acogimiento permanente o guarda con fines de adopción de dos cónyuges o de una pareja unida por análoga relación de afectividad a la conyugal, la separación o divorcio legal o ruptura de la relación de los mismos que conste fehacientemente con anterioridad a la propuesta de adopción no impedirá que pueda promoverse la adopción conjunta siempre y cuando se acredite la convivencia efectiva del adoptando con ambos cónyuges o con la pareja unida por análoga relación de naturaleza análoga a la conyugal durante al menos dos años anteriores a la propuesta de adopción.

Artículo 175 redactado por el apartado diecinueve del artículo segundo de la Ley 26/2015, de 28 de julio, de modificación del sistema de protección a la infancia y a la adolescencia («B.O.E.» 29 julio).
Vigencia: 18 agosto 2015

Artículo 176. 1. La adopción se constituirá por resolución judicial, que tendrá en cuenta siempre el interés del adoptando y la idoneidad del adoptante o adoptantes para el ejercicio de la patria potestad.

2. Para iniciar el expediente de adopción será necesaria la propuesta previa de la Entidad Pública a favor del adoptante o adoptantes que dicha Entidad Pública haya declarado idóneos para el ejercicio de la patria potestad. La declaración de idoneidad deberá ser previa a la propuesta.

No obstante, no se requerirá tal propuesta cuando en el adoptando concurra alguna de las circunstancias siguientes:

1.ª Ser huérfano y pariente del adoptante en tercer grado por consanguinidad o afinidad.

2.ª Ser hijo del cónyuge o de la persona unida al adoptante por análoga relación de afectividad a la conyugal.

3.ª Llevar más de un año en guarda con fines de adopción o haber estado bajo tutela del adoptante por el mismo tiempo.

4.ª Ser mayor de edad o menor emancipado.

3. Se entiende por idoneidad la capacidad, aptitud y motivación adecuadas para ejercer la responsabilidad parental, atendiendo a las necesidades de los menores a adoptar, y para asumir las peculiaridades, consecuencias y responsabilidades que conlleva la adopción.

La declaración de idoneidad por la Entidad Pública requerirá una valoración psicosocial sobre la situación personal, familiar, relacional y social de los adoptantes, así como su capacidad para establecer vínculos estables y seguros, sus habilidades educativas y su aptitud para atender a un menor en función de sus singulares circunstancias. Dicha declaración de idoneidad se formalizará mediante la correspondiente resolución.

No podrán ser declarados idóneos para la adopción quienes se encuentren privados de la patria potestad o tengan suspendido su ejercicio, ni quienes tengan confiada la guarda de su hijo a la Entidad Pública.

Las personas que se ofrezcan para la adopción deberán asistir a las sesiones informativas y de preparación organizadas por la Entidad Pública o por Entidad colaboradora autorizada.

4. Cuando concurra alguna de las circunstancias 1.ª, 2.ª o 3.ª previstas en el apartado 2 podrá constituirse la adopción, aunque el adoptante hubiere fallecido, si éste hubiese prestado ya ante el Juez su consentimiento o el mismo hubiera sido otorgado mediante documento público o en testamento. Los efectos de la resolución judicial en este caso se retrotraerán a la fecha de prestación de tal consentimiento.

> *Artículo 176 redactado por el apartado veinte del artículo segundo de la Ley 26/2015, de 28 de julio, de modificación del sistema de protección a la infancia y a la adolescencia («B.O.E.» 29 julio).*
> *Vigencia: 18 agosto 2015*

Artículo 176 bis. 1. La Entidad Pública podrá delegar la guarda de un menor declarado en situación de desamparo en las personas que, reuniendo los requisitos de capacidad para adoptar previstos en el artículo 175 y habiendo prestado su consentimiento, hayan sido preparadas, declaradas idóneas y asignadas para su adopción. A tal efecto, la Entidad Pública, con anterioridad a la presentación de la propuesta de adopción, delegará la guarda con fines de adopción hasta que se dicte la resolución judicial de adopción, mediante resolución administrativa debidamente motivada, previa audiencia de los afectados y del menor si tuviere suficiente madurez y, en todo caso, si fuere mayor de doce años, que se notificará a los progenitores o tutores no privados de la patria potestad o tutela.

Los guardadores con fines de adopción tendrán los mismos derechos y obligaciones que los acogedores familiares.

2. Salvo que convenga otra cosa al interés del menor, la Entidad Pública procederá a suspender el régimen de visitas y relaciones con la familia de origen cuando se inicie el período de convivencia preadoptiva a que se refiere el apartado anterior, excepto en los casos previstos en el artículo 178.4.

3. La propuesta de adopción al Juez tendrá que realizarse en el plazo más breve posible y, en todo caso, antes de transcurridos tres meses desde el día en el que se hubiera acordado la delegación de guarda con fines de adopción. No obstante, cuando la Entidad Pública considere necesario, en función de la edad y circunstancias del menor, establecer un período de adaptación del menor a la familia, dicho plazo de tres meses podrá prorrogarse hasta un máximo de un año.

En el supuesto de que el Juez no considerase procedente esa adopción, la Entidad Pública deberá determinar la medida protectora más adecuada para el menor.

> *Artículo 176 bis introducido por el apartado veintiuno del artículo segundo de la Ley 26/2015, de 28 de julio, de modificación del sistema de protección a la infancia y a la adolescencia («B.O.E.» 29 julio).*
> *Vigencia: 18 agosto 2015*

Artículo 177. 1. Habrán de consentir la adopción, en presencia del Juez, el adoptante o adoptantes y el adoptando mayor de doce años.

2. Deberán asentir a la adopción:

1.º El cónyuge o persona unida al adoptante por análoga relación de afectividad a la conyugal salvo que medie separación o divorcio legal o ruptura de la pareja que conste fehacientemente, excepto en los supuestos en los que la adopción se vaya a formalizar de forma conjunta.

2.º Los progenitores del adoptando que no se hallare emancipado, a menos que estuvieran privados de la patria potestad por sentencia firme o incursos en causa legal para tal privación. Esta situación solo podrá apreciarse en el procedimiento judicial contradictorio que se tramitará conforme a la Ley de Enjuiciamiento Civil.

No será necesario el asentimiento cuando los que deban prestarlo se encuentren imposibilitados para ello, imposibilidad que se apreciará motivadamente en la resolución judicial que constituya la adopción.

Tampoco será necesario el asentimiento de los progenitores que tuvieren suspendida la patria potestad cuando hubieran transcurrido dos años desde la notificación de la declaración de situación de desamparo, en los términos previstos en el artículo 172.2, sin oposición a la misma o cuando, interpuesta en plazo, hubiera sido desestimada.

El asentimiento de la madre no podrá prestarse hasta que hayan transcurrido seis semanas desde el parto.

En las adopciones que exijan propuesta previa no se admitirá que el asentimiento de los progenitores se refiera a adoptantes determinados.

3. Deberán ser oídos por el Juez:

1.º Los progenitores que no hayan sido privados de la patria potestad, cuando su asentimiento no fuera necesario para la adopción.

2.º El tutor y, en su caso, la familia acogedora, y el guardador o guardadores.

3.º El adoptando menor de doce años de acuerdo con su edad y madurez.

4. Los consentimientos y asentimientos deberán otorgarse libremente, en la forma legal requerida y por escrito, previa información de sus consecuencias.

Artículo 177 redactado por el apartado veintidós del artículo segundo de la Ley 26/2015, de 28 de julio, de modificación del sistema de protección a la infancia y a la adolescencia («B.O.E.» 29 julio).
Vigencia: 18 agosto 2015

Artículo 178. 1. La adopción produce la extinción de los vínculos jurídicos entre el adoptado y su familia de origen.

2. Por excepción subsistirán los vínculos jurídicos con la familia del progenitor que, según el caso, corresponda:

a) Cuando el adoptado sea hijo del cónyuge o de la persona unida al adoptante por análoga relación de afectividad a la conyugal, aunque el consorte o la pareja hubiera fallecido.

b) Cuando sólo uno de los progenitores haya sido legalmente determinado, siempre que tal efecto hubiera sido solicitado por el adoptante, el adoptado mayor de doce años y el progenitor cuyo vínculo haya de persistir.

3. Lo establecido en los apartados anteriores se entiende sin perjuicio de lo dispuesto sobre impedimentos matrimoniales.

4. Cuando el interés del menor así lo aconseje, en razón de su situación familiar, edad o cualquier otra circunstancia significativa valorada por la Entidad Pública, podrá acordarse el mantenimiento de alguna forma de relación o contacto a través de visitas o comunicaciones entre el menor, los miembros de la familia de origen que se considere y la adoptiva, favoreciéndose especialmente, cuando ello sea posible, la relación entre los hermanos biológicos.

En estos casos el Juez, al constituir la adopción, podrá acordar el mantenimiento de dicha relación, determinando su periodicidad, duración y condiciones, a propuesta de la Entidad Pública o del Ministerio Fiscal y con el consentimiento de la familia adoptiva y del adoptando si tuviera suficiente madurez y siempre si fuere mayor de doce años. En todo caso, será oído el adoptando menor de doce años de acuerdo a su edad y madurez. Si fuere necesario, dicha relación se llevará a cabo con la intermediación de la Entidad Pública o entidades acreditadas a tal fin. El Juez podrá acordar, también, su modificación o finalización en atención al interés superior del menor. La Entidad Pública remitirá al Juez informes periódicos sobre el desarrollo de las visitas y comunicaciones, así como propuestas de mantenimiento o modificación de las mismas durante los dos primeros años, y, transcurridos estos a petición del Juez.

Están legitimados para solicitar la suspensión o supresión de dichas visitas o comunicaciones la Entidad Pública, la familia adoptiva, la familia de origen y el menor si tuviere suficiente madurez y, en todo caso, si fuere mayor de doce años.

En la declaración de idoneidad deberá hacerse constar si las personas que se ofrecen a la adopción aceptarían adoptar a un menor que fuese a mantener la relación con la familia de origen.

Artículo 178 redactado por el apartado veintitrés del artículo segundo de la Ley 26/2015, de 28 de julio, de modificación del sistema de protección a la infancia y a la adolescencia («B.O.E.» 29 julio).
Vigencia: 18 agosto 2015

Artículo 179. 1. El Juez, a petición del Ministerio Fiscal, del adoptado o de su representante legal, acordará que el adoptante que hubiere incurrido en causa de privación de la patria potestad, quede excluido de las funciones tuitivas y de los derechos que por Ley le correspondan respecto del adoptado o sus descendientes, o en sus herencias.

2. Una vez alcanzada la plena capacidad, la exclusión sólo podrá ser pedida por el adoptado, dentro de los dos años siguientes.

3. Dejarán de producir efecto estas restricciones por determinación del propio hijo una vez alcanzada la plena capacidad.

Véanse:
- Artículos 154, 162, 170, 172, 180.3, 315, 806 y 807 del presente Código.
- Artículo 779 LEC.
- Artículo 63.16 LEC 1881.
- Disposición adicional 2.ª de la Ley 21/1987, de 11 de noviembre («B.O.E.» 17 noviembre).

Artículo 180. 1. La adopción es irrevocable.

2. El Juez acordará la extinción de la adopción a petición de cualquiera de los progenitores que, sin culpa suya, no hubieren intervenido en el expediente en los términos expresados en el artículo 177. Será también necesario que la demanda se interponga dentro de los dos años siguientes a la adopción y que la extinción solicitada no perjudique gravemente al menor.

Si el adoptado fuere mayor de edad, la extinción de la adopción requerirá su consentimiento expreso.

Número 2 del artículo 180 redactado por el apartado veinticuatro del artículo segundo de la Ley 26/2015, de 28 de julio, de modificación del sistema de protección a la infancia y a la adolescencia («B.O.E.» 29 julio).
Vigencia: 18 agosto 2015

3. La extinción de la adopción no es causa de pérdida de la nacionalidad ni de la vecindad civil adquiridas, ni alcanza a los efectos patrimoniales anteriormente producidos.

4. La determinación de la filiación que por naturaleza corresponda al adoptado no afecta a la adopción.

Véanse:
- Artículos 15 y 19 del presente Código.
- Artículo 63.16.º LEC.
- Disposición adicional 2.ª de la Ley 21/1987, de 11 de noviembre («B.O.E.» 17 noviembre).

5. Las Entidades Públicas asegurarán la conservación de la información de que dispongan relativa a los orígenes del menor, en particular la información respecto a

la identidad de sus progenitores, así como la historia médica del menor y de su familia, y se conservarán durante al menos cincuenta años con posterioridad al momento en que la adopción se haya hecho definitiva. La conservación se llevará a cabo a los solos efectos de que la persona adoptada pueda ejercitar el derecho al que se refiere el apartado siguiente.

Número 5 del artículo 180 redactado por el apartado veinticuatro del artículo segundo de la Ley 26/2015, de 28 de julio, de modificación del sistema de protección a la infancia y a la adolescencia («B.O.E.» 29 julio).
Vigencia: 18 agosto 2015

6. Las personas adoptadas, alcanzada la mayoría de edad o durante su minoría de edad a través de sus representantes legales, tendrán derecho a conocer los datos sobre sus orígenes biológicos. Las Entidades Públicas, previa notificación a las personas afectadas, prestarán a través de sus servicios especializados el asesoramiento y la ayuda que precisen para hacer efectivo este derecho.

A estos efectos, cualquier entidad privada o pública tendrá obligación de facilitar a las Entidades Públicas y al Ministerio Fiscal, cuando les sean requeridos, los informes y antecedentes necesarios sobre el menor y su familia de origen.

Número 6 del artículo 180 introducido por el apartado veinticuatro del artículo segundo de la Ley 26/2015, de 28 de julio, de modificación del sistema de protección a la infancia y a la adolescencia («B.O.E.» 29 julio).
Vigencia: 18 agosto 2015

TÍTULO VIII
DE LA AUSENCIA

Título VIII del Libro Primero redactado por Ley de 8 de septiembre de 1939, de modificación del Título VIII, Libro I del Código Civil («GACETA» 1 octubre).

CAPÍTULO PRIMERO
DECLARACIÓN DE LA AUSENCIA Y SUS EFECTOS

Artículo 181. En todo caso, desaparecida una persona de su domicilio o del lugar de su última residencia, sin haberse tenido en ella más noticias, podrá el Secretario judicial, a instancia de parte interesada o del Ministerio Fiscal, nombrar un defensor que ampare y represente al desaparecido en juicio o en los negocios que no admitan demora sin perjuicio grave. Se exceptúan los casos en que aquél estuviese legítimamente representado voluntariamente conforme al artículo 183.

El cónyuge presente mayor de edad no separado legalmente será el representante y defensor nato del desaparecido; y por su falta, el pariente más próximo hasta el cuarto grado, también mayor de edad. En defecto de parientes, no presencia de los mismos o urgencia notoria, el Secretario judicial nombrará persona solvente y de buenos antecedentes, previa audiencia del Ministerio Fiscal.

También podrá adoptar, según su prudente arbitrio, las medidas necesarias a la conservación del patrimonio.

Artículo 181 redactado por el apartado treinta y cinco de la disposición final primera de la Ley 15/2015, de 2 de julio, de la Jurisdicción Voluntaria («B.O.E.» 3 julio).
Vigencia: 23 julio 2015

Artículo 182. Tiene la obligación de promover e instar la declaración de ausencia legal, sin orden de preferencia:
Primero. El cónyuge del ausente no separado legalmente.
Segundo. Los parientes consanguíneos hasta el cuarto grado.
Tercero. El Ministerio fiscal de oficio o a virtud de denuncia.

Podrá, también, pedir dicha declaración cualquier persona que racionalmente estime tener sobre los bienes del desaparecido algún derecho ejercitable en vida del mismo o dependiente de su muerte.

Véanse artículos 2038 a 2041 LEC 1881.

Artículo 183. Se considerará en situación de ausencia legal al desaparecido de su domicilio o de su última residencia:

Primero. Pasado un año desde las últimas noticias o a falta de éstas desde su desaparición, si no hubiese dejado apoderado con facultades de administración de todos sus bienes.

Segundo. Pasados tres años, si hubiese dejado encomendada por apoderamiento la administración de todos sus bienes.

La muerte o renuncia justificada del mandatario, o la caducidad del mandato, determina la ausencia legal, si al producirse aquéllas se ignorase el paradero del desaparecido y hubiere transcurrido un año desde que se tuvieron las últimas noticias, y, en su defecto, desde su desaparición. Inscrita en el Registro Civil la declaración de ausencia, quedan extinguidos de derecho todos los mandatos generales o especiales otorgados por el ausente.

Párrafo final del artículo 183 redactado por el apartado treinta y seis de la disposición final primera de la Ley 15/2015, de 2 de julio, de la Jurisdicción Voluntaria («B.O.E.» 3 julio).
Vigencia: 23 julio 2015

Artículo 184. Salvo motivo grave apreciado por el Secretario judicial, corresponde la representación del declarado ausente, la pesquisa de su persona, la protección y administración de sus bienes y el cumplimiento de sus obligaciones:

1.º Al cónyuge presente mayor de edad no separado legalmente o de hecho.

2.º Al hijo mayor de edad; si hubiese varios, serán preferidos los que convivían con el ausente y el mayor al menor.

3.º Al ascendiente más próximo de menos edad de una u otra línea.

4.º A los hermanos mayores de edad que hayan convivido familiarmente con el ausente, con preferencia del mayor sobre el menor.

En defecto de las personas expresadas, corresponde en toda su extensión a la persona solvente de buenos antecedentes que el Secretario judicial, oído el Ministerio fiscal, designe a su prudente arbitrio.

Artículo 184 redactado por el apartado treinta y siete de la disposición final primera de la Ley 15/2015, de 2 de julio, de la Jurisdicción Voluntaria («B.O.E.» 3 julio).
Vigencia: 23 julio 2015

Artículo 185. El representante del declarado ausente quedará atenido a las obligaciones siguientes:

1.ª Inventariar los bienes muebles y describir los inmuebles de su representado.

2.ª Prestar la garantía que el Secretario judicial prudencialmente fije. Quedan exceptuados los comprendidos en los números 1.º, 2.º y 3.º del artículo precedente.

3.ª Conservar y defender el patrimonio del ausente y obtener de sus bienes los rendimientos normales de que fueren susceptibles.

4.ª Ajustarse a las normas que en orden a la posesión y administración de los bienes del ausente se establecen en la Ley Procesal Civil.

Serán aplicables a los representantes dativos del ausente, en cuanto se adapten a su especial representación, los preceptos que regulan el ejercicio de la tutela y las causas de inhabilidad, remoción y excusa de los tutores.

Artículo 185 redactado por el apartado treinta y ocho de la disposición final primera de la Ley 15/2015, de 2 de julio, de la Jurisdicción Voluntaria («B.O.E.» 3 julio).
Vigencia: 23 julio 2015

Artículo 186. Los representantes legítimos del declarado ausente comprendidos en los números 1.º, 2.º y 3.º del artículo 184 disfrutarán de la posesión temporal del patrimonio del ausente y harán suyos los productos líquidos en la cuantía que el Secretario judicial señale, habida consideración al importe de los frutos, rentas y aprovechamientos, número de hijos del ausente y obligaciones alimenticias para con los mismos, cuidados y actuaciones que la representación requiera, afecciones que graven al patrimonio y demás circunstancias de la propia índole.

Los representantes legítimos comprendidos en el número 4.º del expresado artículo disfrutarán, también, de la posesión temporal y harán suyos los frutos, rentas y aprovechamientos en la cuantía que el Secretario judicial señale, sin que en ningún caso puedan retener más de los dos tercios de los productos líquidos, reservándose el tercio restante para el ausente, o, en su caso, para sus herederos o causahabientes.

Los poseedores temporales de los bienes del ausente no podrán venderlos, gravarlos, hipotecarlos o darlos en prenda, sino en caso de necesidad o utilidad evidente, reconocida y declarada por el Secretario judicial, quien, al autorizar dichos actos, determinará el empleo de la cantidad obtenida.

Artículo 186 redactado por el apartado treinta y nueve de la disposición final primera de la Ley 15/2015, de 2 de julio, de la Jurisdicción Voluntaria («B.O.E.» 3 julio).
Vigencia: 23 julio 2015

Artículo 187. Si durante el disfrute de la posesión temporal o del ejercicio de la representación dativa alguno probase su derecho preferente a dicha posesión, será excluido el poseedor actual, pero aquél no tendrá derecho a los productos sino a partir del día de la presentación de la demanda.

Si apareciese el ausente, deberá restituírsele su patrimonio, pero no los productos percibidos, salvo mala fe interviniente, en cuyo caso la restitución comprenderá también los frutos percibidos y los debidos percibir a contar del día en que aquélla se produjo, según la declaración del Secretario judicial.

Artículo 187 redactado por el apartado cuarenta de la disposición final primera de la Ley 15/2015, de 2 de julio, de la Jurisdicción Voluntaria («B.O.E.» 3 julio).
Vigencia: 23 julio 2015

Artículo 188. Si en el transcurso de la posesión temporal o del ejercicio de la representación dativa se probase la muerte del declarado ausente, se abrirá la sucesión en beneficio de los que en el momento del fallecimiento fuesen sus sucesores voluntarios o legítimos, debiendo el poseedor temporal hacerles entrega del patrimonio del difunto, pero reteniendo, como suyos, los productos recibidos en la cuantía señalada.

Si se presentase un tercero acreditando por documento fehaciente haber adquirido, por compra u otro título, bienes del ausente, cesará la representación respecto de dichos bienes, que quedarán a disposición de sus legítimos titulares.

Véanse:
- Artículos 657, 659 y 661 del presente Código.
- Artículo 2044 LEC 1881.

Artículo 189. El cónyuge del ausente tendrá derecho a la separación de bienes.

Artículo 189 redactado por Ley 11/1981, 13 mayo («B.O.E.» 19 mayo), de modificación del Código Civil en materia de filiación, patria potestad y régimen económico del matrimonio.

Artículo 190. Para reclamar un derecho en nombre de la persona constituida en ausencia, es preciso probar que esta persona existía en el tiempo en que era necesaria su existencia para adquirirlo.

Artículo 191. Sin perjuicio de lo dispuesto en el artículo anterior, abierta una sucesión a la que estuviere llamado un ausente, acrecerá la parte de éste a sus coherederos, al no haber persona con derecho propio para reclamarla. Los unos y los otros, en su caso, deberán hacer, con intervención del Ministerio Fiscal, inventario de dichos bienes, los cuales reservarán hasta la declaración del fallecimiento.

Véanse:
- Artículos 981 a 987, 991 y 1006 del presente Código.
- Artículo 89.2.º del Reglamento Hipotecario de 1947.

Artículo 192. Lo dispuesto en el artículo anterior se entiende sin perjuicio de las acciones de petición de herencia u otros derechos que competan al ausente, sus representantes o causahabientes. Estos derechos no se extinguirán sino por el transcurso del tiempo fijado para la prescripción. En la inscripción que se haga en el Registro de los bienes inmuebles que acrezcan a los coherederos, se expresará la circunstancia de quedar sujetos a lo que dispone este artículo y el anterior.

CAPÍTULO II
DE LA DECLARACIÓN DE FALLECIMIENTO

Artículo 193. Procede la declaración de fallecimiento:

Primero. Transcurridos diez años desde las últimas noticias habidas del ausente, o, a falta de éstas, desde su desaparición.

Segundo. Pasados cinco años desde las últimas noticias o, en defecto de éstas, desde su desaparición, si al expirar dicho plazo hubiere cumplido el ausente setenta y cinco años.

Los plazos expresados se computarán desde la expiración del año natural en que se tuvieron las últimas noticias, o, en su defecto, del en que ocurrió la desaparición.

Tercero. Cumplido un año, contado de fecha a fecha, de un riesgo inminente de muerte por causa de violencia contra la vida, en que una persona se hubiese encontrado sin haberse tenido, con posterioridad a la violencia, noticias suyas. En caso de siniestro este plazo será de tres meses.

Párrafo 1.º del número 3 del artículo 193 redactado por el artículo 1 de la Ley 4/2000, 7 enero, de modificación de la declaración de fallecimiento de los desaparecidos con ocasión de naufragios y siniestros («B.O.E.» 10 enero).
Vigencia: 11 enero 2000

Se presume la violencia si en una subversión de orden político o social hubiese desaparecido una persona sin volverse a tener noticias suyas durante el tiempo expresado, siempre que hayan pasado seis meses desde la cesación de la subversión.

Artículo 194. Procede también la declaración de fallecimiento:

Primero. De los que perteneciendo a un contingente armado o unidos a él en calidad de funcionarios auxiliares voluntarios, o en funciones informativas, hayan tomado parte en operaciones de campaña y desaparecido en ellas luego que hayan transcurrido dos años, contados desde la fecha del tratado de paz, y en caso de no haberse concertado, desde la declaración oficial del fin de la guerra.

Segundo. De los que resulte acreditado que se encontraban a bordo de una nave cuyo naufragio o desaparición por inmersión en el mar se haya comprobado, o a bordo de una aeronave cuyo siniestro se haya verificado y haya evidencias racionales de ausencia de supervivientes.

Apartado segundo del artículo 194 redactado por el apartado cuarenta y uno de la disposición final primera de la Ley 15/2015, de 2 de julio, de la Jurisdicción Voluntaria («B.O.E.» 3 julio).
Vigencia: 23 julio 2015

Tercero. De los que no se tuvieren noticias después de que resulte acreditado que se encontraban a bordo de una nave cuyo naufragio o desaparición por inmersión en el mar se haya comprobado o a bordo de una aeronave cuyo siniestro se haya verificado, o, en caso de haberse encontrado restos humanos en tales supuestos, y no hubieren podido ser identificados, luego que hayan transcurrido ocho días.

Apartado tercero del artículo 194 redactado por el apartado cuarenta y uno de la disposición final primera de la Ley 15/2015, de 2 de julio, de la Jurisdicción Voluntaria («B.O.E.» 3 julio).
Vigencia: 23 julio 2015

Cuarto. De los que se encuentren a bordo de una nave que se presuma naufragada o desaparecida por inmersión en el mar, por no llegar a su destino, o si careciendo de punto fijo de arribo, no retornase y haya evidencias racionales de ausencia de supervivientes, luego que en cualquiera de los casos haya transcurrido un mes contado desde las últimas noticias recibidas o, por falta de éstas, desde la fecha de salida de la nave del puerto inicial del viaje.

Apartado cuarto del artículo 194 introducido por el apartado cuarenta y uno de la disposición final primera de la Ley 15/2015, de 2 de julio, de la Jurisdicción Voluntaria («B.O.E.» 3 julio).
Vigencia: 23 julio 2015

Quinto. De los que se encuentren a bordo de una aeronave que se presuma siniestrada al realizar el viaje sobre mares, zonas desérticas o inhabitadas, por no llegar a su destino, o si careciendo de punto fijo de arribo, no retornase, y haya evidencias racionales de ausencia de supervivientes, luego que en cualquiera de los casos haya transcurrido un mes contado desde las últimas noticias de las personas o de la aeronave y, en su defecto, desde la fecha de inicio del viaje. Si éste se hiciere por etapas, el plazo indicado se computará desde el punto de despegue del que se recibieron las últimas noticias.

Apartado quinto del artículo 194 introducido por el apartado cuarenta y uno de la disposición final primera de la Ley 15/2015, de 2 de julio, de la Jurisdicción Voluntaria («B.O.E.» 3 julio).
Vigencia: 23 julio 2015

Artículo 195. Por la declaración de fallecimiento cesa la situación de ausencia legal, pero mientras dicha declaración no se produzca, se presume que el ausente ha vivido hasta el momento en que deba reputársele fallecido, salvo investigaciones en contrario.

Toda declaración de fallecimiento expresará la fecha a partir de la cual se entienda sucedida la muerte, con arreglo a lo preceptuado en los artículos precedentes, salvo prueba en contrario.

...

Párrafo final del artículo 195 derogado por Ley 30/1981, 7 julio («B.O.E.» 20 julio), por la que se modifica la regulación del matrimonio en el Código Civil y se determina el procedimiento a seguir en las causas de nulidad, separación y divorcio.

Véanse:
- Artículos 85, 169, 171 y 191 del presente Código.
- Artículo 2044 LEC.
- Artículo 179.1.º del Reglamento del Registro Civil («B.O.E.» 11 diciembre).

Artículo 196. Firme la declaración de fallecimiento del ausente, se abrirá la sucesión en los bienes del mismo, procediéndose a su adjudicación conforme a lo dispuesto legalmente.

Los herederos no podrán disponer a título gratuito hasta cinco años después de la declaración del fallecimiento.

Hasta que transcurra este mismo plazo no serán entregados los legados, si los hubiese, ni tendrán derecho a exigirlos los legatarios, salvo las mandas piadosas en sufragio del alma del testador o los legados en favor de Instituciones de beneficencia.

Será obligación ineludible de los sucesores, aunque por tratarse de uno solo no fuese necesaria partición, la de formar notarialmente un inventario detallado de los bienes muebles y una descripción de los inmuebles.

> *Artículo 196 redactado por el apartado cuarenta y dos de la disposición final primera de la Ley 15/2015, de 2 de julio, de la Jurisdicción Voluntaria («B.O.E.» 3 julio).*
> *Vigencia: 23 julio 2015*

Artículo 197. Si después de la declaración de fallecimiento se presentase el ausente o se probase su existencia, recobrará sus bienes en el estado en que se encuentren y tendrá derecho al precio de los que se hubieran vendido, o a los bienes que con este precio se hayan adquirido; pero no podrá reclamar de sus sucesores rentas, frutos ni productos obtenidos con los bienes de su sucesión, sino desde el día de su presencia o de la declaración de no haber muerto.

> *Artículo 197 redactado por Ley 8 septiembre 1939, de modificación del Título VIII, Libro I del Código Civil («B.O.E.» 1 octubre).*

> *Véanse:*
> *- Artículo 2043 LEC.*
> *- Artículo 179 del Reglamento del Registro Civil («B.O.E.» 11 diciembre).*

CAPÍTULO III
DE LA INSCRIPCIÓN EN EL REGISTRO CIVIL

> *Rúbrica del Capítulo III del Título VIII del Libro primero redactada por el apartado cuarenta y tres de la disposición final primera de la Ley 15/2015, de 2 de julio, de la Jurisdicción Voluntaria («B.O.E.» 3 julio).*
> *Vigencia: 23 julio 2015*

Artículo 198. En el Registro Civil se harán constar las declaraciones de desaparición, ausencia legal y de fallecimiento, así como las representaciones legítimas y dativas acordadas, y su extinción.

Asimismo se anotarán los inventarios de bienes muebles y descripción de inmuebles que en este Título se ordenan; los decretos de concesión y las escrituras de transmisiones y gravámenes que efectúen los representantes legítimos o dativos de los ausentes; y la escritura de descripción o inventario de los bienes, así como de las escrituras de partición y adjudicación realizadas a virtud de la declaración de fallecimiento o de las actas de protocolización de los cuadernos particionales en sus respectivos casos.

> *Artículo 198 redactado por el apartado cuarenta y cuatro de la disposición final primera de la Ley 15/2015, de 2 de julio, de la Jurisdicción Voluntaria («B.O.E.» 3 julio).*
> *Vigencia: 23 julio 2015*

TÍTULO IX
DE LA TUTELA Y DE LA GUARDA DE LOS MENORES

> *Título IX del Libro Primero redactado por el apartado veintiuno del artículo segundo de la Ley 8/2021, de 2 de junio, por la que se reforma la legislación civil y procesal para el apoyo a las personas con discapacidad en el ejercicio de su capacidad jurídica («B.O.E.» 3 junio).*
> *Vigencia: 3 septiembre 2021*

> *Véanse los artículos 43 a 52 de la Ley 15/2015, de 2 de julio, de la Jurisdicción Voluntaria («B.O.E.» 3 julio).*

CAPÍTULO I
DE LA TUTELA

SECCIÓN 1.ª
DISPOSICIONES GENERALES

Artículo 199. Quedan sujetos a tutela:
1.º Los menores no emancipados en situación de desamparo.
2.º Los menores no emancipados no sujetos a patria potestad.

Artículo 200. Las funciones tutelares constituyen un deber, se ejercerán en beneficio del tutelado y estarán bajo la salvaguarda de la autoridad judicial.

Las medidas y disposiciones previstas en el artículo 158 podrán ser acordadas también por la autoridad judicial en todos los supuestos de tutela de menores, en cuanto lo requiera el interés de estos.

Si se tratara de menores que estén bajo la tutela de una entidad pública, estas medidas solo podrán ser acordadas por la autoridad judicial de oficio o a instancia de dicha entidad, del Ministerio Fiscal o del propio menor. La entidad pública será parte en el procedimiento y las medidas acordadas serán comunicadas a esta, que dará traslado de dicha comunicación al director del centro residencial o a la familia acogedora.

Artículo 201. Los progenitores podrán en testamento o documento público notarial designar tutor, establecer órganos de fiscalización de la tutela, así como designar las personas que hayan de integrarlos u ordenar cualquier otra disposición sobre la persona o bienes de sus hijos menores.

Artículo 202. Las designaciones a que se refiere el artículo anterior vincularán a la autoridad judicial al constituir la tutela, salvo que el interés superior del menor exija otra cosa, en cuyo caso dictará resolución motivada.

Artículo 203. Cuando existieren disposiciones de los progenitores hechas en testamento o documento público notarial de los progenitores, se aplicarán unas y otras conjuntamente, en cuanto fueran compatibles. De no serlo, se adoptarán por la autoridad judicial, en decisión motivada, las que considere más convenientes para el interés superior del menor.

Artículo 204. Serán ineficaces las disposiciones hechas en testamento o documento público notarial sobre la tutela si, en el momento de adoptarlas, el disponente hubiese sido privado de la patria potestad.

Artículo 205. El que disponga de bienes a título gratuito en favor de un menor podrá establecer las reglas de administración y disposición de los mismos y designar la persona o personas que hayan de ejercitarlas. Las funciones no conferidas al administrador corresponden al tutor.

Artículo 206. Estarán obligados a promover la constitución de la tutela, desde el momento en que conocieran el hecho que la motivare, los parientes llamados a ella y la persona física o jurídica bajo cuya guarda se encuentre el menor y, si no lo hicieren, serán responsables solidarios de la indemnización de los daños y perjuicios causados.

Artículo 207. Cualquier persona podrá poner en conocimiento del Ministerio Fiscal o de la autoridad judicial el hecho determinante de la tutela, a fin de que se dé inicio al expediente a que se refiere el artículo siguiente.

Artículo 208. La autoridad judicial constituirá la tutela mediante un expediente de jurisdicción voluntaria, siguiendo los trámites previstos legalmente.

Artículo 209. La tutela se ejercerá bajo la vigilancia del Ministerio Fiscal, que actuará de oficio o a instancia de la persona menor de edad o de cualquier interesado.

En cualquier momento podrá exigir del tutor que le informe sobre la situación del menor y del estado de la administración de la tutela.

Artículo 210. La autoridad judicial podrá establecer, en la resolución por la que se constituya la tutela o en otra posterior, las medidas de vigilancia y control que estime adecuadas, en beneficio del tutelado. Asimismo, en cualquier momento podrá exigir del tutor que informe sobre la situación del menor y del estado de la administración.

SECCIÓN 2.ª
DE LA DELACIÓN DE LA TUTELA Y DEL NOMBRAMIENTO DEL TUTOR

Artículo 211. Podrán ser tutores todas las personas físicas que, a juicio de la autoridad judicial, cumplan las condiciones de aptitud suficientes para el adecuado desempeño de su función y en ellas no concurra alguna de las causas de inhabilidad establecidas en los artículos siguientes.

Artículo 212. Podrán ser tutores las fundaciones y demás personas jurídicas sin ánimo de lucro, públicas o privadas, entre cuyos fines figure la protección y asistencia de menores.

Artículo 213. Para el nombramiento de tutor se preferirá:

1.º A la persona o personas designadas por los progenitores en testamento o documento público notarial.

2.º Al ascendiente o hermano que designe la autoridad judicial.

Excepcionalmente, en resolución motivada, se podrá alterar el orden del párrafo anterior o prescindir de todas las personas en él mencionadas, si el interés superior del menor así lo exigiere. Se considera beneficiosa para el menor la integración en la vida de familia del tutor.

Artículo 214. En defecto de las personas mencionadas en el artículo anterior, la autoridad judicial designará tutor a quien, por sus relaciones con el tutelado y en el interés superior de este, considere más idóneo.

Artículo 215. Si hubiere que designar tutor para varios hermanos, se procurará que el nombramiento recaiga en una misma persona.

Artículo 216. No podrán ser tutores:

1.º Los que por resolución judicial estuvieran privados o suspendidos en el ejercicio de la patria potestad o, total o parcialmente, de los derechos de guarda y protección.

2.º Los que hubieren sido legalmente removidos de una tutela, curatela o guarda anterior.

Artículo 217. La autoridad judicial no podrá nombrar a las personas siguientes:

1.º A quien haya sido excluido por los progenitores del tutelado.

2.º A quien haya sido condenado en sentencia firme por cualquier delito que haga suponer fundadamente que no desempeñará bien la tutela.

3.º Al administrador que hubiese sido sustituido en sus facultades de administración durante la tramitación del procedimiento concursal.

4.º A quien le sea imputable la declaración como culpable de un concurso, salvo que la tutela lo sea solo de la persona.

5.º A quien tenga conflicto de intereses con la persona sujeta a tutela.

Artículo 218. La tutela se ejercerá por un solo tutor salvo:

1.º Cuando, por concurrir circunstancias especiales en la persona del tutelado o en su patrimonio, convenga separar como cargos distintos el de tutor de la persona y el de los bienes, cada uno de los cuales actuará independientemente en el ámbito de su competencia, si bien las decisiones que conciernan a ambos deberán tomarlas conjuntamente.

2.º Si se designa a alguna persona tutor de los hijos de su hermano y se considera conveniente que ejerza también la tutela el cónyuge del tutor o la persona que se halle en análoga relación de afectividad.

3.º Cuando los progenitores del tutelado hayan designado en testamento o documento público notarial más de un tutor para que ejerzan la tutela conjuntamente.

Artículo 219. En el caso del numeral 3.º del artículo anterior, si los progenitores lo hubieren dispuesto de modo expreso, se podrá resolver, al efectuar el nombramiento de tutores, que estos puedan ejercitar las facultades de la tutela con carácter solidario.

De no mediar tal clase de nombramiento y, sin perjuicio de lo dispuesto en el numeral 1.º del artículo anterior, las facultades de la tutela encomendadas a varios tutores habrán de ser ejercitadas por estos conjuntamente, pero valdrá lo que se haga con el acuerdo del mayor número. A falta de tal acuerdo, la autoridad judicial, después de oír a los tutores y al tutelado si tuviere suficiente madurez, resolverá sin ulterior recurso lo que estime conveniente. Para el caso de que los desacuerdos fueran reiterados y entorpeciesen gravemente el ejercicio de la tutela, podrá la autoridad judicial reorganizar su funcionamiento e incluso nombrar nuevo tutor.

Artículo 220. Si los tutores tuvieren sus facultades atribuidas conjuntamente y hubiere incompatibilidad u oposición de intereses en alguno de ellos para un acto o contrato, podrá este ser realizado por el otro tutor o, de ser varios, por los demás en forma conjunta.

Artículo 221. En los casos de que por cualquier causa cese alguno de los tutores, la tutela subsistirá con los restantes a no ser que al hacer el nombramiento se hubiera dispuesto otra cosa de modo expreso.

Artículo 222. La tutela de los menores que se encuentren en situación de desamparo corresponderá por ministerio de la ley a la entidad pública a la que en el respectivo territorio esté encomendada la protección de menores.

No obstante, se procederá al nombramiento de tutor conforme a las reglas ordinarias cuando existan personas físicas que, por sus relaciones con el menor o por otras circunstancias, puedan asumir la tutela en interés de este.

En el supuesto del párrafo anterior, previamente a la designación judicial de tutor, o en la misma resolución, deberá acordarse la suspensión o la privación de la patria potestad o la remoción del tutor, en su caso.

Estarán legitimados para ejercer las acciones de privación de patria potestad, promover la remoción del tutor y solicitar el nombramiento de tutor de los menores en situación de desamparo, el Ministerio Fiscal, la entidad pública y los llamados al ejercicio de la tutela.

Artículo 223. Las causas y procedimientos de remoción y excusa de la tutela serán los mismos que los establecidos para la curatela.

La autoridad judicial podrá decretar la remoción a solicitud de la persona menor de edad si tuviere suficiente madurez. En todo caso será tenida en cuenta su opinión y se le dará audiencia si fuere mayor de doce años.

Declarada la remoción, se procederá al nombramiento de nuevo tutor en la forma establecida en este Código.

SECCIÓN 3.ª
DEL EJERCICIO DE LA TUTELA

Artículo 224. Serán aplicables a la tutela, con carácter supletorio, las normas de la curatela.

Artículo 225. El tutor es el representante del menor, salvo para aquellos actos que este pueda realizar por si solo o para los que únicamente precise asistencia.

Artículo 226. Se prohíbe al tutor:
1.º Recibir liberalidades del tutelado o de sus causahabientes, mientras no se haya aprobado definitivamente su gestión.
2.º Representar al tutelado cuando en el mismo acto intervenga en nombre propio o de un tercero y existiera conflicto de intereses.
3.º Adquirir por título oneroso bienes del tutelado o transmitirle por su parte bienes por igual título.

Artículo 227. Los tutores ejercerán su cargo en interés del menor, de acuerdo con su personalidad y con respeto a sus derechos.
Cuando sea necesario para el ejercicio de la tutela podrán recabar el auxilio de la autoridad.

Artículo 228. El tutor está obligado a velar por el tutelado y, en particular:
1.º A velar por él y a procurarle alimentos.
2.º A educar al menor y procurarle una formación integral.
3.º A promover su mejor inserción en la sociedad.
4.º A administrar el patrimonio del menor con la diligencia debida.
5.º A informar a la autoridad judicial anualmente sobre la situación del menor y a rendirle cuenta anual de su administración.
6.º A oír al menor antes de adoptar decisiones que le afecten.

Artículo 229. El tutor tiene derecho a una retribución, siempre que el patrimonio del menor lo permita, así como al reembolso de los gastos justificados, cantidades que serán satisfechas con cargo a dicho patrimonio.
Salvo que los progenitores hubieran establecido otra cosa, y sin perjuicio de que dichas previsiones puedan modificarse por la autoridad judicial si lo estimase conveniente para el interés del menor, corresponde a la autoridad judicial fijar su importe y el modo de percibirla, para lo cual tendrá en cuenta el trabajo a realizar y el valor y la rentabilidad de los bienes.
Podrá también establecerse que el tutor haga suyos los frutos de los bienes del tutelado a cambio de prestarle los alimentos, si así lo hubieren dispuesto los progenitores. La autoridad judicial podrá dejar sin efecto esta previsión o establecerla aun cuando nada hubiesen dispuesto los progenitores, si lo estimase conveniente para el interés del menor.

Artículo 230. La persona que en el ejercicio de una función tutelar sufra daños y perjuicios, sin culpa por su parte, tendrá derecho a la indemnización de estos con cargo a los bienes del tutelado, de no poder obtener por otro medio su resarcimiento.

SECCIÓN 4.ª
DE LA EXTINCIÓN DE LA TUTELA Y DE LA RENDICIÓN FINAL DE CUENTAS

Artículo 231. La tutela se extingue:

1.º Por la mayoría de edad, emancipación o concesión del beneficio de la mayoría de edad al menor.

2.º Por la adopción del menor.

3.º Por muerte o declaración de fallecimiento del menor.

4.º Cuando, habiéndose originado por privación o suspensión de la patria potestad, el titular de esta la recupere, o cuando desaparezca la causa que impedía al titular de la patria potestad ejercitarla de hecho.

Artículo 232. El tutor, sin perjuicio de la obligación de rendición anual de cuentas, al cesar en sus funciones deberá rendir ante la autoridad judicial la cuenta general justificada de su administración en el plazo de tres meses, prorrogables por el tiempo que fuere necesario si concurre justa causa.

La acción para exigir la rendición de esta cuenta prescribe a los cinco años, contados desde la terminación del plazo establecido para efectuarla.

Antes de resolver sobre la aprobación de la cuenta, la autoridad judicial oirá también, en su caso, al nuevo tutor y a la persona que hubiera estado sometida a tutela o a sus herederos.

La aprobación judicial de las cuentas no impedirá el ejercicio de las acciones que recíprocamente puedan asistir al tutor y al menor o a sus causahabientes por razón de la tutela.

Artículo 233. Los gastos necesarios de la rendición de cuentas serán a cargo del patrimonio de quien estuvo sometido a tutela.

El saldo de la cuenta general devengará el interés legal, a favor o en contra del tutor. Si el saldo es a favor del tutor, el interés legal se devengará desde el requerimiento para el pago, previa restitución de los bienes a su titular. Si es en contra del tutor, devengará el interés legal una vez transcurridos los tres meses siguientes a la aprobación de la cuenta.

Artículo 234. El tutor responderá de los daños que hubiese causado al menor por su culpa o negligencia.

La acción para reclamar esta responsabilidad prescribe a los tres años contados desde la rendición final de cuentas.

CAPÍTULO II
DEL DEFENSOR JUDICIAL DEL MENOR

Artículo 235. Se nombrará un defensor judicial del menor en los casos siguientes:

1.º Cuando en algún asunto exista conflicto de intereses entre los menores y sus representantes legales, salvo en los casos en que la ley prevea otra forma de salvarlo.

2.º Cuando, por cualquier causa, el tutor no desempeñare sus funciones, hasta que cese la causa determinante o se designe otra persona.

3.º Cuando el menor emancipado requiera el complemento de capacidad previsto en los artículos 247 y 248 y a quienes corresponda prestarlo no puedan hacerlo o exista con ellos conflicto de intereses.

Véanse los artículos 27 a 32 de la Ley 15/2015, de 2 de julio, de la Jurisdicción Voluntaria («B.O.E.» 3 julio).

Artículo 236. Serán aplicables al defensor judicial del menor las normas del defensor judicial de las personas con discapacidad. El defensor judicial del menor ejercerá su cargo en interés del menor, de acuerdo con su personalidad y con respeto a sus derechos.

CAPÍTULO III
DE LA GUARDA DE HECHO DEL MENOR

Véase artículo 52 de la Ley 15/2015, de 2 de julio, de la Jurisdicción Voluntaria («B.O.E.» 3 julio).

Artículo 237. 1. Cuando la autoridad judicial tenga conocimiento de la existencia de un guardador de hecho podrá requerirle para que informe de la situación de la persona y los bienes del menor y de su actuación en relación con los mismos, pudiendo establecer las medidas de control y vigilancia que considere oportunas.

Cautelarmente, mientras se mantenga la situación de guarda de hecho y hasta que se constituya la medida de protección adecuada, si procediera, se podrán otorgar judicialmente facultades tutelares a los guardadores. Igualmente se podrá constituir un acogimiento temporal, siendo acogedores los guardadores.

2. Procederá la declaración de situación de desamparo de los menores cuando, además de esta circunstancia, se den los presupuestos objetivos de falta de asistencia contemplados en el artículo 172.

En los demás casos, el guardador de hecho podrá promover la privación o suspensión de la patria potestad, remoción de la tutela o el nombramiento de tutor.

Artículo 238. Serán aplicables a la guarda de hecho del menor, con carácter supletorio, las normas de la guarda de hecho de las personas con discapacidad.

TÍTULO X
DE LA MAYOR EDAD Y DE LA EMANCIPACIÓN

Título X del Libro Primero redactado por el apartado veintidós del artículo segundo de la Ley 8/2021, de 2 de junio, por la que se reforma la legislación civil y procesal para el apoyo a las personas con discapacidad en el ejercicio de su capacidad jurídica («B.O.E.» 3 junio).
Vigencia: 3 septiembre 2021

Véanse los artículos 53 a 55 de la Ley 15/2015, de 2 de julio, de la Jurisdicción Voluntaria («B.O.E.» 3 julio).

Artículo 239. La emancipación tiene lugar:
1.º Por la mayor edad.
2.º Por concesión de los que ejerzan la patria potestad.
3.º Por concesión judicial.

Artículo 240. La mayor edad empieza a los dieciocho años cumplidos.

Para el cómputo de los años de la mayoría de edad se incluirá completo el día del nacimiento.

Artículo 241. Para que tenga lugar la emancipación por concesión de quienes ejerzan la patria potestad, se requiere que el menor tenga dieciséis años cumplidos y que la consienta. Esta emancipación se otorgará por escritura pública o por comparecencia ante el encargado del Registro Civil.

Artículo 242. La concesión de la emancipación habrá de inscribirse en el Registro Civil, no produciendo entre tanto efectos contra terceros.

Concedida la emancipación no podrá ser revocada.

Artículo 243. Se reputará para todos los efectos como emancipado al hijo mayor de dieciséis años que, con el consentimiento de los progenitores, viviere independientemente de estos. Los progenitores podrán revocar este consentimiento.

Artículo 244. La autoridad judicial podrá conceder la emancipación de los hijos mayores de dieciséis años si estos la pidieren y previa audiencia de los progenitores:

1.º Cuando quien ejerce la patria potestad contrajere nupcias o conviviere maritalmente con persona distinta del otro progenitor.

2.º Cuando los progenitores vivieren separados.

3.º Cuando concurra cualquier causa que entorpezca gravemente el ejercicio de la patria potestad.

Artículo 245. También podrá la autoridad judicial, previo informe del Ministerio Fiscal, conceder el beneficio de la mayor edad al sujeto a tutela mayor de dieciséis años que lo solicitare.

Artículo 246. El mayor de edad puede realizar todos los actos de la vida civil, salvo las excepciones establecidas en casos especiales por este Código.

Artículo 247. La emancipación habilita al menor para regir su persona y bienes como si fuera mayor; pero hasta que llegue a la mayor edad no podrá el emancipado tomar dinero a préstamo, gravar o enajenar bienes inmuebles y establecimientos mercantiles o industriales u objetos de extraordinario valor sin consentimiento de sus progenitores y, a falta de ambos, sin el de su defensor judicial.

El menor emancipado podrá por sí solo comparecer en juicio.

Lo dispuesto en este artículo es aplicable también al menor que hubiere obtenido judicialmente el beneficio de la mayor edad.

Artículo 248. Para que el casado menor de edad pueda enajenar o gravar bienes inmuebles, establecimientos mercantiles u objetos de extraordinario valor que sean comunes, basta, si es mayor el otro cónyuge, el consentimiento de los dos; si también es menor, se necesitará además el de los progenitores o defensor judicial de uno y otro.

TÍTULO XI
DE LAS MEDIDAS DE APOYO A LAS PERSONAS CON DISCAPACIDAD PARA EL EJERCICIO DE SU CAPACIDAD JURÍDICA

Título XI del Libro Primero redactado por el apartado veintitrés del artículo segundo de la Ley 8/2021, de 2 de junio, por la que se reforma la legislación civil y procesal para el apoyo a las personas con discapacidad en el ejercicio de su capacidad jurídica («B.O.E.» 3 junio).
Vigencia: 3 septiembre 2021

CAPÍTULO I
DISPOSICIONES GENERALES

Artículo 249. Las medidas de apoyo a las personas mayores de edad o menores emancipadas que las precisen para el adecuado ejercicio de su capacidad jurídica tendrán por finalidad permitir el desarrollo pleno de su personalidad y su desenvolvimiento jurídico en condiciones de igualdad. Estas medidas de apoyo deberán estar inspiradas en el respeto a la dignidad de la persona y en la tutela de sus derechos fundamentales. Las de origen legal o judicial solo procederán en defecto o insuficiencia de la voluntad de la persona de que se trate. Todas ellas deberán ajustarse a los principios de necesidad y proporcionalidad.

Las personas que presten apoyo deberán actuar atendiendo a la voluntad, deseos y preferencias de quien lo requiera. Igualmente procurarán que la persona con discapacidad pueda desarrollar su propio proceso de toma de decisiones, informándola, ayudándola en su comprensión y razonamiento y facilitando que pueda expresar sus preferencias. Asimismo, fomentarán que la persona con discapacidad pueda ejercer su capacidad jurídica con menos apoyo en el futuro.

En casos excepcionales, cuando, pese a haberse hecho un esfuerzo considerable, no sea posible determinar la voluntad, deseos y preferencias de la persona, las medidas de apoyo podrán incluir funciones representativas. En este caso, en el ejercicio de esas funciones se deberá tener en cuenta la trayectoria vital de la persona con discapacidad, sus creencias y valores, así como los factores que ella hubiera tomado en consideración, con el fin de tomar la decisión que habría adoptado la persona en caso de no requerir representación.

La autoridad judicial podrá dictar las salvaguardas que considere oportunas a fin de asegurar que el ejercicio de las medidas de apoyo se ajuste a los criterios resultantes de este precepto y, en particular, atienda a la voluntad, deseos y preferencias de la persona que las requiera.

Artículo 250. Las medidas de apoyo para el ejercicio de la capacidad jurídica de las personas que lo precisen son, además de las de naturaleza voluntaria, la guarda de hecho, la curatela y el defensor judicial.

La función de las medidas de apoyo consistirá en asistir a la persona con discapacidad en el ejercicio de su capacidad jurídica en los ámbitos en los que sea preciso, respetando su voluntad, deseos y preferencias.

Las medidas de apoyo de naturaleza voluntaria son las establecidas por la persona con discapacidad, en las que designa quién debe prestarle apoyo y con qué alcance. Cualquier medida de apoyo voluntaria podrá ir acompañada de las salvaguardas necesarias para garantizar en todo momento y ante cualquier circunstancia el respeto a la voluntad, deseos y preferencias de la persona.

La guarda de hecho es una medida informal de apoyo que puede existir cuando no haya medidas voluntarias o judiciales que se estén aplicando eficazmente.

La curatela es una medida formal de apoyo que se aplicará a quienes precisen el apoyo de modo continuado. Su extensión vendrá determinada en la correspondiente resolución judicial en armonía con la situación y circunstancias de la persona con discapacidad y con sus necesidades de apoyo.

El nombramiento de defensor judicial como medida formal de apoyo procederá cuando la necesidad de apoyo se precise de forma ocasional, aunque sea recurrente.

Al determinar las medidas de apoyo se procurará evitar situaciones en las que se puedan producir conflictos de intereses o influencia indebida.

No podrán ejercer ninguna de las medidas de apoyo quienes, en virtud de una relación contractual, presten servicios asistenciales, residenciales o de naturaleza análoga a la persona que precisa el apoyo.

Artículo 251. Se prohíbe a quien desempeñe alguna medida de apoyo:

1.º Recibir liberalidades de la persona que precisa el apoyo o de sus causahabientes, mientras que no se haya aprobado definitivamente su gestión, salvo que se trate de regalos de costumbre o bienes de escaso valor.

2.º Prestar medidas de apoyo cuando en el mismo acto intervenga en nombre propio o de un tercero y existiera conflicto de intereses.

3.º Adquirir por título oneroso bienes de la persona que precisa el apoyo o transmitirle por su parte bienes por igual título.

En las medidas de apoyo voluntarias estas prohibiciones no resultarán de aplicación cuando el otorgante las haya excluido expresamente en el documento de constitución de dichas medidas.

Artículo 252. El que disponga de bienes a título gratuito en favor de una persona necesitada de apoyo podrá establecer las reglas de administración y disposición de aquellos, así como designar la persona o personas a las que se encomienden dichas facultades. Las facultades no conferidas al administrador corresponderán al favorecido por la disposición de los bienes, que las ejercitará, en su caso, con el apoyo que proceda.

Igualmente podrán establecer los órganos de control o supervisión que se estimen convenientes para el ejercicio de las facultades conferidas.

Artículo 253. Cuando una persona se encuentre en una situación que exija apoyo para el ejercicio de su capacidad jurídica de modo urgente y carezca de un guardador de hecho, el apoyo se prestará de modo provisional por la entidad pública que en el respectivo territorio tenga encomendada esta función. La entidad dará conocimiento de la situación al Ministerio Fiscal en el plazo de veinticuatro horas.

CAPÍTULO II
DE LAS MEDIDAS VOLUNTARIAS DE APOYO

SECCIÓN 1.ª
DISPOSICIONES GENERALES

Artículo 254. Cuando se prevea razonablemente en los dos años anteriores a la mayoría de edad que un menor sujeto a patria potestad o a tutela pueda, después de alcanzada aquella, precisar de apoyo en el ejercicio de su capacidad jurídica, la autoridad judicial podrá acordar, a petición del menor, de los progenitores, del tutor o del Ministerio Fiscal, si lo estima necesario, la procedencia de la adopción de la medida de apoyo que corresponda para cuando concluya la minoría de edad. Estas medidas se adoptarán si el mayor de dieciséis años no ha hecho sus propias previsiones para cuando alcance la mayoría de edad. En otro caso se dará participación al menor en el proceso, atendiendo a su voluntad, deseos y preferencias.

Artículo 255. Cualquier persona mayor de edad o menor emancipada en previsión o apreciación de la concurrencia de circunstancias que puedan dificultarle el ejercicio de su capacidad jurídica en igualdad de condiciones con las demás, podrá prever o acordar en escritura pública medidas de apoyo relativas a su persona o bienes.

Podrá también establecer el régimen de actuación, el alcance de las facultades de la persona o personas que le hayan de prestar apoyo, o la forma de ejercicio del apoyo, el cual se prestará conforme a lo dispuesto en el artículo 249.

Asimismo, podrá prever las medidas u órganos de control que estime oportuno, las salvaguardas necesarias para evitar abusos, conflicto de intereses o influencia indebida y los mecanismos y plazos de revisión de las medidas de apoyo, con el fin de garantizar el respeto de su voluntad, deseos y preferencias.

El Notario autorizante comunicará de oficio y sin dilación el documento público que contenga las medidas de apoyo al Registro Civil para su constancia en el registro individual del otorgante.

Solo en defecto o por insuficiencia de estas medidas de naturaleza voluntaria, y a falta de guarda de hecho que suponga apoyo suficiente, podrá la autoridad judicial adoptar otras supletorias o complementarias.

SECCIÓN 2.ª
DE LOS PODERES Y MANDATOS PREVENTIVOS

Artículo 256. El poderdante podrá incluir una cláusula que estipule que el poder subsista si en el futuro precisa apoyo en el ejercicio de su capacidad.

Artículo 257. El poderdante podrá otorgar poder solo para el supuesto de que en el futuro precise apoyo en el ejercicio de su capacidad. En este caso, para acreditar que se ha producido la situación de necesidad de apoyo se estará a las previsiones del poderdante. Para garantizar el cumplimiento de estas previsiones se otorgará, si fuera preciso, acta notarial que, además del juicio del Notario, incorpore un informe pericial en el mismo sentido.

Artículo 258. Los poderes a que se refieren los artículos anteriores mantendrán su vigencia pese a la constitución de otras medidas de apoyo en favor del poderdante, tanto si estas han sido establecidas judicialmente como si han sido previstas por el propio interesado.

Cuando se hubieren otorgado a favor del cónyuge o de la pareja de hecho del poderdante, el cese de la convivencia producirá su extinción automática, salvo que medie voluntad contraria del otorgante o que el cese venga determinado por el internamiento de este.

El poderdante podrá establecer, además de las facultades que otorgue, las medidas u órganos de control que estime oportuno, condiciones e instrucciones para el ejercicio de las facultades, salvaguardas para evitar abusos, conflicto de intereses o influencia indebida y los mecanismos y plazos de revisión de las medidas de apoyo, con el fin de garantizar el respeto de su voluntad, deseos y preferencias. Podrá también prever formas específicas de extinción del poder.

Cualquier persona legitimada para instar el procedimiento de provisión de apoyos y el curador, si lo hubiere, podrán solicitar judicialmente la extinción de los poderes preventivos, si en el apoderado concurre alguna de las causas previstas para la remoción del curador, salvo que el poderdante hubiera previsto otra cosa.

Artículo 259. Cuando el poder contenga cláusula de subsistencia para el caso de que el poderdante precise apoyo en el ejercicio de su capacidad o se conceda solo para ese supuesto y, en ambos casos, comprenda todos los negocios del otorgante, el apoderado, sobrevenida la situación de necesidad de apoyo, quedará sujeto a las reglas aplicables a la curatela en todo aquello no previsto en el poder, salvo que el poderdante haya determinado otra cosa.

Artículo 260. Los poderes preventivos a que se refieren los artículos anteriores habrán de otorgarse en escritura pública.

El Notario autorizante los comunicará de oficio y sin dilación al Registro Civil para su constancia en el registro individual del poderdante.

Artículo 261. El ejercicio de las facultades representativas será personal, sin perjuicio de la posibilidad de encomendar la realización de uno o varios actos concretos a terceras personas. Aquellas facultades que tengan por objeto la protección de la persona no serán delegables.

Artículo 262. Lo dispuesto en este capítulo se aplicará igualmente al caso de mandato sin poder.

CAPÍTULO III
DE LA GUARDA DE HECHO DE LAS PERSONAS CON DISCAPACIDAD

Artículo 263. Quien viniere ejerciendo adecuadamente la guarda de hecho de una persona con discapacidad continuará en el desempeño de su función incluso si existen medidas de apoyo de naturaleza voluntaria o judicial, siempre que estas no se estén aplicando eficazmente.

Artículo 264. Cuando, excepcionalmente, se requiera la actuación representativa del guardador de hecho, este habrá de obtener la autorización para realizarla a través del correspondiente expediente de jurisdicción voluntaria, en el que se oirá a la persona con discapacidad. La autorización judicial para actuar como representante se podrá conceder, previa comprobación de su necesidad, en los términos y con los requisitos adecuados a las circunstancias del caso. La autorización podrá comprender uno o varios actos necesarios para el desarrollo de la función de apoyo y deberá ser ejercitada de conformidad con la voluntad, deseos y preferencias de la persona con discapacidad.

En todo caso, quien ejerza la guarda de hecho deberá recabar autorización judicial conforme a lo indicado en el párrafo anterior para prestar consentimiento en los actos enumerados en el artículo 287.

No será necesaria autorización judicial cuando el guardador solicite una prestación económica a favor de la persona con discapacidad, siempre que esta no suponga un cambio significativo en la forma de vida de la persona, o realice actos jurídicos sobre bienes de esta que tengan escasa relevancia económica y carezcan de especial significado personal o familiar.

La autoridad judicial podrá acordar el nombramiento de un defensor judicial para aquellos asuntos que por su naturaleza lo exijan.

Artículo 265. A través de un expediente de jurisdicción voluntaria, la autoridad judicial podrá requerir al guardador en cualquier momento, de oficio, a solicitud del Ministerio Fiscal o a instancia de cualquier interesado, para que informe de su actuación, y establecer las salvaguardias que estime necesarias.

Asimismo, podrá exigir que el guardador rinda cuentas de su actuación en cualquier momento.

Artículo 266. El guardador tiene derecho al reembolso de los gastos justificados y a la indemnización por los daños derivados de la guarda, a cargo de los bienes de la persona a la que presta apoyo.

Artículo 267. La guarda de hecho se extingue:

1.º Cuando la persona a quien se preste apoyo solicite que este se organice de otro modo.

2.º Cuando desaparezcan las causas que la motivaron.

3.º Cuando el guardador desista de su actuación, en cuyo caso deberá ponerlo previamente en conocimiento de la entidad pública que en el respectivo territorio tenga encomendada las funciones de promoción de la autonomía y asistencia a las personas con discapacidad.

4.º Cuando, a solicitud del Ministerio Fiscal o de quien se interese por ejercer el apoyo de la persona bajo guarda, la autoridad judicial lo considere conveniente.

**CAPÍTULO IV
DE LA CURATELA**

**SECCIÓN 1.ª
DISPOSICIONES GENERALES**

Artículo 268. Las medidas tomadas por la autoridad judicial en el procedimiento de provisión de apoyos serán proporcionadas a las necesidades de la persona que las precise, respetarán siempre la máxima autonomía de esta en el ejercicio de su capacidad jurídica y atenderán en todo caso a su voluntad, deseos y preferencias.

Las medidas de apoyo adoptadas judicialmente serán revisadas periódicamente en un plazo máximo de tres años. No obstante, la autoridad judicial podrá, de manera excepcional y motivada, en el procedimiento de provisión o, en su caso, de modificación de apoyos, establecer un plazo de revisión superior que no podrá exceder de seis años.

Sin perjuicio de lo anterior, las medidas de apoyo adoptadas judicialmente se revisarán, en todo caso, ante cualquier cambio en la situación de la persona que pueda requerir una modificación de dichas medidas.

Artículo 269. La autoridad judicial constituirá la curatela mediante resolución motivada cuando no exista otra medida de apoyo suficiente para la persona con discapacidad.

La autoridad judicial determinará los actos para los que la persona requiere asistencia del curador en el ejercicio de su capacidad jurídica atendiendo a sus concretas necesidades de apoyo.

Sólo en los casos excepcionales en los que resulte imprescindible por las circunstancias de la persona con discapacidad, la autoridad judicial determinará en resolución motivada los actos concretos en los que el curador habrá de asumir la representación de la persona con discapacidad.

Los actos en los que el curador deba prestar el apoyo deberán fijarse de manera precisa, indicando, en su caso, cuáles son aquellos donde debe ejercer la representación. El curador actuará bajo los criterios fijados en el artículo 249.

En ningún caso podrá incluir la resolución judicial la mera privación de derechos.

Artículo 270. La autoridad judicial establecerá en la resolución que constituya la curatela o en otra posterior las medidas de control que estime oportunas para garantizar el respeto de los derechos, la voluntad y las preferencias de la persona que precisa el apoyo, así como para evitar los abusos, los conflictos de intereses y la influencia indebida. También podrá exigir en cualquier momento al curador que, en el ámbito de sus funciones, informe sobre la situación personal o patrimonial de aquella.

Sin perjuicio de las revisiones periódicas de estas resoluciones, el Ministerio Fiscal podrá recabar en cualquier momento la información que considere necesaria a fin de garantizar el buen funcionamiento de la curatela.

SECCIÓN 2.ª
DE LA AUTOCURATELA Y DEL NOMBRAMIENTO DEL CURADOR

SUBSECCIÓN 1.ª
DE LA AUTOCURATELA

Artículo 271. Cualquier persona mayor de edad o menor emancipada, en previsión de la concurrencia de circunstancias que puedan dificultarle el ejercicio de su capacidad jurídica en igualdad de condiciones con las demás, podrá proponer en escritura pública el nombramiento o la exclusión de una o varias personas determinadas para el ejercicio de la función de curador.

Podrá igualmente establecer disposiciones sobre el funcionamiento y contenido de la curatela y, en especial, sobre el cuidado de su persona, reglas de administración y disposición de sus bienes, retribución del curador, obligación de hacer inventario o su dispensa y medidas de vigilancia y control, así como proponer a las personas que hayan de llevarlas a cabo.

Artículo 272. La propuesta de nombramiento y demás disposiciones voluntarias a que se refiere el artículo anterior vincularán a la autoridad judicial al constituir la curatela.

No obstante, la autoridad judicial podrá prescindir total o parcialmente de esas disposiciones voluntarias, de oficio o a instancia de las personas llamadas por ley a ejercer la curatela o del Ministerio Fiscal y, siempre mediante resolución motivada, si existen circunstancias graves desconocidas por la persona que las estableció o alteración de las causas expresadas por ella o que presumiblemente tuvo en cuenta en sus disposiciones.

Artículo 273. Si al establecer la autocuratela se propone el nombramiento de sustitutos al curador y no se concreta el orden de la sustitución, será preferido el propuesto en el documento posterior. Si se proponen varios en el mismo documento, será preferido el propuesto en primer lugar.

Artículo 274. Se podrá delegar en el cónyuge o en otra persona la elección del curador de entre los relacionados en escritura pública por la persona interesada.

SUBSECCIÓN 2.ª
DEL NOMBRAMIENTO DEL CURADOR

Artículo 275. 1. Podrán ser curadores las personas mayores de edad que, a juicio de la autoridad judicial, sean aptas para el adecuado desempeño de su función.

Asimismo, podrán ser curadores las fundaciones y demás personas jurídicas sin ánimo de lucro, públicas o privadas, entre cuyos fines figure la promoción de la autonomía y asistencia a las personas con discapacidad.

2. No podrán ser curadores:

1.º Quienes hayan sido excluidos por la persona que precise apoyo.

2.º Quienes por resolución judicial estuvieran privados o suspendidos en el ejercicio de la patria potestad o, total o parcialmente, de los derechos de guarda y protección.

3.º Quienes hubieren sido legalmente removidos de una tutela, curatela o guarda anterior.

3. La autoridad judicial no podrá nombrar curador, salvo circunstancias excepcionales debidamente motivadas, a las personas siguientes:

1.º A quien haya sido condenado por cualquier delito que haga suponer fundadamente que no desempeñará bien la curatela.

2.º A quien tenga conflicto de intereses con la persona que precise apoyo.

3.º Al administrador que hubiese sido sustituido en sus facultades de administración durante la tramitación del procedimiento concursal.

4.º A quien le sea imputable la declaración como culpable de un concurso, salvo que la curatela lo sea solamente de la persona.

Artículo 276. La autoridad judicial nombrará curador a quien haya sido propuesto para su nombramiento por la persona que precise apoyo o por la persona en quien esta hubiera delegado, salvo que concurra alguna de las circunstancias previstas en el párrafo segundo del artículo 272. La autoridad judicial estará también a lo dispuesto en el artículo 275.

En defecto de tal propuesta, la autoridad judicial nombrará curador:

1.º Al cónyuge, o a quien se encuentre en una situación de hecho asimilable, siempre que convivan con la persona que precisa el apoyo.

2.º Al hijo o descendiente. Si fueran varios, será preferido el que de ellos conviva con la persona que precisa el apoyo.

3.º Al progenitor o, en su defecto, ascendiente. Si fueren varios, será preferido el que de ellos conviva con la persona que precisa el apoyo.

4.º A la persona o personas que el cónyuge o la pareja conviviente o los progenitores hubieran dispuesto en testamento o documento público.

5.º A quien estuviera actuando como guardador de hecho.

6.º Al hermano, pariente o allegado que conviva con la persona que precisa la curatela.

7.º A una persona jurídica en la que concurran las condiciones indicadas en el párrafo segundo del apartado 1 del artículo anterior.

La autoridad judicial podrá alterar el orden del apartado anterior, una vez oída la persona que precise apoyo.

Cuando, una vez oída, no resultare clara su voluntad, la autoridad judicial podrá alterar el orden legal, nombrando a la persona más idónea para comprender e interpretar su voluntad, deseos y preferencias.

Artículo 277. Se puede proponer el nombramiento de más de un curador si la voluntad y necesidades de la persona que precisa el apoyo lo justifican. En particular, podrán separarse como cargos distintos los de curador de la persona y curador de los bienes.

Cuando la curatela sea confiada a varias personas, la autoridad judicial establecerá el modo de funcionamiento, respetando la voluntad de la persona que precisa el apoyo.

Artículo 278. Serán removidos de la curatela los que, después del nombramiento, incurran en una causa legal de inhabilidad, o se conduzcan mal en su desempeño por incumplimiento de los deberes propios del cargo, por notoria ineptitud de su ejercicio o cuando, en su caso, surgieran problemas de convivencia graves y continuados con la persona a la que prestan apoyo.

La autoridad judicial, de oficio o a solicitud de la persona a cuyo favor se estableció el apoyo o del Ministerio Fiscal, cuando conociere por sí o a través de cualquier interesado circunstancias que comprometan el desempeño correcto de la curatela, podrá decretar la remoción del curador mediante expediente de jurisdicción voluntaria.

Durante la tramitación del expediente de remoción la autoridad judicial podrá suspender al curador en sus funciones y, de considerarlo necesario, acordará el nombramiento de un defensor judicial.

Declarada judicialmente la remoción, se procederá al nombramiento de nuevo curador en la forma establecida en este Código, salvo que fuera pertinente otra medida de apoyo.

Artículo 279. Será excusable el desempeño de la curatela si resulta excesivamente gravoso o entraña grave dificultad para la persona nombrada para el ejercicio del cargo. También podrá excusarse el curador de continuar ejerciendo la curatela cuando durante su desempeño le sobrevengan los motivos de excusa.

Las personas jurídicas privadas podrán excusarse cuando carezcan de medios suficientes para el adecuado desempeño de la curatela o las condiciones de ejercicio de la curatela no sean acordes con sus fines estatutarios.

El interesado que alegue causa de excusa deberá hacerlo dentro del plazo de quince días a contar desde que tuviera conocimiento del nombramiento. Si la causa fuera sobrevenida podrá hacerlo en cualquier momento.

Mientras la autoridad judicial resuelva acerca de la excusa, el nombrado estará obligado a ejercer su función. Si no lo hiciera y fuera necesaria una actuación de apoyo, se procederá a nombrar un defensor judicial que sustituya al curador, quedando el sustituido responsable de los gastos ocasionados por la excusa, si esta fuera rechazada.

Admitida la excusa, se procederá al nombramiento de nuevo curador.

Artículo 280. El curador nombrado en atención a una disposición testamentaria que se excuse de la curatela por cualquier causa, perderá lo que en consideración al nombramiento le hubiere dejado el testador.

Artículo 281. El curador tiene derecho a una retribución, siempre que el patrimonio de la persona con discapacidad lo permita, así como al reembolso de los gastos justificados y a la indemnización de los daños sufridos sin culpa por su parte en el ejercicio de su función, cantidades que serán satisfechas con cargo a dicho patrimonio.

Corresponde a la autoridad judicial fijar su importe y el modo de percibirlo, para lo cual tendrá en cuenta el trabajo a realizar y el valor y la rentabilidad de los bienes.

En ningún caso, la admisión de causa de excusa o la decisión de remoción de las personas físicas o jurídicas designadas para el desempeño de los apoyos podrá generar desprotección o indefensión a la persona que precisa dichos apoyos, debiendo la autoridad judicial actuar de oficio, mediante la colaboración necesaria de los llamados a ello, o bien, de no poder contar con estos, con la inexcusable colaboración de los organismos o entidades públicas competentes y del Ministerio Fiscal.

No concurrirá causa de excusa cuando el desempeño de los apoyos haya sido encomendado a entidad pública.

SECCIÓN 3.ª
DEL EJERCICIO DE LA CURATELA

Artículo 282. El curador tomará posesión de su cargo ante el letrado de la Administración de Justicia.

Una vez en el ejercicio de la curatela, estará obligado a mantener contacto personal con la persona a la que va a prestar apoyo y a desempeñar las funciones encomendadas con la diligencia debida.

El curador asistirá a la persona a la que preste apoyo en el ejercicio de su capacidad jurídica respetando su voluntad, deseos y preferencias.

El curador procurará que la persona con discapacidad pueda desarrollar su propio proceso de toma de decisiones.

El curador procurará fomentar las aptitudes de la persona a la que preste apoyo, de modo que pueda ejercer su capacidad con menos apoyo en el futuro.

Artículo 283. Cuando quien desempeñe la curatela esté impedido de modo transitorio para actuar en un caso concreto, o cuando exista un conflicto de intereses ocasional entre él y la persona a quien preste apoyo, el letrado de la Administración de Justicia nombrará un defensor judicial que lo sustituya. Para este nombramiento se oirá a la persona que precise el apoyo y se respetará su voluntad, deseos y preferencias.

Si, en el caso previsto en el párrafo anterior, fueran varios los curadores con funciones homogéneas, estas serán asumidas por quien de entre ellos no esté afectado por el impedimento o el conflicto de intereses.

Si la situación de impedimento o conflicto fuera prolongada o reiterada, la autoridad judicial de oficio, a instancia del Ministerio Fiscal, de cualquier persona legitimada para instar el procedimiento de provisión de apoyos o de cualquier persona que esté desempeñando la curatela y previa audiencia a la persona con discapacidad y al Ministerio Fiscal, podrá reorganizar el funcionamiento de la curatela, e incluso proceder al nombramiento de un nuevo curador.

Artículo 284. Cuando la autoridad judicial lo considere necesario por concurrir razones excepcionales, podrá exigir al curador la constitución de fianza que asegure el cumplimiento de sus obligaciones y determinará la modalidad y cuantía de la misma. Una vez constituida, la fianza será objeto de aprobación judicial.

En cualquier momento la autoridad judicial podrá modificar o dejar sin efecto la garantía que se hubiese prestado.

Artículo 285. El curador con facultades representativas estará obligado a hacer inventario del patrimonio de la persona en cuyo favor se ha establecido el apoyo dentro del plazo de sesenta días, a contar desde aquel en que hubiese tomado posesión de su cargo.

El inventario se formará ante el letrado de la Administración de Justicia, con citación de las personas que estime conveniente.

El letrado de la Administración de Justicia podrá prorrogar el plazo previsto en el párrafo primero si concurriere causa para ello.

El dinero, alhajas, objetos preciosos y valores mobiliarios o documentos que, a juicio del letrado de la Administración de Justicia, no deban quedar en poder del curador serán depositados en un establecimiento destinado a este efecto.

Los gastos que las anteriores medidas ocasionen correrán a cargo de los bienes de la persona en cuyo apoyo se haya establecido la curatela.

Artículo 286. En el caso de que el curador no incluya en el inventario los créditos que tenga contra la persona a la que presta apoyo, se entenderá que renuncia a ellos.

Artículo 287. El curador que ejerza funciones de representación de la persona que precisa el apoyo necesita autorización judicial para los actos que determine la resolución y, en todo caso, para los siguientes:

1.º Realizar actos de transcendencia personal o familiar cuando la persona afectada no pueda hacerlo por sí misma, todo ello a salvo lo dispuesto legalmente en materia de internamiento, consentimiento informado en el ámbito de la salud o en otras leyes especiales.

2.º Enajenar o gravar bienes inmuebles, establecimientos mercantiles o industriales, bienes o derechos de especial significado personal o familiar, bienes muebles de extraordinario valor, objetos preciosos y valores mobiliarios no cotizados en mercados oficiales de la persona con medidas de apoyo, dar inmuebles en arrendamiento por término inicial que exceda de seis años, o celebrar contratos o realizar actos que tengan carácter dispositivo y sean susceptibles de inscripción. Se exceptúa la venta del derecho de suscripción preferente de acciones. La enajenación de los bienes mencionados en este párrafo se realizará mediante venta directa salvo que el Tribunal considere que es necesaria la enajenación en subasta judicial para mejor y plena garantía de los derechos e intereses de su titular.

3.º Disponer a título gratuito de bienes o derechos de la persona con medidas de apoyo, salvo los que tengan escasa relevancia económica y carezcan de especial significado personal o familiar.

4.º Renunciar derechos, así como transigir o someter a arbitraje cuestiones relativas a los intereses de la persona cuya curatela ostenta, salvo que sean de escasa relevancia económica. No se precisará la autorización judicial para el arbitraje de consumo.

5.º Aceptar sin beneficio de inventario cualquier herencia o repudiar esta o las liberalidades.

6.º Hacer gastos extraordinarios en los bienes de la persona a la que presta apoyo.

7.º Interponer demanda en nombre de la persona a la que presta apoyo, salvo en los asuntos urgentes o de escasa cuantía. No será precisa la autorización judicial cuando la persona con discapacidad inste la revisión de la resolución judicial en que previamente se le hubiesen determinado los apoyos.

8.º Dar y tomar dinero a préstamo y prestar aval o fianza.

9.º Celebrar contratos de seguro de vida, renta vitalicia y otros análogos, cuando estos requieran de inversiones o aportaciones de cuantía extraordinaria.

Artículo 288. La autoridad judicial, cuando lo considere adecuado para garantizar la voluntad, deseos y preferencias de la persona con discapacidad, podrá autorizar al curador la realización de una pluralidad de actos de la misma naturaleza o referidos a la misma actividad económica, especificando las circunstancias y características fundamentales de dichos actos.

Artículo 289. No necesitarán autorización judicial la partición de herencia o la división de cosa común realizada por el curador representativo, pero una vez practicadas requerirán aprobación judicial. Si hubiese sido nombrado un defensor judicial para la partición deberá obtener también la aprobación judicial, salvo que se hubiera dispuesto otra cosa al hacer el nombramiento.

Artículo 290. Antes de autorizar o aprobar cualquiera de los actos comprendidos en los artículos anteriores, la autoridad judicial oirá al Ministerio Fiscal y a la persona con medidas de apoyo y recabará los informes que le sean solicitados o estime pertinentes.

SECCIÓN 4.ª
DE LA EXTINCIÓN DE LA CURATELA

Artículo 291. La curatela se extingue de pleno derecho por la muerte o declaración de fallecimiento de la persona con medidas de apoyo.

Asimismo, la curatela se extingue por resolución judicial cuando ya no sea precisa esta medida de apoyo o cuando se adopte una forma de apoyo más adecuada para la persona sometida a curatela.

Artículo 292. El curador, sin perjuicio de la obligación de rendición periódica de cuentas que en su caso le haya impuesto la autoridad judicial, al cesar en sus funciones deberá rendir ante ella la cuenta general justificada de su administración en el plazo de tres meses, prorrogables por el tiempo que fuere necesario si concurre justa causa.

La acción para exigir la rendición de esta cuenta prescribe a los cinco años, contados desde la terminación del plazo establecido para efectuarla.

Antes de resolver sobre la aprobación de la cuenta, la autoridad judicial oirá también en su caso al nuevo curador, a la persona a la que se prestó apoyo, o a sus herederos.

La aprobación judicial de las cuentas no impedirá el ejercicio de las acciones que recíprocamente puedan asistir al curador y a la persona con discapacidad que recibe el apoyo o a sus causahabientes por razón de la curatela.

Artículo 293. Los gastos necesarios de la rendición de cuentas serán a cargo del patrimonio de la persona a la que se prestó apoyo.

El saldo de la cuenta general devengará el interés legal, a favor o en contra del curador. Si el saldo es a favor del curador, el interés legal se devengará desde el requerimiento para el pago, previa restitución de los bienes a su titular. Si es en contra del curador, devengará el interés legal una vez transcurridos los tres meses siguientes a la aprobación de la cuenta.

Artículo 294. El curador responderá de los daños que hubiese causado por su culpa o negligencia a la persona a la que preste apoyo.

La acción para reclamar esta responsabilidad prescribe a los tres años contados desde la rendición final de cuentas.

CAPÍTULO V
DEL DEFENSOR JUDICIAL DE LA PERSONA CON DISCAPACIDAD

Artículo 295. Se nombrará un defensor judicial de las personas con discapacidad en los casos siguientes:

1.º Cuando, por cualquier causa, quien haya de prestar apoyo no pueda hacerlo, hasta que cese la causa determinante o se designe a otra persona.

2.º Cuando exista conflicto de intereses entre la persona con discapacidad y la que haya de prestarle apoyo.

3.º Cuando, durante la tramitación de la excusa alegada por el curador, la autoridad judicial lo considere necesario.

4.º Cuando se hubiere promovido la provisión de medidas judiciales de apoyo a la persona con discapacidad y la autoridad judicial considere necesario proveer a la administración de los bienes hasta que recaiga resolución judicial.

5.º Cuando la persona con discapacidad requiera el establecimiento de medidas de apoyo de carácter ocasional, aunque sea recurrente.

Una vez oída la persona con discapacidad, la autoridad judicial nombrará defensor judicial a quien sea más idóneo para respetar, comprender e interpretar la voluntad, deseos y preferencias de aquella.

Artículo 296. No se nombrará defensor judicial si el apoyo se ha encomendado a más de una persona, salvo que ninguna pueda actuar o la autoridad judicial motivadamente considere necesario el nombramiento.

Artículo 297. Serán aplicables al defensor judicial las causas de inhabilidad, excusa y remoción del curador, así como las obligaciones que a este se atribuyen de conocer y respetar la voluntad, deseos y preferencias de la persona a la que se preste apoyo.

Artículo 298. En el nombramiento se podrá dispensar al defensor judicial de la venta en subasta pública, fijando un precio mínimo, y de la aprobación judicial posterior de los actos.

El defensor judicial, una vez realizada su gestión, deberá rendir cuentas de ella.

CAPÍTULO VI
RESPONSABILIDAD POR DAÑOS CAUSADOS A OTROS

Artículo 299. La persona con discapacidad responderá por los daños causados a otros, de acuerdo con el Capítulo II del Título XVI del Libro Cuarto, sin perjuicio de lo establecido en materia de responsabilidad extracontractual respecto a otros posibles responsables.

Artículo 299 bis. ...

> *Artículo 299 bis derogado por el número 3 de la disposición derogatoria única de la Ley 8/2021, de 2 de junio, por la que se reforma la legislación civil y procesal para el apoyo a las personas con discapacidad en el ejercicio de su capacidad jurídica («B.O.E.» 3 junio).*

TÍTULO XII
DISPOSICIONES COMUNES

> *Título XII en el Libro Primero introducido en su actual redacción por el apartado veinticinco del artículo segundo de la Ley 8/2021, de 2 de junio, por la que se reforma la legislación civil y procesal para el apoyo a las personas con discapacidad en el ejercicio de su capacidad jurídica («B.O.E.» 3 junio).*
> *Vigencia: 3 septiembre 2021*

Artículo 300. Las resoluciones judiciales y los documentos públicos notariales sobre los cargos tutelares y medidas de apoyo a personas con discapacidad habrán de inscribirse en el Registro Civil.

...

Artículo 301. ...

Artículo 302. ...

Artículo 303. ...

Artículo 304. ...

Artículo 305. …

Artículo 306. …

Artículo 307. …

Artículo 308. …

Artículo 309. …

Artículo 310. …

Artículo 311. …

Artículo 312. …

Artículo 313. …

…

Artículo 314. …

Artículo 315. …

Artículo 316. …

Artículo 317. …

Artículo 318. …

Artículo 319. …

Artículo 320. …

Artículo 321. …

Artículo 322. …

Artículo 323. …

Artículo 324. …

> *Artículos 301 a 324 derogados por el número 3 de la disposición derogatoria única de la Ley 8/2021, de 2 de junio, por la que se reforma la legislación civil y procesal para el apoyo a las personas con discapacidad en el ejercicio de su capacidad jurídica («B.O.E.» 3 junio).*
> *Vigencia: 3 septiembre 2021*

Artículo 325. …

Artículo 326. …

Artículo 327. …

Artículo 328. …

Artículo 329. …

Artículo 330. …

Artículo 331. …

Artículo 332. …

Artículos 325 a 332 derogados por el apartado 3.º de la disposición derogatoria de la Ley 202011, de 21 de julio, del Registro Civil («B.O.E.» 22 julio).
Vigencia: 30 abril 2021

LIBRO SEGUNDO
DE LOS ANIMALES, DE LOS BIENES, DE LA PROPIEDAD Y DE SUS MODIFICACIONES

Rúbrica del Libro Segundo redactada por el apartado seis del artículo primero de la Ley 17/2021, de 15 de diciembre, de modificación del Código Civil, la Ley Hipotecaria y la Ley de Enjuiciamiento Civil, sobre el régimen jurídico de los animales («B.O.E.» 16 diciembre).
Vigencia: 5 enero 2022

TÍTULO PRIMERO
DE LA CLASIFICACIÓN DE LOS ANIMALES Y DE LOS BIENES

Rúbrica del Título I del Libro Segundo redactada por el apartado seis del artículo primero de la Ley 17/2021, de 15 de diciembre, de modificación del Código Civil, la Ley Hipotecaria y la Ley de Enjuiciamiento Civil, sobre el régimen jurídico de los animales («B.O.E.» 16 diciembre).
Vigencia: 5 enero 2022

DISPOSICIONES PRELIMINARES

Disposición preliminar del Título I del Libro Segundo modificada conforme establece el apartado siete del artículo primero de la Ley 17/2021, de 15 de diciembre, de modificación del Código Civil, la Ley Hipotecaria y la Ley de Enjuiciamiento Civil, sobre el régimen jurídico de los animales («B.O.E.» 16 diciembre), que modifica la rúbrica y el artículo 333 e introduce el artículo 333 bis.
Vigencia: 5 enero 2022

Artículo 333. Todas las cosas que son o pueden ser objeto de apropiación se consideran como bienes muebles o inmuebles. También pueden ser objeto de apropiación los animales, con las limitaciones que se establezcan en las leyes.

Artículo 333 bis. 1. Los animales son seres vivos dotados de sensibilidad. Solo les será aplicable el régimen jurídico de los bienes y de las cosas en la medida en que sea compatible con su naturaleza o con las disposiciones destinadas a su protección.

2. El propietario, poseedor o titular de cualquier otro derecho sobre un animal debe ejercer sus derechos sobre él y sus deberes de cuidado respetando su cualidad de ser sintiente, asegurando su bienestar conforme a las características de cada especie y respetando las limitaciones establecidas en ésta y las demás normas vigentes.

3. Los gastos destinados a la curación y al cuidado de un animal herido o abandonado son recuperables por quien los haya pagado mediante el ejercicio de acción de repetición contra el propietario del animal o, en su caso, contra la persona a la que se le hubiera atribuido su cuidado en la medida en que hayan sido proporcionados y aun cuando hayan sido superiores al valor económico de éste.

4. En el caso de que la lesión a un animal de compañía haya provocado su muerte o un menoscabo grave de su salud física o psíquica, tanto su propietario como quienes convivan con el animal tienen derecho a que la indemnización comprenda la reparación del daño moral causado.

CAPÍTULO PRIMERO
DE LOS BIENES INMUEBLES

Artículo 334. 1. Son bienes inmuebles:

1.º Las tierras, edificios, caminos y construcciones de todo género adheridas al suelo.

2.º Los árboles y plantas y los frutos pendientes, mientras estuvieren unidos a la tierra o formaren parte integrante de un inmueble.

3.º Todo lo que esté unido a un inmueble de una manera fija, de suerte que no pueda separarse de él sin quebrantamiento de la materia o deterioro del objeto.

4.º Las estatuas, relieves, pinturas u otros objetos de uso u ornamentación, colocados en edificios o heredades por el dueño del inmueble en tal forma que revele el propósito de unirlos de un modo permanente al fundo.

5.º Las máquinas, vasos, instrumentos o utensilios destinados por el propietario de la finca a la industria o explotación que se realice en un edificio o heredad, y que directamente concurran a satisfacer las necesidades de la explotación misma.

6.º ...

7.º Los abonos destinados al cultivo de una heredad, que estén en las tierras donde hayan de utilizarse.

8.º Las minas, canteras y escoriales, mientras su materia permanece unida al yacimiento, y las aguas vivas o estancadas.

9.º Los diques y construcciones que, aun cuando sean flotantes, estén destinados por su objeto y condiciones a permanecer en un punto fijo de un río, lago o costa.

10.º Las concesiones administrativas de obras públicas y las servidumbres y demás derechos reales sobre bienes inmuebles.

> *Número 1 del artículo 334 renumerado y apartado 6.º suprimido por el apartado ocho del artículo primero de la Ley 17/2021, de 15 de diciembre, de modificación del Código Civil, la Ley Hipotecaria y la Ley de Enjuiciamiento Civil, sobre el régimen jurídico de los animales («B.O.E.» 16 diciembre).*
> *Vigencia: 5 enero 2022*

2. Quedan sometidos al régimen de los bienes inmuebles los viveros de animales, palomares, colmenas, estanques de peces o criaderos análogos, cuando el propietario los haya colocado o los conserve con el propósito de mantenerlos unidos a la finca y formando parte de ella de un modo permanente, sin perjuicio de la consideración de los animales como seres sintientes y de las leyes especiales que los protegen.

> *Número 2 del artículo 334 introducido por el apartado ocho del artículo primero de la Ley 17/2021, de 15 de diciembre, de modificación del Código Civil, la Ley Hipotecaria y la Ley de Enjuiciamiento Civil, sobre el régimen jurídico de los animales («B.O.E.» 16 diciembre).*
> *Vigencia: 5 enero 2022*

CAPÍTULO II
DE LOS BIENES MUEBLES

Artículo 335. Se reputan bienes muebles los susceptibles de apropiación no comprendidos en el capítulo anterior, y en general todos los que se pueden transportar de un punto a otro sin menoscabo de la cosa inmueble a que estuvieren unidos.

Artículo 336. Tienen también la consideración de cosas muebles las rentas o pensiones, sean vitalicias o hereditarias, afectas a una persona o familia, siempre que no graven con carga real una cosa inmueble, los oficios enajenados, los contratos sobre servicios públicos y las cédulas y títulos representativos de préstamos hipotecarios.

Artículo 337. Los bienes muebles son fungibles o no fungibles.

A la primera especie pertenecen aquellos de que no puede hacerse el uso adecuado a su naturaleza sin que se consuman; a la segunda especie corresponden los demás.

CAPÍTULO III
DE LOS BIENES SEGÚN LAS PERSONAS A QUE PERTENECEN

Artículo 338. Los bienes son de dominio público o de propiedad privada.

Artículo 339. Son bienes de dominio público:

1.º Los destinados al uso público, como los caminos, canales, ríos, torrentes, puertos y puentes construidos por el Estado, las riberas, playas, radas y otros análogos.

2.º Los que pertenecen privativamente al Estado, sin ser de uso común, y están destinados a algún servicio público o al fomento de la riqueza nacional, como las murallas, fortalezas y demás obras de defensa del territorio, y las minas, mientras que no se otorgue su concesión.

> *Véanse:*
> *- Ley 34/1998, 7 octubre, del sector de hidrocarburos («B.O.E.» 8 octubre).*
> *- Artículo 1 de la Ley de Minas, de 21 de julio de 1973 («B.O.E.» 24 de julio).*

Artículo 340. Todos los demás bienes pertenecientes al Estado, en que no concurran las circunstancias expresadas en el artículo anterior, tienen el carácter de propiedad privada.

> *Véanse:*
> *- Artículos 4, 7 y 8 de la Ley del Patrimonio de las Administraciones Públicas de 2003.*
> *- Artículos 1 a 3 del Real Decreto 1373/2009, de 28 de agosto, por el que se aprueba el Reglamento General de la Ley 33/2003, de 3 de noviembre, del Patrimonio de las Administraciones Públicas.*

Artículo 341. Los bienes de dominio público, cuando dejen de estar destinados al uso general o a las necesidades de la defensa del territorio, pasan a formar parte de los bienes de propiedad del Estado.

> *Véanse:*
> *- Artículos 69 a 72 de la Ley 33/2003, de 3 de noviembre, del Patrimonio de las Administraciones Públicas («B.O.E.» 4 noviembre).*
> *- Artículo 78 del Real Decreto 1373/2009, de 28 de agosto, por el que se aprueba el Reglamento General de la Ley 33/2003, de 3 de noviembre, del Patrimonio de las Administraciones Públicas («B.O.E.» 18 septiembre).*
> *- Artículo 8 del Reglamento de Bienes de las Entidades Locales de 1986.*

Artículo 342. Los bienes del Patrimonio Real se rigen por su ley especial; y, en lo que en ella no se halle previsto, por las disposiciones generales que sobre la propiedad particular se establecen en este Código.

Artículo 343. Los bienes de las provincias y de los pueblos se dividen en bienes de uso público y bienes patrimoniales.

> *Véanse:*
> *- Artículos 74 a 87 Real Decreto Legislativo 781/1986, de 18 de abril («B.O.E.» 22 abril).*
> *- Reglamento de Bienes de las Entidades Locales, de 13 de junio de 1986 («B.O.E.» 7 julio).*

Artículo 344. Son bienes de uso público, en las provincias y los pueblos, los caminos provinciales y los vecinales, las plazas, calles, fuentes y aguas públicas, los paseos y las obras públicas de servicio general, costeadas por los mismos pueblos o provincias.

Todos los demás bienes que unos y otros posean, son patrimoniales y se regirán por las disposiciones de este Código, salvo lo dispuesto en leyes especiales.

> *Véanse:*
> *- Artículos 74 a 87 Real Decreto Legislativo 781/1986, de 18 de abril («B.O.E.» 22 abril).*
> *- Artículos 2 a 5 y 7 del Reglamento de Bienes de las Entidades Locales, de 13 de junio de 1986 («B.O.E.» 7 julio).*

Artículo 345. Son bienes de propiedad privada, además de los patrimoniales del Estado, de la Provincia y del Municipio, los pertenecientes a particulares individual o colectivamente.

DISPOSICIONES COMUNES A LOS TRES CAPÍTULOS ANTERIORES

Artículo 346. Cuando por disposición de la ley, o por declaración individual, se use la expresión de cosas o bienes inmuebles, o de cosas o bienes muebles, se entenderán comprendidas en ella, respectivamente, los enumerados en el capítulo 1.º y en el capítulo 2.º

Cuando se use tan solo la palabra muebles no se entenderán comprendidos el dinero, los créditos, efectos de comercio, valores, alhajas, colecciones científicas o artísticas, libros, medallas, armas, ropas de vestir, arreos de caballerías o carruajes, granos, caldos y mercancías, ni otras cosas que no tengan por principal destino amueblar o alhajar las habitaciones, salvo el caso en que del contexto de la ley o de la disposición individual resulte claramente lo contrario.

> *Párrafo segundo del artículo 346 redactado por el apartado nueve del artículo primero de la Ley 17/2021, de 15 de diciembre, de modificación del Código Civil, la Ley Hipotecaria y la Ley de Enjuiciamiento Civil, sobre el régimen jurídico de los animales («B.O.E.» 16 diciembre).*
> *Vigencia: 5 enero 2022*

Artículo 347. Cuando en venta, legado, donación u otra disposición en que se haga referencia a cosas muebles o inmuebles, se transmita su posesión o propiedad con todo lo que en ellas se halle, no se entenderán comprendidos en la transmisión el metálico, valores, créditos y acciones cuyos documentos se hallen en la cosa transmitida, a no ser que conste claramente la voluntad de extender la transmisión a tales valores y derechos.

TÍTULO II
DE LA PROPIEDAD

CAPÍTULO PRIMERO
DE LA PROPIEDAD EN GENERAL

Artículo 348. La propiedad es el derecho de gozar y disponer de una cosa o de un animal, sin más limitaciones que las establecidas en las leyes.

El propietario tiene acción contra el tenedor y el poseedor de la cosa o del animal para reivindicarlo.

> *Artículo 348 redactado por el apartado diez del artículo primero de la Ley 17/2021, de 15 de diciembre, de modificación del Código Civil, la Ley Hipotecaria y la Ley de Enjuiciamiento Civil, sobre el régimen jurídico de los animales («B.O.E.» 16 diciembre).*
> *Vigencia: 5 enero 2022*

Artículo 349. Nadie podrá ser privado de su propiedad sino por Autoridad competente y por causa justificada de utilidad pública, previa siempre la correspondiente indemnización.

Si no precediere este requisito, los Jueces ampararán y, en su caso, reintegrarán en la posesión al expropiado.

Artículo 350. El propietario de un terreno es dueño de su superficie y de lo que está debajo de ella, y puede hacer en él las obras, plantaciones y excavaciones que le convengan, salvas las servidumbres, y con sujeción a lo dispuesto en las leyes sobre Minas y Aguas y en los reglamentos de policía.

Véanse:
- Artículos 426, 427, 530 y siguientes del presente Código.
- Artículos 2 a), 12, 47 a 49, 54.2 y 73 de la Ley de Aguas de 20 Jul. 2001 de 20 Jul. 2001 («B.O.E.» 24 julio).
- Artículo 1 de la Ley 34/1998, de 7 de octubre, del sector de hidrocarburos («B.O.E.» 8 octubre).
- Artículo 2 de la Ley de Minas, de 21 de julio de 1973 («B.O.E.» 24 julio).

Artículo 351. El tesoro oculto pertenece al dueño del terreno en que se hallare.

Sin embargo, cuando fuere hecho el descubrimiento en propiedad ajena, o del Estado, y por casualidad, la mitad se aplicará al descubridor.

Si los efectos descubiertos fueren interesantes para las Ciencias o las Artes, podrá el Estado adquirirlos por su justo precio, que se distribuirá en conformidad a lo declarado.

Véanse:
- Artículos 610 a 614 del presente Código.
- Artículos 76 a 84 de la Ley de Expropiación Forzosade 1954.
- Artículos 41.3 y 44 de la Ley del Patrimonio Histórico Español de 1985 («B.O.E.» 29 junio).
- Artículos 92 a 96 del Reglamento de Expropiación Forzosa de 1957 («B.O.E.» 20 junio).

Artículo 352. Se entiende por tesoro, para los efectos de la ley, el depósito oculto e ignorado de dinero, alhajas u otros objetos preciosos, cuya legítima pertenencia no conste.

CAPÍTULO II
DEL DERECHO DE ACCESIÓN

DISPOSICIÓN GENERAL

Artículo 353. La propiedad de los bienes da derecho por accesión a todo lo que ellos producen, o se les une o incorpora, natural o artificialmente.

SECCIÓN PRIMERA
DEL DERECHO DE ACCESIÓN RESPECTO AL PRODUCTO DE LOS BIENES

Artículo 354. Pertenecen al propietario:
1.º Los frutos naturales.
2.º Los frutos industriales.
3.º Los frutos civiles.

Artículo 355. Son frutos naturales las producciones espontáneas de la tierra y los productos de los animales que formen parte de una empresa agropecuaria o industrial.

Párrafo primero del artículo 355 redactado por el apartado once del artículo primero de la Ley 17/2021, de 15 de diciembre, de modificación del Código Civil, la Ley Hipote-

caria y la Ley de Enjuiciamiento Civil, sobre el régimen jurídico de los animales («B.O.E.» 16 diciembre).
Vigencia: 5 enero 2022

Son frutos industriales los que producen los predios de cualquiera especie a beneficio del cultivo o del trabajo.

Son frutos civiles el alquiler de los edificios, el precio del arrendamiento de tierras y el importe de las rentas perpetuas, vitalicias u otras análogas.

Artículo 356. El que percibe los frutos tiene la obligación de abonar los gastos hechos por un tercero para su producción, recolección y conservación.

Artículo 357. 1. No se reputan frutos naturales, o industriales, sino los que están manifiestos o nacidos.

2. En el caso de animales, solo en la medida en que sea compatible con las normas destinadas a su protección, las crías quedan sometidas al régimen de los frutos, desde que estén en el vientre de su madre, aunque no hayan nacido.

Artículo 357 redactado por el apartado doce del artículo primero de la Ley 17/2021, de 15 de diciembre, de modificación del Código Civil, la Ley Hipotecaria y la Ley de Enjuiciamiento Civil, sobre el régimen jurídico de los animales («B.O.E.» 16 diciembre).
Vigencia: 5 enero 2022

SECCIÓN SEGUNDA
DEL DERECHO DE ACCESIÓN RESPECTO A LOS BIENES INMUEBLES

Artículo 358. Lo edificado, plantado o sembrado en predios ajenos, y las mejoras o reparaciones hechas en ellos, pertenecen al dueño de los mismos con sujeción a lo que se dispone en los artículos siguientes.

Véanse:
- Artículo 1877 del presente Código.
- Artículos 109 y siguientes Ley Hipotecaria («B.O.E.» 27 febrero).

Artículo 359. Todas las obras, siembras y plantaciones se presumen hechas por el propietario y a su costa, mientras no se pruebe lo contrario.

Véanse:
- Artículo 208 de la Ley Hipotecaria («B.O.E.» 27 febrero).
- Artículo 308 del Reglamento Hipotecario de 1947.

Artículo 360. El propietario del suelo que hiciere en él, por sí o por otro, plantaciones, construcciones u obras con materiales ajenos, debe abonar su valor; y, si hubiere obrado de mala fe, estará además obligado al resarcimiento de daños y perjuicios. El dueño de los materiales tendrá derecho a retirarlos sólo en el caso de que pueda hacerlo sin menoscabo de la obra construida, o sin que por ello perezcan las plantaciones, construcciones u obras ejecutadas.

Artículo 361. El dueño del terreno en que se edificare, sembrare o plantare de buena fe, tendrá derecho a hacer suya la obra, siembra o plantación, previa la indemnización establecida en los artículos 453 y 454, o a obligar al que fabricó o plantó a pagarle el precio del terreno, y al que sembró, la renta correspondiente.

Artículo 362. El que edifica, planta o siembra de mala fe en terreno ajeno, pierde lo edificado, plantado o sembrado, sin derecho a indemnización.

Véase artículo 455 del presente Código.

Artículo 363. El dueño del terreno en que se haya edificado, plantado o sembrado con mala fe puede exigir la demolición de la obra o que se arranque la plantación y siembra, reponiendo las cosas a su estado primitivo a costa del que edificó, plantó o sembró.

Artículo 364. Cuando haya habido mala fe, no sólo por parte del que edifica, siembra o planta en terreno ajeno, sino también por parte del dueño de éste, los derechos de uno y otro serán los mismos que tendrían si hubieran procedido ambos de buena fe.

Se entiende haber mala fe por parte del dueño siempre que el hecho se hubiere ejecutado a su vista, ciencia y paciencia, sin oponerse.

Artículo 365. Si los materiales, plantas o semillas pertenecen a un tercero que no ha procedido de mala fe, el dueño del terreno deberá responder de su valor subsidiariamente y en el solo caso de que el que los empleó no tenga bienes con que pagar.

No tendrá lugar esta disposición si el propietario usa del derecho que le concede el artículo 363.

Artículo 366. Pertenece a los dueños de las heredades confinantes con las riberas de los ríos el acrecentamiento que aquéllas reciben paulatinamente por efecto de la corriente de las aguas.

Véanse artículos 5, 8 y 11 de la Ley de Aguas de 20 Jul. 2001 («B.O.E.» 24 julio).

Artículo 367. Los dueños de las heredades confinantes con estanques o lagunas no adquieren el terreno descubierto por la disminución natural de las aguas, ni pierden el que éstas inundan en las crecidas extraordinarias.

Véanse artículos 5 y 11 de la Ley de Aguas de 20 Jul. 2001 («B.O.E.» 24 julio).

Artículo 368. Cuando la corriente de un río, arroyo o torrente segrega de una heredad de su ribera una porción conocida de terreno y lo transporta a otra heredad, el dueño de la finca a que pertenecía la parte segregada conserva la propiedad de ésta.

Véase artículo 8 de la Ley de Aguas de 20 Jul. 2001 («B.O.E.» 24 julio).

Artículo 369. Los árboles arrancados y transportados por la corriente de las aguas pertenecen al propietario del terreno adonde vayan a parar, si no lo reclaman dentro de un mes los antiguos dueños. Si éstos lo reclaman, deberán abonar los gastos ocasionados en recogerlos o ponerlos en lugar seguro.

Véase artículo 8 de la Ley de Aguas de 20 Jul. 2001 («B.O.E.» 24 julio).

Artículo 370. Los cauces de los ríos, que quedan abandonados por variar naturalmente el curso de las aguas, pertenecen a los dueños de los terrenos ribereños en toda la longitud respectiva a cada uno. Si el cauce abandonado separaba heredades de distintos dueños, la nueva línea divisoria correrá equidistante de unas y otras.

Véase artículo 8 de la Ley de Aguas de 20 Jul. 2001 («B.O.E.» 24 julio).

Artículo 371. Las islas que se forman en los mares adyacentes a las costas de España y en los ríos navegables y flotables, pertenecen al Estado.

Véanse:
- Artículo 5 de la Ley de Costas, de 28 de julio de 1988.
- Artículo 7 del Reglamento de la Ley de Costas de 1 Dic. 1989.

Artículo 372. Cuando en un río navegable y flotable, variando naturalmente de dirección, se abre un nuevo cauce en heredad privada, este cauce entrará en el dominio público. El dueño de la heredad lo recobrará siempre que las aguas vuelvan a dejarlo en seco, ya naturalmente, ya por trabajos legalmente autorizados al efecto.

> *Véanse artículos 2 b), 4, 5 y 8 de la Ley de Aguas de 20 Jul. 2001 («B.O.E.» 24 julio).*

Artículo 373. Las islas que por sucesiva acumulación de arrastres superiores se van formando en los ríos, pertenecen a los dueños de las márgenes u orillas más cercanas a cada una, o a los de ambas márgenes si la isla se hallase en medio del río, dividiéndose entonces longitudinalmente por mitad. Si una sola isla así formada distase de una margen más que de otra, será por completo dueño de ella el de la margen más cercana.

> *Véase artículo 8 de la Ley de Aguas de 20 Jul. 2001 («B.O.E.» 24 julio).*

Artículo 374. Cuando se divide en brazos la corriente del río, dejando aislada una heredad o parte de ella, el dueño de la misma conserva su propiedad. Igualmente la conserva si queda separada de la heredad por la corriente una porción de terreno.

> *Véase artículo 8 de la Ley de Aguas de 20 Jul. 2001 («B.O.E.» 24 julio).*

SECCIÓN TERCERA
DEL DERECHO DE ACCESIÓN RESPECTO A LOS BIENES MUEBLES

Artículo 375. Cuando dos cosas muebles, pertenecientes a distintos dueños, se unen de tal manera que vienen a formar una sola sin que intervenga mala fe, el propietario de la principal adquiere la accesoria, indemnizando su valor al anterior dueño.

Artículo 376. Se reputa principal, entre dos cosas incorporadas, aquélla a que se ha unido otra por adorno, o para su uso o perfección.

Artículo 377. Si no puede determinarse por la regla del artículo anterior cuál de las dos cosas incorporadas es la principal, se reputará tal el objeto de más valor, y entre dos objetos de igual valor, el de mayor volumen.

En la pintura y escultura, en los escritos, impresos, grabados y litografías, se considerará accesoria la tabla, el metal, la piedra, el lienzo, el papel o el pergamino.

Artículo 378. Cuando las cosas unidas pueden separarse sin detrimento, los dueños respectivos pueden exigir la separación.

Sin embargo, cuando la cosa unida para el uso, embellecimiento o perfección de otra, es mucho más preciosa que la cosa principal, el dueño de aquélla puede exigir su separación, aunque sufra algún detrimento la otra a que se incorporó.

Artículo 379. Cuando el dueño de la cosa accesoria ha hecho su incorporación de mala fe, pierde la cosa incorporada y tiene la obligación de indemnizar al propietario de la principal los perjuicios que haya sufrido.

Si el que ha procedido de mala fe es el dueño de la cosa principal, el que lo sea de la accesoria tendrá derecho a optar entre que aquél le pague su valor o que la cosa de su pertenencia se separe, aunque para ello haya que destruir la principal; y en ambos casos, además, habrá lugar a la indemnización de daños y perjuicios.

Si cualquiera de los dueños ha hecho la incorporación a vista, ciencia y paciencia y sin oposición del otro, se determinarán los derechos respectivos en la forma dispuesta para el caso de haber obrado de buena fe.

> *Véase artículo 364 del presente Código.*

Artículo 380. Siempre que el dueño de la materia empleada sin su consentimiento tenga derecho a indemnización, puede exigir que ésta consista en la entrega de una cosa igual en especie y valor, y en todas sus circunstancias, a la empleada, o bien en el precio de ella, según tasación pericial.

Artículo 381. Si por voluntad de sus dueños se mezclan dos cosas de igual o diferente especie o si la mezcla se verifica por casualidad, y en este último caso las cosas no son separables sin detrimento, cada propietario adquirirá un derecho proporcional a la parte que le corresponda atendido el valor de las cosas mezcladas o confundidas.

Artículo 382. Si por voluntad de uno solo, pero con buena fe, se mezclan o confunden dos cosas de igual o diferente especie, los derechos de los propietarios se determinarán por lo dispuesto en el artículo anterior.

Si el que hizo la mezcla o confusión obró de mala fe, perderá la cosa de su pertenencia mezclada o confundida, además de quedar obligado a la indemnización de los perjuicios causados al dueño de la cosa con que hizo la mezcla.

Artículo 383. El que de buena fe empleó materia ajena en todo o en parte para formar una obra de nueva especie, hará suya la obra, indemnizando el valor de la materia al dueño de ésta.

Si ésta es más preciosa que la obra en que se empleó o superior en valor, el dueño de ella podrá, a su elección, quedarse con la nueva especie, previa indemnización del valor de la obra, o pedir indemnización de la materia.

Si en la formación de la nueva especie intervino mala fe, el dueño de la materia tiene el derecho de quedarse con la obra sin pagar nada al autor, o de exigir de éste que le indemnice el valor de la materia y los perjuicios que se le hayan seguido.

CAPÍTULO III
DEL DESLINDE Y AMOJONAMIENTO

Artículo 384. Todo propietario tiene derecho a deslindar su propiedad, con citación de los dueños de los predios colindantes.

La misma facultad corresponderá a los que tengan derechos reales.

> *Véase artículo 1965 del presente Código.*

> *La Sentencia TS (Sala 1.ª) de 11 febrero 2016, Rec. 2755/2013, fija como doctrina jurisprudencial que cabe la posibilidad de que, mediante la aplicación en lo que corresponda de las normas reguladoras del deslinde (artículos 384 y ss. del Código Civil), pueda determinarse la situación física de una finca que se encuentra enclavada en otra mayor.*

Artículo 385. El deslinde se hará en conformidad con los títulos de cada propietario y, a falta de títulos suficientes, por lo que resultare de la posesión en que estuvieren los colindantes.

Artículo 386. Si los títulos no determinasen el límite o área perteneciente a cada propietario, y la cuestión no pudiera resolverse por la posesión o por otro medio de prueba, el deslinde se hará distribuyendo el terreno objeto de la contienda en partes iguales.

Artículo 387. Si los títulos de los colindantes indicasen un espacio mayor o menor del que comprende la totalidad del terreno, el aumento o la falta se distribuirá proporcionalmente.

CAPÍTULO IV
DEL DERECHO DE CERRAR LAS FINCAS RÚSTICAS

Artículo 388. Todo propietario podrá cerrar o cercar sus heredades por medio de paredes, zanjas, setos vivos o muertos, o de cualquiera otro modo, sin perjuicio de las servidumbres constituidas sobre las mismas.

Véanse:
- Artículos 560, 571 y siguientes y 591 a 593 del presente Código.
- Artículos 246 y 624 del Código Penal.
- Artículo 20 LAR 2003.
- Artículo 19 de la Ley de Caza de 1970 («B.O.E.» 6 abril).

CAPÍTULO V
DE LOS EDIFICIOS RUINOSOS Y DE LOS ÁRBOLES QUE AMENAZAN CAERSE

Artículo 389. Si un edificio, pared, columna o cualquiera otra construcción amenazase ruina, el propietario estará obligado a su demolición, o a ejecutar las obras necesarias para evitar su caída.

Si no lo verificare el propietario de la obra ruinosa, la Autoridad podrá hacerla demoler a costa del mismo.

Véanse:
- Artículo 28 b) y Disposición adicional 8.ª LAU 1994 1994.
- Artículo 250.1.6º LEC 2000.
- Artículo 9.1 del Texto Refundido de la Ley de suelo de 2008 («B.O.E.» 26 junio).
- Artículos 16, 19, 24, 25 y 37 Ley del Patrimonio Histórico Español de 1985 («B.O.E.» 29 junio).
- Artículos 10 a 28 Reglamento de Disciplina Urbanística de 1978 («B.O.E.» 18 septiembre).

Artículo 390. Cuando algún árbol corpulento amenazare caerse de modo que pueda causar perjuicios a una finca ajena o a los transeúntes por una vía pública o particular, el dueño del árbol está obligado a arrancarlo y retirarlo; y si no lo verificare, se hará a su costa por mandato de la Autoridad.

Artículo 391. En los casos de los dos artículos anteriores, si el edificio o árbol se cayere, se estará a lo dispuesto en los artículos 1.907 y 1.908.

TÍTULO III
DE LA COMUNIDAD DE BIENES

Artículo 392. Hay comunidad cuando la propiedad de una cosa o de un derecho pertenece pro indiviso a varias personas.

A falta de contratos, o de disposiciones especiales, se regirá la comunidad por las prescripciones de este título.

Artículo 393. El concurso de los partícipes, tanto en los beneficios como en las cargas, será proporcional a sus respectivas cuotas.

Se presumirán iguales, mientras no se pruebe lo contrario, las porciones correspondientes a los partícipes en la comunidad.

Véanse artículos 54 y 217 del Reglamento Hipotecario de 1947.

Artículo 394. Cada partícipe podrá servirse de las cosas comunes, siempre que disponga de ellas conforme a su destino y de manera que no perjudique el interés de la comunidad, ni impida a los copartícipes utilizarlas según su derecho.

La Sentencia TS (Sala Primera) de 9 de diciembre de 2015, Rec. 2482/2013, declara como doctrina que «la aplicación de turnos de ocupación con uso exclusivo por periodos sucesivos y recurrentes será considerada como una fórmula justa y aplicable a los casos de comuneros de viviendas cuando no sea posible o aconsejable el uso solidario o compartido y la comunidad o algún comunero así lo inste».

Artículo 395. Todo copropietario tendrá derecho para obligar a los partícipes a contribuir a los gastos de conservación de la cosa o derecho común. Sólo podrá eximirse de esta obligación el que renuncie a la parte que le pertenece en el dominio.

Artículo 396. Los diferentes pisos o locales de un edificio o las partes de ellos susceptibles de aprovechamiento independiente por tener salida propia a un elemento común de aquél o a la vía pública podrán ser objeto de propiedad separada, que llevará inherente un derecho de copropiedad sobre los elementos comunes del edificio, que son todos los necesarios para su adecuado uso y disfrute, tales como el suelo, vuelo, cimentaciones y cubiertas; elementos estructurales y entre ellos los pilares, vigas, forjados y muros de carga; las fachadas, con los revestimientos exteriores de terrazas, balcones y ventanas, incluyendo su imagen o configuración, los elemento de cierre que las conforman y sus revestimientos exteriores; el portal, las escaleras, porterías, corredores, pasos, muros, fosos, patios, pozos y los recintos destinados a ascensores, depósitos, contadores, telefonías o a otros servicios o instalaciones comunes, incluso aquellos que fueren de uso privativo; los ascensores y las instalaciones, conducciones y canalizaciones para el desagüe y para el suministro de agua, gas o electricidad, incluso las de aprovechamiento de energía solar; las de agua caliente sanitaria, calefacción, aire acondicionado, ventilación o evacuación de humos; las de detección y prevención de incendios; las de portero electrónico y otras de seguridad del edificio, así como las de antenas colectivas y demás instalaciones para los servicios audiovisuales o de telecomunicación, todas ellas hasta la entrada al espacio privativo; las servidumbres y cualesquiera otros elementos materiales o jurídicos que por su naturaleza o destino resulten indivisibles.

Las partes en copropiedad no son en ningún caso susceptibles de división y sólo podrán ser enajenadas, gravadas o embargadas juntamente con la parte determinada privativa de la que son anejo inseparable.

En caso de enajenación de un piso o local, los dueños de los demás, por este solo título, no tendrán derecho de tanteo ni de retracto.

Esta forma de propiedad se rige por las disposiciones legales especiales y, en lo que las mismas permitan, por la voluntad de los interesados.

Artículo 396 redactado por Ley 8/1999, 6 abril («B.O.E.» 8 abril), de Reforma de la Ley 49/1960, 21 julio, de Propiedad Horizontal.

Véase artículo 2.4 Ley de Propiedad Horizontal.

Artículo 397. Ninguno de los condueños podrá, sin consentimiento de los demás, hacer alteraciones en la cosa común, aunque de ellas pudieran resultar ventajas para todos.

Véase artículo 7 de la Ley de Propiedad Horizontal, de 21 de julio de 1960 («B.O.E.» 23 julio).

Artículo 398. Para la administración y mejor disfrute de la cosa común serán obligatorios los acuerdos de la mayoría de los partícipes.

No habrá mayoría sino cuando el acuerdo esté tomado por los partícipes que representen la mayor cantidad de los intereses que constituyan el objeto de la comunidad.

Si no resultare mayoría, o el acuerdo de ésta fuere gravemente perjudicial a los interesados en la cosa común, el Juez proveerá, a instancia de parte, lo que corresponda, incluso nombrar un Administrador.

Cuando parte de la cosa perteneciere privadamente a un partícipe o a algunos de ellos, y otra fuere común, sólo a ésta será aplicable la disposición anterior.

Véanse artículos 13.8, 16 y 17 de la Ley Propiedad Horizontal, de 21 de julio de 1960 («B.O.E.» 23 julio).

Artículo 399. Todo condueño tendrá la plena propiedad de su parte y la de los frutos y utilidades que le correspondan, pudiendo en su consecuencia enajenarla, cederla o hipotecarla, y aun sustituir otro en su aprovechamiento, salvo si se tratare de derechos personales. Pero el efecto de la enajenación o de la hipoteca con relación a los condueños estará limitado a la porción que se le adjudique en la división al cesar la comunidad.

Véanse:
- Artículos 490, 597 y 1522 del presente Código.
- Artículos 3 a) y 107.11 de la Ley Hipotecaria («B.O.E.» 27 febrero).
- Artículos 216 a 218 del Reglamento Hipotecario de 1947.

Artículo 400. Ningún copropietario estará obligado a permanecer en la comunidad. Cada uno de ellos podrá pedir en cualquier tiempo que se divida la cosa común.

Esto no obstante, será válido el pacto de conservar la cosa indivisa por tiempo determinado, que no exceda de diez años. Este plazo podrá prorrogarse por nueva convención.

Véanse:
- Artículos 271.4 y 1965 del presente Código.
- Artículo 23 de la Ley de Propiedad Horizontal.

Artículo 401. Sin embargo de lo dispuesto en el artículo anterior, los copropietarios no podrán exigir la división de la cosa común, cuando de hacerla resulte inservible para el uso a que se destina.

Si se tratare de un edificio cuyas características lo permitan, a solicitud de cualquiera de los comuneros, la división podrá realizarse mediante la adjudicación de pisos o locales independientes, con sus elementos comunes anejos, en la forma prevista por el artículo 396.

Párrafo 2.º del artículo 401 introducido por Ley 49/1960, 21 julio («B.O.E.» 23 julio), de Propiedad Horizontal.

Artículo 402. La división de la cosa común podrá hacerse por los interesados, o por árbitros o amigables componedores nombrados a voluntad de los partícipes.

En el caso de verificarse por árbitros o amigables componedores, deberán formar partes proporcionales al derecho de cada uno, evitando en cuanto sea posible los suplementos a metálico.

Véase la Ley 60/2003, de 23 de diciembre, de Arbitraje («B.O.E.» 26 diciembre).

Artículo 403. Los acreedores o cesionarios de los partícipes podrán concurrir a la división de la cosa común y oponerse a la que se verifique sin su concurso. Pero no podrán impugnar la división consumada, excepto en caso de fraude, o en el de haberse verificado no obstante la oposición formalmente interpuesta para impedirla, y salvo siempre los derechos del deudor o del cedente para sostener su validez.

Artículo 404. Cuando la cosa fuere esencialmente indivisible, y los condueños no convinieren en que se adjudique a uno de ellos indemnizando a los demás, se venderá y repartirá su precio.

En caso de animales de compañía, la división no podrá realizarse mediante su venta, salvo acuerdo unánime de todos los condueños.

> *Párrafo segundo del artículo 404 introducido por el apartado trece del artículo prime-ro de la Ley 17/2021, de 15 de diciembre, de modificación del Código Civil, la Ley Hi-potecaria y la Ley de Enjuiciamiento Civil, sobre el régimen jurídico de los animales («B.O.E.» 16 diciembre).*
> *Vigencia: 5 enero 2022*

A falta de acuerdo unánime entre los condueños, la autoridad judicial decidirá el destino del animal, teniendo en cuenta el interés de los condueños y el bienestar del animal, pudiendo preverse el reparto de los tiempos de disfrute y cuidado del animal si fuere necesario, así como las cargas asociadas a su cuidado.

> *Párrafo tercero del artículo 404 introducido por el apartado trece del artículo primero de la Ley 17/2021, de 15 de diciembre, de modificación del Código Civil, la Ley Hipote-caria y la Ley de Enjuiciamiento Civil, sobre el régimen jurídico de los animales («B.O.E.» 16 diciembre).*
> *Vigencia: 5 enero 2022*

Artículo 405. La división de una cosa común no perjudicará a tercero, el cual conservará los derechos de hipoteca, servidumbre u otros derechos reales que le pertenecieran antes de hacer la partición. Conservarán igualmente su fuerza, no obstante la división, los derechos personales que pertenezcan a un tercero contra la comunidad.

> *Véanse:*
> *- Artículos 490, 534, 535, 1618 y 1619 del presente Código.*
> *- Artículo 123 de la Ley Hipotecaria.*

Artículo 406. Serán aplicables a la división entre los partícipes en la comunidad las reglas concernientes a la división de la herencia.

> *Véanse artículos 1051 a 1081 del presente Código.*

TÍTULO IV
DE ALGUNAS PROPIEDADES ESPECIALES

CAPÍTULO PRIMERO
DE LAS AGUAS

> *Artículos 407 a 425 derogados, en cuanto se opongan a lo establecido en la Ley 29/1985, de 2 de agosto, de aguas («B.O.E.» 8 agosto). En la actualidad, véase el tex-to refundido de la Ley de Aguas, aprobado por R.D. Leg. 1/2001, 20 julio, por el que se aprueba el texto refundido de la Ley de Aguas («B.O.E.» 24 julio).*

> *Véanse:*
> *- Ley de Aguas de 20 Jul. 2001 .*
> *- Real Decreto 1341/2007, de 11 de octubre, sobre la gestión de la calidad de las aguas de baño.*

SECCIÓN PRIMERA
DEL DOMINIO DE LAS AGUAS

Artículo 407. Son de dominio público:

1.º Los ríos y sus cauces naturales.

2.º Las aguas continuas o discontinuas de manantiales y arroyos que corran por sus cauces naturales, y estos mismos cauces.

3.º Las aguas que nazcan continua o discontinuamente en terrenos del mismo dominio público.

4.º Los lagos y lagunas formados por la naturaleza en terrenos públicos y sus álveos.

5.º Las aguas pluviales que discurran por barrancos o ramblas, cuyo cauce sea también del dominio público.

6.º Las aguas subterráneas que existan en terrenos públicos.

7.º Las aguas halladas en la zona de trabajos de obras públicas, aunque se ejecuten por concesionario.

8.º Las aguas que nazcan continua o discontinuamente en predios de particulares, del Estado, de la provincia o de los pueblos, desde que salgan de dichos predios.

9.º Los sobrantes de las fuentes, cloacas y establecimientos públicos.

Véanse:
- Artículos 1.2, 2, 4, 9 y 12 de la Ley de Aguas de 20 Jul. 2001 .
- Real Decreto 125/2007, de 2 de febrero, por el que se fija el ámbito territorial de las demarcaciones hidrográficas.
- Real Decreto 126/2007, de 2 de febrero, por el que se regulan la composición, funcionamiento y atribuciones de los comités de autoridades competentes de las demarcaciones hidrográficas con cuencas intercomunitarias.

Artículo 408. Son de dominio privado:

1.º Las aguas continuas o discontinuas que nazcan en predios de dominio privado, mientras discurran por ellos.

2.º Los lagos y lagunas y sus álveos, formados por la naturaleza en dichos predios.

3.º Las aguas subterráneas que se hallen en éstos.

4.º Las aguas pluviales que en los mismos caigan, mientras no traspasen sus linderos.

5.º Los cauces de aguas corrientes, continuas o discontinuas, formados por aguas pluviales, y los de los arroyos que atraviesen fincas que no sean de dominio público.

En toda acequia o acueducto, el agua, el cauce, los cajeros y las márgenes serán considerados como parte integrante de la heredad o edificio a que vayan destinadas las aguas. Los dueños de los predios, por los cuales o por cuyos linderos pase el acueducto, no podrán alegar dominio sobre él, ni derecho al aprovechamiento de su cauce o márgenes, a no fundarse en títulos de propiedad expresivos del derecho o dominio que reclamen.

Véanse artículos 5, 8, 10, 11 y 49 de la Ley de Aguas de 20 Jul. 2001 .

SECCIÓN SEGUNDA
DEL APROVECHAMIENTO DE LAS AGUAS PÚBLICAS

Artículo 409. El aprovechamiento de las aguas públicas se adquiere:

1.º Por concesión administrativa.

Véanse artículos 59 a 66, 77, 78 y 93 a 197 del Real Decreto 849/1986, de 11 de abril, por el que se aprueba el Reglamento del Dominio Público Hidráulico que desarrolla los títulos preliminar, I, IV, V, VI, VII y VIII del texto refundido de la Ley de Aguas, aprobado por el Real Decreto Legislativo 1/2001, de 20 de julio

2.º Por prescripción de veinte años.

Véase artículo 52.2 de la Ley de aguas de 20 de julio de 2001.

Los límites de los derechos y obligaciones de estos aprovechamientos serán los que resulten, en el primer caso, de los términos de la concesión, y en el segundo, del modo y forma en que se haya usado de las aguas.

Véanse artículos 48, 50, 52, 54, 57 a 66, 69, 70, 77 y 78 de la Ley de Aguas de 20 Jul. 2001 .

Artículo 410. Toda concesión de aprovechamiento de aguas se entiende sin perjuicio de tercero.

Véanse artículos 59.1 y 61.1 de la Ley de Aguas de 20 Jul. 2001 .

Artículo 411. El derecho al aprovechamiento de aguas públicas se extingue por la caducidad de la concesión y por el no uso durante veinte años.

Véanse:
- Artículos 64 y, 66 de la Ley de Aguas de 20 Jul. 2001 .
- Artículos 161 y siguientes del Real Decreto 849/1986, de 11 de abril, por el que se aprueba el Reglamento del Dominio Público Hidráulico.

SECCIÓN TERCERA
DEL APROVECHAMIENTO DE LAS AGUAS DE DOMINIO PRIVADO

Artículo 412. El dueño de un predio en que nace un manantial o arroyo, continuo o discontinuo, puede aprovechar sus aguas mientras discurran por él; pero las sobrantes entran en la condición de públicas, y su aprovechamiento se rige por la Ley especial de Aguas.

Véanse artículos 45 a 91 de la Ley de Aguas de 20 Jul. 2001 .

Artículo 413. El dominio privado de los álveos de aguas pluviales no autoriza para hacer labores u obras que varíen su curso en perjuicio de tercero, ni tampoco aquellas cuya destrucción, por la fuerza de las avenidas, pueda causarlo.

Véase artículo 5.2 de la Ley de Aguas de 20 Jul. 2001 .

Artículo 414. Nadie puede penetrar en propiedad privada para buscar aguas o usar de ellas sin licencia de los propietarios.

Véase artículo 5.2 de la Ley de Aguas de 20 Jul. 2001 .

Artículo 415. El dominio del dueño de un predio sobre las aguas que nacen en él no perjudica los derechos que legítimamente hayan podido adquirir a su aprovechamiento los de los predios inferiores.

Véanse artículos 45 y 47 de la Ley de Aguas de 20 Jul. 2001 .

Artículo 416. Todo dueño de un predio tiene la facultad de construir dentro de su propiedad depósitos para conservar las aguas pluviales, con tal que no cause perjuicio al público ni a tercero.

SECCIÓN CUARTA
DE LAS AGUAS SUBTERRÁNEAS

Véanse:
- Artículos 73 a 76 de la Ley de Aguas de 20 Jul. 2001 .
- Artículo 2 Ley de Minas, de 21 de julio de 1973.
- Artículos 171 a 188 de Real Decreto 849/1986, de 11 de abril, por el que se aprueba el Reglamento del Dominio Público Hidráulico.

Artículo 417. Sólo el propietario de un predio u otra persona con su licencia puede investigar en él aguas subterráneas.

La investigación de aguas subterráneas en terrenos de dominio público sólo puede hacerse con licencia administrativa.

Artículo 418. Las aguas alumbradas conforme a la Ley especial de Aguas pertenecen al que las alumbró.

Véase artículo 2 a) de la Ley de Aguas de 20 Jul. 2001 .

Artículo 419. Si el dueño de aguas alumbradas las dejare abandonadas a su curso natural, serán de dominio público.

SECCIÓN QUINTA
DISPOSICIONES GENERALES

Artículo 420. El dueño de un predio en que existan obras defensivas para contener el agua, o que por la variación de su curso sea necesario construirlas de nuevo, está obligado, a su elección, a hacer los reparos o construcciones necesarias o a tolerar que, sin perjuicio suyo, las hagan los dueños de los predios que experimenten o estén manifiestamente expuestos a experimentar daños.

Véase artículo 7 de la Ley de Aguas de 20 Jul. 2001 .

Artículo 421. Lo dispuesto en el artículo anterior es aplicable al caso en que sea necesario desembarazar algún predio de las materias cuya acumulación o caída impida el curso de las aguas con daño o peligro de tercero.

Artículo 422. Todos los propietarios que participen del beneficio proveniente de las obras de que tratan los dos artículos anteriores, están obligados a contribuir a los gastos de su ejecución en proporción a su interés. Los que por su culpa hubiesen ocasionado el daño serán responsables de los gastos.

Véase artículo 7 de la Ley de Aguas de 20 Jul. 2001 .

Artículo 423. La propiedad y uso de las aguas pertenecientes a corporaciones o particulares están sujetos a la Ley de Expropiación por causa de utilidad pública.

Véanse:
- Artículos 53.1 c) y 60.2 de la Ley de Aguas de 20 Jul. 2001 .
- Artículos 9 a 58 de la Ley de Expropiación Forzosa.

Artículo 424. Las disposiciones de este título no perjudican los derechos adquiridos con anterioridad, ni tampoco al dominio privado que tienen los propietarios de aguas, de acequias, fuentes o manantiales, en virtud del cual las aprovechan, venden o permutan como propiedad particular.

Véanse artículos 51, 53 de la Ley de Aguas de 20 Jul. 2001 y Disposición transitoria del RD Legislativo 1/2001, de 20 de julio.

Artículo 425. En todo lo que no esté expresamente prevenido por las disposiciones de este capítulo se estará a lo mandado por la Ley especial de Aguas.

Véase Disposición final 1.ª de la Ley de Aguas de 20 Jul. 2001

CAPÍTULO II
DE LOS MINERALES

Véanse:
- Ley 34/1998, de 7 de octubre, del sector de hidrocarburos.
- Ley 22/1973, de 21 de julio, de Minas.
- Real Decreto 2857/1978, de 25 de agosto, por el que se aprueba el Reglamento General para el régimen de la minería.
- Reglamento de 23 agosto de 1934, de Policía Minera y Metalúrgica.

Artículo 426. Todo español o extranjero podrá hacer libremente en terreno de dominio público calicatas o excavaciones que no excedan de diez metros de extensión en longitud o profundidad con objeto de descubrir minerales, pero deberá dar aviso previamente a la Autoridad local. En terrenos de propiedad privada no se podrán abrir calicatas sin que preceda permiso del dueño o del que le represente.

Véase artículo 14 Real Decreto 2857/1978, de 25 de agosto, por el que se aprueba el Reglamento General para el régimen de la minería.

Artículo 427. Los límites del derecho mencionado en el artículo anterior, las formalidades previas y condiciones para su ejercicio, la designación de las materias que deben considerarse como minerales, y la determinación de los derechos que corresponden al dueño del suelo y a los descubridores de los minerales en el caso de concesión, se regirán por la Ley especial de Minería.

CAPÍTULO III
DE LA PROPIEDAD INTELECTUAL

Véanse:
- Artículos 270 y siguientes Código Penal.
- Real Decreto Legislativo 1/1996, de 12 de abril, por el que se aprueba el texto refundido de la Ley de Propiedad Intelectual.
- Ley 10/2007, de 22 de junio, de la lectura, del libro y de las bibliotecas.
- Real Decreto 611/2023, de 11 de julio, por el que se aprueba el Reglamento del Registro de la Propiedad Intelectual.

Artículo 428. El autor de una obra literaria, científica o artística, tiene el derecho de explotarla y disponer de ella a su voluntad.

Véanse artículos 1 y siguientes de Real Decreto Legislativo 1/1996, de 12 de abril, por el que se aprueba el texto refundido de la Ley de Propiedad Intelectual.

Artículo 429. La Ley sobre propiedad intelectual determina las personas a quienes pertenece ese derecho, la forma de su ejercicio y el tiempo de su duración. En casos no previstos ni resueltos por dicha ley especial se aplicarán las reglas generales establecidas en este Código sobre la propiedad.

TÍTULO V
DE LA POSESIÓN

CAPÍTULO PRIMERO
DE LA POSESIÓN Y SUS ESPECIES

Artículo 430. Posesión natural es la tenencia de una cosa o animal, o el disfrute de un derecho por una persona. Posesión civil es esa misma tenencia o disfrute unidos a la intención de haber la cosa, animal o derecho como suyos.

Artículo 430 redactado por el apartado catorce del artículo primero de la Ley 17/2021, de 15 de diciembre, de modificación del Código Civil, la Ley Hipotecaria y la Ley de Enjuiciamiento Civil, sobre el régimen jurídico de los animales («B.O.E.» 16 diciembre).
Vigencia: 5 enero 2022

Artículo 431. La posesión se ejerce en las cosas, en los animales o en los derechos por la misma persona que los tiene y los disfruta, o por otra en su nombre.

Artículo 431 redactado por el apartado quince del artículo primero de la Ley 17/2021, de 15 de diciembre, de modificación del Código Civil, la Ley Hipotecaria y la Ley de Enjuiciamiento Civil, sobre el régimen jurídico de los animales («B.O.E.» 16 diciembre).
Vigencia: 5 enero 2022

Artículo 432. La posesión en los bienes, en los animales y en los derechos puede tenerse en uno de dos conceptos: o en el de dueño, o en el de tenedor de la cosa, animal o derecho para conservarlos o disfrutarlos, perteneciendo el dominio a otra persona.

Artículo 432 redactado por el apartado dieciséis del artículo primero de la Ley 17/2021, de 15 de diciembre, de modificación del Código Civil, la Ley Hipotecaria y la Ley de Enjuiciamiento Civil, sobre el régimen jurídico de los animales («B.O.E.» 16 diciembre).
Vigencia: 5 enero 2022

Artículo 433. Se reputa poseedor de buena fe al que ignora que en su título o modo de adquirir exista vicio que lo invalide.

Se reputa poseedor de mala fe al que se halla en el caso contrario.

Artículo 434. La buena fe se presume siempre, y al que afirma la mala fe de un poseedor corresponde la prueba.

Artículo 435. La posesión adquirida de buena fe no pierde este carácter sino en el caso y desde el momento en que existan actos que acrediten que el poseedor no ignora que posee la cosa indebidamente.

Artículo 436. Se presume que la posesión se sigue disfrutando en el mismo concepto en que se adquirió, mientras no se pruebe lo contrario.

Artículo 437. Sólo pueden ser objeto de posesión las cosas y derechos que sean susceptibles de apropiación. También pueden ser objeto de posesión los animales, con las limitaciones establecidas en las leyes.

Artículo 437 redactado por el apartado diecisiete del artículo primero de la Ley 17/2021, de 15 de diciembre, de modificación del Código Civil, la Ley Hipotecaria y la Ley de Enjuiciamiento Civil, sobre el régimen jurídico de los animales («B.O.E.» 16 diciembre).
Vigencia: 5 enero 2022

CAPÍTULO II
DE LA ADQUISICIÓN DE LA POSESIÓN

Artículo 438. La posesión se adquiere por la ocupación material de la cosa, animal o derecho poseído, o por el hecho de quedar estos sujetos a la acción de nuestra voluntad, o por los actos propios y formalidades legales establecidas para adquirir tal derecho.

Artículo 438 redactado por el apartado dieciocho del artículo primero de la Ley 17/2021, de 15 de diciembre, de modificación del Código Civil, la Ley Hipotecaria y la Ley de Enjuiciamiento Civil, sobre el régimen jurídico de los animales («B.O.E.» 16 diciembre).
Vigencia: 5 enero 2022

Artículo 439. Puede adquirirse la posesión por la misma persona que va a disfrutarla, por su representante legal, por su mandatario y por un tercero sin mandato alguno; pero en este último caso no se entenderá adquirida la posesión hasta que la persona en cuyo nombre se haya verificado el acto posesorio lo ratifique.

Artículo 440. La posesión de los bienes hereditarios se entiende transmitida al heredero sin interrupción y desde el momento de la muerte del causante, en el caso de que llegue a adirse la herencia.

El que válidamente repudia una herencia se entiende que no la ha poseído en ningún momento.

Artículo 441. En ningún caso puede adquirirse violentamente la posesión mientras exista un poseedor que se oponga a ello. El que se crea con acción o derecho para privar a otro de la tenencia de una cosa, siempre que el tenedor resista la entrega, deberá solicitar el auxilio de la Autoridad competente.

Artículo 442. El que suceda por título hereditario no sufrirá las consecuencias de una posesión viciosa de su causante, si no se demuestra que tenía conocimiento de los vicios que la afectaban; pero los efectos de la posesión de buena fe no le aprovecharán sino desde la fecha de la muerte del causante.

Artículo 443. Toda persona puede adquirir la posesión de las cosas.

Los menores necesitan de la asistencia de sus representantes legítimos para usar de los derechos que de la posesión nazcan a su favor.

Las personas con discapacidad a cuyo favor se hayan establecido medidas de apoyo pueden usar de los derechos derivados de la posesión conforme a lo que resulte de estas.

> *Artículo 443 redactado por el apartado veintiséis del artículo segundo de la Ley 8/2021, de 2 de junio, por la que se reforma la legislación civil y procesal para el apoyo a las personas con discapacidad en el ejercicio de su capacidad jurídica («B.O.E.» 3 junio).*
> *Vigencia: 3 septiembre 2021*

Artículo 444. Los actos meramente tolerados y los ejecutados clandestinamente y sin conocimiento del poseedor de una cosa, o con violencia, no afectan a la posesión.

Artículo 445. La posesión, como hecho, no puede reconocerse en dos personalidades distintas, fuera de los casos de indivisión. Si surgiere contienda sobre el hecho de la posesión, será preferido el poseedor actual; si resultaren dos poseedores, el más antiguo; si las fechas de las posesiones fueren las mismas, el que presente título; y, si todas estas condiciones fuesen iguales, se constituirá en depósito o guarda judicial la cosa, mientras se decide sobre su posesión o propiedad por los trámites correspondientes.

CAPÍTULO III
DE LOS EFECTOS DE LA POSESIÓN

Artículo 446. Todo poseedor tiene derecho a ser respetado en su posesión; y, si fuere inquietado en ella, deberá ser amparado o restituido en dicha posesión por los medios que las leyes de procedimiento establecen.

Artículo 447. Sólo la posesión que se adquiere y se disfruta en concepto de dueño puede servir de título para adquirir el dominio.

> *Véanse artículos 1940 y siguientes del presente Código.*

Artículo 448. El poseedor en concepto de dueño tiene a su favor la presunción legal de que posee con justo título, y no se le puede obligar a exhibirlo.

Artículo 449. La posesión de una cosa raíz supone la de los muebles y objetos que se hallen dentro de ella, mientras no conste o se acredite que deben ser excluidos.

> *Véanse artículo 346 y 347 del presente Código.*

Artículo 450. Cada uno de los partícipes de una cosa que se posea en común, se entenderá que ha poseído exclusivamente la parte que al dividirse le cupiere durante todo el tiempo que duró la indivisión. La interrupción en la posesión del todo o parte de una cosa poseída en común perjudicará por igual a todos.

> *Véase artículo 1933 del presente Código.*

Artículo 451. El poseedor de buena fe hace suyos los frutos percibidos mientras no sea interrumpida legalmente la posesión.

Se entienden percibidos los frutos naturales e industriales desde que se alzan o separan.

Los frutos civiles se consideran producidos por días, y pertenecen al poseedor de buena fe en esa proporción.

Artículo 452. Si al tiempo en que cesare la buena fe se hallaren pendientes algunos frutos naturales o industriales, tendrá el poseedor derecho a los gastos que hubiese hecho para su producción, y además a la parte del producto líquido de la cosecha proporcional al tiempo de su posesión.

Las cargas se prorratearán del mismo modo entre los dos poseedores.

El propietario de la cosa puede, si quiere, conceder al poseedor de buena fe la facultad de concluir el cultivo y la recolección de los frutos pendientes, como indemnización de la parte de gastos de cultivo y del producto líquido que le pertenece; el poseedor de buena fe que por cualquier motivo no quiera aceptar esta concesión, perderá el derecho a ser indemnizado de otro modo.

Artículo 453. Los gastos necesarios se abonan a todo poseedor; pero sólo el de buena fe podrá retener la cosa hasta que se le satisfagan.

Los gastos útiles se abonan al poseedor de buena fe con el mismo derecho de retención, pudiendo optar el que le hubiese vencido en su posesión por satisfacer el importe de los gastos, o por abonar el aumento de valor que por ellos haya adquirido la cosa.

Artículo 454. Los gastos de puro lujo o mero recreo no son abonables al poseedor de buena fe; pero podrá llevarse los adornos con que hubiese embellecido la cosa principal si no sufriere deterioro, y si el sucesor en la posesión no prefiere abonar el importe de lo gastado.

Artículo 455. El poseedor de mala fe abonará los frutos percibidos y los que el poseedor legítimo hubiera podido percibir, y sólo tendrá derecho a ser reintegrado de los gastos necesarios hechos para la conservación de la cosa. Los gastos hechos en mejoras de lujo y recreo no se abonarán al poseedor de mala fe; pero podrá éste llevarse los objetos en que esos gastos se hayan invertido, siempre que la cosa no sufra deterioro, y el poseedor legítimo no prefiera quedarse con ellos abonando el valor que tengan en el momento de entrar en la posesión.

Véanse artículos 362 a 364 del presente Código.

Artículo 456. Las mejoras provenientes de la naturaleza o del tiempo ceden siempre en beneficio del que haya vencido en la posesión.

Artículo 457. El poseedor de buena fe no responde del deterioro o pérdida de la cosa poseída, fuera de los casos en que se justifique haber procedido con dolo. El poseedor de mala fe responde del deterioro o pérdida en todo caso, y aun de los ocasionados por fuerza mayor cuando maliciosamente haya retrasado la entrega de la cosa a su poseedor legítimo.

Véase artículo 1096 del presente Código.

Artículo 458. El que obtenga la posesión no está obligado a abonar mejoras que hayan dejado de existir al adquirir la cosa.

Artículo 459. El poseedor actual que demuestre su posesión en época anterior, se presume que ha poseído también durante el tiempo intermedio, mientras no se pruebe lo contrario.

Véase artículo 466 del presente Código.

Artículo 460. El poseedor puede perder su posesión:

1. Por abandono de la cosa o del animal.

2. Por cesión hecha a otro por título oneroso o gratuito.

3. Por destrucción o pérdida total de la cosa, por muerte o pérdida del animal, o por quedar la cosa o el animal fuera del comercio.

4. Por la posesión de otro, aun contra la voluntad del antiguo poseedor, si la nueva posesión hubiese durado más de un año.

> *Artículo 460 redactado por el apartado diecinueve del artículo primero de la Ley 17/2021, de 15 de diciembre, de modificación del Código Civil, la Ley Hipotecaria y la Ley de Enjuiciamiento Civil, sobre el régimen jurídico de los animales («B.O.E.» 16 diciembre).*
>
> *Vigencia: 5 enero 2022*

Artículo 461. La posesión de la cosa mueble no se entiende perdida mientras se halle bajo el poder del poseedor, aunque éste ignore accidentalmente su paradero.

Artículo 462. La posesión de las cosas inmuebles y de los derechos reales no se entiende perdida, ni transmitida para los efectos de la prescripción en perjuicio de tercero, sino con sujeción a lo dispuesto en la Ley Hipotecaria.

> *Véanse:*
> *- Artículo 1949 del presente Código.*
> *- Artículos 32, 35, 36, 38 y 76 de la Ley Hipotecaria.*

Artículo 463. Los actos relativos a la posesión, ejecutados o consentidos por el que posee una cosa ajena como mero tenedor para disfrutarla o retenerla en cualquier concepto, no obligan ni perjudican al dueño, a no ser que éste hubiese otorgado a aquél facultades expresas para ejecutarlos o los ratificare con posterioridad.

> *Véase artículo 432 del presente Código.*

Artículo 464. La posesión de los bienes muebles, adquirida de buena fe, equivale al título. Sin embargo, el que hubiese perdido una cosa mueble o hubiese sido privado de ella ilegalmente, podrá reivindicarla de quien la posea.

Si el poseedor de la cosa mueble perdida o sustraída la hubiese adquirido de buena fe en venta pública, no podrá el propietario obtener la restitución sin reembolsar el precio dado por ella.

Tampoco podrá el dueño de cosas empeñadas en los Montes de Piedad establecidos con autorización del Gobierno obtener la restitución, cualquiera que sea la persona que la hubiese empeñado, sin reintegrar antes al Establecimiento la cantidad del empeño y los intereses vencidos.

En cuanto a las adquiridas en Bolsa, feria o mercado, o de un comerciante legalmente establecido y dedicado habitualmente al tráfico de objetos análogos, se estará a lo que dispone el Código de Comercio.

> *Véanse:*
> *- Artículos 436, 448, 450, 1950, 1955 y 1956 del presente Código.*
> *- Artículos 85 y 324 del Código de Comercio.*

Artículo 465. Los animales salvajes o silvestres sólo se poseen mientras se hallan en nuestro poder; los domesticados se asimilan a los domésticos o de compañía si conservan la costumbre de volver a la casa del poseedor o si han sido identificados como tales.

> *Artículo 465 redactado por el apartado veinte del artículo primero de la Ley 17/2021, de 15 de diciembre, de modificación del Código Civil, la Ley Hipotecaria y la*

Ley de Enjuiciamiento Civil, sobre el régimen jurídico de los animales («B.O.E.» 16 diciembre).
Vigencia: 5 enero 2022

Artículo 466. El que recupera, conforme a derecho, la posesión indebidamente perdida, se entiende para todos los efectos que puedan redundar en su beneficio que la ha disfrutado sin interrupción.

TÍTULO VI
DEL USUFRUCTO, DEL USO Y DE LA HABITACIÓN

CAPÍTULO PRIMERO
DEL USUFRUCTO

SECCIÓN PRIMERA
DEL USUFRUCTO EN GENERAL

Artículo 467. El usufructo da derecho a disfrutar los bienes ajenos con la obligación de conservar su forma y sustancia, a no ser que el título de su constitución o la ley autoricen otra cosa.

> *Véanse:*
> *- Artículos 487 y 489 del presente Código.*
> *- Artículo 2.2 de la Ley Hipotecaria.*

Artículo 468. El usufructo se constituye por la ley, por la voluntad de los particulares manifestada en actos entre vivos o en última voluntad, y por prescripción.

Artículo 469. Podrá constituirse el usufructo en todo o parte de los frutos de la cosa, a favor de una o varias personas, simultánea o sucesivamente, y en todo caso desde o hasta cierto día, puramente o bajo condición. También puede constituirse sobre un derecho, siempre que no sea personalísimo o intransmisible.

Artículo 470. Los derechos y las obligaciones del usufructuario serán los que determine el título constitutivo del usufructo; en su defecto, o por insuficiencia de éste, se observarán las disposiciones contenidas en las dos secciones siguientes.

SECCIÓN SEGUNDA
DE LOS DERECHOS DEL USUFRUCTUARIO

Artículo 471. El usufructuario tendrá derecho a percibir todos los frutos naturales, industriales y civiles, de los bienes usufructuados. Respecto de los tesoros que se hallaren en la finca será considerado como extraño.

Artículo 472. Los frutos naturales o industriales, pendientes al tiempo de comenzar el usufructo, pertenecen al usufructuario.

Los pendientes al tiempo de extinguirse el usufructo, pertenecen al propietario.

En los precedentes casos, el usufructuario, al comenzar el usufructo, no tiene obligación de abonar al propietario ninguno de los gastos hechos; pero el propietario está obligado a abonar al fin del usufructo, con el producto de los frutos pendientes, los gastos ordinarios de cultivo, simientes y otros semejantes, hechos por el usufructuario.

Lo dispuesto en este artículo no perjudica los derechos de tercero, adquiridos al comenzar o terminar el usufructo.

> *Véase artículo 356 del presente Código.*

Artículo 473. Si el usufructuario hubiere arrendado las tierras o heredades dadas en usufructo y acabare éste antes de terminar el arriendo, sólo percibirán él o sus herederos y sucesores la parte proporcional de la renta que debiere pagar el arrendatario.

Véanse:
- Artículos 480 del presente Código.
- Artículo 10 de la Ley de Arrendamientos Rústicos de 2003.

Artículo 474. Los frutos civiles se entienden percibidos día por día, y pertenecen al usufructuario en proporción al tiempo que dure el usufructo.

Artículo 475. Si el usufructo se constituye sobre el derecho a percibir una renta o una pensión periódica, bien consista en metálico, bien en frutos, o los intereses de obligaciones o títulos al portador, se considerará cada vencimiento como productos o frutos de aquel derecho.

Si consistiere en el goce de los beneficios que diese una participación en una explotación industrial o mercantil cuyo reparto no tuviese vencimiento fijo, tendrán aquéllos la misma consideración.

En uno y otro caso se repartirán como frutos civiles, y se aplicarán en la forma que previene el artículo anterior.

Artículo 476. No corresponden al usufructuario de un predio en que existen minas los productos de las denunciadas, concedidas o que se hallen en laboreo al principiar el usufructo, a no ser que expresamente se le concedan en el título constitutivo de éste, o que sea universal.

Podrá, sin embargo, el usufructuario extraer piedras, cal y yeso de las canteras para reparaciones u obras que estuviere obligado a hacer o que fueren necesarias.

Artículo 477. Sin embargo de lo dispuesto en el artículo anterior, en el usufructo legal podrá el usufructuario explotar las minas denunciadas, concedidas o en laboreo, existentes en el predio, haciendo suya la mitad de las utilidades que resulten después de rebajar los gastos, que satisfará por mitad con el propietario.

Artículo 478. La calidad de usufructuario no priva al que la tiene del derecho que a todos concede la Ley de Minas para denunciar y obtener la concesión de las que existan en los predios usufructuados, en la forma y condiciones que la misma ley establece.

Véase Ley de Minas, de 21 de julio de 1973 («B.O.E.» 24 julio).

Artículo 479. El usufructuario tendrá el derecho de disfrutar del aumento que reciba por accesión la cosa usufructuada, de las servidumbres que tenga a su favor, y en general de todos los beneficios inherentes a la misma.

Artículo 480. Podrá el usufructuario aprovechar por sí mismo la cosa usufructuada, arrendarla a otro y enajenar su derecho de usufructo, aunque sea a título gratuito, pero todos los contratos que celebre como tal usufructuario se resolverán al fin del usufructo, salvo el arrendamiento de las fincas rústicas, el cual se considerará subsistente durante el año agrícola.

Véanse:
- Artículo 107.1º y 108.2º de la Ley Hipotecaria.
- Artículos 9 y siguientes y 13.2 LAU 1994.
- Artículo 10 de la Ley 49/2003, de 26 de noviembre, de arrendamientos rústicos.

Artículo 481. Si el usufructo comprendiera cosas que sin consumirse se deteriorasen poco a poco por el uso, el usufructuario tendrá derecho a servirse de ellas empleándolas según su destino, y no estará obligado a restituirlas al concluir el usufructo sino en el estado en que se encuentren; pero con la obligación de indemnizar al propietario del deterioro que hubieran sufrido por su dolo o negligencia.

Artículo 482. Si el usufructo comprendiera cosas que no se puedan usar sin consumirlas, el usufructuario tendrá derecho a servirse de ellas con la obligación de pagar el importe de su avalúo al terminar el usufructo, si se hubiesen dado estimadas. Cuando no se hubiesen estimado, tendrá el derecho de restituirlas en igual cantidad y calidad, o pagar su precio corriente al tiempo de cesar el usufructo.

Artículo 483. El usufructuario de viñas, olivares u otros árboles o arbustos podrá aprovecharse de los pies muertos, y aun de los tronchados o arrancados por accidente, con la obligación de reemplazarlos por otros.

Artículo 484. Si, a consecuencia de un siniestro o caso extraordinario, las viñas, olivares u otros árboles o arbustos hubieran desaparecido en número tan considerable que no fuese posible o resultase demasiado gravosa la reposición, el usufructuario podrá dejar los pies muertos, caídos o tronchados a disposición del propietario, y exigir de éste que los retire y deje el suelo expedito.

Véase artículo 1105 del presente Código.

Artículo 485. El usufructuario de un monte disfrutará todos los aprovechamientos que pueda éste producir según su naturaleza.

Siendo el monte tallar o de maderas de construcción, podrá el usufructuario hacer en él las talas o las cortas ordinarias que solía hacer el dueño, y en su defecto las hará acomodándose en el modo, porción y épocas, a la costumbre del lugar.

En todo caso hará las talas o las cortas de modo que no perjudiquen a la conservación de la finca.

En los viveros de árboles podrá el usufructuario hacer la entresaca necesaria para que los que queden puedan desarrollarse convenientemente.

Fuera de lo establecido en los párrafos anteriores, el usufructuario no podrá cortar árboles por el pie como no sea para reponer o mejorar alguna de las cosas usufructuadas, y en este caso hará saber previamente al propietario la necesidad de la obra.

Véase artículo 467 del presente Código.

Artículo 486. El usufructuario de una acción para reclamar un predio o derecho real, o un bien mueble, tiene derecho a ejercitarla y obligar al propietario de la acción a que le ceda para este fin su representación y le facilite los elementos de prueba de que disponga. Si por consecuencia del ejercicio de la acción adquiriese la cosa reclamada, el usufructo se limitará a sólo los frutos, quedando el dominio para el propietario.

Véase artículo 470 del presente Código.

Artículo 487. El usufructuario podrá hacer en los bienes objeto del usufructo las mejoras útiles o de recreo que tuviere por conveniente, con tal que no altere su forma o su sustancia; pero no tendrá por ello derecho a indemnización. Podrá, no obstante, retirar dichas mejoras, si fuere posible hacerlo sin detrimento de los bienes.

Véase artículo 454 del presente Código.

Artículo 488. El usufructuario podrá compensar los desperfectos de los bienes con las mejoras que en ellos hubiese hecho.

Véanse artículos 1195 y siguientes del presente Código.

Artículo 489. El propietario de bienes en que otro tenga el usufructo, podrá enajenarlos, pero no alterar su forma ni sustancia, ni hacer en ellos nada que perjudique al usufructuario.

Artículo 490. El usufructuario de parte de una cosa poseída en común ejercerá todos los derechos que correspondan al propietario de ella referentes a la administración y a la percepción de frutos o intereses. Si cesare la comunidad por dividirse la cosa poseída en común, corresponderá al usufructuario el usufructo de la parte que se adjudicare al propietario o condueño.

Véanse artículos 399 y siguientes del presente Código.

SECCIÓN TERCERA
DE LAS OBLIGACIONES DEL USUFRUCTUARIO

Artículo 491. El usufructuario, antes de entrar en el goce de los bienes, está obligado:

1.º A formar, con citación del propietario o de su legítimo representante, inventario de todos ellos, haciendo tasar los muebles y describiendo el estado de los inmuebles.

2.º A prestar fianza, comprometiéndose a cumplir las obligaciones que le correspondan con arreglo a esta sección.

Artículo 492. La disposición contenida en el número segundo del precedente artículo no es aplicable al vendedor o donante que se hubiere reservado el usufructo de los bienes vendidos o donados, ni a los padres usufructuarios de los bienes de los hijos, ni al cónyuge sobreviviente respecto de la cuota legal usufructuaria si no contrajeren los padres o el cónyuge ulterior matrimonio.

> *Artículo 492 redactado por Ley 11/1981, 13 mayo («B.O.E.» 19 mayo), de modificación del Código Civil en materia de filiación, patria potestad y régimen económico del matrimonio.*

> *Véase artículo 168.3.º de la Ley Hipotecaria.*

Artículo 493. El usufructuario, cualquiera que sea el título del usufructo, podrá ser dispensado de la obligación de hacer inventario o de prestar fianza, cuando de ello no resultare perjuicio a nadie.

Artículo 494. No prestando el usufructuario la fianza en los casos en que deba darla, podrá el propietario exigir que los inmuebles se pongan en administración, que los muebles se vendan, que los efectos públicos, títulos de crédito nominativos o al portador se conviertan en inscripciones o se depositen en un Banco o establecimiento público, y que los capitales o sumas en metálico y el precio de la enajenación de los bienes muebles se inviertan en valores seguros.

El interés del precio de las cosas muebles y de los efectos públicos y valores, y los productos de los bienes puestos en administración, pertenecen al usufructuario.

También podrá el propietario, si lo prefiere, mientras el usufructuario no preste fianza o quede dispensado de ella, retener en su poder los bienes del usufructo en calidad de administrador, y con la obligación de entregar al usufructuario su producto líquido, deducida la suma que por dicha administración se convenga o judicialmente se le señale.

> *Véase artículo 507 del presente Código.*

Artículo 495. Si el usufructuario que no haya prestado fianza reclamare, bajo caución juratoria, la entrega de los muebles necesarios para su uso, y que se le asigne habitación para él y su familia en una casa comprendida en el usufructo, podrá el Juez acceder a esta petición, consultadas las circunstancias del caso.

Lo mismo se entenderá respecto de los instrumentos, herramientas y demás bienes muebles necesarios para la industria a que se dedique.

Si no quisiere el propietario que se vendan algunos muebles por su mérito artístico o porque tengan un precio de afección, podrá exigir que se le entreguen, afianzando el abono del interés legal del valor en tasación.

Artículo 496. Prestada la fianza por el usufructuario, tendrá derecho a todos los productos desde el día en que, conforme al título constitutivo del usufructo, debió comenzar a percibirlos.

Artículo 497. El usufructuario deberá cuidar las cosas dadas en usufructo como un buen padre de familia.

Artículo 498. El usufructuario que enajenare o diere en arrendamiento su derecho de usufructo, será responsable del menoscabo que sufran las cosas usufructuadas por culpa o negligencia de la persona que le sustituya.

Artículo 499. Si el usufructo se constituyere sobre un rebaño o piara de ganados, el usufructuario estará obligado a reemplazar con las crías las cabezas que mueran anual y ordinariamente, o falten por la depredación de otros animales.

Si el ganado sobre el que se constituyere el usufructo pereciere del todo, sin culpa del usufructuario, por efecto de una enfermedad contagiosa u otro acontecimiento no común, el usufructuario cumplirá con entregar al dueño los restos de los animales o sus rendimientos, sin perjuicio de la aplicación, en todo caso, de la regulación legal y reglamentaria de seguridad alimentaria y de sanidad animal sobre dichos productos o restos.

Si el rebaño pereciere en parte, también por un accidente, y sin culpa del usufructuario, continuará el usufructo en la parte que se conserve.

Si el usufructo fuere de ganado estéril, en cuanto a los efectos se aplicará lo dispuesto en el artículo 482.

Artículo 499 redactado por el apartado veintiuno del artículo primero de la Ley 17/2021, de 15 de diciembre, de modificación del Código Civil, la Ley Hipotecaria y la Ley de Enjuiciamiento Civil, sobre el régimen jurídico de los animales («B.O.E.» 16 diciembre).

Vigencia: 5 enero 2022

Artículo 500. El usufructuario está obligado a hacer las reparaciones ordinarias que necesiten las cosas dadas en usufructo.

Se considerarán ordinarias las que exijan los deterioros o desperfectos que procedan de uso natural de las cosas y sean indispensables para su conservación. Si no las hiciere después de requerido por el propietario, podrá éste hacerlas por sí mismo a costa del usufructuario.

Artículo 501. Las reparaciones extraordinarias serán de cuenta del propietario. El usufructuario está obligado a darle aviso cuando fuere urgente la necesidad de hacerlas.

Artículo 502. Si el propietario hiciere las reparaciones extraordinarias, tendrá derecho a exigir al usufructuario el interés legal de la cantidad invertida en ellas mientras dure el usufructo.

Si no las hiciere cuando fuesen indispensables para la subsistencia de la cosa, podrá hacerlas el usufructuario; pero tendrá derecho a exigir del propietario, al concluir el usufructo, el aumento de valor que tuviese la finca por efecto de las mismas obras.

Si el propietario se negare a satisfacer dicho importe, tendrá el usufructuario derecho a retener la cosa hasta reintegrarse con sus productos.

Véase artículo 453 del presente Código.

Artículo 503. El propietario podrá hacer las obras y mejoras de que sea susceptible la finca usufructuada, o nuevas plantaciones en ella si fuere rústica, siempre que por tales actos no resulte disminuido el valor del usufructo, ni se perjudique el derecho del usufructuario.

Véase artículo 595 del presente Código.

Artículo 504. El pago de las cargas y contribuciones anuales y el de las que se consideran gravámenes de los frutos, será de cuenta del usufructuario todo el tiempo que el usufructo dure.

Artículo 505. Las contribuciones que durante el usufructo se impongan directamente sobre el capital, serán de cargo del propietario.

Si éste las hubiese satisfecho, deberá el usufructuario abonarle los intereses correspondientes a las sumas que en dicho concepto hubiese pagado y, si las anticipare el usufructuario, deberá recibir su importe al fin del usufructo.

Artículo 506. Si se constituyere el usufructo sobre la totalidad de un patrimonio, y al constituirse tuviere deudas el propietario, se aplicará, tanto para la subsistencia del usufructo como para la obligación del usufructuario a satisfacerlas, lo establecido en los artículos 642 y 643 respecto de las donaciones.

Esta misma disposición es aplicable al caso en que el propietario viniese obligado, al constituirse el usufructo, al pago de prestaciones periódicas, aunque no tuvieran capital conocido.

Artículo 507. El usufructuario podrá reclamar por sí los créditos vencidos que formen parte del usufructo si tuviese dada o diere la fianza correspondiente. Si estuviese dispensado de prestar fianza o no hubiese podido constituirla, o la constituida no fuese suficiente, necesitará autorización del propietario, o del Juez en su defecto, para cobrar dichos créditos.

El usufructuario con fianza podrá dar al capital que realice el destino que estime conveniente. El usufructuario sin fianza deberá poner a interés dicho capital de acuerdo con el propietario; a falta de acuerdo entre ambos, con autorización judicial; y, en todo caso, con las garantías suficientes para mantener la integridad del capital usufructuado.

Artículo 508. El usufructuario universal deberá pagar por entero el legado de renta vitalicia o pensión de alimentos.

El usufructuario de una parte alícuota de la herencia lo pagará en proporción a su cuota.

En ninguno de los dos casos quedará obligado el propietario al reembolso.

El usufructuario de una o más cosas particulares sólo pagará el legado cuando la renta o pensión estuviese constituida determinadamente sobre ellas.

Véanse artículos 879 y 880 del presente Código.

Artículo 509. El usufructuario de una finca hipotecada no estará obligado a pagar las deudas para cuya seguridad se estableció la hipoteca.

Si la finca se embargare o vendiere judicialmente para el pago de la deuda, el propietario responderá al usufructuario de lo que pierda por este motivo.

Véanse artículos 1158 y 1210 del presente Código.

Artículo 510. Si el usufructo fuere de la totalidad o de parte alícuota de una herencia, el usufructuario podrá anticipar las sumas que para el pago de las deudas hereditarias correspondan a los bienes usufructuados, y tendrá derecho a exigir del propietario su restitución, sin interés, al extinguirse el usufructo.

Negándose el usufructuario a hacer esta anticipación, podrá el propietario pedir que se venda la parte de los bienes usufructuados que sea necesaria para pagar dichas sumas, o satisfacerlas de su dinero, con derecho, en este último caso, a exigir del usufructuario los intereses correspondientes.

Véase artículo 1559 del presente Código.

Artículo 511. El usufructuario estará obligado a poner en conocimiento del propietario cualquier acto de un tercero, de que tenga noticia, que sea capaz de lesionar los derechos de propiedad, y responderá, si no lo hiciere, de los daños y perjuicios, como si hubieran sido ocasionados por su culpa.

Véase artículo 1559 del presente Código.

Artículo 512. Serán de cuenta del usufructuario los gastos, costas y condenas de los pleitos sostenidos sobre el usufructo.

SECCIÓN CUARTA
DE LOS MODOS DE EXTINGUIRSE EL USUFRUCTO

Artículo 513. El usufructo se extingue:
1.º Por muerte del usufructuario.
2.º Por expirar el plazo por el que se constituyó, o cumplirse la condición resolutoria consignada en el título constitutivo.
3.º Por la reunión del usufructo y la propiedad en una misma persona.
4.º Por la renuncia del usufructuario.
5.º Por la pérdida total de la cosa objeto del usufructo.
6.º Por la resolución del derecho del constituyente.
7.º Por prescripción.

Véanse:
- Artículos 514, 516 a 519, 521, 781, 793, 1962 y 1963 del presente Código.
- Artículo 107 de la Ley Hipotecaria.
- Artículo 10 LAR 2003.

Artículo 514. Si la cosa dada en usufructo se perdiera sólo en parte, continuará este derecho en la parte restante.

Véase artículo 499 del presente Código.

Artículo 515. No podrá constituirse el usufructo a favor de un pueblo o Corporación o Sociedad por más de treinta años. Si se hubiese constituido, y antes de este tiempo el pueblo quedara yermo, o la Corporación o la Sociedad se disolviera, se extinguirá por este hecho el usufructo.

Artículo 516. El usufructo concedido por el tiempo que tarde un tercero en llegar a cierta edad, subsistirá el número de años prefijado, aunque el tercero muera antes, salvo si dicho usufructo hubiese sido expresamente concedido sólo en atención a la existencia de dicha persona.

Artículo 517. Si el usufructo estuviera constituido sobre una finca de la que forme parte un edificio, y éste llegare a perecer, de cualquier modo que sea, el usufructuario tendrá derecho a disfrutar del suelo y de los materiales.
Lo mismo sucederá cuando el usufructo estuviera constituido solamente sobre un edificio y éste pereciere. Pero en tal caso, si el propietario quisiere construir otro edificio, tendrá derecho a ocupar el suelo y a servirse de los materiales, quedando obligado a pagar al usufructuario, mientras dure el usufructo, los intereses de las sumas correspondientes al valor del suelo y de los materiales.

Artículo 518. Si el usufructuario concurriere con el propietario al seguro de un predio dado en usufructo, continuará aquél, en caso de siniestro, en el goce del nuevo edificio si se construyere, o percibirá los intereses del precio del seguro si la reedificación no conviniere al propietario.

Si el propietario se hubiere negado a contribuir al seguro del predio, constituyéndolo por sí solo el usufructuario, adquirirá éste el derecho de recibir por entero en caso de siniestro el precio del seguro, pero con obligación de invertirlo en la reedificación de la finca.

Si el usufructuario se hubiese negado a contribuir al seguro, constituyéndolo por sí sólo el propietario, percibirá éste íntegro el precio del seguro en caso de siniestro, salvo siempre el derecho concedido al usufructuario en el artículo anterior.

Artículo 519. Si la cosa usufructuada fuere expropiada por causa de utilidad pública, el propietario estará obligado, o bien a subrogarla con otra de igual valor y análogas condiciones, o bien a abonar al usufructuario el interés legal del importe de la indemnización por todo el tiempo que deba durar el usufructo. Si el propietario optare por lo último, deberá afianzar el pago de los réditos.

> *Véanse:*
> *- Artículos 3 y 4 de la Ley de Expropiación Forzosa.*
> *- Artículo 6.2 del Decreto de 26 de abril de 1957, por el que se aprueba el Reglamento de la Ley de Expropiación Forzosa.*

Artículo 520. El usufructo no se extingue por el mal uso de la cosa usufructuada; pero, si el abuso infiriese considerable perjuicio al propietario, podrá éste pedir que se le entregue la cosa, obligándose a pagar anualmente al usufructuario el producto líquido de la misma después de deducir los gastos y el premio que se le asignare por su administración.

Artículo 521. El usufructo constituido en provecho de varias personas vivas al tiempo de su constitución, no se extinguirá hasta la muerte de la última que sobreviviere.

Artículo 522. Terminado el usufructo, se entregará al propietario la cosa usufructuada, salvo el derecho de retención que compete al usufructuario o a sus herederos por los desembolsos de que deban ser reintegrados. Verificada la entrega, se cancelará la fianza o hipoteca.

CAPÍTULO II
DEL USO Y DE LA HABITACIÓN

> *Véanse:*
> *- Artículo 562 de la Ley 5/2006, de 10 de mayo, del libro quinto del Código civil de Cataluña, relativo a los derechos reales («D.O.G.C.» 24 mayo).*
> *- Leyes 423 y ss. de la Ley 1/1973, de 1 de marzo, por la que se aprueba la Compilación del Derecho Civil Foral de Navarra.*

Artículo 523. Las facultades y obligaciones del usuario y del que tiene derecho de habitación se regularán por el título constitutivo de estos derechos; y, en su defecto, por las disposiciones siguientes.

> *Véanse artículos 1407 del presente Código.*

Artículo 524. El uso da derecho a percibir de los frutos de la cosa ajena los que basten a las necesidades del usuario y de su familia, aunque ésta se aumente.

La habitación da a quien tiene este derecho la facultad de ocupar en una casa ajena las piezas necesarias para sí y para las personas de su familia.

Artículo 525. Los derechos de uso y habitación no se pueden arrendar ni traspasar a otro por ninguna clase de título.

Véase artículo 108.3.º de la Ley Hipotecaria.

Artículo 526. El que tuviere el uso de un rebaño o piara de ganado, podrá aprovecharse de las crías, leche y lana en cuanto baste para su consumo y el de su familia, así como también del estiércol necesario para el abono de las tierras que cultive.

Artículo 527. Si el usuario consumiera todos los frutos de la cosa ajena, o el que tuviere derecho de habitación ocupara toda la casa, estará obligado a los gastos de cultivo, a los reparos ordinarios de conservación y al pago de las contribuciones, del mismo modo que el usufructuario.

Si sólo percibiera parte de los frutos o habitara parte de la casa, no deberá contribuir con nada, siempre que quede al propietario una parte de frutos o aprovechamientos bastantes para cubrir los gastos y las cargas. Si no fueren bastantes, suplirá aquél lo que falte.

Artículo 528. Las disposiciones establecidas para el usufructo son aplicables a los derechos de uso y habitación, en cuanto no se opongan a lo ordenado en el presente capítulo.

Artículo 529. Los derechos de uso y habitación se extinguen por las mismas causas que el usufructo y además por abuso grave de la cosa y de la habitación.

Véase artículo 513 a 522 del presente Código.

TÍTULO VII
DE LAS SERVIDUMBRES

CAPÍTULO PRIMERO
DE LAS SERVIDUMBRES EN GENERAL

SECCIÓN PRIMERA
DE LAS DIFERENTES CLASES DE SERVIDUMBRES QUE PUEDEN ESTABLECERSE SOBRE LAS FINCAS

Artículo 530. La servidumbre es un gravamen impuesto sobre un inmueble en beneficio de otro perteneciente a distinto dueño.

El inmueble a cuyo favor está constituida la servidumbre se llama predio dominante; el que la sufre, predio sirviente.

Véanse:
- Artículo 334.10 del presente Código.
- Artículos 2.2, 13 y 108.1.º de la Ley Hipotecaria.

Artículo 531. También pueden establecerse servidumbres en provecho de una o más personas, o de una comunidad, a quienes no pertenezca la finca gravada.

Artículo 532. Las servidumbres pueden ser continuas o discontinuas, aparentes o no aparentes.

Continuas son aquellas cuyo uso es o puede ser incesante, sin la intervención de ningún hecho del hombre.

Discontinuas son las que se usan a intervalos más o menos largos y dependen de actos del hombre.

Aparentes, las que se anuncian y están continuamente a la vista por signos exteriores que revelan el uso y aprovechamiento de las mismas.

No aparentes, las que no presentan indicio alguno exterior de su existencia.

Artículo 533. Las servidumbres son además positivas o negativas.

Se llama positiva la servidumbre que impone al dueño del predio sirviente la obligación de dejar hacer alguna cosa o de hacerla por sí mismo, y negativa la que prohíbe al dueño del predio sirviente hacer algo que le sería lícito sin la servidumbre.

Artículo 534. Las servidumbres son inseparables de la finca a que activa o pasivamente pertenecen.

Véase artículo 108 de la Ley Hipotecaria.

Artículo 535. Las servidumbres son indivisibles. Si el predio sirviente se divide entre dos o más, la servidumbre no se modifica y cada uno de ellos tiene que tolerarla en la parte que le corresponda.

Si es el predio dominante el que se divide entre dos o más, cada porcionero puede usar por entero de la servidumbre, no alterando el lugar de su uso, ni agravándola de otra manera.

Véase artículo 597 del presente Código.

Artículo 536. Las servidumbres se establecen por la ley o por la voluntad de los propietarios. Aquéllas se llaman legales y éstas voluntarias.

Véanse artículos 549 y siguientes del presente Código.

SECCIÓN SEGUNDA
DE LOS MODOS DE ADQUIRIR LAS SERVIDUMBRES

Artículo 537. Las servidumbres continuas y aparentes se adquieren en virtud de título, o por la prescripción de veinte años.

Artículo 538. Para adquirir por prescripción las servidumbres a que se refiere el artículo anterior, el tiempo de la posesión se contará: en las positivas, desde el día en que el dueño del predio dominante, o el que haya aprovechado la servidumbre, hubiera empezado a ejercerla sobre el predio sirviente; y en las negativas, desde el día en que el dueño del predio dominante hubiera prohibido, por un acto formal, al del sirviente la ejecución del hecho que sería lícito sin la servidumbre.

Artículo 539. Las servidumbres continuas no aparentes, y las discontinuas, sean o no aparentes, sólo podrán adquirirse en virtud de título.

Véase artículo 1959 del presente Código.

Artículo 540. La falta de título constitutivo de las servidumbres que no pueden adquirirse por prescripción, únicamente se puede suplir por la escritura de reconocimiento del dueño del predio sirviente, o por una sentencia firme.

Artículo 541. La existencia de un signo aparente de servidumbre entre dos fincas, establecido por el propietario de ambas, se considerará, si se enajenare una, como título para que la servidumbre continúe activa y pasivamente, a no ser que, al tiempo de separarse la propiedad de las dos fincas, se exprese lo contrario en el título de enajenación de cualquiera de ellas, o se haga desaparecer aquel signo antes del otorgamiento de la escritura.

La Sentencia TS (Sala Primera) de 19 de febrero de 2016, Rec. 45/2014, declara como doctrina jurisprudencial que en el caso de servidumbre por destino, prevista en el artículo 541 CC , únicamente cabe estimarla subsistente en el supuesto de que represente una verdadera utilidad actual para el predio dominante, aun cuando no se haya hecho desaparecer el signo aparente ni se formule manifestación en contrario en los títulos de enajenación.

Artículo 542. Al establecerse una servidumbre se entienden concedidos todos los derechos necesarios para su uso.

SECCIÓN TERCERA
DERECHOS Y OBLIGACIONES DE LOS PROPIETARIOS DE LOS PREDIOS DOMINANTE Y SIRVIENTE

Artículo 543. El dueño del predio dominante podrá hacer, a su costa, en el predio sirviente las obras necesarias para el uso y conservación de la servidumbre, pero sin alterarla ni hacerla más gravosa.

Deberá elegir para ello el tiempo y la forma convenientes a fin de ocasionar la menor incomodidad posible al dueño del predio sirviente.

Artículo 544. Si fuesen varios los predios dominantes, los dueños de todos ellos estarán obligados a contribuir a los gastos de que trata el artículo anterior, en proporción al beneficio que a cada cual reporte la obra. El que no quiera contribuir podrá eximirse renunciando a la servidumbre en provecho de los demás.

Si el dueño del predio sirviente se utilizare en algún modo de la servidumbre, estará obligado a contribuir a los gastos en la proporción antes expresada, salvo pacto en contrario.

Véase artículo 575 del presente Código.

Artículo 545. El dueño del predio sirviente no podrá menoscabar de modo alguno el uso de la servidumbre constituida.

Sin embargo, si por razón del lugar asignado primitivamente, o de la forma establecida para el uso de la servidumbre, llegara ésta a ser muy incómoda al dueño del predio sirviente o le privase de hacer en él obras, reparos o mejoras importantes, podrá variarse a su costa, siempre que ofrezca otro lugar o forma igualmente cómodos, y de suerte que no resulte perjuicio alguno al dueño del predio dominante o a los que tengan derecho al uso de la servidumbre.

SECCIÓN CUARTA
DE LOS MODOS DE EXTINGUIRSE LAS SERVIDUMBRES

Artículo 546. Las servidumbres se extinguen:

1.º Por reunirse en una misma persona la propiedad del predio dominante y del sirviente.

2.º Por el no uso durante veinte años.

Este término principiará a contarse desde el día en que hubiera dejado de usarse la servidumbre respecto a las discontinuas; y desde el día en que haya tenido lugar un acto contrario a la servidumbre respecto a las continuas.

3.º Cuando los predios vengan a tal estado que no pueda usarse de la servidumbre; pero ésta revivirá si después el estado de los predios permitiera usar de ella, a no ser que cuando sea posible el uso, haya transcurrido el tiempo suficiente para la prescripción, conforme a lo dispuesto en el número anterior.

4.º Por llegar el día o realizarse la condición, si la servidumbre fuera temporal o condicional.

5.º Por la renuncia del dueño del predio dominante.

6.º Por la redención convenida entre el dueño del predio dominante y el del sirviente.

Artículo 547. La forma de prestar la servidumbre puede prescribirse como la servidumbre misma, y de la misma manera.

Artículo 548. Si el predio dominante perteneciera a varios en común, el uso de la servidumbre hecho por uno impide la prescripción respecto de los demás.

Véanse artículos 1933 del presente Código.

CAPÍTULO II
DE LAS SERVIDUMBRES LEGALES

SECCIÓN PRIMERA
DISPOSICIONES GENERALES

Artículo 549. Las servidumbres impuestas por la ley tienen por objeto la utilidad pública o el interés de los particulares.

Artículo 550. Todo lo concerniente a las servidumbres establecidas para utilidad pública o comunal se regirá por las leyes y reglamentos especiales que las determinan, y, en su defecto, por las disposiciones del presente título.

Artículo 551. Las servidumbres que impone la ley en interés de los particulares, o por causa de utilidad privada se regirán por las disposiciones del presente título, sin perjuicio de lo que dispongan las leyes, reglamentos y ordenanzas generales o locales sobre policía urbana o rural.

Estas servidumbres podrán ser modificadas por convenio de los interesados cuando no lo prohíba la ley ni resulte perjuicio a tercero.

SECCIÓN SEGUNDA
DE LAS SERVIDUMBRES EN MATERIA DE AGUAS

Véanse artículos 47 a 49 de la Ley de Aguas de 20 Jul. 2001 .

Artículo 552. Los predios inferiores están sujetos a recibir las aguas que naturalmente y sin obra del hombre descienden de los predios superiores, así como la tierra o piedra que arrastran en su curso.

Ni el dueño del predio inferior puede hacer obras que impidan esta servidumbre, ni el del superior obras que la graven.

> *Véanse:*
> *- Artículo 47.1 de la Ley de Aguas de 20 Jul. 2001 .*
> *- Artículos 16 y siguientes del Real Decreto 849/1986, de 11 de abril, por el que se aprueba el Reglamento del Dominio Público Hidráulico.*

Artículo 553. Las riberas de los ríos, aun cuando sean de dominio privado, están sujetas en toda su extensión y sus márgenes, en una zona de tres metros, a la servidumbre de uso público en interés general de la navegación, la flotación, la pesca y el salvamento.

Los predios contiguos a las riberas de los ríos navegables o flotables están además sujetos a la servidumbre de camino de sirga para el servicio exclusivo de la navegación y flotación fluvial.

Si fuere necesario ocupar para ello terrenos de propiedad particular, procederá la correspondiente indemnización.

> *Véanse:*
> *- Artículos 6.1 a) y 48 de la Ley de Aguas de 20 Jul. 2001 .*
> *- Artículo 7 de la Ley de 20 de febrero de 1942, de regulación de la pesca fluvial.*

Artículo 554. Cuando para la derivación o toma de aguas de un río o arroyo, o para el aprovechamiento de otras corrientes continuas o discontinuas, fuere necesario establecer una presa, y el que haya de hacerlo no sea dueño de las riberas o terrenos en que necesite apoyarla, podrá establecer la servidumbre de estribo de presa, previa la indemnización correspondiente.

> *Véanse artículos 48.2 y siguientes de la Ley de Aguas de 20 Jul. 2001 .*

Artículo 555. Las servidumbres forzosas de saca de agua y de abrevadero solamente podrán imponerse por causa de utilidad pública en favor de alguna población o caserío, previa la correspondiente indemnización.

> *Véanse:*
> *- Artículo 48.2 y siguientes de la Ley de Aguas de 20 Jul. 2001 .*
> *- Artículos 49 del Real Decreto 849/1986, de 11 de abril, por el que se aprueba el Reglamento del Dominio Público Hidráulico.*

Artículo 556. Las servidumbres de saca de agua y de abrevadero llevan consigo la obligación en los predios sirvientes de dar paso a personas y ganados hasta el punto donde hayan de utilizarse aquéllas, debiendo ser extensiva a este servicio la indemnización.

> *Véanse artículos 48.2 y siguientes de la Ley de Aguas de 20 Jul. 2001 .*

Artículo 557. Todo el que quiera servirse del agua de que puede disponer para una finca suya, tiene derecho a hacerla pasar por los predios intermedios con obligación de indemnizar a sus dueños, como también a los de los predios inferiores sobre los que se filtren o caigan las aguas.

> *Véanse:*
> *- Artículo 48.1 y 49 de la Ley de Aguas de 20 Jul. 2001 .*
> *- Artículos 18 a 40, 46 y 47 del Real Decreto 849/1986, de 11 de abril, por el que se aprueba el Reglamento del Dominio Público Hidráulico.*

Artículo 558. El que pretenda usar del derecho concedido en el artículo anterior está obligado:

1.º A justificar que puede disponer del agua y que ésta es suficiente para el uso a que la destina.

2.º A demostrar que el paso que solicita es el más conveniente y menos oneroso para tercero.

3.º A indemnizar al dueño del predio sirviente en la forma que se determine por las leyes y reglamentos.

> *Véase artículo 47.1 de la Ley de Aguas de 20 Jul. 2001 .*

Artículo 559. No puede imponerse la servidumbre de acueducto para objeto de interés privado, sobre edificios, ni sus patios o dependencias, ni sobre jardines o huertas ya existentes.

> *Véanse artículos 47.2 y 49 de la Ley de Aguas de 20 Jul. 2001 .*

Artículo 560. La servidumbre de acueducto no obsta para que el dueño del predio sirviente pueda cerrarlo y cercarlo, así como edificar sobre el mismo acueducto de manera que éste no experimente perjuicio, ni se imposibiliten las reparaciones y limpias necesarias.

> *Véase artículo 48.1 de la Ley de Aguas de 20 Jul. 2001 .*

Artículo 561. Para los efectos legales, la servidumbre de acueducto será considerada como continua y aparente, aun cuando no sea constante el paso del agua, o su uso dependa de las necesidades del predio dominante, o de un turno establecido por días o por horas.

Artículo 562. El que para dar riego a su heredad o mejorarla, necesite construir parada o partidor en el cauce por donde haya de recibir el agua, podrá exigir que los dueños de las márgenes permitan su construcción, previo abono de daños y perjuicios, incluso los que se originen de la nueva servidumbre a dichos dueños y a los demás regantes.

Artículo 563. El establecimiento, extensión, forma y condiciones de las servidumbres de aguas, de que se trata en esta sección, se regirán por la ley especial de la materia en cuanto no se halle previsto en este Código.

Véase Disposición Final 1.ª de la Ley de Aguas de 20 Jul. 2001 .

SECCIÓN TERCERA
DE LA SERVIDUMBRE DE PASO

Artículo 564. El propietario de una finca o heredad, enclavada entre otras ajenas y sin salida a camino público, tiene derecho a exigir paso por las heredades vecinas, previa la correspondiente indemnización.

Si esta servidumbre se constituye de manera que pueda ser continuo su uso para todas las necesidades del predio dominante estableciendo una vía permanente, la indemnización consistirá en el valor del terreno que se ocupe y en el importe de los perjuicios que se causen en el predio sirviente.

Cuando se limite al paso necesario para el cultivo de la finca enclavada entre otras y para la extracción de sus cosechas a través del predio sirviente sin vía permanente, la indemnización consistirá en el abono del perjuicio que ocasione este gravamen.

La Sentencia TS (Sala 1.ª) de 6 julio 2014, Rec. 1151/2012, fija como doctrina jurisprudencia que la aplicación de la servidumbre de paso prevista en el artículo 564 del Código Civil, dado su naturaleza predial y su carácter de servidumbre forzosa, requiere que en el supuesto enjuiciado, aún cuando se trate de fincas urbanas, concurran los elementos de tipicidad básica que exige la norma, particularmente referidos al enclave de la finca y a la ausencia de salida a camino público, de modo que no cabe su aplicación directa, o analógica, a supuestos distintos de la tipicidad enunciada.

Artículo 565. La servidumbre de paso debe darse por el punto menos perjudicial al predio sirviente, y, en cuanto fuere conciliable con esta regla, por donde sea menor la distancia del predio dominante al camino público.

Artículo 566. La anchura de la servidumbre de paso será la que baste a las necesidades del predio dominante.

Artículo 567. Si, adquirida una finca por venta, permuta o partición, quedare enclavada entre otras del vendedor, permutante o copartícipe, éstos están obligados a dar paso sin indemnización, salvo pacto en contrario.

Artículo 568. Si el paso concedido a una finca enclavada deja de ser necesario por haberla reunido su dueño a otra que esté contigua al camino público, el dueño del predio sirviente podrá pedir que se extinga la servidumbre, devolviendo lo que hubiera recibido por indemnización.

Lo mismo se entenderá en el caso de abrirse un nuevo camino que dé acceso a la finca enclavada.

Artículo 569. Si fuere indispensable para construir o reparar algún edificio pasar materiales por predio ajeno, o colocar en él andamios u otros objetos para la obra, el dueño de este predio está obligado a consentirlo, recibiendo la indemnización correspondiente al perjuicio que se le irrogue.

Artículo 570. Las servidumbres existentes de paso para ganados, conocidas con los nombres de cañada, cordel, vereda o cualquiera otro, y las de abrevadero, descansadero y majada, se regirán por las ordenanzas y reglamentos del ramo, y, en su defecto, por el uso y costumbre del lugar.

Sin perjuicio de los derechos legítimamente adquiridos, la cañada no podrá exceder en todo caso de la anchura de 75 metros, el cordel de 37 metros 50 centímetros, y la vereda de 20 metros.

Cuando sea necesario establecer la servidumbre forzosa de paso o la de abrevadero para ganados, se observará lo dispuesto en esta sección y en los artículos 555 y 556. En este caso la anchura no podrá exceder de 10 metros.

SECCIÓN CUARTA
DE LAS SERVIDUMBRES DE MEDIANERÍA

Artículo 571. La servidumbre de medianería se regirá por las disposiciones de este título y por las ordenanzas y usos locales en cuanto no se opongan a él, o no esté prevenido en el mismo.

Artículo 572. Se presume la servidumbre de medianería mientras no haya un título, o signo exterior, o prueba en contrario:

1.º En las paredes divisorias de los edificios contiguos hasta el punto común de elevación.

2.º En las paredes divisorias de los jardines o corrales sitos en poblado o en el campo.

3.º En las cercas, vallados y setos vivos que dividen los predios rústicos.

Artículo 573. Se entiende que hay signo exterior, contrario a la servidumbre de medianería:

1.º Cuando en las paredes divisorias de los edificios haya ventanas o huecos abiertos.

2.º Cuando la pared divisoria esté por un lado recta y a plomo en todo su paramento, y por el otro presente lo mismo en su parte superior, teniendo en la inferior relex o retallos.

3.º Cuando resulte construida toda la pared sobre el terreno de una de las fincas, y no por mitad entre una y otra de las dos contiguas.

4.º Cuando sufra las cargas de carreras, pisos y armaduras de una de las fincas, y no de la contigua.

5.º Cuando la pared divisoria entre patios, jardines y heredades esté construida de modo que la albardilla vierta hacia una de las propiedades.

6.º Cuando la pared divisoria, construida de mampostería, presente piedras llamadas pasaderas, que de distancia en distancia salgan fuera de la superficie sólo por un lado y no por el otro.

7.º Cuando las heredades contiguas a otras defendidas por vallados o setos vivos no se hallen cerradas.

En todos estos casos la propiedad de las paredes, vallados o setos se entenderá que pertenece exclusivamente al dueño de la finca o heredad que tenga a su favor la presunción fundada en cualquiera de los signos indicados.

Véase artículo 388 del presente Código.

Artículo 574. Las zanjas o acequias abiertas entre las heredades se presumen también medianeras, si no hay título o signo que demuestre lo contrario.

Hay signo contrario a la medianería cuando la tierra o broza sacada para abrir la zanja o para su limpieza se halla de un solo lado, en cuyo caso la propiedad de la zanja pertenecerá exclusivamente al dueño de la heredad que tenga a su favor este signo exterior.

Artículo 575. La reparación y construcción de las paredes medianeras y el mantenimiento de los vallados, setos vivos, zanjas y acequias, también medianeros, se costeará por todos los dueños de las fincas que tengan a su favor la medianería, en proporción al derecho de cada uno.

Sin embargo, todo propietario puede dispensarse de contribuir a esta carga renunciando a la medianería, salvo el caso en que la pared medianera sostenga un edificio suyo.

Véanse artículos 543 y 544 del presente Código.

Artículo 576. Si el propietario de un edificio que se apoya en una pared medianera quisiera derribarlo, podrá igualmente renunciar a la medianería, pero serán de su cuenta todas las reparaciones y obras necesarias para evitar, por aquella vez solamente, los daños que el derribo pueda ocasionar a la pared medianera.

Artículo 577. Todo propietario puede alzar la pared medianera, haciéndolo a sus expensas e indemnizando los perjuicios que se ocasionen con la obra, aunque sean temporales.

Serán igualmente de su cuenta los gastos de conservación de la pared, en lo que ésta se haya levantado o profundizado sus cimientos respecto de cómo estaba antes; y además la indemnización de los mayores gastos que haya que hacer para la conservación de la pared medianera por razón de la mayor altura o profundidad que se le haya dado.

Si la pared medianera no pudiese resistir la mayor elevación, el propietario que quiera levantarla tendrá obligación de reconstruirla a su costa; y, si para ello fuere necesario darle mayor espesor, deberá darlo de su propio suelo.

Artículo 578. Los demás propietarios que no hayan contribuido a dar más elevación, profundidad o espesor a la pared, podrán, sin embargo, adquirir en ella los derechos de medianería, pagando proporcionalmente el importe de la obra y la mitad del valor del terreno sobre el que se le hubiese dado mayor espesor.

Artículo 579. Cada propietario de una pared medianera podrá usar de ella en proporción al derecho que tenga en la mancomunidad; podrá, por lo tanto, edificar apoyando su obra en la pared medianera, o introduciendo vigas hasta la mitad de su espesor, pero sin impedir el uso común y respectivo de los demás medianeros.

Para usar el medianero de este derecho ha de obtener previamente el consentimiento de los demás interesados en la medianería ; y, si no lo obtuviere, se fijarán por peritos las condiciones necesarias para que la nueva obra no perjudique a los derechos de aquéllos.

SECCIÓN QUINTA
DE LA SERVIDUMBRE DE LUCES Y VISTAS

Artículo 580. Ningún medianero puede sin consentimiento del otro abrir en pared medianera ventana ni hueco alguno.

Véase artículo 573.1.º del presente Código.

Artículo 581. El dueño de una pared no medianera, contigua a finca ajena, puede abrir en ella ventanas o huecos para recibir luces a la altura de las carreras, o inmediatos a los techos, y de las dimensiones de 30 centímetros en cuadro, y, en todo caso, con reja de hierro remetida en la pared y con red de alambre.

Sin embargo, el dueño de la finca o propiedad contigua a la pared en que estuvieren abiertos los huecos podrá cerrarlos si adquiere la medianería, y no se hubiera pactado lo contrario.

También podrá cubrirlos edificando en su terreno o levantando pared contigua a la que tenga dicho hueco o ventana.

Artículo 582. No se puede abrir ventanas con vistas rectas, ni balcones u otros voladizos semejantes, sobre la finca del vecino, si no hay dos metros de distancia entre la pared en que se construyan y dicha propiedad.

Tampoco pueden tenerse vistas de costado u oblicuas sobre la misma propiedad, si no hay 60 centímetros de distancia.

Artículo 583. Las distancias de que se habla en el artículo anterior se contarán en las vistas rectas desde la línea exterior de la pared en los huecos en que no haya voladizos, desde la línea de éstos donde los haya, y para las oblicuas desde la línea de separación de las dos propiedades.

Artículo 584. Lo dispuesto en el artículo 582 no es aplicable a los edificios separados por una vía pública.

Artículo 585. Cuando por cualquier título se hubiere adquirido derecho a tener vistas directas, balcones o miradores sobre la propiedad colindante, el dueño del predio sirviente no podrá edificar a menos de tres metros de distancia, tomándose la medida de la manera indicada en el artículo 583.

SECCIÓN SEXTA
DEL DESAGÜE DE LOS EDIFICIOS

Artículo 586. El propietario de un edificio está obligado a construir sus tejados o cubierta de manera que las aguas pluviales caigan sobre su propio suelo o sobre la calle o sitio público, y no sobre el suelo del vecino. Aun cayendo sobre el propio suelo, el propietario está obligado a recoger las aguas de modo que no causen perjuicio al predio contiguo.

Artículo 587. El dueño del predio que sufra la servidumbre de vertiente de los tejados, podrá edificar recibiendo las aguas sobre su propio tejado o dándoles otra salida conforme a las ordenanzas o costumbres locales, y de modo que no resulte gravamen ni perjuicio alguno para el predio dominante.

Artículo 588. Cuando el corral o patio de una casa se halle enclavado entre otras, y no sea posible dar salida por la misma casa a las aguas pluviales que en él se recojan, podrá exigirse el establecimiento de la servidumbre de desagüe, dando paso a las aguas por el punto de los predios contiguos en que sea más fácil la salida y estableciéndose el conducto de desagüe en la forma que menos perjuicios ocasione al predio sirviente, previa la indemnización que corresponda.

Véase artículo 564 a 570 del presente Código.

SECCIÓN SÉPTIMA
DE LAS DISTANCIAS Y OBRAS INTERMEDIAS PARA CIERTAS CONSTRUCCIONES Y PLANTACIONES

Artículo 589. No se podrá edificar ni hacer plantaciones cerca de las plazas fuertes o fortalezas sin sujetarse a las condiciones exigidas por las leyes, ordenanzas y reglamentos particulares de la materia.

Véase Ley 8/1975, de 12 de marzo, de zonas e instalaciones de interés para la Defensa Nacional.

Artículo 590. Nadie podrá construir cerca de una pared ajena o medianera pozos, cloacas, acueductos, hornos, fraguas, chimeneas, establos, depósitos de materias corrosivas, artefactos que se muevan por el vapor, o fábricas que por sí mismas o por sus productos sean peligrosas o nocivas, sin guardar las distancias prescritas por los reglamentos y usos del lugar, y sin ejecutar las obras de resguardo necesarias, con sujeción, en el modo, a las condiciones que los mismos reglamentos prescriban.

A falta de reglamento se tomarán las precauciones que se juzguen necesarias, previo dictamen pericial, a fin de evitar todo daño a las heredades o edificios vecinos.

> *Véanse:*
> *- Artículos 1908 y 1909 del presente Código.*
> *- Ley 34/2007, de 15 de noviembre, de calidad del aire y protección de la atmósfera.*

Artículo 591. No se podrá plantar árboles cerca de una heredad ajena sino a la distancia autorizada por las ordenanzas o la costumbre del lugar, y en su defecto, a la de dos metros de la línea divisoria de las heredades si la plantación se hace de árboles altos, y a la de 50 centímetros si la plantación es de arbustos o árboles bajos.

Todo propietario tiene derecho a pedir que se arranquen los árboles que en adelante se plantaren a menor distancia de su heredad.

Artículo 592. Si las ramas de algunos árboles se extendieren sobre una heredad, jardines o patios vecinos, tendrá el dueño de éstos derecho a reclamar que se corten en cuanto se extiendan sobre su propiedad, y si fueren las raíces de los árboles vecinos las que se extendiesen en suelo de otro, el dueño del suelo en que se introduzcan podrá cortarlas por sí mismo dentro de su heredad.

Artículo 593. Los árboles existentes en un seto vivo medianero se presumen también medianeros, y cualquiera de los dueños tiene derecho a exigir su derribo.

Exceptúanse los árboles que sirvan de mojones, los cuales no podrán arrancarse sino de común acuerdo entre los colindantes.

CAPÍTULO III
DE LAS SERVIDUMBRES VOLUNTARIAS

Artículo 594. Todo propietario de una finca puede establecer en ella las servidumbres que tenga por conveniente, y en el modo y forma que bien le pareciere, siempre que no contravenga a las leyes ni al orden público.

Artículo 595. El que tenga la propiedad de una finca cuyo usufructo pertenezca a otro, podrá imponer sobre ella, sin el consentimiento del usufructuario, las servidumbres que no perjudiquen al derecho del usufructo.

Artículo 596. Cuando pertenezca a una persona el dominio directo de una finca y a otra el dominio útil, no podrá establecerse sobre ella servidumbre voluntaria perpetua sin el consentimiento de ambos dueños.

> *Véase artículo 1634 del presente Código.*

Artículo 597. Para imponer una servidumbre sobre un fundo indiviso se necesita el consentimiento de todos los copropietarios.

La concesión hecha solamente por algunos, quedará en suspenso hasta tanto que la otorgue el último de todos los partícipes o comuneros.

Pero la concesión hecha por uno de los copropietarios separadamente de los otros obliga al concedente y a sus sucesores, aunque lo sean a título particular, a no impedir el ejercicio del derecho concedido.

Artículo 598. El título, y, en su caso, la posesión de la servidumbre adquirida por prescripción, determinan los derechos del predio dominante y las obligaciones del sirviente. En su defecto, se regirá la servidumbre por las disposiciones del presente título que le sean aplicables.

Artículo 599. Si el dueño del predio sirviente se hubiere obligado, al constituirse la servidumbre, a costear las obras necesarias para el uso y conservación de la misma, podrá librarse de esta carga abandonando su predio al dueño del dominante.

Artículo 600. La comunidad de pastos sólo podrá establecerse en lo sucesivo por concesión expresa de los propietarios, que resulte de contrato o de última voluntad, y no a favor de una universalidad de individuos y sobre una universalidad de bienes, sino a favor de determinados individuos y sobre predios también ciertos y determinados.

La servidumbre establecida conforme a este artículo se regirá por el título de su institución.

Artículo 601. La comunidad de pastos en terrenos públicos, ya pertenezcan a los Municipios, ya al Estado, se regirá por las leyes administrativas.

Véanse:
- Artículos 79.3 y 80.1 de la Ley de Bases de Régimen Local.
- Artículos 38 a 42, 94 y siguientes del Real Decreto 1372/1986, de 13 de junio, por el que se aprueba el Reglamento de Bienes de las Entidades Locales.

Artículo 602. Si entre los vecinos de uno o más pueblos existiere comunidad de pastos, el propietario que cercare con tapia o seto una finca, la hará libre de la comunidad. Quedarán, sin embargo, subsistentes las demás servidumbres que sobre la misma estuviesen establecidas.

El propietario que cercare su finca conservará su derecho a la comunidad de pastos en las otras fincas no cercadas.

Véase artículo 388 del presente Código.

Artículo 603. El dueño de terrenos gravados con la servidumbre de pastos podrá redimir esta carga mediante el pago de su valor a los que tengan derecho a la servidumbre.

A falta de convenio, se fijará el capital para la redención sobre la base del 4 por 100 del valor anual de los pastos, regulado por tasación pericial.

Artículo 604. Lo dispuesto en el artículo anterior es aplicable a las servidumbres establecidas para el aprovechamiento de leñas y demás productos de los montes de propiedad particular.

<h1 style="text-align:center">TÍTULO VIII
DEL REGISTRO DE LA PROPIEDAD</h1>

<h2 style="text-align:center">CAPÍTULO ÚNICO</h2>

Artículo 605. El Registro de la Propiedad tiene por objeto la inscripción o anotación de los actos y contratos relativos al dominio y demás derechos reales sobre bienes inmuebles.

Véanse:
- Artículo 1 de la Ley Hipotecaria.
- Artículos 7 y ss. del Reglamento Hipotecario de 1947.

Artículo 606. Los títulos de dominio, o de otros derechos reales sobre bienes inmuebles, que no estén debidamente inscritos o anotados en el Registro de la Propiedad, no perjudican a tercero.

Véase artículo 32 de la Ley Hipotecaria.

Artículo 607. El Registro de la Propiedad será público para los que tengan interés conocido en averiguar el estado de los bienes inmuebles o derechos reales anotados o inscritos.

> *Véanse:*
> *- Artículos 221 a 237 de la Ley Hipotecaria.*
> *- Artículos 332 a 355 del Reglamento Hipotecario de 1947, interpretados conforme establece la Sentencia T.S. (Sala 3.ª) 31 enero 2001, rec. 507/1998.*

Artículo 608. Para determinar los títulos sujetos a inscripción o anotación, la forma, efectos y extinción de las mismas, la manera de llevar el Registro y el valor de los asientos de sus libros, se estará a lo dispuesto en la Ley Hipotecaria.

> *Véanse:*
> *- Artículos 1 a 5 y 42 a 75 de la Ley Hipotecaria.*
> *- Artículos 5 a 214 del Reglamento Hipotecario de 1947.*

LIBRO TERCERO
DE LOS DIFERENTES MODOS DE ADQUIRIR LA PROPIEDAD

DISPOSICIÓN PRELIMINAR

Artículo 609. La propiedad se adquiere por la ocupación.

La propiedad y los demás derechos sobre los bienes se adquieren y transmiten por la ley, por donación, por sucesión testada e intestada, y por consecuencia de ciertos contratos mediante la tradición.

Pueden también adquirirse por medio de la prescripción.

TÍTULO PRIMERO
DE LA OCUPACIÓN

Artículo 610. Se adquieren por ocupación los bienes apropiables por su naturaleza que carecen de dueño, el tesoro oculto y las cosas muebles abandonadas.

Con las excepciones que puedan derivar de las normas destinadas a su identificación, protección o preservación, son susceptibles de ocupación los animales carentes de dueño, incluidos los que pueden ser objeto de caza y pesca.

El derecho de caza y pesca se rige por las leyes especiales.

> *Artículo 610 redactado por el apartado veintidós del artículo primero de la Ley 17/2021, de 15 de diciembre, de modificación del Código Civil, la Ley Hipotecaria y la Ley de Enjuiciamiento Civil, sobre el régimen jurídico de los animales («B.O.E.» 16 diciembre).*
> *Vigencia: 5 enero 2022*

Artículo 611. 1. Quien encuentre a un animal perdido deberá restituirlo a su propietario o a quien sea responsable de su cuidado, si conoce su identidad.

2. Dejando a salvo lo dispuesto en el apartado anterior, en el caso de indicios fundados de que el animal hallado sea objeto de malos tratos o de abandono, el hallador estará eximido de restituirlo a su propietario o responsable de su cuidado, poniendo en conocimiento de manera inmediata dichos hechos ante las autoridades competentes.

3. Restituido el animal a su propietario, o a quien sea responsable de su cuidado, quien tras su hallazgo hubiese asumido su cuidado podrá ejercitar la correspondiente acción de repetición de los gastos destinados a la curación y al cuidado del animal, así como de los generados por su restitución, y tendrá derecho al resarcimiento de los daños que se le hayan podido causar.

4. Lo dispuesto en los apartados anteriores se entenderá sin perjuicio de lo que establezca la legislación especial que resulte de aplicación.

5. Lo dispuesto en este artículo no será aplicable a los casos previstos en los artículos 612 y 613 de este Código.

> *Artículo 611 redactado por el apartado veintitrés del artículo primero de la Ley 17/2021, de 15 de diciembre, de modificación del Código Civil, la Ley Hipotecaria y la Ley de Enjuiciamiento Civil, sobre el régimen jurídico de los animales («B.O.E.» 16 diciembre).*
> *Vigencia: 5 enero 2022*

Artículo 612. El propietario de un enjambre de abejas tendrá derecho a perseguirlo sobre el fundo ajeno, indemnizando al poseedor de éste el daño causado. Si estuviere cercado, necesitará el consentimiento del dueño para penetrar en él.

Cuando el propietario no haya perseguido, o cese de perseguir el enjambre dos días consecutivos, podrá el poseedor de la finca ocuparlo o retenerlo.

...

> *Párrafo tercero del artículo 612 suprimido por el apartado veinticuatro del artículo primero de la Ley 17/2021, de 15 de diciembre, de modificación del Código Civil, la Ley Hipotecaria y la Ley de Enjuiciamiento Civil, sobre el régimen jurídico de los animales («B.O.E.» 16 diciembre).*
> *Vigencia: 5 enero 2022*

Artículo 613. Las palomas, conejos y peces, que de su respectivo criadero pasaren a otro perteneciente a distinto dueño, serán propiedad de éste, siempre que no hayan sido atraídos por medio de algún artificio o fraude.

Artículo 614. El que por casualidad descubriere un tesoro oculto en propiedad ajena, tendrá el derecho que le concede el artículo 351 de este Código.

> *Véase artículo 351 del presente Código.*

Artículo 615. El que encontrare una cosa mueble, que no sea tesoro, debe restituirla a su anterior poseedor. Si éste no fuere conocido, deberá consignarla inmediatamente en poder del Alcalde del pueblo donde se hubiese verificado el hallazgo.

El Alcalde hará publicar éste, en la forma acostumbrada, dos domingos consecutivos.

Si la cosa mueble no pudiere conservarse sin deterioro o sin hacer gastos que disminuyan notablemente su valor, se venderá en pública subasta luego que hubiesen pasado ocho días desde el segundo anuncio sin haberse presentado el dueño, y se depositará su precio.

Pasados dos años, a contar desde el día de la segunda publicación, sin haberse presentado el dueño, se adjudicará la cosa encontrada o su valor al que la hubiese hallado.

Tanto éste como el propietario estarán obligados, cada cual en su caso, a satisfacer los gastos.

> *Véanse:*
> *- Artículo 254 del Código Penal.*
> *- Artículo 359 Ley 14/2014, de 24 de julio, de Navegación Marítima («B.O.E.» 25 julio).*
> *- Artículos 137 a 140 de la Ley 48/1960, de 21 de julio, de Navegación Aérea.*

Artículo 616. Si se presentare a tiempo el propietario, estará obligado a abonar, a título de premio, al que hubiese hecho el hallazgo, la décima parte de la suma o del precio de la cosa encontrada. Cuando el valor del hallazgo excediese de 2.000 pesetas, el premio se reducirá a la vigésima parte en cuanto al exceso.

Artículo 617. Los derechos sobre los objetos arrojados al mar o sobre los que las olas arrojen a la playa, de cualquier naturaleza que sean, o sobre las plantas y hierbas que crezcan en su ribera, se determinan por leyes especiales.

TÍTULO II
DE LA DONACIÓN

CAPÍTULO PRIMERO
DE LA NATURALEZA DE LAS DONACIONES

Véanse:
- Ley del Impuesto sobre Sucesiones y Donaciones.
- Reglamento del Impuesto sobre Sucesiones y Donaciones.

Artículo 618. La donación es un acto de liberalidad por el cual una persona dispone gratuitamente de una cosa en favor de otra, que la acepta.

Artículo 619. Es también donación la que se hace a una persona por sus méritos o por los servicios prestados al donante siempre que no constituyan deudas exigibles, o aquélla en que se impone al donatario un gravamen inferior al valor de lo donado.

Artículo 620. Las donaciones que hayan de producir sus efectos por muerte del donante participan de la naturaleza de las disposiciones de última voluntad, y se regirán por las reglas establecidas en el capítulo de la sucesión testamentaria.

Véanse artículos 657 y siguientes del presente Código.

Artículo 621. Las donaciones que hayan de producir sus efectos entre vivos se regirán por las disposiciones generales de los contratos y obligaciones en todo lo que no se halle determinado en este título.

Véanse artículos 1088 a 1314 del presente Código.

Artículo 622. Las donaciones con causa onerosa se regirán por las reglas de los contratos, y las remuneratorias por las disposiciones del presente título en la parte que excedan del valor del gravamen impuesto.

Artículo 623. La donación se perfecciona desde que el donante conoce la aceptación del donatario.

CAPÍTULO II
DE LAS PERSONAS QUE PUEDEN HACER O RECIBIR DONACIONES

Véanse los artículos 196, 221.1, 276.6, 1263.1, 1338, 1341, 1353 y 1363 del presente Código.

Artículo 624. Podrán hacer donación todos los que puedan contratar y disponer de sus bienes.

Artículo 625. Podrán aceptar donaciones todos los que no estén especialmente incapacitados por la ley para ello.

Véase el artículo 272.1 del presente Código.

Artículo 626. Las personas que no pueden contratar no podrán aceptar donaciones condicionales u onerosas sin la intervención de sus legítimos representantes.

Artículo 627. Las donaciones hechas a los concebidos y no nacidos podrán ser aceptadas por las personas que legítimamente los representarían, si se hubiera verificado ya su nacimiento.

Véase artículo 29 del presente Código.

Artículo 628. Las donaciones hechas a personas inhábiles son nulas, aunque lo hayan sido simuladamente, bajo apariencia de otro contrato, por persona interpuesta.

Artículo 629. La donación no obliga al donante, ni produce efecto, sino desde la aceptación.

Véase artículo 623 del presente Código.

Artículo 630. El donatario debe, so pena de nulidad, aceptar la donación por sí, o por medio de persona autorizada con poder especial para el caso, o con poder general y bastante.

Véanse:
- Ley 23/1982, de 16 de junio, reguladora del Patrimonio Nacional.
- Real Decreto 1372/1986, de 13 de junio, por el que se aprueba el Reglamento de Bienes de las Entidades Locales.
- Decreto 2926/1965, de 23 de septiembre, sobre Régimen especial de los bienes del Estado en el extranjero.

Artículo 631. Las personas que acepten una donación en representación de otras que no puedan hacerlo por sí, estarán obligadas a procurar la notificación y anotación de que habla el artículo 633.

Artículo 632. La donación de cosa mueble podrá hacerse verbalmente o por escrito.

La verbal requiere la entrega simultánea de la cosa donada. Faltando este requisito, no surtirá efecto si no se hace por escrito y consta en la misma forma la aceptación.

Artículo 633. Para que sea válida la donación de cosa inmueble ha de hacerse en escritura pública, expresándose en ella individualmente los bienes donados y el valor de las cargas que deba satisfacer el donatario.

La aceptación podrá hacerse en la misma escritura de donación o en otra separada; pero no surtirá efecto si no se hiciese en vida del donante.

Hecha en escritura separada, deberá notificarse la aceptación en forma auténtica al donante y se anotará esta diligencia en ambas escrituras.

CAPÍTULO III
DE LOS EFECTOS Y LIMITACIÓN DE LAS DONACIONES

Artículo 634. La donación podrá comprender todos los bienes presentes del donante, o parte de ellos, con tal que éste se reserve, en plena propiedad o en usufructo, lo necesario para vivir en un estado correspondiente a sus circunstancias.

Artículo 635. La donación no podrá comprender los bienes futuros.

Por bienes futuros se entienden aquellos de que el donante no puede disponer al tiempo de la donación.

Véanse artículos 1271 y 1272 del presente Código.

Artículo 636. No obstante lo dispuesto en el artículo 634, ninguno podrá dar ni recibir, por vía de donación, más de lo que pueda dar o recibir por testamento.

La donación será inoficiosa en todo lo que exceda de esta medida.

Artículo 637. Cuando la donación hubiere sido hecha a varias personas conjuntamente, se entenderá por partes iguales; y no se dará entre ellas el derecho de acrecer, si el donante no hubiese dispuesto otra cosa.

Se exceptúan de esta disposición las donaciones hechas conjuntamente a ambos cónyuges, entre los cuales tendrá lugar aquel derecho, si el donante no hubiese dispuesto lo contrario.

> *Párrafo 2.º del artículo 637 redactado por el apartado nueve del artículo único de la Ley 13/2005, de 1 de julio, por la que se modifica el Código Civil en materia de derecho a contraer matrimonio («B.O.E.» 2 julio).*
> *Vigencia: 3 julio 2005*

Artículo 638. El donatario se subroga en todos los derechos y acciones que en caso de evicción corresponderían al donante. Este, en cambio, no queda obligado al saneamiento de las cosas donadas, salvo si la donación fuere onerosa en cuyo caso responderá el donante de la evicción hasta la concurrencia del gravamen.

> *Véanse artículos 1475 y siguientes del presente Código.*

Artículo 639. Podrá reservarse el donante la facultad de disponer de algunos de los bienes donados, o de alguna cantidad con cargo a ellos; pero, si muriere sin haber hecho uso de este derecho, pertenecerán al donatario los bienes o la cantidad que se hubiese reservado.

Artículo 640. También se podrá donar la propiedad a una persona y el usufructo a otra u otras, con la limitación establecida en el artículo 781 de este Código.

> *Véase artículo 787 del presente Código.*

Artículo 641. Podrá establecerse válidamente la reversión en favor de sólo el donador para cualquier caso y circunstancias, pero no en favor de otras personas sino en los mismos casos y con iguales limitaciones que determina este Código para las sustituciones testamentarias.

La reversión estipulada por el donante en favor de tercero contra lo dispuesto en el párrafo anterior, es nula; pero no producirá la nulidad de la donación.

Artículo 642. Si la donación se hubiere hecho imponiendo al donatario la obligación de pagar las deudas del donante, como la cláusula no contenga otra declaración, sólo se entenderá aquél obligado a pagar las que apareciesen contraídas antes.

Artículo 643. No mediando estipulación respecto al pago de deudas, sólo responderá de ellas el donatario cuando la donación se haya hecho en fraude de los acreedores.

Se presumirá siempre hecha la donación en fraude de los acreedores, cuando al hacerla no se haya reservado el donante bienes bastantes para pagar las deudas anteriores a ella.

CAPÍTULO IV
DE LA REVOCACIÓN Y REDUCCIÓN DE LAS DONACIONES

Artículo 644. Toda donación entre vivos, hecha por persona que no tenga hijos ni descendientes, será revocable por el mero hecho de ocurrir cualquiera de los casos siguientes:

1.º Que el donante tenga, después de la donación, hijos, aunque sean póstumos.

2.º Que resulte vivo el hijo del donante que éste reputaba muerto cuando hizo la donación.

> *Artículo 644 redactado por Ley 11/1981, 13 mayo («B.O.E.» 19 mayo), de modificación del Código Civil en materia de filiación, patria potestad y régimen económico del matrimonio.*

Artículo 645. Rescindida la donación por la superveniencia de hijos, se restituirán al donante los bienes donados, o su valor si el donatario los hubiese vendido.

Si se hallaren hipotecados, podrá el donante liberar la hipoteca, pagando la cantidad que garantice, con derecho a reclamarla del donatario.

Cuando los bienes no pudieren ser restituidos, se apreciarán por lo que valían al tiempo de hacer la donación.

Véanse artículos 1290 a 1299 del presente Código.

Artículo 646. La acción de revocación por superveniencia o supervivencia de hijos prescribe por el transcurso de cinco años, contados desde que se tuvo noticia del nacimiento del último hijo o de la existencia del que se creía muerto.

Esta acción es irrenunciable y se transmite, por muerte del donante, a los hijos y sus descendientes.

Artículo 646 redactado por Ley 11/1981, 13 mayo («B.O.E.» 19 mayo), de modificación del Código Civil en materia de filiación, patria potestad y régimen económico del matrimonio.

Artículo 647. La donación será revocada a instancia del donante, cuando el donatario haya dejado de cumplir alguna de las condiciones que aquél le impuso.

En este caso, los bienes donados volverán al donante, quedando nulas las enajenaciones que el donatario hubiese hecho y las hipotecas que sobre ellos hubiese impuesto, con la limitación establecida, en cuanto a terceros, por la Ley Hipotecaria.

Véanse artículos 26, 31, 35, 36, 37 y concordantes de la Ley Hipotecaria.

Artículo 648. También podrá ser revocada la donación, a instancia del donante, por causa de ingratitud en los casos siguientes:

1.º Si el donatario cometiere algún delito contra la persona, el honor o los bienes del donante.

La expresión "el honor" contenida en el número 1 del artículo 648 ha sido introducida por Ley 11/1990, 15 octubre («B.O.E.» 18 octubre), de reforma del Código Civil, en aplicación del principio de no discriminación por razón de sexo, en sustitución de la anterior "la honra".

La Sentencia TS (Sala 1.ª) de 20 julio 2015, Rec. 1681/2013), fija como doctrina jurisprudencia que el maltrato, de obra o psicológico, por parte del donatario hacia el donante queda calificado como un hecho integrado en la causa de ingratitud contemplada en el artículo 648.1 del Código Civil.

2.º Si el donatario imputare al donante alguno de los delitos que dan lugar a procedimientos de oficio o acusación pública, aunque lo pruebe; a menos que el delito se hubiese cometido contra el mismo donatario, su cónyuge o los hijos constituidos bajo su autoridad.

La referencia al "cónyuge" contenida en el número 2 del artículo 648, ha sido introducida por Ley 11/1990, 15 octubre («B.O.E.» 18 octubre), de reforma del Código Civil, en aplicación del principio de no discriminación por razón de sexo, en sustitución de la anterior "mujer".

3.º Si le niega indebidamente los alimentos.

Véanse artículos 142 a 153 del presente Código.

Artículo 649. Revocada la donación por causa de ingratitud, quedarán, sin embargo, subsistentes las enajenaciones e hipotecas anteriores a la anotación de la demanda de revocación en el Registro de la Propiedad.

Las posteriores serán nulas.

Véanse artículos 37.2.º y 42.1.º de la Ley Hipotecaria.

Artículo 650. En el caso a que se refiere el primer párrafo del artículo anterior, tendrá derecho el donante para exigir del donatario el valor de los bienes enajenados que no pueda reclamar de los terceros, o la cantidad en que hubiesen sido hipotecados.

Se atenderá al tiempo de la donación para regular el valor de dichos bienes.

Artículo 651. Cuando se revocare la donación por alguna de las causas expresadas en el artículo 644, o por ingratitud, y cuando se redujere por inoficiosa, el donatario no devolverá los frutos sino desde la interposición de la demanda.

Si la revocación se fundare en haber dejado de cumplirse alguna de las condiciones impuestas en la donación, el donatario devolverá, además de los bienes, los frutos que hubiese percibido después de dejar de cumplir la condición.

Artículo 652. La acción concedida al donante por causa de ingratitud no podrá renunciarse anticipadamente. Esta acción prescribe en el término de un año, contado desde que el donante tuvo conocimiento del hecho y posibilidad de ejercitar la acción.

Artículo 653. No se transmitirá esta acción a los herederos del donante, si éste, pudiendo, no la hubiese ejercitado.

Tampoco se podrá ejercitar contra el heredero del donatario, a no ser que a la muerte de éste se hallase interpuesta la demanda.

Artículo 654. Las donaciones que, con arreglo a lo dispuesto en el artículo 636, sean inoficiosas computado el valor líquido de los bienes del donante al tiempo de su muerte, deberán ser reducidas en cuanto al exceso; pero esta reducción no obstará para que tengan efecto durante la vida del donante y para que el donatario haga suyos los frutos.

Para la reducción de las donaciones se estará a lo dispuesto en este capítulo y en los artículos 820 y 821 del presente Código.

Véase artículo 1299 del presente Código.

Artículo 655. Sólo podrán pedir reducción de las donaciones aquellos que tengan derecho a legítima o a una parte alícuota de la herencia, y sus herederos o causahabientes.

Los comprendidos en el párrafo anterior no podrán renunciar su derecho durante la vida del donante, ni por declaración expresa, ni prestando su consentimiento a la donación.

Los donatarios, los legatarios que no lo sean de parte alícuota y los acreedores del difunto, no podrán pedir la reducción ni aprovecharse de ella.

Artículo 656. Si, siendo dos o más las donaciones, no cupieren todas en la parte disponible, se suprimirán o reducirán en cuanto al exceso las de fecha más reciente.

TÍTULO III
DE LAS SUCESIONES

DISPOSICIONES GENERALES

Artículo 657. Los derechos a la sucesión de una persona se transmiten desde el momento de su muerte.

Artículo 658. La sucesión se defiere por la voluntad del hombre manifestada en testamento, y, a falta de éste, por disposición de la ley.

La primera se llama testamentaria, y la segunda legítima.

Podrá también deferirse en una parte por voluntad del hombre, y en otra por disposición de la ley.

> *Véanse:*
> *- Artículos 1271 párrafo 2.º del presente Código.*
> *- Ley 19/1995, 4 julio, de Modernización de las Explotaciones Agrarias («B.O.E.» 5 julio).*
> *- Artículo 14 de la Ley Hipotecaria.*
> *- Artículo 411.3, 4 y 5 de la Ley 10/2008, de 10 de julio, del libro cuarto del Código civil de Cataluña, relativo a las sucesiones («D.O.G.C.» 17 julio).*
> *- Artículo 77 del RH de 1947.*

Artículo 659. La herencia comprende todos los bienes, derechos y obligaciones de una persona, que no se extingan por su muerte.

> *Véanse:*
> *- Artículo 6 de la Ley 41/2003, de 18 de noviembre, de protección patrimonial de las personas con discapacidad y de modificación del Código Civil, de la Ley de Enjuiciamiento Civil y de la Normativa Tributaria con esta finalidad («B.O.E.» 19 noviembre).*
> *- Artículo 411.1 de la Ley 10/2008, de 10 de julio, del libro cuarto del Código civil de Cataluña, relativo a las sucesiones («D.O.G.C.» 17 julio).*

Artículo 660. Llámase heredero al que sucede a título universal, y legatario al que sucede a título particular.

Artículo 661. Los herederos suceden al difunto por el hecho sólo de su muerte en todos sus derechos y obligaciones.

CAPÍTULO PRIMERO
DE LOS TESTAMENTOS

SECCIÓN PRIMERA
DE LA CAPACIDAD PARA DISPONER POR TESTAMENTO

Artículo 662. Pueden testar todos aquellos a quienes la ley no lo prohíbe expresamente.

Artículo 663. No pueden testar:
1.º La persona menor de catorce años.
2.º La persona que en el momento de testar no pueda conformar o expresar su voluntad ni aun con ayuda de medios o apoyos para ello.

> *Artículo 663 redactado por el apartado veintisiete del artículo segundo de la Ley 8/2021, de 2 de junio, por la que se reforma la legislación civil y procesal para el apoyo a las personas con discapacidad en el ejercicio de su capacidad jurídica («B.O.E.» 3 junio).*
> *Vigencia: 3 septiembre 2021*

Artículo 664. El testamento hecho antes de la enajenación mental es válido.

Artículo 665. La persona con discapacidad podrá otorgar testamento cuando, a juicio del Notario, pueda comprender y manifestar el alcance de sus disposiciones. El Notario procurará que la persona otorgante desarrolle su propio proceso de toma de decisiones apoyándole en su comprensión y razonamiento y facilitando, con los ajustes que resulten necesarios, que pueda expresar su voluntad, deseos y preferencias.

> *Artículo 665 redactado por el apartado veintiocho del artículo segundo de la Ley 8/2021, de 2 de junio, por la que se reforma la legislación civil y procesal para el apoyo a las personas con discapacidad en el ejercicio de su capacidad jurídica («B.O.E.» 3 junio).*
> *Vigencia: 3 septiembre 2021*

Artículo 666. Para apreciar la capacidad del testador se atenderá únicamente al estado en que se halle al tiempo de otorgar el testamento.

SECCIÓN SEGUNDA
DE LOS TESTAMENTOS EN GENERAL

Véase artículo 421 de la Ley 10/2008, de 10 de julio, del libro cuarto del Código civil de Cataluña, relativo a las sucesiones («D.O.G.C.» 17 julio).

Artículo 667. El acto por el cual una persona dispone para después de su muerte de todos sus bienes o de parte de ellos, se llama testamento.

Artículo 668. El testador puede disponer de sus bienes a título de herencia o de legado.

En la duda, aunque el testador no haya usado materialmente la palabra heredero, si su voluntad está clara acerca de este concepto, valdrá la disposición como hecha a título universal o de herencia.

Artículo 669. No podrán testar dos o más personas mancomunadamente, o en un mismo instrumento, ya lo hagan en provecho recíproco, ya en beneficio de un tercero.

Artículo 670. El testamento es un acto personalísimo: no podrá dejarse su formación, en todo ni en parte, al arbitrio de un tercero, ni hacerse por medio de comisario o mandatario.

Tampoco podrá dejarse al arbitrio de un tercero la subsistencia del nombramiento de herederos o legatarios, ni la designación de las porciones en que hayan de suceder cuando sean instituidos nominalmente.

Artículo 671. Podrá el testador encomendar a un tercero la distribución de las cantidades que deje en general a clases determinadas, como a los parientes, a los pobres o a los establecimientos de beneficencia, así como la elección de las personas o establecimientos a quienes aquéllas deban aplicarse.

Artículo 672. Toda disposición que sobre institución de heredero, mandas o legados haga el testador, refiriéndose a cédulas o papeles privados que después de su muerte aparezcan en su domicilio o fuera de él, será nula si en las cédulas o papeles no concurren los requisitos prevenidos para el testamento ológrafo.

Véase artículo 688 del presente Código.

Artículo 673. Será nulo el testamento otorgado con violencia, dolo o fraude.

Artículo 674. El que con dolo, fraude o violencia impidiere que una persona, de quien sea heredero abintestato, otorgue libremente su última voluntad, quedará privado de su derecho a la herencia, sin perjuicio de la responsabilidad criminal en que haya incurrido.

Artículo 675. Toda disposición testamentaria deberá entenderse en el sentido literal de sus palabras, a no ser que aparezca claramente que fue otra la voluntad del testador. En caso de duda se observará lo que aparezca más conforme a la intención del testador según el tenor del mismo testamento.

El testador no puede prohibir que se impugne el testamento en los casos en que haya nulidad declarada por la ley.

SECCIÓN TERCERA
DE LA FORMA DE LOS TESTAMENTOS

Artículo 676. El testamento puede ser común o especial.
El común puede ser ológrafo, abierto o cerrado.

Véanse artículos 678 y siguientes del presente Código.

Artículo 677. Se consideran testamentos especiales el militar, el marítimo, y el hecho en país extranjero.

Véanse artículos 716 y siguientes del presente Código.

Artículo 678. Se llama ológrafo el testamento cuando el testador lo escribe por sí mismo en la forma y con los requisitos que se determinan en el artículo 688.

Artículo 679. Es abierto el testamento siempre que el testador manifiesta su última voluntad en presencia de las personas que deben autorizar el acto, quedando enteradas de lo que en él se dispone.

Artículo 680. El testamento es cerrado cuando el testador, sin revelar su última voluntad, declara que ésta se halla contenida en el pliego que presenta a las personas que han de autorizar el acto.

Artículo 681. No podrán ser testigos en los testamentos:
Primero. Los menores de edad, salvo lo dispuesto en el artículo 701.
Segundo. Sin contenido.
Tercero. Los que no entiendan el idioma del testador.
Cuarto. Los que no presenten el discernimiento necesario para desarrollar la labor testifical.
Quinto. El cónyuge o los parientes dentro del cuarto grado de consanguinidad o segundo de afinidad del Notario autorizante y quienes tengan con éste relación de trabajo.

Artículo 681 redactado por el apartado cincuenta y seis de la disposición final primera de la Ley 15/2015, de 2 de julio, de la Jurisdicción Voluntaria («B.O.E.» 3 julio).
Vigencia: 23 julio 2015

Artículo 682. En el testamento abierto tampoco podrán ser testigos los herederos y legatarios en él instituidos, sus cónyuges, ni los parientes de aquéllos, dentro del cuarto grado de consanguinidad o segundo de afinidad.
No están comprendidos en esta prohibición los legatarios ni sus cónyuges o parientes cuando el legado sea de algún objeto mueble o cantidad de poca importancia con relación al caudal hereditario.

Artículo 682 redactado por Ley de 24 de abril de 1958, por la que se modifican determinados artículos del Código Civil («B.O.E.» 25 abril).

Véanse:
- Artículos 915, 918 y 919 del presente Código.
- Artículo 421.11 de la Ley 10/2008, de 10 de julio, del libro cuarto del Código civil de Cataluña, relativo a las sucesiones («D.O.G.C.» 17 julio).

Artículo 683. Para que un testigo sea declarado inhábil, es necesario que la causa de su incapacidad exista al tiempo de otorgarse el testamento.

Artículo 684. Cuando el testador exprese su voluntad en lengua que el Notario no conozca, se requerirá la presencia de un intérprete, elegido por aquél, que traduzca la disposición testamentaria a la oficial en el lugar del otorgamiento que emplee el Notario. El instrumento se escribirá en las dos lenguas con indicación de cuál ha sido la empleada por el testador.

El testamento abierto y el acta del cerrado se escribirán en la lengua extranjera en que se exprese el testador y en la oficial que emplee el Notario, aun cuando éste conozca aquélla.

Artículo 684 redactado por Ley 30/1991, 20 diciembre («B.O.E.» 23 diciembre), de modificación del Código Civil en materia de testamentos.

Véanse:
- Artículos 149 y 150 del Reglamento del Notariado.
- Artículo 421.12 de la Ley 10/2008, de 10 de julio, del libro cuarto del Código civil de Cataluña, relativo a las sucesiones («D.O.G.C.» 17 julio).

Artículo 685. El Notario deberá conocer al testador, y si no lo conociese se identificará su persona con dos testigos que le conozcan y sean conocidos del mismo Notario, o mediante la utilización de documentos expedidos por las autoridades públicas cuyo objeto sea identificar a las personas. También deberá el Notario asegurarse de que, a su juicio, tiene el testador la capacidad legal necesaria para testar.

En los casos de los artículos 700 y 701, los testigos tendrán obligación de conocer al testador y procurarán asegurarse de su capacidad.

Artículo 685 redactado por Ley 30/1991, 20 diciembre («B.O.E.» 23 diciembre), de modificación del Código Civil en materia de testamentos.

Véanse:
- Artículos 696, 700, 701 y 707.4.ª del presente Código.
- Artículos 23 y 27 Ley de 28 de mayo 1862, Orgánica del Notariado.
- Artículos 187 a 192 del Reglamento del Notariado.

Artículo 686. Si no pudiere identificarse la persona del testador en la forma prevenida en el artículo que precede, se declarará esta circunstancia por el Notario, o por los testigos en su caso, reseñando los documentos que el testador presente con dicho objeto y las señas personales del mismo.

Si fuere impugnado el testamento por tal motivo, corresponderá al que sostenga su validez la prueba de la identidad del testador.

Véanse artículos 696 y 707.4.ª del presente Código.

Artículo 687. Será nulo el testamento en cuyo otorgamiento no se hayan observado las formalidades respectivamente establecidas en este capítulo.

SECCIÓN CUARTA
DEL TESTAMENTO OLÓGRAFO

Artículo 688. El testamento ológrafo sólo podrá otorgarse por personas mayores de edad.

Para que sea válido este testamento deberá estar escrito todo él y firmado por el testador, con expresión del año, mes y día en que se otorgue.

Si contuviese palabras tachadas, enmendadas o entre renglones, las salvará el testador bajo su firma.

Los extranjeros podrán otorgar testamento ológrafo en su propio idioma.

Artículo 688 redactado por Ley de 21 de julio de 1904, por la que se reforman determinados artículos del Código Civil («GACETA» 24 julio).

Véanse:
- Artículo 732 del presente Código.
- Artículo 26 del Reglamento del Notariado.

Artículo 689. El testamento ológrafo deberá protocolizarse, presentándolo, en los cinco años siguientes al fallecimiento del testador, ante Notario. Este extenderá el acta de protocolización de conformidad con la legislación notarial.

Artículo 689 redactado por el apartado cincuenta y siete de la disposición final primera de la Ley 15/2015, de 2 de julio, de la Jurisdicción Voluntaria («B.O.E.» 3 julio).
Vigencia: 23 julio 2015

Artículo 690. La persona que tenga en su poder un testamento ológrafo deberá presentarlo ante Notario competente en los diez días siguientes a aquel en que tenga conocimiento del fallecimiento del testador. El incumplimiento de este deber le hará responsable de los daños y perjuicios que haya causado.

También podrá presentarlo cualquiera que tenga interés en el testamento como heredero, legatario, albacea o en cualquier otro concepto.

Artículo 690 redactado por el apartado cincuenta y ocho de la disposición final primera de la Ley 15/2015, de 2 de julio, de la Jurisdicción Voluntaria («B.O.E.» 3 julio).
Vigencia: 23 julio 2015

Artículo 691. Presentado el testamento ológrafo y acreditado el fallecimiento del testador, se procederá a su adveración conforme a la legislación notarial.

Artículo 691 redactado por el apartado cincuenta y nueve de la disposición final primera de la Ley 15/2015, de 2 de julio, de la Jurisdicción Voluntaria («B.O.E.» 3 julio).
Vigencia: 23 julio 2015

Artículo 692. Adverado el testamento y acreditada la identidad de su autor, se procederá a su protocolización.

Artículo 692 redactado por el apartado sesenta de la disposición final primera de la Ley 15/2015, de 2 de julio, de la Jurisdicción Voluntaria («B.O.E.» 3 julio).
Vigencia: 23 julio 2015

Artículo 693. El Notario, si considera acreditada la autenticidad del testamento, autorizará el acta de protocolización, en la que hará constar las actuaciones realizadas y, en su caso, las observaciones manifestadas.

Si el testamento no fuera adverado, por no acreditarse suficientemente la identidad del otorgante, se procederá al archivo del expediente sin protocolizar aquel.

Autorizada o no la protocolización del testamento ológrafo, los interesados no conformes podrán ejercer sus derechos en el juicio que corresponda.

Artículo 693 redactado por el apartado sesenta y uno de la disposición final primera de la Ley 15/2015, de 2 de julio, de la Jurisdicción Voluntaria («B.O.E.» 3 julio).
Vigencia: 23 julio 2015

SECCIÓN QUINTA
DEL TESTAMENTO ABIERTO

Artículo 694. El testamento abierto deberá ser otorgado ante Notario hábil para actuar en el lugar del otorgamiento.

Sólo se exceptuarán de esta regla los casos expresamente determinados en esta misma sección.

Artículo 694 redactado por Ley 30/1991, 20 diciembre («B.O.E.» 23 diciembre), de modificación del Código Civil en materia de testamentos.

Véanse:
- Artículos 700 y 701 del presente Código.
- Artículo 9 Ley de 28 de mayo 1862, Orgánica del Notariado.
- Artículos 116 a 119 del Reglamento del Notariado.

Artículo 695. El testador expresará oralmente, por escrito o mediante cualquier medio técnico, material o humano su última voluntad al Notario. Redactado por este el testamento con arreglo a ella y con expresión del lugar, año, mes, día y hora de su otorgamiento y advertido el testador del derecho que tiene a leerlo por sí, lo leerá el Notario en alta voz para que el testador manifieste si está conforme con su voluntad. Si lo estuviere, será firmado en el acto por el testador que pueda hacerlo y, en su caso, por los testigos y demás personas que deban concurrir.

Si el testador declara que no sabe o no puede firmar, lo hará por él y a su ruego uno de los testigos.

Cuando el testador tenga dificultad o imposibilidad para leer el testamento o para oír la lectura de su contenido, el Notario se asegurará, utilizando los medios técnicos, materiales o humanos adecuados, de que el testador ha entendido la información y explicaciones necesarias y de que conoce que el testamento recoge fielmente su voluntad.

Artículo 695 redactado por el apartado veintinueve del artículo segundo de la Ley 8/2021, de 2 de junio, por la que se reforma la legislación civil y procesal para el apoyo a las personas con discapacidad en el ejercicio de su capacidad jurídica («B.O.E.» 3 junio).
Vigencia: 3 septiembre 2021

Artículo 696. El Notario dará fe de conocer al testador o de haberlo identificado debidamente y, en su defecto, efectuará la declaración prevista en el artículo 686. También hará constar que, a su juicio, se halla el testador con la capacidad legal necesaria para otorgar testamento.

Artículo 696 redactado por Ley 30/1991, 20 diciembre («B.O.E.» 23 diciembre), de modificación del Código Civil en materia de testamentos.

Véanse:
- Artículo 685 del presente Código.
- Artículos 167 a 169 del Reglamento del Notariado.

Artículo 697. Al acto de otorgamiento deberán concurrir dos testigos idóneos:
1.º. Cuando el testador declare que no sabe o no puede firmar el testamento.
2.º. Cuando el testador o el Notario lo soliciten.

Apartado 2.º del artículo 697 renumerado por el apartado treinta del artículo segundo de la Ley 8/2021, de 2 de junio, por la que se reforma la legislación civil y procesal para el apoyo a las personas con discapacidad en el ejercicio de su capacidad jurídica («B.O.E.» 3 junio). Su contenido literal se corresponde con el del anterior apartado 3.º del mismo artículo.
Vigencia: 3 septiembre 2021

Artículo 697 redactado por Ley 30/1991, 20 diciembre («B.O.E.» 23 diciembre), de modificación del Código Civil en materia de testamentos.

Artículo 698. Al otorgamiento también deberán concurrir:
1.º. Los testigos de conocimiento, si los hubiera, quienes podrán intervenir además como testigos instrumentales.

Véanse artículos 180 a 186 del Decreto 2 junio 1944, por el que se aprueba con carácter definitivo el Reglamento de la organización y régimen del Notariado..

2.º. Los facultativos que hubieran reconocido al testador incapacitado.
3.º. El intérprete que hubiera traducido la voluntad del testador a la lengua oficial empleada por el Notario.

Artículo 698 redactado por Ley 30/1991, 20 diciembre («B.O.E.» 23 diciembre), de modificación del Código Civil en materia de testamentos.

Artículo 699. Todas las formalidades expresadas en esta Sección se practicarán en un solo acto que comenzará con la lectura del testamento, sin que sea lícita ninguna interrupción, salvo la que pueda ser motivada por algún accidente pasajero.

Artículo 699 redactado por Ley 30/1991, 20 diciembre («B.O.E.» 23 diciembre), de modificación del Código Civil en materia de testamentos.

Artículo 700. Si el testador se hallare en peligro inminente de muerte, puede otorgarse el testamento ante cinco testigos idóneos, sin necesidad de Notario.

Artículo 701. En caso de epidemia puede igualmente otorgarse el testamento sin intervención de Notario ante tres testigos mayores de dieciséis años.

> *Artículo 701 redactado por Ley de 24 de abril de 1958, por la que se modifican determinados artículos del Código Civil («B.O.E.» 25 abril).*

Artículo 702. En los casos de los dos artículos anteriores, se escribirá el testamento, siendo posible; no siéndolo, el testamento valdrá aunque los testigos no sepan escribir.

Artículo 703. El testamento otorgado con arreglo a las disposiciones de los tres artículos anteriores quedará ineficaz si pasaren dos meses desde que el testador haya salido del peligro de muerte, o cesado la epidemia.

Cuando el testador falleciere en dicho plazo, también quedará ineficaz el testamento si dentro de los tres meses siguientes al fallecimiento no se acude al Notario competente para que lo eleve a escritura pública, ya se haya otorgado por escrito, ya verbalmente.

> *Párrafo segundo del artículo 703 redactado por el apartado sesenta y dos de la disposición final primera de la Ley 15/2015, de 2 de julio, de la Jurisdicción Voluntaria («B.O.E.» 3 julio).*
> *Vigencia: 23 julio 2015*

Artículo 704. Los testamentos otorgados sin autorización del Notario serán ineficaces si no se elevan a escritura pública y se protocolizan en la forma prevenida en la legislación notarial.

> *Artículo 704 redactado por el apartado sesenta y tres de la disposición final primera de la Ley 15/2015, de 2 de julio, de la Jurisdicción Voluntaria («B.O.E.» 3 julio).*
> *Vigencia: 23 julio 2015*

Artículo 705. Declarado nulo un testamento abierto por no haberse observado las solemnidades establecidas para cada caso, el Notario que lo haya autorizado será responsable de los daños y perjuicios que sobrevengan, si la falta procediere de su malicia, o de negligencia o ignorancia inexcusables.

SECCIÓN SEXTA
DEL TESTAMENTO CERRADO

Artículo 706. El testamento cerrado habrá de ser escrito.

Si lo escribiese por su puño y letra el testador pondrá al final su firma.

Si estuviese escrito por cualquier medio técnico o por otra persona a ruego del testador, este pondrá su firma en todas sus hojas y al pie del testamento. Si el testamento se ha redactado en soporte electrónico, deberá firmarse con una firma electrónica reconocida.

> *Párrafo tercero del artículo 706 redactado por el apartado treinta y uno del artículo segundo de la Ley 8/2021, de 2 de junio, por la que se reforma la legislación civil y procesal para el apoyo a las personas con discapacidad en el ejercicio de su capacidad jurídica («B.O.E.» 3 junio).*
> *Vigencia: 3 septiembre 2021*

Cuando el testador no sepa o no pueda firmar, lo hará a su ruego al pie y en todas las hojas otra persona, expresando la causa de la imposibilidad.

En todo caso, antes de la firma se salvarán las palabras enmendadas, tachadas o escritas entre renglones.

Artículo 706 redactado por Ley 30/1991, 20 diciembre («B.O.E.» 23 diciembre), de modificación del Código Civil en materia de testamentos.

Artículo 707. En el otorgamiento del testamento cerrado se observarán las solemnidades siguientes:

1.º El papel que contenga el testamento se pondrá dentro de una cubierta, cerrada y sellada de suerte que no pueda extraerse aquél sin romper ésta.

2.º El testador comparecerá con el testamento cerrado y sellado, o lo cerrará y sellará en el acto, ante el Notario que haya de autorizarlo.

3.º En presencia del Notario, manifestará el testador por sí, o por medio del intérprete previsto en el artículo 684, que el pliego que presenta contiene su testamento, expresando si se halla escrito y firmado por él o si está escrito de mano ajena o por cualquier medio mecánico y firmado al final y en todas sus hojas por él o por otra persona a su ruego.

4.º Sobre la cubierta del testamento extenderá el Notario la correspondiente acta de su otorgamiento, expresando el número y la marca de los sellos con que está cerrado, y dando fe del conocimiento del testador o de haberse identificado su persona en la forma prevenida en los artículos 685 y 686, y de hallarse, a su juicio, el testador con la capacidad legal necesaria para otorgar testamento.

5.º Extendida y leída el acta, la firmará el testador que pueda hacerlo y, en su caso las personas que deban concurrir, y la autorizará el Notario con su signo y firma.

Si el testador declara que no sabe o no puede firmar, lo hará por él y a su ruego uno de los dos testigos idóneos que en este caso deben concurrir.

6.º También se expresará en el acta esta circunstancia, además del lugar, hora, día, mes y año del otorgamiento.

7.º Concurrirán al acto de otorgamiento dos testigos idóneos, si así lo solicitan el testador o el Notario.

Artículo 707 redactado por Ley 30/1991, 20 diciembre («B.O.E.» 23 diciembre), de modificación del Código Civil en materia de testamentos.

Véase artículo 715 del presente Código.

Artículo 708. No pueden hacer testamento cerrado las personas que no sepan o no puedan leer.

Las personas con discapacidad visual podrán otorgarlo, utilizando medios mecánicos o tecnológicos que les permitan escribirlo y leerlo, siempre que se observen los restantes requisitos de validez establecidos en este Código.

Artículo 708 redactado por el apartado treinta y dos del artículo segundo de la Ley 8/2021, de 2 de junio, por la que se reforma la legislación civil y procesal para el apoyo a las personas con discapacidad en el ejercicio de su capacidad jurídica («B.O.E.» 3 junio).
Vigencia: 3 septiembre 2021

Artículo 709. Las personas que no puedan expresarse verbalmente, pero sí escribir, podrán otorgar testamento cerrado, observándose lo siguiente:

Párrafo introductorio del artículo 709 redactado por el apartado treinta y tres del artículo segundo de Ley 8/2021, de 2 de junio, por la que se reforma la legislación civil y procesal para el apoyo a las personas con discapacidad en el ejercicio de su capacidad jurídica («B.O.E.» 3 junio).
Vigencia: 3 septiembre 2021

1.º El testamento ha de estar firmado por el testador. En cuanto a los demás requisitos, se estará a lo dispuesto en el artículo 706.

2.º Al hacer su presentación, el testador escribirá en la parte superior de la cubierta, a presencia del Notario, que dentro de ella se contiene su testamento, expresando cómo está escrito y que está firmado por él.

3.º A continuación de lo escrito por el testador se extenderá el acta de otorgamiento, dando fe el Notario de haberse cumplido lo prevenido en el número anterior y lo demás que se dispone en el artículo 707, en lo que sea aplicable al caso.

Las personas con discapacidad visual, al hacer la presentación del testamento, deberán haber expresado en la cubierta, por medios mecánicos o tecnológicos que les permitan leer lo escrito, que dentro de ella se contiene su testamento, expresando el medio empleado y que el testamento está firmado por ellas.

Párrafo final del artículo 709 introducido por el apartado treinta y tres del artículo segundo de la Ley 8/2021, de 2 de junio, por la que se reforma la legislación civil y procesal para el apoyo a las personas con discapacidad en el ejercicio de su capacidad jurídica («B.O.E.» 3 junio).
Vigencia: 3 septiembre 2021

Artículo 709 redactado por Ley 30/1991, 20 diciembre («B.O.E.» 23 diciembre), de modificación del Código Civil en materia de testamentos.

Artículo 710. Autorizado el testamento cerrado, el Notario lo entregará al testador, después de poner en el protocolo corriente copia autorizada del acta de otorgamiento.

Artículo 710 redactado por Ley 30/1991, 20 diciembre («B.O.E.» 23 diciembre), de modificación del Código Civil en materia de testamentos.

Véanse:
- Artículo 34 Ley de 28 de mayo 1862, Orgánica del Notariado.
- Artículo 274 del Reglamento del Notariado.

Artículo 711. El testador podrá conservar en su poder el testamento cerrado, o encomendar su guarda a persona de su confianza, o depositarlo en poder del Notario autorizante para que lo guarde en su archivo.

En este último caso, el Notario dará recibo al testador y hará constar en su protocolo corriente, al margen o a continuación de la copia del acta de otorgamiento, que queda el testamento en su poder. Si lo retirare después el testador, firmará un recibo a continuación de dicha nota.

Artículo 711 redactado por Ley 30/1991, 20 diciembre («B.O.E.» 23 diciembre), de modificación del Código Civil en materia de testamentos.

Véanse los artículos 216 a 220 del Reglamento del Notariado.

Artículo 712. 1. La persona que tenga en su poder un testamento cerrado deberá presentarlo ante Notario competente en los diez días siguientes a aquel en que tenga conocimiento del fallecimiento del testador.

2. El Notario autorizante de un testamento cerrado, constituido en depositario del mismo por el testador, deberá comunicar, en los diez días siguientes a que tenga conocimiento de su fallecimiento, la existencia del testamento al cónyuge sobreviviente, a los descendientes y a los ascendientes del testador y, en defecto de éstos, a los parientes colaterales hasta el cuarto grado.

3. En los dos supuestos anteriores, de no conocer la identidad o domicilio de estas personas, o si se ignorase su existencia, el Notario deberá dar la publicidad que determine la legislación notarial.

El incumplimiento de este deber, así como el de la presentación del testamento por quien lo tenga en su poder o por el Notario, le hará responsable de los daños y perjuicios causados.

Artículo 712 redactado por el apartado sesenta y cuatro de la disposición final primera de la Ley 15/2015, de 2 de julio, de la Jurisdicción Voluntaria («B.O.E.» 3 julio).
Vigencia: 23 julio 2015

Artículo 713. El que con dolo deje de presentar el testamento cerrado que obre en su poder dentro del plazo fijado en el artículo anterior, además de la responsabilidad que en él se determina, perderá todo derecho a la herencia, si lo tuviere como heredero abintestato o como heredero o legatario por testamento.

Párrafo primero del artículo 713 redactado por el apartado sesenta y cinco de la disposición final primera de la Ley 15/2015, de 2 de julio, de la Jurisdicción Voluntaria («B.O.E.» 3 julio).
Vigencia: 23 julio 2015

En esta misma pena incurrirán el que sustrajere dolosamente el testamento cerrado del domicilio del testador o de la persona que lo tenga en guarda o depósito, y el que lo oculte, rompa o inutilice de otro modo, sin perjuicio de la responsabilidad criminal que proceda.

Artículo 714. Para la apertura y protocolización del testamento cerrado se observará lo previsto en la legislación notarial.

Artículo 714 redactado por el apartado sesenta y seis de la disposición final primera de la Ley 15/2015, de 2 de julio, de la Jurisdicción Voluntaria («B.O.E.» 3 julio).
Vigencia: 23 julio 2015

Artículo 715. Es nulo el testamento cerrado en cuyo otorgamiento no se hayan observado las formalidades establecidas en esta sección; y el Notario que lo autorice será responsable de los daños y perjuicios que sobrevengan, si se probare que la falta procedió de su malicia o de negligencia o ignorancia inexcusables. Será válido, sin embargo, como testamento ológrafo, si todo él estuviere escrito y firmado por el testador y tuviere las demás condiciones propias de este testamento.

Véase artículo 687 del presente Código.

SECCIÓN SÉPTIMA
DEL TESTAMENTO MILITAR

Artículo 716. En tiempo de guerra, los militares en campaña, voluntarios, rehenes, prisioneros y demás individuos empleados en el ejército, o que sigan a éste, podrán otorgar su testamento ante un Oficial que tenga por lo menos la categoría de Capitán.

Es aplicable esta disposición a los individuos de un ejército que se halle en país extranjero.

Si el testador estuviere enfermo o herido, podrá otorgarlo ante el Capellán o el Facultativo que le asista.

Si estuviere en destacamento, ante el que lo mande, aunque sea subalterno.

En todos los casos de este artículo será siempre necesaria la presencia de dos testigos idóneos.

Artículo 717. También podrán las personas mencionadas en el artículo anterior otorgar testamento cerrado ante un Comisario de guerra, que ejercerá en este caso las funciones de Notario, observándose las disposiciones de los artículos 706 y siguientes.

Artículo 718. Los testamentos otorgados con arreglo a los dos artículos anteriores deberán ser remitidos con la mayor brevedad posible al Cuartel General y, por este, al Ministerio de Defensa.

El Ministerio, si hubiese fallecido el testador, remitirá el testamento al Colegio Notarial correspondiente al último domicilio del difunto, y de no ser conocido éste, lo remitirá al Colegio Notarial de Madrid.

El Colegio Notarial remitirá el testamento al Notario correspondiente al último domicilio del testador. Recibido por el Notario deberá comunicar, en los diez días siguientes, su existencia a los herederos y demás interesados en la sucesión, para que comparezcan ante él al objeto de protocolizarlo de acuerdo con lo dispuesto legalmente.

Artículo 718 redactado por el apartado sesenta y siete de la disposición final primera de la Ley 15/2015, de 2 de julio, de la Jurisdicción Voluntaria («B.O.E.» 3 julio). Vigencia: 23 julio 2015

Artículo 719. Los testamentos mencionados en el artículo 716 caducarán cuatro meses después que el testador haya dejado de estar en campaña.

Artículo 720. Durante una batalla, asalto, combate, y generalmente en todo peligro próximo de acción de guerra, podrá otorgarse testamento militar de palabra ante dos testigos.

Pero este testamento quedará ineficaz si el testador se salva del peligro en cuya consideración testó.

Aunque no se salvare, será ineficaz el testamento si no se formaliza por los testigos ante el Auditor de guerra o funcionario de justicia que siga al ejército, procediéndose después en la forma prevenida en el artículo 718.

Artículo 721. Si fuere cerrado el testamento militar se observará lo prevenido en los artículos 706 y 707; pero se otorgará ante el Oficial y los dos testigos que para el abierto exige el artículo 716, debiendo firmar todos ellos el acta de otorgamiento, como asimismo el testador, si pudiere.

SECCIÓN OCTAVA
DEL TESTAMENTO MARÍTIMO

Véase artículo 677 del presente Código.

Artículo 722. Los testamentos, abiertos o cerrados, de los que durante un viaje marítimo vayan a bordo, se otorgarán en la forma siguiente:

Si el buque es de guerra, ante el Contador o el que ejerza sus funciones, en presencia de dos testigos idóneos, que vean y entiendan al testador. El Comandante del buque, o el que haga sus veces, pondrá además su V.º B.º

En los buques mercantes autorizará el testamento el Capitán o el que haga sus veces, con asistencia de dos testigos idóneos.

En uno y otro caso los testigos se elegirán entre los pasajeros, si los hubiere; pero uno de ellos, por lo menos, ha de poder firmar, el cual lo hará por sí y por el testador, si éste no sabe o no puede hacerlo.

Si el testamento fuera abierto, se observará además lo prevenido en el artículo 695, y, si fuere cerrado, lo que se ordena en la sección sexta de este capítulo, con exclusión de lo relativo al número de testigos e intervención del Notario.

Artículo 723. El testamento del Contador del buque de guerra y el del Capitán del mercante serán autorizados por quien deba sustituirlos en el cargo, observándose para lo demás lo dispuesto en el artículo anterior.

Artículo 724. Los testamentos abiertos hechos en alta mar serán custodiados por el Comandante o por el Capitán, y se hará mención de ellos en el Diario de navegación.

La misma mención se hará de los ológrafos y los cerrados.

Artículo 725. Si el buque arribase a un puerto extranjero donde haya Agente diplomático o consular de España, el Comandante del de guerra o el Capitán del mercante, entregará a dicho Agente copia del testamento abierto o del acta de otorgamiento del cerrado, y de la nota tomada en el Diario.

La copia del testamento o del acta deberá llevar las mismas firmas que el original, si viven y están a bordo los que lo firmaron; en otro caso será autorizada por el Contador o Capitán que hubiese recibido el testamento, o el que haga sus veces, firmando también los que estén a bordo de los que intervinieron en el testamento.

El Agente diplomático o consular hará extender por escrito diligencia de la entrega, y, cerrada y sellada la copia del testamento o la del acta del otorgamiento si fuere cerrado, la remitirá con la nota del Diario por el conducto correspondiente al Ministro de Marina, quien mandará que se deposite en el Archivo de su Ministerio.

(En la actualidad Ministro de Defensa).

El Comandante o Capitán que haga la entrega recogerá del Agente diplomático o consular certificación de haberlo verificado, y tomará nota de ella en el Diario de navegación.

Artículo 726. Cuando el buque, sea de guerra o mercante, arribe al primer puerto del Reino, el Comandante o Capitán entregará el testamento original, cerrado y sellado, a la Autoridad marítima local, con copia de la nota tomada en el Diario; y, si hubiese fallecido el testador, certificación que lo acredite.

La entrega se acreditará en la forma prevenida en el artículo anterior, y la Autoridad marítima lo remitirá todo sin dilación al Ministro de Marina.

(En la actualidad Ministro de Defensa).

Artículo 727. Si hubiese fallecido el testador y fuere abierto el testamento, el Ministro de Marina practicará lo que se dispone en el artículo 718.

(En la actualidad Ministro de Defensa).

Artículo 728. Cuando el testamento haya sido otorgado por un extranjero en buque español, el Ministro de Marina remitirá el testamento al de Estado, para que por la vía diplomática se le dé el curso que corresponda.

(En la actualidad Ministros de Defensa y de Asuntos Exteriores, respectivamente).

Artículo 729. Si fuere ológrafo el testamento y durante el viaje falleciera el testador, el Comandante o Capitán recogerá el testamento para custodiarlo, haciendo mención de ello en el Diario, y lo entregará a la Autoridad marítima local, en la forma y para los efectos prevenidos en el artículo anterior, cuando el buque arribe al primer puerto del Reino.

Lo mismo se practicará cuando sea cerrado el testamento, si lo conservaba en su poder el testador al tiempo de su muerte.

Artículo 730. Los testamentos, abiertos y cerrados, otorgados con arreglo a lo prevenido en esta sección, caducarán pasados cuatro meses, contados desde que el testador desembarque en un punto donde pueda testar en la forma ordinaria.

Artículo 731. Si hubiera peligro de naufragio, será aplicable a las tripulaciones y pasajeros de los buques de guerra o mercantes lo dispuesto en el artículo 720.

SECCIÓN NOVENA
DEL TESTAMENTO HECHO EN PAÍS EXTRANJERO

Véanse artículos 11.3 y 677 del presente Código.

Artículo 732. Los españoles podrán testar fuera del territorio nacional, sujetándose a las formas establecidas por las leyes del país en que se hallen.

También podrán testar en alta mar durante su navegación en un buque extranjero, con sujeción a las leyes de la Nación a que el buque pertenezca.

Podrán asimismo hacer testamento ológrafo, con arreglo al artículo 688, aun en los países cuyas leyes no admitan dicho testamento.

Artículo 732 redactado por Ley de 21 de julio de 1904, por la que se reforman determinados artículos del Código Civil («GACETA» 24 julio).

Véase Convenio de 5 de octubre de 1961, sobre conflictos de Leyes en materia de forma de las disposiciones testamentarias, hecho en La Haya. Instrumento de Ratificación de 16 de marzo de 1988 («B.O.E.» 17 agosto 1988).

Artículo 733. No será válido en España el testamento mancomunado, prohibido por el artículo 669, que los españoles otorguen en país extranjero, aunque lo autoricen las leyes de la Nación donde se hubiese otorgado.

Véanse el artículo 669 del CC y la disposición transitoria 2.ª del presente Código.

Artículo 734. También podrán los españoles que se encuentren en país extranjero otorgar su testamento, abierto o cerrado, ante el funcionario diplomático o consular de España que ejerza funciones notariales en el lugar del otorgamiento.

En estos casos se observarán respectivamente todas las formalidades establecidas en las Secciones quinta y sexta de este capítulo.

Artículo 734 redactado por Ley 30/1991, 20 diciembre («B.O.E.» 23 diciembre), de modificación del Código Civil en materia de testamentos.

Véanse:
- Artículos 11.3 y 694 a 715 del presente Código.
- Anexo III del Reglamento del Notariado.

Artículo 735. El Agente diplomático o consular remitirá, autorizada con su firma y sello, copia del testamento abierto, o del acta de otorgamiento del cerrado, al *Ministerio de Estado* para que se deposite en su Archivo.

Véase artículo 19 del Anexo III del Reglamento del Notariado.

(En la actualidad Ministerio de Asuntos Exteriores).

Artículo 736. El Agente diplomático o consular, en cuyo poder hubiese depositado su testamento ológrafo o cerrado un español, lo remitirá al *Ministerio de Estado* cuando fallezca el testador, con el certificado de defunción.

Téngase en cuenta Orden 6 junio 1994 («B.O.E.», 14 junio), sobre supresión del dato relativo a la causa de la muerte en la inscripción de defunción.

El *Ministerio de Estado* hará publicar en la *Gaceta de Madrid* la noticia del fallecimiento, para que los interesados en la herencia puedan recoger el testamento y gestionar su protocolización en la forma prevenida.

Véanse artículos 19 y 20 del Anexo III del Reglamento del Notariado.

(En la actualidad Ministerio de Asuntos Exteriores).

La referencia a la «Gaceta de Madrid» contenida en el párrafo 2º del artículo 736 debe entenderse hecha en la actualidad al «Boletín Oficial del Estado».

SECCIÓN DÉCIMA
DE LA REVOCACIÓN E INEFICACIA DE LOS TESTAMENTOS

Artículo 737. Todas las disposiciones testamentarias son esencialmente revocables, aunque el testador exprese en el testamento su voluntad o resolución de no revocarlas.

Se tendrán por no puestas las cláusulas derogatorias de las disposiciones futuras, y aquéllas en que ordene el testador que no valga la revocación del testamento, si no la hiciere con ciertas palabras o señales.

Véanse:
- Artículos 738 a 742 del CC y la disposición transitoria 2.ª del presente Código.

- Ley 19/1995, de 4 de julio, de modernización de las explotaciones agrarias («B.O.E.» 5 julio).

Artículo 738. El testamento no puede ser revocado en todo ni en parte sino con las solemnidades necesarias para testar.

Artículo 739. El testamento anterior queda revocado de derecho por el posterior perfecto, si el testador no expresa en éste su voluntad de que aquél subsista en todo o en parte.

Sin embargo, el testamento anterior recobra su fuerza si el testador revoca después el posterior, y declara expresamente ser su voluntad que valga el primero.

Artículo 740. La revocación producirá su efecto aunque el segundo testamento caduque por incapacidad del heredero o de los legatarios en él nombrados, o por renuncia de aquél o de éstos.

Artículo 741. El reconocimiento de un hijo no pierde su fuerza legal aunque se revoque el testamento en que se hizo o éste no contenga otras disposiciones, o sean nulas las demás que contuviere.

Artículo 741 redactado por Ley 11/1981, 13 mayo («B.O.E.» 19 mayo), de modificación del Código Civil en materia de filiación, patria potestad y régimen económico del matrimonio.

Artículo 742. Se presume revocado el testamento cerrado que aparezca en el domicilio del testador con las cubiertas rotas o los sellos quebrantados, o borradas, raspadas, o enmendadas las firmas que lo autoricen.

El testamento será, sin embargo, válido cuando se probare haber ocurrido el desperfecto sin voluntad ni conocimiento del testador o hallándose este afectado por alteraciones graves en su salud mental; pero si apareciere rota la cubierta o quebrantados los sellos, será necesario probar además la autenticidad del testamento para su validez.

Párrafo segundo del artículo 742 redactado por el apartado treinta y cuatro del artículo segundo de la Ley 8/2021, de 2 de junio, por la que se reforma la legislación civil y procesal para el apoyo a las personas con discapacidad en el ejercicio de su capacidad jurídica («B.O.E.» 3 junio).
Vigencia: 3 septiembre 2021

Si el testamento se encontrare en poder de otra persona, se entenderá que el vicio procede de ella y no será aquél válido como no se pruebe su autenticidad, si estuvieren rota la cubierta o quebrantados los sellos; y si una y otros se hallaren íntegros, pero con las firmas borradas, raspadas o enmendadas, será válido el testamento, como no se justifique haber sido entregado el pliego en esta forma por el mismo testador.

Artículo 743. Caducarán los testamentos, o serán ineficaces en todo o en parte las disposiciones testamentarias, sólo en los casos expresamente prevenidos en este Código.

CAPÍTULO II
DE LA HERENCIA

SECCIÓN PRIMERA
DE LA CAPACIDAD PARA SUCEDER POR TESTAMENTO Y SIN ÉL

Artículo 744. Podrán suceder por testamento o abintestato los que no estén incapacitados por la ley.

Artículo 745. Son incapaces de suceder:
1.º Las criaturas abortivas, entendiéndose tales las que no reúnan las circunstancias expresadas en el artículo 30.
2.º Las asociaciones o corporaciones no permitidas por la ley.

> *Véanse:*
> *- Artículos 2 y 38 de la Ley Orgánica 1/2002, de 22 de marzo, reguladora del Derecho de Asociación.*
> *- Artículos 515 y siguientes Código Penal.*
>
> *Véase el artículo 22.2 y 22.5 de la Constitución Española.*

Artículo 746. Las iglesias y los cabildos eclesiásticos, las Diputaciones provinciales y las provincias, los Ayuntamientos y Municipios, los establecimientos de hospitalidad, beneficencia e instrucción pública, las asociaciones autorizadas o reconocidas por la ley y las demás personas jurídicas pueden adquirir por testamento con sujeción a lo dispuesto en el artículo 38.

Artículo 747. Si el testador dispusiere del todo o parte de sus bienes para sufragios y obras piadosas en beneficio de su alma, haciéndolo indeterminadamente y sin especificar su aplicación, los albaceas venderán los bienes y distribuirán su importe, dando la mitad al Diocesano para que lo destine a los indicados sufragios y a las atenciones y necesidades de la Iglesia, y la otra mitad al Gobernador civil correspondiente para los establecimientos benéficos del domicilio del difunto, y en su defecto, para los de la provincia.

> *Sobre asunción de competencias de los Gobernadores Civiles, véase la disposición adicional cuarta de la Ley 6/1997, 14 abril, de Organización y Funcionamiento de la Administración General del Estado («B.O.E.» 15 abril).*

Artículo 748. La institución hecha a favor de un establecimiento público bajo condición o imponiéndole un gravamen, sólo será válida si el Gobierno la aprueba.

> *Véase artículo 994 del presente Código.*

Artículo 749. Las disposiciones hechas a favor de los pobres en general, sin designación de personas ni de población, se entenderán limitadas a los del domicilio del testador en la época de su muerte, si no constare claramente haber sido otra su voluntad.
La calificación de los pobres y la distribución de los bienes se harán por la persona que haya designado el testador, en su defecto por los albaceas, y, si no los hubiere, por el Párroco, el Alcalde y el Juez municipal, los cuales resolverán, por mayoría de votos, las dudas que ocurran.
Esto mismo se hará cuando el testador haya dispuesto de sus bienes en favor de los pobres de una parroquia o pueblo determinado.

> *Véase el artículo 992 párr. 2º del presente Código.*

Artículo 750. Toda disposición en favor de persona incierta será nula, a menos que por algún evento pueda resultar cierta.

Artículo 751. La disposición hecha genéricamente en favor de los parientes del testador se entiende hecha en favor de los más próximos en grado.

Artículo 752. No producirán efecto las disposiciones testamentarias que haga el testador durante su última enfermedad en favor del sacerdote que en ella le hubiese confesado, de los parientes del mismo dentro del cuarto grado, o de su iglesia, cabildo, comunidad o instituto.

> *Véase artículo 746 del presente Código.*

Artículo 753. Tampoco surtirá efecto la disposición testamentaria en favor de quien sea tutor o curador representativo del testador, salvo cuando se haya hecho después de la extinción de la tutela o curatela.

Será nula la disposición hecha por las personas que se encuentran internadas por razones de salud o asistencia, a favor de sus cuidadores que sean titulares, administradores o empleados del establecimiento público o privado en el que aquellas estuvieran internadas. También será nula la disposición realizada a favor de los citados establecimientos.

Las demás personas físicas que presten servicios de cuidado, asistenciales o de naturaleza análoga al causante, solo podrán ser favorecidas en la sucesión de este si es ordenada en testamento notarial abierto.

Serán, sin embargo, válidas las disposiciones hechas en favor del tutor, curador o cuidador que sea pariente con derecho a suceder ab intestato.

> *Artículo 753 redactado por el apartado treinta y cinco del artículo segundo de Ley 8/2021, de 2 de junio, por la que se reforma la legislación civil y procesal para el apoyo a las personas con discapacidad en el ejercicio de su capacidad jurídica («B.O.E.» 3 junio).*
> *Vigencia: 3 septiembre 2021*

Artículo 754. El testador no podrá disponer del todo o parte de su herencia en favor del Notario que autorice su testamento, o del cónyuge, parientes o afines del mismo dentro del cuarto grado, con la excepción establecida en el artículo 682.

> *El término "cónyuge" contenido en el párrafo 1.º del artículo 754 ha sido introducido por Ley 11/1990, 15 octubre («B.O.E.» 18 octubre), de reforma del Código Civil, en aplicación del principio de no discriminación por razón de sexo, en sustitución del anterior "la esposa".*

Esta prohibición será aplicable a los testigos del testamento abierto, otorgado con o sin Notario.

Las disposiciones de este artículo son también aplicables a los testigos y personas ante quienes se otorguen los testamentos especiales.

> *Véanse:*
> *- Artículos 22, 27 y 28 de la Ley de 28 de mayo 1862, Orgánica del Notariado.*
> *- Artículo 139 del Reglamento del Notariado.*

Artículo 755. Será nula la disposición testamentaria a favor de un incapaz, aunque se la disfrace bajo la forma de contrato oneroso o se haga a nombre de persona interpuesta.

> *Véanse artículos 760 a 762 del presente Código.*

Artículo 756. Son incapaces de suceder por causa de indignidad:

1.º El que fuera condenado por sentencia firme por haber atentado contra la vida, o a pena grave por haber causado lesiones o por haber ejercido habitualmente violencia física o psíquica en el ámbito familiar al causante, su cónyuge, persona a la que esté unida por análoga relación de afectividad o alguno de sus descendientes o ascendientes.

> *Apartado 1.º del artículo 756 redactado por el apartado sesenta y ocho de la disposición final primera de la Ley 15/2015, de 2 de julio, de la Jurisdicción Voluntaria («B.O.E.» 3 julio).*
> *Vigencia: 23 julio 2015*

2.º El que fuera condenado por sentencia firme por delitos contra la libertad, la integridad moral y la libertad e indemnidad sexual, si el ofendido es el causante, su cónyuge, la persona a la que esté unida por análoga relación de afectividad o alguno de sus descendientes o ascendientes.

Asimismo el condenado por sentencia firme a pena grave por haber cometido un delito contra los derechos y deberes familiares respecto de la herencia de la persona agraviada.

También el privado por resolución firme de la patria potestad, o removido del ejercicio de la tutela o acogimiento familiar de un menor o del ejercicio de la curatela de una persona con discapacidad por causa que le sea imputable, respecto de la herencia del mismo.

> *Párrafo tercero del apartado 2.º del artículo 756 redactado por el apartado treinta y seis del artículo segundo de la Ley 8/2021, de 2 de junio, por la que se reforma la legislación civil y procesal para el apoyo a las personas con discapacidad en el ejercicio de su capacidad jurídica («B.O.E.» 3 junio).*
> *Vigencia: 3 septiembre 2021*

> *Apartado 2.º del artículo 756 redactado por el apartado sesenta y ocho de la disposición final primera de la Ley 15/2015, de 2 de julio, de la Jurisdicción Voluntaria («B.O.E.» 3 julio).*
> *Vigencia: 23 julio 2015*

3.º El que hubiese acusado al causante de delito para el que la ley señala pena grave, si es condenado por denuncia falsa.

> *Apartado 3.º del artículo 756 redactado por el apartado sesenta y ocho de la disposición final primera de la Ley 15/2015, de 2 de julio, de la Jurisdicción Voluntaria («B.O.E.» 3 julio).*
> *Vigencia: 23 julio 2015*

4.º El heredero mayor de edad que, sabedor de la muerte violenta del testador, no la hubiese denunciado dentro de un mes a la justicia, cuando ésta no hubiera procedido ya de oficio.

Cesará esta prohibición en los casos en que, según la ley, no hay la obligación de acusar.

5.º El que, con amenaza, fraude o violencia, obligare al testador a hacer testamento o a cambiarlo.

> *Apartado 5.º del artículo 756 renumerado por Ley 22/1978, 26 mayo («B.O.E.» 30 mayo), sobre despenalización del adulterio y del amancebamiento. Su contenido literal se corresponde con el del anterior apartado 6.º.*

6.º El que por iguales medios impidiere a otro hacer testamento, o revocar el que tuviese hecho, o suplantare, ocultare o alterare otro posterior.

> *Apartado 6.º del artículo 756 renumerado por Ley 22/1978, 26 mayo («B.O.E.» 30 mayo), sobre despenalización del adulterio y del amancebamiento. Su contenido literal se corresponde con el del anterior apartado 7.º.*

7.º Tratándose de la sucesión de una persona con discapacidad, las personas con derecho a la herencia que no le hubieren prestado las atenciones debidas, entendiendo por tales las reguladas en los artículos 142 y 146 del Código Civil.

> *Apartado 2.º del artículo 756 redactado por el apartado treinta y seis del artículo segundo de la Ley 8/2021, de 2 de junio, por la que se reforma la legislación civil y procesal para el apoyo a las personas con discapacidad en el ejercicio de su capacidad jurídica («B.O.E.» 3 junio).*
> *Vigencia: 3 septiembre 2021*

> *Véase la disposición adicional cuarta del presente Código sobre la referencia a la discapacidad contenida en el presente artículo.*

Artículo 757. Las causas de indignidad dejan de surtir efecto si el testador las conocía al tiempo de hacer testamento, o si habiéndolas sabido después, las remitiere en documento público.

Véase Convenio núm. 19 de la Comisión Internacional del Estado Civil (CIEC), de 5 de septiembre de 1980, relativo a la ley aplicable a los nombres y apellidos, hecho en Munich («B.O.E.» 19 diciembre 1989).

Artículo 758. Para calificar la capacidad del heredero o legatario se atenderá al tiempo de la muerte de la persona de cuya sucesión se trate.

En los casos 2.º y 3.º del artículo 756 se esperará a que se dicte la sentencia firme, y en el número 4.º a que transcurra el mes señalado para la denuncia.

La remisión al número 5.º del artículo 756 contenida en el párrafo 2.º del artículo 758 ha sido suprimida por Ley 22/1978, 26 mayo («B.O.E.» 30 mayo), sobre despenalización del adulterio y del amancebamiento.

Si la institución o legado fuere condicional, se atenderá además al tiempo en que se cumpla la condición.

Artículo 759. El heredero o legatario que muera antes de que la condición se cumpla, aunque sobreviva al testador, no transmite derecho alguno a sus herederos.

Artículo 760. El incapaz de suceder, que, contra la prohibición de los anteriores artículos, hubiese entrado en la posesión de los bienes hereditarios, estará obligado a restituirlos con sus accesiones y con todos los frutos y rentas que haya percibido.

Artículo 761. Si el excluido de la herencia por incapacidad fuere hijo o descendiente del testador, y tuviere hijos o descendientes, adquirirán éstos su derecho a la legítima.

Artículo 761 redactado por Ley 11/1981, 13 mayo («B.O.E.» 19 mayo), de modificación del Código Civil en materia de filiación, patria potestad y régimen económico del matrimonio.

Artículo 762. No puede deducirse acción para declarar la incapacidad pasados cinco años desde que el incapaz esté en posesión de la herencia o legado.

<h2 style="text-align:center">SECCIÓN SEGUNDA
DE LA INSTITUCIÓN DE HEREDERO</h2>

Véase artículo 423.1 a 19 de la Ley 10/2008, de 10 de julio, del libro cuarto del Código civil de Cataluña, relativo a las sucesiones («D.O.G.C.» 17 julio).

Artículo 763. El que no tuviere herederos forzosos puede disponer por testamento de todos sus bienes o de parte de ellos en favor de cualquier persona que tenga capacidad para adquirirlos.

El que tuviere herederos forzosos sólo podrá disponer de sus bienes en la forma y con las limitaciones que se establecen en la sección quinta de este capítulo.

Artículo 764. El testamento será válido aunque no contenga institución de heredero, o ésta no comprenda la totalidad de los bienes, y aunque el nombrado no acepte la herencia o sea incapaz de heredar.

En estos casos se cumplirán las disposiciones testamentarias hechas con arreglo a las leyes, y el remanente de los bienes pasará a los herederos legítimos.

Artículo 765. Los herederos instituidos sin designación de partes heredarán por partes iguales.

Artículo 766. El heredero voluntario que muere antes que el testador, el incapaz de heredar y el que renuncia a la herencia, no transmiten ningún derecho a sus herederos, salvo lo dispuesto en los artículos 761 y 857.

Artículo 767. La expresión de una causa falsa de la institución de heredero o del nombramiento de legatario, será considerada como no escrita, a no ser que del testamento resulte que el testador no habría hecho tal institución o legado si hubiese conocido la falsedad de la causa.

La expresión de una causa contraria a derecho, aunque sea verdadera, se tendrá también por no escrita.

Véanse artículos 1274 a 1277 del presente Código.

Artículo 768. El heredero instituido en una cosa cierta y determinada será considerado como legatario.

Véanse:
- Artículo 600 del presente Código.
- Leyes 216 a 219 y 241 de la Ley 1/1973, de 1 de marzo, Compilación del Derecho Civil Foral de Navarra.

Artículo 769. Cuando el testador nombre unos herederos individualmente y otros colectivamente, como si dijere: «Instituyo por mis herederos a N. y a N. y a los hijos de N.», los colectivamente nombrados se considerarán como si lo fueran individualmente, a no ser que conste de un modo claro que ha sido otra la voluntad del testador.

Artículo 770. Si el testador instituye a sus hermanos, y los tiene carnales y de padre o madre solamente, se dividirá la herencia como en el caso de morir intestado.

Artículo 771. Cuando el testador llame a la sucesión a una persona y a sus hijos, se entenderán todos instituidos simultánea y no sucesivamente.

Artículo 772. El testador designará al heredero por su nombre y apellidos, y cuando haya dos que los tengan iguales deberá señalar alguna circunstancia por la que se conozca al instituido.

Aunque el testador haya omitido el nombre del heredero, si lo designare de modo que no pueda dudarse quién sea el instituido, valdrá la institución.

En el testamento del adoptante, la expresión genérica hijo o hijos comprende a los adoptivos.

Artículo 772 redactado por Ley de 24 de abril de 1958, por la que se modifican determinados artículos del Código Civil («B.O.E.» 25 abril).

Véanse artículos 749 a 751 del presente Código.

Artículo 773. El error en el nombre, apellido o cualidades del heredero no vicia la institución cuando de otra manera puede saberse ciertamente cuál sea la persona nombrada.

Si entre personas del mismo nombre y apellido hay igualdad de circunstancias y éstas son tales que no permiten distinguir al instituido, ninguno será heredero.

Véanse artículos 750 y 764 del presente Código.

SECCIÓN TERCERA
DE LA SUSTITUCIÓN

Artículo 774. Puede el testador sustituir una o más personas al heredero o herederos instituidos para el caso en que mueran antes que él, o no quieran, o no puedan aceptar la herencia.

La sustitución simple, y sin expresión de casos, comprende los tres expresados en el párrafo anterior, a menos que el testador haya dispuesto lo contrario.

Artículo 775. Los padres y demás ascendientes podrán nombrar sustitutos a sus descendientes menores de catorce años, de ambos sexos, para el caso de que mueran antes de dicha edad.

Artículo 776. ...

Artículo 776 suprimido por el apartado treinta y siete del artículo segundo de la Ley 8/2021, de 2 de junio, por la que se reforma la legislación civil y procesal para el apoyo a las personas con discapacidad en el ejercicio de su capacidad jurídica («B.O.E.» 3 junio).

Véase la disposición transitoria cuarta sobre sustituciones realizadas en virtud del artículo 776 del Código Civil.

Vigencia: 3 septiembre 2021

Artículo 777. Las sustituciones de que hablan los dos artículos anteriores, cuando el sustituido tenga herederos forzosos, sólo serán válidas en cuanto no perjudiquen los derechos legitimarios de éstos.

Artículo 778. Pueden ser sustituidas dos o más personas a una sola; y al contrario, una sola a dos o más herederos.

Artículo 779. Si los herederos instituidos en partes desiguales fueren sustituidos recíprocamente, tendrán en la sustitución las mismas partes que en la institución, a no ser que claramente aparezca haber sido otra la voluntad del testador.

Artículo 780. El sustituto quedará sujeto a las mismas cargas y condiciones impuestas al instituido, a menos que el testador haya dispuesto expresamente lo contrario, o que los gravámenes o condiciones sean meramente personales del instituido.

Véanse:
- Artículos 781 a 784 del presente Código.
- Artículo 426.1 a 59 de la Ley 10/2008, de 10 de julio, del libro cuarto del Código civil de Cataluña, relativo a las sucesiones («D.O.G.C.» 17 julio)

Artículo 781. Las sustituciones fideicomisarias en cuya virtud se encarga al heredero que conserve y transmita a un tercero el todo o parte de la herencia, serán válidas y surtirán efecto siempre que no pasen del segundo grado, o que se hagan en favor de personas que vivan al tiempo del fallecimiento del testador.

Artículo 782. Las sustituciones fideicomisarias nunca podrán gravar la legítima, salvo cuando se establezcan, en los términos establecidos en el artículo 808, en beneficio de uno o varios hijos del testador que se encuentren en una situación de discapacidad.

Si la sustitución fideicomisaria recayere sobre el tercio destinado a mejora, solo podrá establecerse a favor de los descendientes.

Artículo 782 redactado por el apartado treinta y ocho del artículo segundo de la Ley 8/2021, de 2 de junio, por la que se reforma la legislación civil y procesal para el apoyo a las personas con discapacidad en el ejercicio de su capacidad jurídica («B.O.E.» 3 junio).

Vigencia: 3 septiembre 2021

Véase la disposición adicional cuarta del presente Código sobre la referencia a la discapacidad contenida en el presente artículo.

Artículo 783. Para que sean válidos los llamamientos a la sustitución fideicomisaria, deberán ser expresos.

El fiduciario estará obligado a entregar la herencia al fideicomisario, sin otras deducciones que las que correspondan por gastos legítimos, créditos y mejoras, salvo el caso en que el testador haya dispuesto otra cosa.

Artículo 784. El fideicomisario adquirirá derecho a la sucesión desde la muerte del testador, aunque muera antes que el fiduciario. El derecho de aquél pasará a sus herederos.

Artículo 785. No surtirán efecto:

1.º Las sustituciones fideicomisarias que no se hagan de una manera expresa, ya dándoles este nombre, ya imponiendo al sustituido la obligación terminante de entregar los bienes a un segundo heredero.

2.º Las disposiciones que contengan prohibición perpetua de enajenar, y aun la temporal, fuera del límite señalado en el artículo 781.

3.º Las que impongan al heredero el encargo de pagar a varias personas sucesivamente, más allá del segundo grado, cierta renta o pensión.

4.º Las que tengan por objeto dejar a una persona el todo o parte de los bienes hereditarios para que los aplique o invierta según instrucciones reservadas que le hubiese comunicado el testador.

> *Véanse:*
> *- Artículos 671, 749 y 783 del presente Código.*
> *- Artículos 2.3, 26 y 45.1. de la Ley Hipotecaria.*
> *- Artículo 172.1. del Reglamento Hipotecario de 1947.*

Artículo 786. La nulidad de la sustitución fideicomisaria no perjudicará a la validez de la institución ni a los herederos del primer llamamiento; sólo se tendrá por no escrita la cláusula fideicomisaria.

Artículo 787. La disposición en que el testador deje a una persona el todo o parte de la herencia, y a otra el usufructo, será válida. Si llamare al usufructo a varias personas, no simultánea, sino sucesivamente, se estará a lo dispuesto en el artículo 781.

> *Véase artículo 640 del presente Código.*

Artículo 788. Será válida la disposición que imponga al heredero la obligación de invertir ciertas cantidades periódicamente en obras benéficas, como dotes para doncellas pobres, pensiones para estudiantes o en favor de los pobres o de cualquiera establecimiento de beneficencia o de instrucción pública, bajo las condiciones siguientes:

Si la carga se impusiere sobre bienes inmuebles y fuere temporal, el heredero o herederos podrán disponer de la finca gravada, sin que cese el gravamen mientras que su inscripción no se cancele.

Si la carga fuere perpetua, el heredero podrá capitalizarla e imponer el capital a interés con primera y suficiente hipoteca.

La capitalización e imposición del capital se hará interviniendo el Gobernador civil de la provincia y con audiencia del Ministerio público.

> *Véase la disposición adicional cuarta de la Ley 6/1997, 14 abril, de Organización y Funcionamiento de la Administración General del Estado («B.O.E.» 15 abril).*

En todo caso, cuando el testador no hubiere establecido un orden para la administración y aplicación de la manda benéfica, lo hará la Autoridad administrativa a quien corresponda con arreglo a las leyes.

Artículo 789. Todo lo dispuesto en este capítulo respecto a los herederos se entenderá también aplicable a los legatarios.

SECCIÓN CUARTA
DE LA INSTITUCIÓN DE HEREDERO Y DEL LEGADO CONDICIONAL O A TÉRMINO

Véase artículo 427.1 a 45 de la Ley 10/2008, de 10 de julio, del libro cuarto del Código civil de Cataluña, relativo a las sucesiones («D.O.G.C.» 17 julio).

Artículo 790. Las disposiciones testamentarias, tanto a título universal como particular, podrán hacerse bajo condición.

Artículo 791. Las condiciones impuestas a los herederos y legatarios, en lo que no esté prevenido en esta sección, se regirán por las reglas establecidas para las obligaciones condicionales.

Véanse artículos 1113 a 1124 del presente Código.

Artículo 792. Las condiciones imposibles y las contrarias a las leyes o a las buenas costumbres se tendrán por no puestas y en nada perjudicarán al heredero o legatario, aun cuando el testador disponga otra cosa.

Artículo 793. La condición absoluta de no contraer primero o ulterior matrimonio se tendrá por no puesta, a menos que lo haya sido al viudo o viuda por su difunto consorte o por los ascendientes o descendientes de éste.

Podrá, sin embargo, legarse a cualquiera el usufructo, uso o habitación, o una pensión o prestación personal, por el tiempo que permanezca soltero o viudo.

Artículo 794. Será nula la disposición hecha bajo condición de que el heredero o legatario haga en su testamento alguna disposición en favor del testador o de otra persona.

Artículo 795. La condición puramente potestativa impuesta al heredero o legatario ha de ser cumplida por éstos, una vez enterados de ella, después de la muerte del testador.

Exceptúase el caso en que la condición, ya cumplida, no pueda reiterarse.

Artículo 796. Cuando la condición fuere casual o mixta, bastará que se realice o cumpla en cualquier tiempo, vivo o muerto el testador, si éste no hubiese dispuesto otra cosa.

Si hubiese existido o se hubiese cumplido al hacerse el testamento, y el testador lo ignoraba, se tendrá por cumplida.

Si lo sabía, sólo se tendrá por cumplida cuando fuere de tal naturaleza que no pueda ya existir o cumplirse de nuevo.

Artículo 797. La expresión del objeto de la institución o legado, o la aplicación que haya de darse a lo dejado por el testador, o la carga que el mismo impusiere, no se entenderán como condición, a no parecer que ésta era su voluntad.

Lo dejado de esta manera puede pedirse desde luego, y es transmisible a los herederos que afiancen el cumplimiento de lo mandado por el testador, y la devolución de lo percibido con sus frutos e intereses, si faltaren a esta obligación.

Artículo 798. Cuando, sin culpa o hecho propio del heredero o legatario, no pueda tener efecto la institución o el legado de que trata el artículo precedente en los mismos términos que haya ordenado el testador, deberá cumplirse en otros, los más análogos y conformes a su voluntad.

Cuando el interesado en que se cumpla o no, impidiere su cumplimiento sin culpa o hecho propio del heredero o legatario, se considerará cumplida la condición.

Véanse artículos 1119 y 1121 del presente Código.

Artículo 799. La condición suspensiva no impide al heredero o legatario adquirir sus respectivos derechos y transmitirlos a sus herederos, aun antes de que se verifique su cumplimiento.

Artículo 800. Si la condición potestativa impuesta al heredero o legatario fuere negativa, o de no hacer o no dar, cumplirán con afianzar que no harán o no darán lo que fue prohibido por el testador, y que, en caso de contravención, devolverán lo percibido, con sus frutos e intereses.

Artículo 801. Si el heredero fuere instituido bajo condición suspensiva, se pondrán los bienes de la herencia en administración hasta que la condición se realice o haya certeza de que no podrá cumplirse.

Lo mismo se hará cuando el heredero o legatario no preste la fianza en el caso del artículo anterior.

Artículo 802. La administración de que habla el artículo precedente se confiará al heredero o herederos instituidos sin condición, cuando entre ellos y el heredero condicional hubiere derecho de acrecer. Lo mismo se entenderá respecto de los legatarios.

Véanse artículos 981 y siguientes del presente Código.

Artículo 803. Si el heredero condicional no tuviere coherederos, o teniéndolos no existiese entre ellos derecho de acrecer, entrará aquél en la administración, dando fianza.

Si no la diere, se conferirá la administración al heredero presunto, también bajo fianza; y, si ni uno ni otro afianzaren, los Tribunales nombrarán tercera persona, que se hará cargo de ella, también bajo fianza, la cual se prestará con intervención del heredero.

Artículo 804. Los administradores tendrán los mismos derechos y obligaciones que los que lo son de los bienes de un ausente.

Véanse:
- Artículos 184 y siguientes del presente Código.
- Artículos 2031 a 2047 LEC.

Artículo 805. Será válida la designación de día o de tiempo en que haya de comenzar o cesar el efecto de la institución de heredero o del legado.

En ambos casos, hasta que llegue el término señalado, o cuando éste concluya, se entenderá llamado el sucesor legítimo. Mas en el primer caso, no entrará éste en posesión de los bienes sino después de prestar caución suficiente, con intervención del instituido.

SECCIÓN QUINTA
DE LAS LEGÍTIMAS

Artículo 806. Legítima es la porción de bienes de que el testador no puede disponer por haberla reservado la ley a determinados herederos, llamados por esto herederos forzosos.

Véanse:
- Leyes 267 y 269 de la Ley 1/1973, de 1 de marzo, Compilación del Derecho Civil Foral de Navarra.
- Artículo 79 del Decreto Legislativo 79/1990, de 6 de septiembre, de la Compilación del Derecho Civil de las Islas Baleares.

Artículo 807. Son herederos forzosos:
1.º Los hijos y descendientes respecto de sus padres y ascendientes.

Véanse:
- Artículo 3 Ley 21/1987, de 11 de noviembre, por la que se modifican determinados artículos del Código Civil y de la Ley de Enjuiciamiento Civil en materia de adopción.
- Artículo 108 párrafo 2º del presente Código.

2.º A falta de los anteriores, los padres y ascendientes respecto de sus hijos y descendientes.

3.º El viudo o viuda en la forma y medida que establece este Código.

Véanse:
- Artículos 834 a 840 del presente Código.
- Artículos 41 y 79 de la Compilación del Derecho Civil de las Islas Baleares.

Artículo 807 redactado por Ley 11/1981, 13 mayo («B.O.E.» 19 mayo), de modificación del Código Civil en materia de filiación, patria potestad y régimen económico del matrimonio.

Véanse Disposición transitoria 1.ª a Disposición transitoria 3.ª Ley 11/1981, de 13 de mayo, de modificación del Código Civil en materia de filiación, patria potestad y régimen económico del matrimonio.

Artículo 808. Constituyen la legítima de los hijos y descendientes las dos terceras partes del haber hereditario de los progenitores.

Sin embargo, podrán estos disponer de una parte de las dos que forman la legítima, para aplicarla como mejora a sus hijos o descendientes.

La tercera parte restante será de libre disposición.

Cuando alguno o varios de los legitimarios se encontraren en una situación de discapacidad, el testador podrá disponer a su favor de la legítima estricta de los demás legitimarios sin discapacidad. En tal caso, salvo disposición contraria del testador, lo así recibido por el hijo beneficiado quedará gravado con sustitución fideicomisaria de residuo a favor de los que hubieren visto afectada su legítima estricta y no podrá aquel disponer de tales bienes ni a título gratuito ni por acto mortis causa.

Cuando el testador hubiere hecho uso de la facultad que le concede el párrafo anterior, corresponderá al hijo que impugne el gravamen de su legítima estricta acreditar que no concurre causa que la justifique.

Artículo 808 redactado conforme establece el apartado treinta y nueve del artículo segundo de la Ley 8/2021, de 2 de junio, por la que se reforma la legislación civil y procesal para el apoyo a las personas con discapacidad en el ejercicio de su capacidad jurídica («B.O.E.» 3 junio), que suprime el tercer párrafo, pasando el actual cuarto párrafo a ocupar el tercer lugar y se añaden a continuación dos nuevos párrafos.
Vigencia: 3 septiembre 2021

Véase la disposición adicional cuarta del presente Código sobre la referencia a la discapacidad contenida en el presente artículo.

Artículo 809. Constituye la legítima de los padres o ascendientes la mitad del haber hereditario de los hijos y descendientes, salvo el caso en que concurrieren con el cónyuge viudo del descendiente causante, en cuyo supuesto será de una tercera parte de la herencia.

Artículo 809 redactado por Ley de 24 de abril de 1958, por la que se modifican determinados artículos del Código Civil («B.O.E.» 25 abril).

Véanse artículos 43 y siguientes y 79 y siguientes del Decreto Legislativo 79/1990, de 6 de septiembre, Compilación del Derecho Civil de las Islas Baleares.

Artículo 810. La legítima reservada a los padres se dividirá entre los dos por partes iguales; si uno de ellos hubiere muerto, recaerá toda en el sobreviviente.

Cuando el testador no deje padre ni madre, pero sí ascendientes, en igual grado, de las líneas paterna y materna, se dividirá la herencia por mitad entre ambas líneas. Si los ascendientes fueren de grado diferente, corresponderá por entero a los más próximos de una u otra línea.

Véanse artículos 43 y siguientes y 79 del Decreto Legislativo 79/1990, de 6 de septiembre, Compilación del Derecho Civil de las Islas Baleares.

Artículo 811. El ascendiente que heredare de su descendiente bienes que éste hubiese adquirido por título lucrativo de otro ascendiente, o de un hermano, se halla obligado a reservar los que hubiere adquirido por ministerio de la ley en favor de los parientes que estén dentro del tercer grado y pertenezcan a la línea de donde los bienes proceden.

Véanse:
- Artículos 968 y siguientes del presente Código.
- Artículos 168.2 y 184 a 189 de la Ley Hipotecaria.
- Leyes 303 y siguientes de la Ley 1/1973, de 1 de marzo, por la que se aprueba la Compilación del Derecho Civil Foral de Navarra.
- Artículos 259 a 265 del Reglamento Hipotecario de 1947.

Artículo 812. Los ascendientes suceden con exclusión de otras personas en las cosas dadas por ellos a sus hijos o descendientes muertos sin posteridad, cuando los mismos objetos donados existan en la sucesión. Si hubieren sido enajenados, sucederán en todas las acciones que el donatario tuviera con relación a ellos, y en el precio si se hubieren vendido, o en los bienes con que se hayan sustituido, si los permutó o cambió.

Véanse artículos 938 y 942 del presente Código.

Artículo 813. El testador no podrá privar a los herederos de su legítima sino en los casos expresamente determinados por la ley.

Tampoco podrá imponer sobre ella gravamen, ni condición, ni sustitución de ninguna especie, salvo lo dispuesto en cuanto al usufructo del viudo y lo establecido en los artículos 782 y 808.

Párrafo segundo del artículo 813 redactado por el apartado cuarenta del artículo segundo de la Ley 8/2021, de 2 de junio, por la que se reforma la legislación civil y procesal para el apoyo a las personas con discapacidad en el ejercicio de su capacidad jurídica («B.O.E.» 3 junio).
Vigencia: 3 septiembre 2021

Artículo 814. La preterición de un heredero forzoso no perjudica la legítima. Se reducirá la institución de heredero antes que los legados, mejoras y demás disposiciones testamentarias.

Sin embargo, la preterición no intencional de hijos o descendientes producirá los siguientes efectos:

1.º Si resultaren preteridos todos, se anularán las disposiciones testamentarias de contenido patrimonial.

2.º En otro caso, se anulará la institución de herederos, pero valdrán las mandas y mejoras ordenadas por cualquier título, en cuanto unas y otras no sean inoficiosas. No obstante, la institución de heredero a favor del cónyuge sólo se anulará en cuanto perjudique a las legítimas.

Los descendientes de otro descendiente que no hubiere sido preterido, representan a éste en la herencia del ascendiente y no se consideran preteridos.

Si los herederos forzosos preteridos mueren antes que el testador, el testamento surtirá todos sus efectos.

A salvo las legítimas, tendrá preferencia en todo caso lo ordenado por el testador.

Artículo 814 redactado por Ley 11/1981, 13 mayo («B.O.E.» 19 mayo), de modificación del Código Civil en materia de filiación, patria potestad y régimen económico del matrimonio.

Artículo 815. El heredero forzoso a quien el testador haya dejado por cualquier título menos de la legítima que le corresponda, podrá pedir el complemento de la misma.

Artículo 816. Toda renuncia o transacción sobre la legítima futura entre el que la debe y sus herederos forzosos es nula, y éstos podrán reclamarla cuando muera aquél; pero deberán traer a colación lo que hubiesen recibido por la renuncia o transacción.

Artículo 817. Las disposiciones testamentarias que mengüen la legítima de los herederos forzosos se reducirán, a petición de éstos, en lo que fueren inoficiosas o excesivas.

Artículo 818. Para fijar la legítima se atenderá al valor de los bienes que quedaren a la muerte del testador, con deducción de las deudas y cargas, sin comprender entre ellas las impuestas en el testamento.

Al valor líquido de los bienes hereditarios se agregará el de las donaciones colacionables.

Párrafo 2.º del artículo 818 redactado por Ley 11/1981, 13 mayo («B.O.E.» 19 mayo), de modificación del Código Civil en materia de filiación, patria potestad y régimen económico del matrimonio.

Véanse artículos 1035 y siguientes del presente Código.

Artículo 819. Las donaciones hechas a los hijos, que no tengan el concepto de mejoras, se imputarán en su legítima.

Las donaciones hechas a extraños se imputarán a la parte libre de que el testador hubiese podido disponer por su última voluntad.

En cuanto fueren inoficiosas o excedieren de la cuota disponible, se reducirán según las reglas de los artículos siguientes.

Artículo 820. Fijada la legítima con arreglo a los dos artículos anteriores, se hará la reducción como sigue:

1.º Se respetarán las donaciones mientras pueda cubrirse la legítima, reduciendo o anulando, si necesario fuere, las mandas hechas en testamento.

2.º La reducción de éstas se hará a prorrata, sin distinción alguna.

Si el testador hubiere dispuesto que se pague cierto legado con preferencia a otros, no sufrirá aquél reducción sino después de haberse aplicado éstos por entero al pago de la legítima.

3.º Si la manda consiste en un usufructo o renta vitalicia, cuyo valor se tenga por superior a la parte disponible, los herederos forzosos podrán escoger entre cumplir la disposición testamentaria o entregar al legatario la parte de la herencia de que podía disponer libremente el testador.

Artículo 821. Cuando el legado sujeto a reducción consista en una finca que no admita cómoda división, quedará ésta para el legatario si la reducción no absorbe la mitad de su valor, y en caso contrario para los herederos forzosos; pero aquél y éstos deberán abonarse su respectivo haber en dinero.

El legatario que tenga derecho a legítima podrá retener toda la finca, con tal que su valor no supere, el importe de la porción disponible y de la cuota que le corresponda por legítima.

Si los herederos o legatarios no quieren usar del derecho que se les concede en este artículo se venderá la finca en pública subasta, a instancia de cualquiera de los interesados.

Artículo 821 redactado por el número cinco del artículo 10 de la Ley 41/2003, de 18 de noviembre, de protección patrimonial de las personas con discapacidad y de modificación del Código Civil, de la Ley de Enjuiciamiento Civil y de la Normativa Tributaria con esta finalidad («B.O.E.» 19 noviembre).
Vigencia: 20 noviembre 2003

Artículo 822. La donación o legado de un derecho de habitación sobre la vivienda habitual que su titular haga a favor de un legitimario que se encuentre en una situación de discapacidad, no se computará para el cálculo de las legítimas si en el momento del fallecimiento ambos estuvieren conviviendo en ella.

Párrafo primero del artículo 822 redactado por el apartado cuarenta y uno del artículo segundo de la Ley 8/2021, de 2 de junio, por la que se reforma la legislación civil y procesal para el apoyo a las personas con discapacidad en el ejercicio de su capacidad jurídica («B.O.E.» 3 junio).
Vigencia: 3 septiembre 2021

Este derecho de habitación se atribuirá por ministerio de la ley en las mismas condiciones al legitimario que se halle en la situación prevista en el párrafo anterior, que lo necesite y que estuviere conviviendo con el fallecido, a menos que el testador hubiera dispuesto otra cosa o lo hubiera excluido expresamente, pero su titular no podrá impedir que continúen conviviendo los demás legitimarios mientras lo necesiten.

Párrafo segundo del artículo 822 redactado por el apartado cuarenta y uno del artículo segundo de la Ley 8/2021, de 2 de junio, por la que se reforma la legislación civil y procesal para el apoyo a las personas con discapacidad en el ejercicio de su capacidad jurídica («B.O.E.» 3 junio).
Vigencia: 3 septiembre 2021

El derecho a que se refieren los dos párrafos anteriores será intransmisible.

Lo dispuesto en los dos primeros párrafos no impedirá la atribución al cónyuge de los derechos regulados en los artículos 1406 y 1407 de este Código, que coexistirán con el de habitación.

Artículo 822 redactado por el número cinco del artículo 10 de la Ley 41/2003, de 18 de noviembre, de protección patrimonial de las personas con discapacidad y de modificación del Código Civil, de la Ley de Enjuiciamiento Civil y de la Normativa Tributaria con esta finalidad («B.O.E.» 19 noviembre).
Vigencia: 20 noviembre 2003

Véase la disposición adicional cuarta del presente Código sobre la referencia a la discapacidad contenida en el presente artículo.

SECCIÓN SEXTA
DE LAS MEJORAS

Véanse artículos 214 a 223 Ley 2/2006, de 14 de junio, de derecho civil de Galicia.

Artículo 823. El padre o la madre podrán disponer en concepto de mejora a favor de alguno o algunos de sus hijos o descendientes, ya lo sean por naturaleza ya por adopción, de una de las dos terceras partes destinadas a legítima.

El término "plena" contenido en el artículo 823 ha sido suprimido por L.O. 1/1996, 15 enero («B.O.E.» 17 enero), de Protección Jurídica del Menor.

Artículo 824. No podrán imponerse sobre la mejora otros gravámenes que los que se establezcan en favor de los legitimarios o sus descendientes.

Véanse artículos 782, 813, 814 y 837 del presente Código.

Artículo 825. Ninguna donación por contrato entre vivos, sea simple o por causa onerosa, en favor de hijos o descendientes, que sean herederos forzosos, se reputará mejora, si el donante no ha declarado de una manera expresa su voluntad de mejorar.

> *La STS 29 julio 2013, rec. 253/2011, establece que, en el contexto interpretativo de la declaración de voluntad que comporta el artículo 825 del Código Civil, claramente contrario a la admisión de la mejora "meramente presunta", debe señalarse que "la declaración de una manera expresa de la voluntad de mejorar", entendida como una declaración inequívoca, queda complementada en la donación con expresa dispensa de colación al quedar patente que se pretende un beneficio exclusivo para ese legitimario, que resulta mejorado. Asimismo señala que, en orden a la imputación de la donación con dispensa de colación la valoración normativa tampoco debe discurrir por el cauce de una interpretación restrictiva o limitativa de la voluntad real del disponente. En efecto, en este sentido la interpretación literal que puede establecerse del artículo 825 del Código Civil y su posible correlato en el artículo 828 del mismo texto Legal (calificación e imputación de legados como mejoras), debe ceder ante la interpretación sistemática o de conjunto que ofrecen los artículos 636 y 1036 del mismo Código Civil, todo ello bajo el prisma de la voluntad realmente querida por el testador, como principio rector de esta interpretación normativa (675 del Código Civil).*

Artículo 826. La promesa de mejorar o no mejorar, hecha por escritura pública en capitulaciones matrimoniales, será válida.

La disposición del testador contraria a la promesa no producirá efecto.

Artículo 827. La mejora, aunque se haya verificado con entrega de bienes, será revocable, a menos que se haya hecho por capitulaciones matrimoniales o por contrato oneroso celebrado con un tercero.

Artículo 828. La manda o legado hecho por el testador a uno de los hijos o descendientes no se reputará mejora sino cuando el testador haya declarado expresamente ser ésta su voluntad, o cuando no quepa en la parte libre.

Artículo 829. La mejora podrá señalarse en cosa determinada. Si el valor de ésta excediere del tercio destinado a la mejora y de la parte de legítima correspondiente al mejorado, deberá éste abonar la diferencia en metálico a los demás interesados.

Artículo 830. La facultad de mejorar no puede encomendarse a otro.

Artículo 831. 1. No obstante lo dispuesto en el artículo anterior, podrán conferirse facultades al cónyuge en testamento para que, fallecido el testador, pueda realizar a favor de los hijos o descendientes comunes mejoras incluso con cargo al tercio de libre disposición y, en general, adjudicaciones o atribuciones de bienes concretos por cualquier título o concepto sucesorio o particiones, incluidas las que tengan por objeto bienes de la sociedad conyugal disuelta que esté sin liquidar.

Estas mejoras, adjudicaciones o atribuciones podrán realizarse por el cónyuge en uno o varios actos, simultáneos o sucesivos. Si no se le hubiere conferido la facultad de hacerlo en su propio testamento o no se le hubiere señalado plazo, tendrá el de dos años contados desde la apertura de la sucesión o, en su caso, desde la emancipación del último de los hijos comunes.

Las disposiciones del cónyuge que tengan por objeto bienes específicos y determinados, además de conferir la propiedad al hijo o descendiente favorecido, le conferirán también la posesión por el hecho de su aceptación, salvo que en ellas se establezca otra cosa.

2. Corresponderá al cónyuge sobreviviente la administración de los bienes sobre los que pendan las facultades a que se refiere el párrafo anterior.

3. El cónyuge, al ejercitar las facultades encomendadas, deberá respetar las legítimas estrictas de los descendientes comunes y las mejoras y demás disposiciones del causante en favor de ésos.

De no respetarse la legítima estricta de algún descendiente común o la cuota de participación en los bienes relictos que en su favor hubiere ordenado el causante, el perjudicado podrá pedir que se rescindan los actos del cónyuge en cuanto sea necesario para dar satisfacción al interés lesionado.

Se entenderán respetadas las disposiciones del causante a favor de los hijos o descendientes comunes y las legítimas cuando unas u otras resulten suficientemente satisfechas aunque en todo o en parte lo hayan sido con bienes pertenecientes sólo al cónyuge que ejercite las facultades.

4. La concesión al cónyuge de las facultades expresadas no alterará el régimen de las legítimas ni el de las disposiciones del causante, cuando el favorecido por unas u otras no sea descendiente común. En tal caso, el cónyuge que no sea pariente en línea recta del favorecido tendrá poderes, en cuanto a los bienes afectos a esas facultades, para actuar por cuenta de los descendientes comunes en los actos de ejecución o de adjudicación relativos a tales legítimas o disposiciones.

Cuando algún descendiente que no lo sea del cónyuge supérstite hubiera sufrido preterición no intencional en la herencia del premuerto, el ejercicio de las facultades encomendadas al cónyuge no podrá menoscabar la parte del preterido.

5. Las facultades conferidas al cónyuge cesarán desde que hubiere pasado a ulterior matrimonio o a relación de hecho análoga o tenido algún hijo no común, salvo que el testador hubiera dispuesto otra cosa.

6. Las disposiciones de los párrafos anteriores también serán de aplicación cuando las personas con descendencia común no estén casadas entre sí.

Artículo 831 redactado por el número seis del artículo 10 de la Ley 41/2003, de 18 de noviembre, de protección patrimonial de las personas con discapacidad y de modificación del Código Civil, de la Ley de Enjuiciamiento Civil y de la Normativa Tributaria con esta finalidad («B.O.E.» 19 noviembre).
Vigencia: 20 noviembre 2003

Véanse artículos 1057 y 1271 del presente Código.

Artículo 832. Cuando la mejora no hubiere sido señalada en cosa determinada, será pagada con los mismos bienes hereditarios, observándose, en cuanto puedan tener lugar, las reglas establecidas en los artículos 1.061 y 1.062 para procurar la igualdad de los herederos en la partición de bienes.

Artículo 833. El hijo o descendiente mejorado podrá renunciar a la herencia y aceptar la mejora.

Artículo 833 redactado por Ley 11/1981, 13 mayo («B.O.E.» 19 mayo), de modificación del Código Civil en materia de filiación, patria potestad y régimen económico del matrimonio.

SECCIÓN SÉPTIMA
DERECHOS DEL CÓNYUGE VIUDO

Rúbrica de la Sección Séptima del Capítulo II del Título III del Libro III introducida por el artículo 6 de la Ley 11/1981, de 13 de mayo, de modificación del Código Civil en materia de filiación, patria potestad y régimen económico del matrimonio («B.O.E.» 19 mayo).

Artículo 834. El cónyuge que al morir su consorte no se hallase separado de éste legalmente o de hecho, si concurre a la herencia con hijos o descendientes, tendrá derecho al usufructo del tercio destinado a mejora.

Artículo 834 redactado por el apartado sesenta y nueve de la disposición final primera de la Ley 15/2015, de 2 de julio, de la Jurisdicción Voluntaria («B.O.E.» 3 julio).
Vigencia: 23 julio 2015

Artículo 835. Si entre los cónyuges separados hubiera mediado reconciliación notificada al Juzgado que conoció de la separación o al Notario que otorgó la escritura pública de separación de conformidad con el artículo 84 de este Código, el sobreviviente conservará sus derechos.

> *Artículo 835 redactado por el apartado setenta de la disposición final primera de la Ley 15/2015, de 2 de julio, de la Jurisdicción Voluntaria («B.O.E.» 3 julio).*
> *Vigencia: 23 julio 2015*

Artículo 836. ...

> *Artículo 836 derogado por Ley 11/1981, 13 mayo («B.O.E.» 19 mayo), de modificación del Código Civil en materia de filiación, patria potestad y régimen económico del matrimonio.*

Artículo 837. No existiendo descendientes, pero sí ascendientes, el cónyuge sobreviviente tendrá derecho al usufructo de la mitad de la herencia.

...

> *Párrafo 2.º del artículo 837 suprimido por el apartado dos del artículo segundo de la Ley 15/2005, de 8 de julio, por la que se modifican el Código Civil y la Ley de Enjuiciamiento Civil en materia de separación y divorcio («B.O.E.» 9 julio).*
> *Vigencia: 10 julio 2005*

> *Artículo 837 redactado por Ley 11/1981, 13 mayo («B.O.E.» 19 mayo), de modificación del Código Civil en materia de filiación, patria potestad y régimen económico del matrimonio.*

Artículo 838. No existiendo descendientes ni ascendientes el cónyuge sobreviviente tendrá derecho al usufructo de los dos tercios de la herencia.

> *Artículo 838 redactado por Ley 24 abril 1958, por la que se modifican determinados artículos del Código Civil («B.O.E.» 25 abril).*

Artículo 839. Los herederos podrán satisfacer al cónyuge su parte de usufructo, asignándole una renta vitalicia, los productos de determinados bienes, o un capital en efectivo, procediendo de mutuo acuerdo y, en su defecto, por virtud de mandato judicial.

Mientras esto no se realice, estarán afectos todos los bienes de la herencia al pago de la parte de usufructo que corresponda al cónyuge.

> *Artículo 839 redactado por Ley 24 abril 1958, por la que se modifican determinados artículos del Código Civil («B.O.E.» 25 abril).*

> *Véanse:*
> *- Artículos 1406 y 1407 del presente Código.*
> *- Ley 19/1995, 4 julio, de Modernización de las Explotaciones Agrarias («B.O.E.» 5 julio).*

Artículo 840. Cuando el cónyuge viudo concurra con hijos sólo del causante, podrá exigir que su derecho de usufructo le sea satisfecho, a elección de los hijos, asignándole un capital en dinero o un lote de bienes hereditarios.

> *Artículo 840 redactado por el apartado tres del artículo segundo de la Ley 15/2005, de 8 de julio, por la que se modifican el Código Civil y la Ley de Enjuiciamiento Civil en materia de separación y divorcio («B.O.E.» 9 julio).*
> *Vigencia: 10 julio 2005*

SECCIÓN OCTAVA
PAGO DE LA PORCIÓN HEREDITARIA EN CASOS ESPECIALES

Rúbrica de la Sección Octava del Capítulo II del Título III del Libro III introducida por el artículo 6 de la Ley 11/1981, de 13 de mayo, de modificación del Código Civil en materia de filiación, patria potestad y régimen económico del matrimonio («B.O.E.» 19 mayo).

Artículo 841. El testador, o el contador-partidor expresamente autorizado por aquél, podrá adjudicar todos los bienes hereditarios o parte de ellos a alguno de los hijos o descendientes, ordenando que se pague en metálico la porción hereditaria de los demás legitimarios.

También corresponderá la facultad de pago en metálico en el mismo supuesto del párrafo anterior al contador partidor dativo a que se refiere el artículo 1.057 del Código Civil.

Artículo 841 redactado por Ley 11/1981, 13 mayo («B.O.E.» 19 mayo), de modificación del Código Civil en materia de filiación, patria potestad y régimen económico del matrimonio.

Artículo 842. No obstante lo dispuesto en el artículo anterior, cualquiera de los hijos o descendientes obligados a pagar en metálico la cuota hereditaria de sus hermanos podrá exigir que dicha cuota sea satisfecha en bienes de la herencia, debiendo observarse, en tal caso, lo prescrito por los artículos 1.058 a 1.063 de este Código.

Artículo 842 redactado por Ley 11/1981, 13 mayo («B.O.E.» 19 mayo), de modificación del Código Civil en materia de filiación, patria potestad y régimen económico del matrimonio.

Artículo 843. Salvo confirmación expresa de todos los hijos o descendientes la partición a que se refieren los dos artículos anteriores requerirá aprobación por el Secretario judicial o Notario.

Artículo 843 redactado por el apartado setenta y uno de la disposición final primera de la Ley 15/2015, de 2 de julio, de la Jurisdicción Voluntaria («B.O.E.» 3 julio).
Vigencia: 23 julio 2015

Artículo 844. La decisión de pago en metálico no producirá efectos si no se comunica a los perceptores en el plazo de un año desde la apertura de la sucesión. El pago deberá hacerse en el plazo de otro año más, salvo pacto en contrario. Corresponderán al perceptor de la cantidad las garantías legales establecidas para el legatario de cantidad.

Transcurrido el plazo sin que el pago haya tenido lugar, caducará la facultad conferida a los hijos o descendientes por el testador o el contador-partidor y se procederá a repartir la herencia según las disposiciones generales sobre la partición.

Artículo 844 redactado por Ley 11/1981, 13 mayo («B.O.E.» 19 mayo), de modificación del Código Civil en materia de filiación, patria potestad y régimen económico del matrimonio.

Artículo 845. La opción de que tratan los artículos anteriores no afectará a los legados de cosa específica.

Artículo 845 redactado por Ley 11/1981, 13 mayo («B.O.E.» 19 mayo), de modificación del Código Civil en materia de filiación, patria potestad y régimen económico del matrimonio.

Artículo 846. Tampoco afectará a las disposiciones particionales del testador señaladas en cosas determinadas.

Artículo 846 redactado por Ley 11/1981, 13 mayo («B.O.E.» 19 mayo), de modificación del Código Civil en materia de filiación, patria potestad y régimen económico del matrimonio.

Artículo 847. Para fijar la suma que haya de abonarse a los hijos o descendientes se atenderá al valor que tuvieren los bienes al tiempo de liquidarles la porción correspondiente, teniendo en cuenta los frutos o rentas hasta entonces producidas. Desde la liquidación, el crédito metálico devengará el interés legal.

Artículo 847 redactado por Ley 11/1981, 13 mayo («B.O.E.» 19 mayo), de modificación del Código Civil en materia de filiación, patria potestad y régimen económico del matrimonio.

SECCIÓN NOVENA
DE LA DESHEREDACIÓN

Véase artículo 412.3 y 4 de la Ley 10/2008, de 10 de julio, del libro cuarto del Código civil de Cataluña, relativo a las sucesiones («D.O.G.C.» 17 julio).

Artículo 848. La desheredación sólo podrá tener lugar por alguna de las causas que expresamente señala la ley.

Véanse artículos 852 a 855 del presente Código.

Artículo 849. La desheredación sólo podrá hacerse en testamento, expresando en él la causa legal en que se funde.

Véase artículo 757 del presente Código.

Artículo 850. La prueba de ser cierta la causa de la desheredación corresponderá a los herederos del testador si el desheredado la negare.

Artículo 851. La desheredación hecha sin expresión de causa, o por causa cuya certeza, si fuere contradicha, no se probare, o que no sea una de las señaladas en los cuatro siguientes artículos, anulará la institución de heredero en cuanto perjudique al desheredado; pero valdrán los legados, mejoras y demás disposiciones testamentarias en lo que no perjudiquen a dicha legítima.

Véase artículo 814 del presente Código.

Artículo 852. Son justas causas para la desheredación, en los términos que específicamente determinan los artículos ochocientos cincuenta y tres, ochocientos cincuenta y cuatro y ochocientos cincuenta y cinco, las de incapacidad por indignidad para suceder, señaladas en el artículo setecientos cincuenta y seis con los números 1º, 2º, 3º, 5º y 6º.

Artículo 852 redactado por Ley 22/1978, 26 mayo, sobre despenalización del adulterio y del amancebamiento. Inciso final del artículo 852 suprimido por Ley 11/1990, 15 octubre, de reforma del Código Civil, en aplicación del principio de no discriminación por razón de sexo. La referencia a los números ", 5.º y 6.º" del artículo 852 ha sido introducida por L.O. 1/1996, 15 enero, de Protección Jurídica del Menor, en sustitución de la anterior "y 5.º".

Artículo 853. Serán también justas causas para desheredar a los hijos y descendientes, además de las señaladas en el artículo 756 con los números 2.º, 3.º, 5.º y 6.º, las siguientes:

Párrafo introductorio del artículo 853 redactado por Ley 11/1981, 13 mayo («B.O.E.» 19 mayo), de modificación del Código Civil en materia de filiación, patria potestad y régimen económico del matrimonio.

1.ª Haber negado, sin motivo legítimo, los alimentos al padre o ascendiente que le deshereda.

2.ª   Haberle maltratado de obra o injuriado gravemente de palabra.
3.ª   ...

> *Causa 3.ª del artículo 853 derogada por Ley 11/1990, 15 octubre («B.O.E.» 18 octubre), de reforma del Código Civil, en aplicación del principio de no discriminación por razón de sexo.*

4.ª   ...

> *Causa 4.ª del artículo 853 derogada por Ley 6/1984, 31 marzo («B.O.E.» 3 abril), de modificación de determinados artículos de los Códigos Civil y de Comercio y de las Leyes Hipotecarias, de Enjuiciamiento Criminal y de Régimen Jurídico de las Sociedades Anónimas, sobre interdicción.*

Artículo 854. Serán justas causas para desheredar a los padres y ascendientes, además de las señaladas en el artículo 756 con los números 1.º, 2.º, 3.º, 5.º y 6.º, las siguientes:

> *Párrafo introductorio del artículo 854 redactado por Ley 11/1981, 13 mayo («B.O.E.» 19 mayo), de modificación del Código Civil en materia de filiación, patria potestad y régimen económico del matrimonio.*

1.ª   Haber perdido la patria potestad por las causas expresadas en el artículo 170.
2.ª   Haber negado los alimentos a sus hijos o descendientes sin motivo legítimo.
3.ª   Haber atentado uno de los padres contra la vida del otro, si no hubiere habido entre ellos reconciliación.

Artículo 855. Serán justas causas para desheredar al cónyuge, además de las señaladas en el artículo 756 con los números 2.º, 3.º, 5.º y 6.º las siguientes:

> *La referencia a los números "5.º y 6.º" contenida en el párrafo introductorio del artículo 855 ha sido introducida por L.O. 1/1996, 15 enero («B.O.E.» 17 enero), de Protección Jurídica del Menor, en sustitución de la anterior "y 6.º".*

1.ª   Haber incumplido grave o reiteradamente los deberes conyugales.

> *Causa 1.ª del artículo 855 redactada por Ley 30/1981, 7 julio («B.O.E.» 20 julio), por la que se modifica la regulación del matrimonio en el Código Civil y se determina el procedimiento a seguir en las causas de nulidad, separación y divorcio.*

> *Véanse artículos 66 a 68 del presente Código.*

2.ª   Las que dan lugar a la pérdida de la patria potestad, conforme al artículo 170.

> *La referencia al artículo "170" contenida en la causa 2.ª del artículo 855 ha sido introducida por L.O. 1/1996, 15 enero («B.O.E.» 17 enero), de Protección Jurídica del Menor, en sustitución de la anterior "169".*

> *Véase artículo 170 del presente Código.*

3.ª   Haber negado alimentos a los hijos o al otro cónyuge.

> *Véanse artículos 142 y siguientes del presente Código.*

4.ª   Haber atentado contra la vida del cónyuge testador, si no hubiere mediado reconciliación.

> *Véase artículo 856 del presente Código.*

...

> *Párrafo final del artículo 855 derogado por L.O. 1/1996, 15 enero («B.O.E.» 17 enero), de Protección Jurídica del Menor.*

Artículo 856. La reconciliación posterior del ofensor y del ofendido priva a éste del derecho de desheredar, y deja sin efecto la desheredación ya hecha.

Artículo 857. Los hijos o descendientes del desheredado ocuparán su lugar y conservarán los derechos de herederos forzosos respecto a la legítima.

Artículo 857 redactado por Ley 11/1981, 13 mayo («B.O.E.» 19 mayo), de modificación del Código Civil en materia de filiación, patria potestad y régimen económico del matrimonio.

SECCIÓN DÉCIMA
DE LAS MANDAS Y LEGADOS

Artículo 858. El testador podrá gravar con mandas y legados, no sólo a su heredero, sino también a los legatarios.

Estos no estarán obligados a responder del gravamen sino hasta donde alcance el valor del legado.

Artículo 859. Cuando el testador grave con un legado a uno de los herederos, él sólo quedará obligado a su cumplimiento.

Si no gravare a ninguno en particular, quedarán obligados todos en la misma proporción en que sean herederos.

Artículo 860. El obligado a la entrega del legado responderá en caso de evicción, si la cosa fuere indeterminada y se señalase sólo por género o especie.

Artículo 861. El legado de cosa ajena si el testador, al legarla, sabía que lo era, es válido. El heredero estará obligado a adquirirla para entregarla al legatario; y, no siéndole posible, a dar a éste su justa estimación.

La prueba de que el testador sabía que la cosa era ajena corresponde al legatario.

Artículo 862. Si el testador ignoraba que la cosa que legaba era ajena, será nulo el legado.

Pero será válido si la adquiere después de otorgado el testamento.

Artículo 863. Será válido el legado hecho a un tercero de una cosa propia del heredero o de un legatario, quienes, al aceptar la sucesión, deberán entregar la cosa legada o su justa estimación, con la limitación establecida en el artículo siguiente.

Lo dispuesto en el párrafo anterior se entiende sin perjuicio de la legítima de los herederos forzosos.

Artículo 864. Cuando el testador, heredero o legatario tuviesen sólo una parte o un derecho en la cosa legada, se entenderá limitado el legado a esta parte o derecho, a menos que el testador declare expresamente que lega la cosa por entero.

Artículo 865. Es nulo el legado de cosas que están fuera del comercio.

Artículo 866. No producirá efecto el legado de cosa que al tiempo de hacerse el testamento fuera ya propia del legatario, aunque en ella tuviese algún derecho otra persona.

Si el testador dispone expresamente que la cosa sea liberada de este derecho o gravamen, valdrá en cuanto a esto el legado.

Artículo 867. Cuando el testador legare una cosa empeñada o hipotecada para la seguridad de alguna deuda exigible, el pago de ésta quedará a cargo del heredero.

Si por no pagar el heredero lo hiciere el legatario, quedará éste subrogado en el lugar y derechos del acreedor para reclamar contra el heredero.

Cualquiera otra carga, perpetua o temporal, a que se halle afecta la cosa legada, pasa con ésta al legatario; pero en ambos casos las rentas y los intereses o réditos devengados hasta la muerte del testador son carga de la herencia.

Artículo 868. Si la cosa legada estuviere sujeta a usufructo, uso o habitación, el legatario deberá respetar estos derechos hasta que legalmente se extingan.

Artículo 869. El legado quedará sin efecto:

1.º Si el testador transforma la cosa legada, de modo que no conserve ni la forma ni la denominación que tenía.

2.º Si el testador enajena, por cualquier título o causa, la cosa legada o parte de ella, entendiéndose en este último caso que el legado queda sólo sin efecto respecto a la parte enajenada. Si después de la enajenación volviere la cosa al dominio del testador, aunque sea por la nulidad del contrato, no tendrá después de este hecho fuerza el legado, salvo el caso en que la readquisición se verifique por pacto de retroventa.

3.º Si la cosa legada perece del todo viviendo el testador, o después de su muerte sin culpa del heredero. Sin embargo, el obligado a pagar el legado responderá por evicción, si la cosa legada no hubiere sido determinada en especie, según lo dispuesto en el artículo 860.

Artículo 870. El legado de un crédito contra tercero, o el de perdón o liberación de una deuda del legatario, sólo surtirá efecto en la parte del crédito o de la deuda subsistente al tiempo de morir el testador.

En el primer caso, el heredero cumplirá con ceder al legatario todas las acciones que pudieran competirle contra el deudor.

En el segundo, con dar al legatario carta de pago, si la pidiere.

En ambos casos, el legado comprenderá los intereses que por el crédito o la deuda se debieren al morir el testador.

Véanse artículos 1187 a 1191 del presente Código.

Artículo 871. Caduca el legado de que se habla en el artículo anterior si el testador, después de haberlo hecho, demandare judicialmente al deudor para el pago de su deuda, aunque éste no se haya realizado al tiempo del fallecimiento.

Por el legado hecho al deudor de la cosa empeñada sólo se entiende remitido el derecho de prenda.

Artículo 872. El legado genérico de liberación o perdón de las deudas comprende las existentes al tiempo de hacerse el testamento, no las posteriores.

Artículo 873. El legado hecho a un acreedor no se imputará en pago de su crédito, a no ser que el testador lo declare expresamente.

En este caso el acreedor tendrá derecho a cobrar el exceso del crédito o del legado.

Artículo 874. En los legados alternativos se observará lo dispuesto para las obligaciones de la misma especie, salvas las modificaciones que se deriven de la voluntad expresa del testador.

Véanse artículos 1131 a 1136 del presente Código.

Artículo 875. El legado de cosa mueble genérica será válido aunque no haya cosas de su género en la herencia.

El legado de cosa inmueble no determinada sólo será válido si la hubiere de su género en la herencia.

La elección será del heredero, quien cumplirá con dar una cosa que no sea de la calidad inferior ni de la superior.

Véase artículo 81 del Reglamento Hipotecario de 1947.

Artículo 876. Siempre que el testador deje expresamente la elección al heredero o al legatario el primero podrá dar, o el segundo elegir, lo que mejor les pareciere.

Artículo 877. Si el heredero o legatario no pudiere hacer la elección en el caso de haberle sido concedida, pasará su derecho a los herederos; pero, una vez hecha la elección, será irrevocable.

Artículo 878. Si la cosa legada era propia del legatario a la fecha del testamento, no vale el legado, aunque después haya sido enajenada.

Si el legatario la hubiese adquirido por título lucrativo después de aquella fecha, nada podrá pedir por ello; mas, si la adquisición se hubiese hecho por título oneroso, podrá pedir al heredero que le indemnice de lo que haya dado por adquirirla.

Véase artículo 866 del presente Código.

Artículo 879. El legado de educación dura hasta que el legatario sea mayor de edad.

El de alimentos dura mientras viva el legatario, si el testador no dispone otra cosa.

Si el testador no hubiere señalado cantidad para estos legados, se fijará según el estado y condición del legatario y el importe de la herencia.

Si el testador acostumbró en vida dar al legatario cierta cantidad de dinero u otras cosas por vía de alimentos, se entenderá legada la misma cantidad, si no resultare en notable desproporción con la cuantía de la herencia.

Véanse artículos 142 a 153 del presente Código.

Artículo 880. Legada una pensión periódica o cierta cantidad anual, mensual o semanal, el legatario podrá exigir la del primer período así que muera el testador, y la de los siguientes en el principio de cada uno de ellos, sin que haya lugar a la devolución aunque el legatario muera antes que termine el período comenzado.

Véanse:
- Artículo 820.3 del presente Código.
- Artículos 88 a 91 Ley Hipotecaria.

Artículo 881. El legatario adquiere derecho a los legados puros y simples desde la muerte del testador, y lo transmite a sus herederos.

Artículo 882. Cuando el legado es de cosa específica y determinada, propia del testador, el legatario adquiere su propiedad desde que aquél muere, y hace suyos los frutos o rentas pendientes, pero no las rentas devengadas y no satisfechas antes de la muerte.

La cosa legada correrá desde el mismo instante a riesgo del legatario, que sufrirá, por lo tanto, su pérdida o deterioro, como también se aprovechará de su aumento o mejora.

Artículo 883. La cosa legada deberá ser entregada con todos sus accesorios y en el estado en que se halle al morir el testador.

Artículo 884. Si el legado no fuere de cosa específica y determinada, sino genérico o de cantidad, sus frutos e intereses desde la muerte del testador corresponderán al legatario cuando el testador lo hubiese dispuesto expresamente.

Véanse:
- Artículo 845 del presente Código.
- Artículo 48 de la Ley Hipotecaria.

Artículo 885. El legatario no puede ocupar por su propia autoridad la cosa legada, sino que debe pedir su entrega y posesión al heredero o al albacea, cuando éste se halle autorizado para darla.

> *Véanse:*
> *- Artículos 441, 446, 901, 902.3, 903, 1025 y 1027 del presente Código.*
> *- Artículos 42.7, 47, 48 y 56 de la Ley Hipotecaria.*
> *- Artículos 83 y 147 a 154 del Reglamento Hipotecario de 1947.*

Artículo 886. El heredero debe dar la misma cosa legada, pudiendo hacerlo, y no cumple con dar su estimación.

Los legados en dinero deberán ser pagados en esta especie, aunque no lo haya en la herencia.

Los gastos necesarios para la entrega de la cosa legada serán a cargo de la herencia, pero sin perjuicio de la legítima.

Artículo 887. Si los bienes de la herencia no alcanzaren para cubrir todos los legados, el pago se hará en el orden siguiente:

1.º Los legados remuneratorios.

2.º Los legados de cosa cierta y determinada, que forme parte del caudal hereditario.

3.º Los legados que el testador haya declarado preferentes.

4.º Los de alimentos.

5.º Los de educación.

6.º Los demás a prorrata.

Artículo 888. Cuando el legatario no pueda o no quiera admitir el legado, o éste, por cualquier causa, no tenga efecto, se refundirá en la masa de la herencia, fuera de los casos de sustitución y derecho de acrecer.

Artículo 889. El legatario no podrá aceptar una parte del legado y repudiar la otra, si ésta fuere onerosa.

Si muriese antes de aceptar el legado dejando varios herederos, podrá uno de éstos aceptar y otro repudiar la parte que le corresponda en el legado.

> *Véase artículo 166 párrafo segundo del presente Código.*

Artículo 890. El legatario de dos legados, de los que uno fuere oneroso, no podrá renunciar éste y aceptar el otro. Si los dos son onerosos o gratuitos, es libre para aceptarlos todos o repudiar el que quiera.

El heredero, que sea al mismo tiempo legatario, podrá renunciar la herencia y aceptar el legado, o renunciar éste y aceptar aquélla.

Artículo 891. Si toda la herencia se distribuye en legados, se prorratearán las deudas y gravámenes de ella entre los legatarios a proporción de sus cuotas, a no ser que el testador hubiera dispuesto otra cosa.

> *Véanse artículos 81 y 83 del Reglamento Hipotecario de 1947.*

SECCIÓN UNDÉCIMA
DE LOS ALBACEAS O TESTAMENTARIOS

Artículo 892. El testador podrá nombrar uno o más albaceas.

Artículo 893. No podrá ser albacea el que no tenga capacidad para obligarse.

El menor no podrá serlo, ni aun con la autorización del padre o del tutor.

> *Artículo 893 redactado por Ley 14/1975, 2 mayo («B.O.E.» 5 mayo), sobre reforma de determinados artículos del Código Civil y del Código de Comercio sobre situación jurídica de la mujer casada y los derechos y deberes de los cónyuges.*

Véanse:
- Artículo 1263 del presente Código.
- Artículo 139 párrafo 4º Reglamento del Notariado.

Artículo 894. El albacea puede ser universal o particular.

En todo caso, los albaceas podrán ser nombrados mancomunada, sucesiva o solidariamente.

Artículo 895. Cuando los albaceas fueren mancomunados, sólo valdrá lo que todos hagan de consuno, o lo que haga uno de ellos legalmente autorizado por los demás, o lo que, en caso de disidencia, acuerde el mayor número.

Artículo 896. En los casos de suma urgencia, podrá uno de los albaceas mancomunados practicar, bajo su responsabilidad personal, los actos que fueren necesarios, dando cuenta inmediatamente a los demás.

Artículo 897. Si el testador no establece claramente la solidaridad de los albaceas, ni fija el orden en que deben desempeñar su encargo, se entenderán nombrados mancomunadamente y desempeñarán el cargo como previenen los dos artículos anteriores.

Artículo 898. El albaceazgo es cargo voluntario, y se entenderá aceptado por el nombrado para desempeñarlo si no se excusa dentro de los seis días siguientes a aquel en que tenga noticia de su nombramiento, o, si éste le era ya conocido, dentro de los seis días siguientes al en que supo la muerte del testador.

Artículo 899. El albacea que acepta el cargo se constituye en la obligación de desempeñarlo; pero lo podrá renunciar alegando causa justa al criterio del Secretario judicial o del Notario.

Artículo 899 redactado por el apartado setenta y dos de la disposición final primera de la Ley 15/2015, de 2 de julio, de la Jurisdicción Voluntaria («B.O.E.» 3 julio).
Vigencia: 23 julio 2015

Artículo 900. El albacea que no acepte el cargo, o lo renuncie sin justa causa, perderá lo que le hubiese dejado el testador, salvo siempre el derecho que tuviere a la legítima.

Artículo 901. Los albaceas tendrán todas las facultades que expresamente les haya conferido el testador, y no sean contrarias a las leyes.

Artículo 902. No habiendo el testador determinado especialmente las facultades de los albaceas, tendrán las siguientes:

1.ª Disponer y pagar los sufragios y el funeral del testador con arreglo a lo dispuesto por él en el testamento; y, en su defecto, según la costumbre del pueblo.

2.ª Satisfacer los legados que consistan en metálico, con el conocimiento y beneplácito del heredero.

Véanse:
- Artículo 885 del presente Código.
- Artículo 81 Reglamento Hipotecario de 1947

3.ª Vigilar sobre la ejecución de todo lo demás ordenado en el testamento, y sostener, siendo justo, su validez en juicio y fuera de él.

La Sentencia TS (Sala 1.ª), Rec. 1085/2012, fija como doctrina jurisprudencial que el albacea, sin perjuicio de disposición contraria del testador, viene autorizado por las facultades derivadas de su cargo (artículo 902. 2 ª y 3ª del Código Civil) para operar la ineficacia del legado de cantidad, y con ella el pago o entrega del mismo, cuando el legatario de forma injustificada o no ajustada a Derecho, vulnere la prohibición impuesta por el testador de provocar la intervención judicial de la herencia.

4.ª Tomar las precauciones necesarias para la conservación y custodia de los bienes, con intervención de los herederos presentes.

Artículo 903. Si no hubiere en la herencia dinero bastante para pago de funerales y legados, y los herederos no lo aprontaren de lo suyo, promoverán los albaceas la venta de los bienes muebles; y, no alcanzando éstos, la de los inmuebles, con intervención de los herederos.

Si estuviere interesado en la herencia algún menor, ausente, corporación o establecimiento público, la venta de los bienes se hará con las formalidades prevenidas por las leyes para tales casos.

> *Véanse:*
> *- Artículos 164 y 270 a 275 del presente Código.*
> *- Artículos 2011 a 2030 LEC 1881.*
> *- Artículo 20 de la Ley Hipotecaria.*

Artículo 904. El albacea, a quien el testador no haya fijado plazo deberá cumplir su encargo dentro de un año contado desde su aceptación, o desde que terminen los litigios que se promovieren sobre la validez o nulidad del testamento o de alguna de sus disposiciones.

> *Véase artículo 899 del presente Código.*

Artículo 905. Si el testador quisiera ampliar el plazo legal, deberá señalar expresamente el de la prórroga. Si no lo hubiese señalado, se entenderá prorrogado el plazo por un año. Si, transcurrida esta prórroga, no se hubiese cumplido todavía la voluntad del testador, podrá el Secretario judicial o el Notario conceder otra por el tiempo que fuere necesario, atendidas las circunstancias del caso.

> *Artículo 905 redactado por el apartado setenta y tres de la disposición final primera de la Ley 15/2015, de 2 de julio, de la Jurisdicción Voluntaria («B.O.E.» 3 julio).*
> *Vigencia: 23 julio 2015*

Artículo 906. Los herederos y legatarios podrán, de común acuerdo, prorrogar el plazo del albaceazgo por el tiempo que crean necesario; pero, si el acuerdo fuese sólo por mayoría, la prórroga no podrá exceder de un año.

Artículo 907. Los albaceas deberán dar cuenta de su encargo a los herederos.

Si hubieren sido nombrados, no para entregar los bienes a herederos determinados, sino para darles la inversión o distribución que el testador hubiese dispuesto en los casos permitidos por derecho, rendirán sus cuentas al Juez.

Toda disposición del testador contraria a este artículo será nula.

Artículo 908. El albaceazgo es cargo gratuito. Podrá, sin embargo, el testador señalar a los albaceas la remuneración que tenga por conveniente; todo sin perjuicio del derecho que les asista para cobrar lo que les corresponda por los trabajos de partición u otros facultativos.

Si el testador lega o señala conjuntamente a los albaceas alguna retribución, la parte de los que no admitan el cargo acrecerá a los que lo desempeñen.

> *Véase artículo 898 del presente Código.*

Artículo 909. El albacea no podrá delegar el cargo si no tuviese expresa autorización del testador.

Artículo 910. Termina el albaceazgo por la muerte, imposibilidad, renuncia o remoción del albacea, y por el lapso del término señalado por el testador, por la ley y, en su caso, por los interesados. La remoción deberá ser apreciada por el Juez.

> *Artículo 910 redactado por el apartado setenta y cuatro de la disposición final primera de la Ley 15/2015, de 2 de julio, de la Jurisdicción Voluntaria («B.O.E.» 3 julio).*
> *Vigencia: 23 julio 2015*

Artículo 911. En los casos del artículo anterior, y en el de no haber el albacea aceptado el cargo, corresponderá a los herederos la ejecución de la voluntad del testador.

Véanse:
-Resolución-Circular de la Dirección General de los Registros y del Notariado, de 31 marzo 1993, sobre remisión de información al Registro General de Actos de Última Voluntad («B.O.E.» 14 abril).
-Resolución-Circular de la Dirección General de los Registros y del Notariado, de 8 noviembre 1994, modifica la ficha de parte de iniciación de acta de declaración de herederos abintestato, aprobada por Resolución-Circular de 31 marzo 1993 («B.O.E.» 1 diciembre).

CAPÍTULO III
DE LA SUCESIÓN INTESTADA

SECCIÓN PRIMERA
DISPOSICIONES GENERALES

Artículo 912. La sucesión legítima tiene lugar:

1.º Cuando uno muere sin testamento, o con testamento nulo, o que haya perdido después su validez.

2.º Cuando el testamento no contiene institución de heredero en todo o en parte de los bienes, o no dispone de todos los que corresponden al testador. En este caso, la sucesión legítima tendrá lugar solamente respecto de los bienes de que no hubiese dispuesto.

3.º Cuando falta la condición puesta a la institución de heredero, o éste muere antes que el testador, o repudia la herencia sin tener sustituto y sin que haya lugar al derecho de acrecer.

4.º Cuando el heredero instituido es incapaz de suceder.

Artículo 913. A falta de herederos testamentarios, la ley defiere a los parientes del difunto, al viudo o viuda y al Estado.

Artículo 913 redactado por Ley 11/1981, 13 mayo («B.O.E.» 19 mayo), de modificación del Código Civil en materia de filiación, patria potestad y régimen económico del matrimonio.

Véanse artículos 930 a 958 del presente Código.

Artículo 914. Lo dispuesto sobre la incapacidad para suceder por testamento es aplicable igualmente a la sucesión intestada.

Artículo 914 bis. A falta de disposición testamentaria relativa a los animales de compañía propiedad del causante, estos se entregarán a los herederos o legatarios que los reclamen de acuerdo con las leyes.

Párrafo primero del artículo 914 bis redactado por el apartado dos de la disposición final primera de Ley 16/2022, de 5 de septiembre, de reforma del texto refundido de la Ley Concursal («B.O.E.» 6 septiembre).
Vigencia: 26 septiembre 2022

Si no fuera posible hacerlo de inmediato, para garantizar el cuidado del animal de compañía y solo cuando sea necesario por falta de previsiones sobre su atención, se entregará al órgano administrativo o centro que tenga encomendada la recogida de animales abandonados hasta que se resuelvan los correspondientes trámites por razón de sucesión.

Si ninguno de los sucesores quiere hacerse cargo del animal de compañía, el órgano administrativo competente podrá cederlo a un tercero para su cuidado y protección.

Si más de un heredero reclama el animal de compañía y no hay acuerdo unánime sobre el destino del mismo, la autoridad judicial decidirá su destino teniendo en cuenta el bienestar del animal.

Artículo 914 bis introducido por el apartado veinticuatro del artículo primero de la Ley 17/2021, de 15 de diciembre, de modificación del Código Civil, la Ley Hipotecaria y la Ley de Enjuiciamiento Civil, sobre el régimen jurídico de los animales («B.O.E.» 16 diciembre).
Vigencia: 5 enero 2022

SECCIÓN SEGUNDA
DEL PARENTESCO

Artículo 915. La proximidad del parentesco se determina por el número de generaciones. Cada generación forma un grado.

Artículo 916. La serie de grados forma la línea, que puede ser directa o colateral.

Se llama directa la constituida por la serie de grados entre personas que descienden una de otra.

Y colateral la constituida por la serie de grados entre personas que no descienden unas de otras, pero que proceden de un tronco común.

Artículo 917. Se distingue la línea recta en descendente y ascendente.

La primera une al cabeza de familia con los que descienden de él.

La segunda liga a una persona con aquellos de quienes desciende.

Artículo 918. En las líneas se cuentan tantos grados como generaciones o como personas, descontando la del progenitor.

En la recta se sube únicamente hasta el tronco. Así, el hijo dista del padre un grado, dos del abuelo y tres del bisabuelo.

En la colateral se sube hasta el tronco común, y después se baja hasta la persona con quien se hace la computación. Por esto, el hermano dista dos grados del hermano, tres del tío, hermano de su padre o madre, cuatro del primo hermano, y así en adelante.

Artículo 919. El cómputo de que trata el artículo anterior rige en todas las materias.

Artículo 919 redactado por Ley 30/1981, 7 julio («B.O.E.» 20 julio), por la que se modifica la regulación del matrimonio en el Código Civil y se determina el procedimiento a seguir en las causas de nulidad, separación y divorcio.

Artículo 920. Llámase doble vínculo al parentesco por parte del padre y de la madre conjuntamente.

Artículo 921. En las herencias el pariente más próximo en grado excluye al más remoto, salvo el derecho de representación en los casos en que deba tener lugar.

Los parientes que se hallaren en el mismo grado heredarán por partes iguales, salvo lo que se dispone en el artículo 949 sobre el doble vínculo.

Véanse artículos 924 y siguientes del presente Código.

Artículo 922. Si hubiere varios parientes de un mismo grado, y alguno o algunos no quisieren o no pudieren suceder, su parte acrecerá a los otros del mismo grado, salvo el derecho de representación cuando deba tener lugar.

Artículo 923. Repudiando la herencia el pariente más próximo, si es solo, o, si fueren varios, todos los parientes más próximos llamados por la ley, heredarán los del grado siguiente por su propio derecho y sin que puedan representar al repudiante.

SECCIÓN TERCERA
DE LA REPRESENTACIÓN

Artículo 924. Llámase derecho de representación el que tienen los parientes de una persona para sucederle en todos los derechos que tendría si viviera o hubiera podido heredar.

Artículo 925. El derecho de representación tendrá siempre lugar en la línea recta descendente, pero nunca en la ascendente.

En la línea colateral sólo tendrá lugar en favor de los hijos de hermanos, bien sean de doble vínculo, bien de un solo lado.

Artículo 926. Siempre que se herede por representación, la división de la herencia se hará por estirpes, de modo que el representante o representantes no hereden más de lo que heredaría su representado, si viviera.

Véase artículo 1038 del presente Código.

Artículo 927. Quedando hijos de uno o más hermanos del difunto, heredarán a éste por representación si concurren con sus tíos. Pero, si concurren solos, heredarán por partes iguales.

Artículo 928. No se pierde el derecho de representar a una persona por haber renunciado su herencia.

Artículo 929. No podrá representarse a una persona viva sino en los casos de desheredación o incapacidad.

CAPÍTULO IV
DEL ORDEN DE SUCEDER SEGÚN LA DIVERSIDAD DE LÍNEAS

SECCIÓN PRIMERA
DE LA LÍNEA RECTA DESCENDENTE

Artículo 930. La sucesión corresponde en primer lugar a la línea recta descendente.

Artículo 931. Los hijos y sus descendientes suceden a sus padres y demás ascendientes sin distinción de sexo, edad o filiación.

Artículo 931 redactado por Ley 11/1981, 13 mayo («B.O.E.» 19 mayo), de modificación del Código Civil en materia de filiación, patria potestad y régimen económico del matrimonio.

Véanse:
- Artículo 108 del presente Código.
- Artículo 14 de la Constitución Española.

Artículo 932. Los hijos del difunto le heredarán siempre por su derecho propio, dividiendo la herencia en partes iguales.

Artículo 933. Los nietos y demás descendientes heredarán por derecho de representación, y, si alguno hubiese fallecido dejando varios herederos, la porción que le corresponda se dividirá entre éstos por partes iguales.

Artículo 934. Si quedaren hijos y descendientes de otros hijos que hubiesen fallecido, los primeros heredarán por derecho propio y los segundos por derecho de representación.

SECCIÓN SEGUNDA
DE LA LÍNEA RECTA ASCENDENTE

Rúbrica de la Sección Segunda del Capítulo IV del Título III del Libro III introducida por el artículo 6 de la Ley 11/1981, de 13 de mayo, de modificación del Código Civil en materia de filiación, patria potestad y régimen económico del matrimonio («B.O.E.» 19 mayo).

Artículo 935. A falta de hijos y descendientes del difunto le heredarán sus ascendientes.

Artículo 935 redactado por Ley 11/1981, 13 mayo («B.O.E.» 19 mayo), de modificación del Código Civil en materia de filiación, patria potestad y régimen económico del matrimonio.

Véase artículo 807 del presente Código.

Artículo 936. El padre y la madre heredarán por partes iguales.

Artículo 936 redactado por Ley 11/1981, 13 mayo («B.O.E.» 19 mayo), de modificación del Código Civil en materia de filiación, patria potestad y régimen económico del matrimonio.

Véanse artículos 809 y 810 del presente Código.

Artículo 937. En el caso de que sobreviva uno solo de los padres, éste sucederá al hijo en toda su herencia.

Artículo 937 redactado por Ley 11/1981, 13 mayo («B.O.E.» 19 mayo), de modificación del Código Civil en materia de filiación, patria potestad y régimen económico del matrimonio.

Véase artículo 810 del presente Código.

Artículo 938. A falta de padre y de madre sucederán los ascendientes más próximos en grado.

Artículo 938 redactado por Ley 11/1981, 13 mayo («B.O.E.» 19 mayo), de modificación del Código Civil en materia de filiación, patria potestad y régimen económico del matrimonio.

Artículo 939. Si hubiere varios ascendientes de igual grado pertenecientes a la misma línea, dividirán la herencia por cabezas.

Artículo 939 redactado por Ley 11/1981, 13 mayo («B.O.E.» 19 mayo), de modificación del Código Civil en materia de filiación, patria potestad y régimen económico del matrimonio.

Artículo 940. Si los ascendientes fueren de líneas diferentes, pero de igual grado, la mitad corresponderá a los ascendientes paternos y la otra mitad a los maternos.

Artículo 940 redactado por Ley 11/1981, 13 mayo («B.O.E.» 19 mayo), de modificación del Código Civil en materia de filiación, patria potestad y régimen económico del matrimonio.

Véase artículo 810 del presente Código.

Artículo 941. En cada línea la división se hará por cabezas.

Artículo 941 redactado por Ley 11/1981, 13 mayo («B.O.E.» 19 mayo), de modificación del Código Civil en materia de filiación, patria potestad y régimen económico del matrimonio.

Artículo 942. Lo dispuesto en esta Sección se entiende sin perjuicio de lo ordenado en los artículos 811 y 812, que es aplicable a la sucesión intestada y a la testamentaria.

Artículo 942 redactado por Ley 11/1981, 13 mayo («B.O.E.» 19 mayo), de modificación del Código Civil en materia de filiación, patria potestad y régimen económico del matrimonio.

SECCIÓN TERCERA
DE LA SUCESIÓN DEL CÓNYUGE Y DE LOS COLATERALES

Rúbrica de la Sección Tercera del Capítulo IV del Título III del Libro III introducida por el artículo 6 de la Ley 11/1981, de 13 de mayo, de modificación del Código Civil en materia de filiación, patria potestad y régimen económico del matrimonio («B.O.E.» 19 mayo).

Artículo 943. A falta de las personas comprendidas en las dos Secciones que preceden, heredarán el cónyuge y los parientes colaterales por el orden que se establece en los artículos siguientes.

Artículo 943 redactado por Ley 11/1981, 13 mayo («B.O.E.» 19 mayo), de modificación del Código Civil en materia de filiación, patria potestad y régimen económico del matrimonio.

Artículo 944. En defecto de ascendientes y descendientes, y antes que los colaterales, sucederá en todos los bienes del difunto el cónyuge sobreviviente.

Artículo 944 redactado por Ley 11/1981, 13 mayo («B.O.E.» 19 mayo), de modificación del Código Civil en materia de filiación, patria potestad y régimen económico del matrimonio.

Artículo 945. No tendrá lugar el llamamiento a que se refiere el artículo anterior si el cónyuge estuviere separado legalmente o de hecho.

Artículo 945 redactado por el apartado setenta y cinco de la disposición final primera de la Ley 15/2015, de 2 de julio, de la Jurisdicción Voluntaria («B.O.E.» 3 julio). Vigencia: 23 julio 2015

Artículo 946. Los hermanos e hijos de hermanos suceden con preferencia a los demás colaterales.

Artículo 946 redactado por Ley 11/1981, 13 mayo («B.O.E.» 19 mayo), de modificación del Código Civil en materia de filiación, patria potestad y régimen económico del matrimonio.

Artículo 947. Si no existieran más que hermanos de doble vínculo, éstos heredarán por partes iguales.

Véase artículo 920 del presente Código.

Artículo 948. Si concurrieren hermanos con sobrinos, hijos de hermanos de doble vínculo, los primeros heredarán por cabezas y los segundos por estirpes.

Véase artículo 927 del presente Código.

Artículo 949. Si concurrieren hermanos de padre y madre con medio hermanos, aquéllos tomarán doble porción que éstos en la herencia.

Artículo 950. En el caso de no existir sino medio hermanos, unos por parte de padre y otros por la de la madre, heredarán todos por partes iguales, sin ninguna distinción de bienes.

Artículo 951. Los hijos de los medio hermanos sucederán por cabezas o por estirpes, según las reglas establecidas para los hermanos de doble vínculo.

Artículo 952. ...

> *Artículos 952 y 953 suprimidos por Ley 11/1981, 13 mayo, de modificación del Código Civil en materia de filiación, patria potestad y régimen económico del matrimonio («B.O.E.» 19 mayo).*

Artículo 953. ...

> *Artículos 952 y 953 suprimidos por Ley 11/1981, 13 mayo, de modificación del Código Civil en materia de filiación, patria potestad y régimen económico del matrimonio («B.O.E.» 19 mayo).*

Artículo 954. No habiendo cónyuge supérstite, ni hermanos ni hijos de hermanos, sucederán en la herencia del difunto los demás parientes del mismo en línea colateral hasta el cuarto grado, más allá del cual no se extiende el derecho de heredar abintestato.

> *Artículo 954 redactado por Ley 11/1981, 13 mayo («B.O.E.» 19 mayo), de modificación del Código Civil en materia de filiación, patria potestad y régimen económico del matrimonio.*

Artículo 955. La sucesión de estos colaterales se verificará sin distinción de líneas ni preferencia entre ellos por razón del doble vínculo.

> *Artículo 955 redactado por R.D.-ley de 13 de enero de 1928, disponiendo que queden redactados en la forma que se insertan los artículos 954 al 957 del Código Civil («GACETA» 14 enero).*

SECCIÓN CUARTA
DE LA SUCESIÓN DEL ESTADO

> *Rúbrica de la Sección Cuarta del Capítulo IV del Título III del Libro III introducida por el artículo 6 de la Ley 11/1981, de 13 de mayo, de modificación del Código Civil en materia de filiación, patria potestad y régimen económico del matrimonio («B.O.E.» 19 mayo).*

Artículo 956. A falta de personas que tengan derecho a heredar conforme a lo dispuesto en las precedentes Secciones, heredará el Estado quien, realizada la liquidación del caudal hereditario, ingresará la cantidad resultante en el Tesoro Público, salvo que, por la naturaleza de los bienes heredados, el Consejo de Ministros acuerde darles, total o parcialmente, otra aplicación. Dos terceras partes del valor de ese caudal relicto será destinado a fines de interés social, añadiéndose a la asignación tributaria que para estos fines se realice en los Presupuestos Generales del Estado.

> *Artículo 956 redactado por el apartado setenta y seis de la disposición final primera de la Ley 15/2015, de 2 de julio, de la Jurisdicción Voluntaria («B.O.E.» 3 julio).*
> *Vigencia: 23 julio 2015*

Artículo 957. Los derechos y obligaciones del Estado serán los mismos que los de los demás herederos, pero se entenderá siempre aceptada la herencia a beneficio de inventario, sin necesidad de declaración alguna sobre ello, a los efectos que enumera el artículo 1023.

Artículo 957 redactado por el apartado setenta y siete de la disposición final primera de la Ley 15/2015, de 2 de julio, de la Jurisdicción Voluntaria («B.O.E.» 3 julio).
Vigencia: 23 julio 2015

Artículo 958. Para que el Estado pueda tomar posesión de los bienes y derechos hereditarios habrá de preceder declaración administrativa de heredero, adjudicándose los bienes por falta de herederos legítimos.

Artículo 958 redactado por el apartado setenta y ocho de la disposición final primera de la Ley 15/2015, de 2 de julio, de la Jurisdicción Voluntaria («B.O.E.» 3 julio).
Vigencia: 23 julio 2015

CAPÍTULO V
DISPOSICIONES COMUNES A LAS HERENCIAS POR TESTAMENTO O SIN ÉL

SECCIÓN PRIMERA
DE LAS PRECAUCIONES QUE DEBEN ADOPTARSE CUANDO LA VIUDA QUEDA ENCINTA

Artículo 958 bis. Todas las referencias realizadas a la viuda en esta sección, se entenderán hechas a la viuda o al cónyuge supérstite gestante.

Artículo 958 bis introducido por el apartado doce de la disposición final primera de la Ley 4/2023, de 28 de febrero, para la igualdad real y efectiva de las personas trans y para la garantía de los derechos de las personas LGTBI («B.O.E.» 1 marzo).
Vigencia: 2 marzo 2023

Artículo 959. Cuando la viuda crea haber quedado encinta, deberá ponerlo en conocimiento de los que tengan a la herencia un derecho de tal naturaleza que deba desaparecer o disminuir por el nacimiento del póstumo.

Artículo 960. Los interesados a que se refiere el precedente artículo podrán pedir al Juez municipal o al de primera instancia, donde lo hubiere, que dicte las providencias convenientes para evitar la suposición de parto, o que la criatura que nazca pase por viable, no siéndolo en realidad.

Cuidará el Juez de que las medidas que dicte no ataquen al pudor ni a la libertad de la viuda.

Véanse:
- Artículos 30 y 745.1 del presente Código.
- Artículo 220 del Código Penal.

Artículo 961. Háyase o no dado el aviso de que habla el artículo 959, al aproximarse la época del parto, la viuda deberá ponerlo en conocimiento de los mismos interesados. Estos tendrán derecho a nombrar persona de su confianza, que se cerciore de la realidad del alumbramiento.

Si la persona designada fuere rechazada por la paciente, hará el Juez el nombramiento, debiendo éste recaer en Facultativo o en mujer.

Artículo 962. La omisión de estas diligencias no basta por sí sola para acreditar la suposición del parto o la falta de viabilidad del nacido.

Artículo 962 redactado por Ley 11/1981, 13 mayo («B.O.E.» 19 mayo), de modificación del Código Civil en materia de filiación, patria potestad y régimen económico del matrimonio.

Artículo 963. Cuando el marido hubiere reconocido en documento público o privado la certeza de la preñez de su esposa, estará ésta dispensada de dar el aviso que previene el artículo 959, pero quedará sujeta a cumplir lo dispuesto en el 961.

Artículo 964. La viuda que quede encinta, aun cuando sea rica, deberá ser alimentada de los bienes hereditarios, habida consideración a la parte que en ellos pueda tener el póstumo, si naciere y fuere viable.

> *Véase artículo 1408 del presente Código.*

Artículo 965. En el tiempo que medie hasta que se verifique el parto, o se adquiera la certidumbre de que éste no tendrá lugar, ya por haber ocurrido aborto, ya por haber pasado con exceso el término máximo para la gestación, se proveerá a la seguridad y administración de los bienes en la forma establecida para el juicio necesario de testamentaría.

> *Véanse:*
> *- Artículo 30 del presente Código.*
> *- Artículos 797 a 805 LEC.*

Artículo 966. La división de la herencia se suspenderá hasta que se verifique el parto o el aborto, o resulte por el transcurso del tiempo que la viuda no estaba encinta.

Sin embargo, el administrador podrá pagar a los acreedores, previo mandato judicial.

Artículo 967. Verificado el parto o el aborto o transcurrido el término de la gestación, el administrador de los bienes hereditarios cesará en su encargo y dará cuenta de su desempeño a los herederos o a sus legítimos representantes.

> *Véanse:*
> *- Artículo 1026 del presente Código.*
> *- Artículo 800 LEC.*

SECCIÓN SEGUNDA
DE LOS BIENES SUJETOS A RESERVA

Artículo 968. Además de la reserva impuesta en el artículo 811, el viudo o viuda que pase a segundo matrimonio estará obligado a reservar a los hijos y descendientes del primero la propiedad de todos los bienes que haya adquirido de su difunto consorte por testamento, por sucesión intestada, donación u otro cualquier título lucrativo; pero no su mitad de gananciales.

> *Véanse:*
> *- Artículo 980 del presente Código.*
> *- Artículos 168.2º y 184 a 189 de la Ley Hipotecaria.*
> *- Artículos 259 a 265 del Reglamento Hipotecario de 1947.*

Artículo 969. La disposición del artículo anterior es aplicable a los bienes que, por los títulos en él expresados, haya adquirido el viudo o viuda de cualquiera de los hijos de su primer matrimonio, y los que haya habido de los parientes del difunto por consideración a éste.

Artículo 970. Cesará la obligación de reservar cuando los hijos de un matrimonio, mayores de edad, que tengan derecho a los bienes, renuncien expresamente a él, o cuando se trate de cosas dadas o dejadas por los hijos a su padre o a su madre sabiendo que estaban segunda vez casados.

Artículo 971. Cesará además la reserva si al morir el padre o la madre que contrajo segundo matrimonio no existen hijos ni descendientes del primero.

> *Artículo 971 redactado por Ley 11/1981, 13 mayo («B.O.E.» 19 mayo), de modificación del Código Civil en materia de filiación, patria potestad y régimen económico del matrimonio.*

Artículo 972. A pesar de la obligación de reservar, podrá el padre, o madre, segunda vez casado, mejorar en los bienes reservables a cualquiera de los hijos o descendientes del primer matrimonio, conforme a lo dispuesto en el artículo 823.

Artículo 973. Si el padre o la madre no hubiere usado, en todo o en parte, de la facultad que le concede el artículo anterior, los hijos y descendientes del primer matrimonio sucederán en los bienes sujetos a reserva conforme a las reglas prescritas para la sucesión en línea descendente, aunque a virtud de testamento hubiesen heredado desigualmente al cónyuge premuerto o hubiesen repudiado su herencia.

El hijo desheredado justamente por el padre o por la madre perderá todo derecho a la reserva, pero si tuviere hijos o descendientes, se estará a lo dispuesto en el artículo 857 y en el número 2 del artículo 164.

Artículo 973 redactado por Ley 11/1981, 13 mayo («B.O.E.» 19 mayo), de modificación del Código Civil en materia de filiación, patria potestad y régimen económico del matrimonio.

Artículo 974. Serán válidas las enajenaciones de los bienes inmuebles reservables hechas por el cónyuge sobreviviente antes de celebrar segundas bodas, con la obligación, desde que las celebrare, de asegurar el valor de aquéllos a los hijos y descendientes del primer matrimonio.

Véanse:
- Artículos 168.2º y 184 a 189 Ley Hipotecaria.
- Artículos 259 a 265 Reglamento Hipotecario de 1947.

Artículo 975. La enajenación que de los bienes inmuebles sujetos a reserva hubiere hecho el viudo o la viuda después de contraer segundo matrimonio subsistirá únicamente si a su muerte no quedan hijos ni descendientes del primero, sin perjuicio de lo dispuesto en la Ley Hipotecaria.

Artículo 975 redactado por Ley 11/1981, 13 mayo («B.O.E.» 19 mayo), de modificación del Código Civil en materia de filiación, patria potestad y régimen económico del matrimonio.

Véanse:
- Artículo 978.4.º del presente Código.
- Artículos 34 y 37 de la Ley Hipotecaria.

Artículo 976. Las enajenaciones de los bienes muebles hechas antes o después de contraer segundo matrimonio serán válidas, salvo siempre la obligación de indemnizar.

Véase artículo 978.3.º del presente Código.

Artículo 977. El viudo o la viuda, al repetir matrimonio, hará inventariar todos los bienes sujetos a reserva, anotar en el Registro de la Propiedad la calidad de reservables de los inmuebles con arreglo a lo dispuesto en la Ley Hipotecaria, y tasar los muebles.

Artículo 978. Estará además obligado el viudo o viuda, al repetir matrimonio, a asegurar con hipoteca:

1.º La restitución de los bienes muebles no enajenados en el estado que tuvieren al tiempo de su muerte.

Apartado 1.º del artículo 978 redactado por Ley 11/1981, 13 mayo («B.O.E.» 19 mayo), de modificación del Código Civil en materia de filiación, patria potestad y régimen económico del matrimonio.

2.º El abono de los deterioros ocasionados o que se ocasionaren por su culpa o negligencia.

3.º La devolución del precio que hubiese recibido por los bienes muebles enajenados o la entrega del valor que tenían al tiempo de la enajenación, si ésta se hubiese hecho a título gratuito.

4.º El valor de los bienes inmuebles válidamente enajenados.

Artículo 979. Lo dispuesto en los artículos anteriores para el caso de segundo matrimonio rige igualmente en el tercero y ulteriores.

Artículo 980. La obligación de reservar impuesta en los anteriores artículos será también aplicable:

1.º Al viudo que durante el matrimonio haya tenido, o en estado de viudez tenga un hijo no matrimonial.

2.º Al viudo que adopte a otra persona. Se exceptúa el caso de que el adoptado sea hijo del consorte de quien descienden los que serían reservatorios.

El término "plenamente" contenido en el número 2.º del artículo 980 ha sido suprimido por L.O. 1/1996, 15 enero («B.O.E.» 17 enero), de Protección Jurídica del Menor.

Dicha obligación de reservar surtirá efecto, respectivamente, desde el nacimiento o la adopción del hijo.

Artículo 980 redactado por Ley 11/1981, 13 mayo («B.O.E.» 19 mayo), de modificación del Código Civil en materia de filiación, patria potestad y régimen económico del matrimonio.

SECCIÓN TERCERA
DEL DERECHO DE ACRECER

Artículo 981. En las sucesiones legítimas la parte del que repudia la herencia acrecerá siempre a los coherederos.

Artículo 982. Para que en la sucesión testamentaria tenga lugar el derecho de acrecer, se requiere:

1.º Que dos o más sean llamados a una misma herencia, o a una misma porción de ella, sin especial designación de partes.

2.º Que uno de los llamados muera antes que el testador, o que renuncie la herencia, o sea incapaz de recibirla.

Artículo 983. Se entenderá hecha la designación por partes sólo en el caso de que el testador haya determinado expresamente una cuota para cada heredero.

La frase «por mitad o por partes iguales» u otras que, aunque designen parte alícuota no fijan ésta numéricamente o por señales que hagan a cada uno dueño de un cuerpo de bienes separado, no excluyen el derecho de acrecer.

Artículo 984. Los herederos a quienes acrezca la herencia sucederán en todos los derechos y obligaciones que tendría el que no quiso o no pudo recibirla.

Artículo 985. Entre los herederos forzosos el derecho de acrecer sólo tendrá lugar cuando la parte de libre disposición se deje a dos o más de ellos, o a alguno de ellos y a un extraño.

Si la parte repudiada fuere la legítima sucederán en ella los coherederos por su derecho propio, y no por el derecho de acrecer.

Artículo 986. En la sucesión testamentaria, cuando no tenga lugar el derecho de acrecer, la porción vacante del instituido, a quien no se hubiese designado sustituto, pasará a los herederos legítimos del testador, los cuales la recibirán con las mismas cargas y obligaciones.

Véase artículo 912.3.º del presente Código.

Artículo 987. El derecho de acrecer tendrá también lugar entre los legatarios y los usufructuarios en los términos establecidos para los herederos.

Véase artículo 888 del presente Código.

SECCIÓN CUARTA
DE LA ACEPTACIÓN Y REPUDIACIÓN DE LA HERENCIA

Artículo 988. La aceptación y repudiación de la herencia son actos enteramente voluntarios y libres.

Artículo 989. Los efectos de la aceptación y de la repudiación se retrotraen siempre al momento de la muerte de la persona a quien se hereda.

Artículo 990. La aceptación o la repudiación de la herencia no podrá hacerse en parte, a plazo, ni condicionalmente.

Artículo 991. Nadie podrá aceptar ni repudiar sin estar cierto de la muerte de la persona a quien haya de heredar y de su derecho a la herencia.

Artículo 992. Pueden aceptar o repudiar una herencia todos los que tienen la libre disposición de sus bienes.

La aceptación de la que se deje a los pobres corresponderá a las personas designadas por el testador para calificarlos y distribuir los bienes, y en su defecto a las que señala el artículo 749, y se entenderá aceptada a beneficio de inventario.

Párrafo 2.º del artículo 992 suprimido por L.O. 1/1996, 15 enero («B.O.E.» 17 enero), de Protección Jurídica del Menor, incorporándose en su lugar el contenido del anterior párrafo 3.º, de donde se elimina la palabra "también".

Véanse:
- Artículo 33 de la Constitución Española.
- Artículos 162 y siguientes del presente Código.

Artículo 993. Los legítimos representantes de las asociaciones, corporaciones y fundaciones capaces de adquirir podrán aceptar la herencia que a las mismas se dejare; mas para repudiarla necesitan la aprobación judicial, con audiencia del Ministerio Público.

Véanse artículos 36 y 38 del presente Código.

Artículo 994. Los establecimientos públicos oficiales no podrán aceptar ni repudiar herencia sin la aprobación del Gobierno.

Véanse:
- Artículo 748 del presente Código.
- Artículos 20 y 21 de la Ley 33/2003, de 3 de noviembre, del Patrimonio de las Administraciones Públicas.
- Artículo 8 e) de la Ley 23/1982, de 16 de junio, reguladora del Patrimonio Nacional.
- Artículo 13.2 del Real Decreto 1372/1986, de 13 de junio, por el que se aprueba el Reglamento de Bienes de las Entidades Locales.

Artículo 995. Cuando la herencia sea aceptada sin beneficio de inventario por persona casada y no concurra el otro cónyuge, prestando su consentimiento a la aceptación, no responderán de las deudas hereditarias los bienes de la sociedad conyugal.

Artículo 995 redactado por Ley 14/1975, 2 mayo («B.O.E.» 5 mayo), sobre reforma de determinados artículos del Código Civil y del Código de Comercio sobre situación jurídica de la mujer casada y los derechos y deberes de los cónyuges.

Véanse artículos 1362 a 1374 del presente Código.

Artículo 996. La aceptación de la herencia por la persona con discapacidad se prestará por esta, salvo que otra cosa resulte de las medidas de apoyo establecidas.

Artículo 996 redactado por el apartado cuarenta y dos del artículo segundo de la Ley 8/2021, de 2 de junio, por la que se reforma la legislación civil y procesal para el apoyo a las personas con discapacidad en el ejercicio de su capacidad jurídica («B.O.E.» 3 junio).
Vigencia: 3 septiembre 2021

Artículo 997. La aceptación y la repudiación de la herencia, una vez hechas, son irrevocables, y no podrán ser impugnadas sino cuando adoleciesen de algunos de los vicios que anulan el consentimiento, o apareciese un testamento desconocido.

Véanse artículos 1265 a 1270 del presente Código.

Artículo 998. La herencia podrá ser aceptada pura y simplemente, o a beneficio de inventario.

Artículo 999. La aceptación pura y simple puede ser expresa o tácita.

Expresa es la que se hace en documento público o privado.

Tácita es la que se hace por actos que suponen necesariamente la voluntad de aceptar, o que no habría derecho a ejecutar sino con la cualidad de heredero.

Los actos de mera conservación o administración provisional no implican la aceptación de la herencia, si con ellos no se ha tomado el título o la cualidad de heredero.

Artículo 1000. Entiéndese aceptada la herencia:

1.º Cuando el heredero vende, dona o cede su derecho a un extraño, a todos sus coherederos o a alguno de ellos.

2.º Cuando el heredero la renuncia, aunque sea gratuitamente, a beneficio de uno o más de sus coherederos.

3.º Cuando la renuncia por precio a favor de todos sus coherederos indistintamente; pero, si esta renuncia fuere gratuita y los coherederos a cuyo favor se haga son aquéllos a quienes debe acrecer la porción renunciada, no se entenderá aceptada la herencia.

Véase artículo 981 del presente Código.

Artículo 1001. Si el heredero repudia la herencia en perjuicio de sus propios acreedores, podrán éstos pedir al Juez que los autorice para aceptarla en nombre de aquél.

La aceptación sólo aprovechará a los acreedores en cuanto baste a cubrir el importe de sus créditos. El exceso, si lo hubiere, no pertenecerá en ningún caso al renunciante, sino que se adjudicará a las personas a quienes corresponda según las reglas establecidas en este Código.

Artículo 1002. Los herederos que hayan sustraído u ocultado algunos efectos de la herencia, pierden la facultad de renunciarla, y quedan con el carácter de herederos puros y simples, sin perjuicio de las penas en que hayan podido incurrir.

Véase artículo 1024.1.º del presente Código.

Artículo 1003. Por la aceptación pura y simple, o sin beneficio de inventario, quedará el heredero responsable de todas las cargas de la herencia, no sólo con los bienes de ésta, sino también con los suyos propios.

Artículo 1004. Hasta pasados nueve días después de la muerte de aquel de cuya herencia se trate, no podrá intentarse acción contra el heredero para que acepte o repudie.

Véase artículo 1016 del presente Código.

Artículo 1005. Cualquier interesado que acredite su interés en que el heredero acepte o repudie la herencia podrá acudir al Notario para que éste comunique al llamado que tiene un plazo de treinta días naturales para aceptar pura o simplemente, o a beneficio de inventario, o repudiar la herencia. El Notario le indicará, además, que si no manifestare su voluntad en dicho plazo se entenderá aceptada la herencia pura y simplemente.

> *Artículo 1005 redactado por el apartado setenta y nueve de la disposición final primera de la Ley 15/2015, de 2 de julio, de la Jurisdicción Voluntaria («B.O.E.» 3 julio).*
> *Vigencia: 23 julio 2015*

Artículo 1006. Por muerte del heredero sin aceptar ni repudiar la herencia pasará a los suyos el mismo derecho que él tenía.

> *La Sentencia STS 539/2013, de 11 Sep. (Sala 1.ª), fija la siguiente doctrina jurisprudencial: «el denominado derecho de transmisión previsto en el artículo 1006 del Código Civil no constituye, en ningún caso, una nueva delación hereditaria o fraccionamiento del ius delationis en curso de la herencia del causante que subsistiendo como tal, inalterado en su esencia y caracterización, transita o pasa al heredero trasmisario. No hay, por tanto, una doble transmisión sucesoria o sucesión propiamente dicha en el ius delationis, sino un mero efecto transmisivo del derecho o del poder de configuración jurídica como presupuesto necesario para hacer efectiva la legitimación para aceptar o repudiar la herencia que ex lege ostentan los herederos transmisarios; dentro de la unidad orgánica y funcional del fenómeno sucesorio del causante de la herencia, de forma que aceptando la herencia del heredero transmitente, y ejercitando el ius delationis integrado en la misma, los herederos transmisarios sucederán directamente al causante de la herencia y en otra distinta sucesión al fallecido heredero transmitente».*

Artículo 1007. Cuando fueren varios los herederos llamados a la herencia, podrán los unos aceptarla y los otros repudiarla. De igual libertad gozará cada uno de los herederos para aceptarla pura y simplemente o a beneficio de inventario.

Artículo 1008. La repudiación de la herencia deberá hacerse ante Notario en instrumento público.

> *Artículo 1008 redactado por el apartado ochenta de la disposición final primera de la Ley 15/2015, de 2 de julio, de la Jurisdicción Voluntaria («B.O.E.» 3 julio).*
> *Vigencia: 23 julio 2015*

Artículo 1009. El que es llamado a una misma herencia por testamento y ab intestato, y la repudia por el primer título, se entiende haberla repudiado por los dos.

Repudiándola como heredero ab intestato y sin noticia de su título testamentario, podrá todavía aceptarla por éste.

SECCIÓN QUINTA
DEL BENEFICIO DE INVENTARIO Y DEL DERECHO DE DELIBERAR

Artículo 1010. Todo heredero puede aceptar la herencia a beneficio de inventario, aunque el testador se lo haya prohibido.

También podrá pedir la formación de inventario antes de aceptar o repudiar la herencia, para deliberar sobre este punto.

Artículo 1011. La declaración de hacer uso del beneficio de inventario deberá hacerse ante Notario.

> *Artículo 1011 redactado por el apartado ochenta y uno de la disposición final primera de la Ley 15/2015, de 2 de julio, de la Jurisdicción Voluntaria («B.O.E.» 3 julio).*
> *Vigencia: 23 julio 2015*

Artículo 1012. Si el heredero a que se refiere el artículo anterior se hallare en país extranjero, podrá hacer dicha declaración ante el Agente diplomático o consular de España que esté habilitado para ejercer las funciones de Notario en el lugar del otorgamiento.

> *Véanse:*
> *- Artículos 11.3 del presente Código.*
> *- Anexo III Reglamento del Notariado de 1947.*

Artículo 1013. La declaración a que se refieren los artículos anteriores no producirá efecto alguno si no va precedida o seguida de un inventario fiel y exacto de todos los bienes de la herencia, hecho con las formalidades y dentro de los plazos que se expresarán en los artículos siguientes.

Artículo 1014. El heredero que tenga en su poder la herencia o parte de ella y quiera utilizar el beneficio de inventario o el derecho de deliberar, deberá comunicarlo ante Notario y pedir en el plazo de treinta días a contar desde aquél en que supiere ser tal heredero la formación de inventario notarial con citación a los acreedores y legatarios para que acudan a presenciarlo si les conviniere.

> *Artículo 1014 redactado por el apartado ochenta y dos de la disposición final primera de la Ley 15/2015, de 2 de julio, de la Jurisdicción Voluntaria («B.O.E.» 3 julio).*
> *Vigencia: 23 julio 2015*

Artículo 1015. Cuando el heredero no tenga en su poder la herencia o parte de ella, ni haya practicado gestión alguna como tal heredero, el plazo expresado en el artículo anterior se contará desde el día siguiente a aquel en que expire el plazo que se le hubiese fijado para aceptar o repudiar la herencia conforme al artículo 1005, o desde el día en que la hubiese aceptado o hubiera gestionado como heredero.

> *Artículo 1015 redactado por el apartado ochenta y tres de la disposición final primera de la Ley 15/2015, de 2 de julio, de la Jurisdicción Voluntaria («B.O.E.» 3 julio).*
> *Vigencia: 23 julio 2015*

Artículo 1016. Fuera de los casos a que se refieren los dos anteriores artículos, si no se hubiere presentado ninguna demanda contra el heredero, podrá éste aceptar a beneficio de inventario, o con el derecho de deliberar, mientras no prescriba la acción para reclamar la herencia.

Artículo 1017. El inventario se principiará dentro de los treinta días siguientes a la citación de los acreedores y legatarios, y concluirá dentro de otros sesenta.

Si por hallarse los bienes a larga distancia o ser muy cuantiosos, o por otra causa justa, parecieren insuficientes dichos sesenta días, podrá el Notario prorrogar este término por el tiempo que estime necesario, sin que pueda exceder de un año.

> *Artículo 1017 redactado por el apartado ochenta y cuatro de la disposición final primera de la Ley 15/2015, de 2 de julio, de la Jurisdicción Voluntaria («B.O.E.» 3 julio).*
> *Vigencia: 23 julio 2015*

Artículo 1018. Si por culpa o negligencia del heredero no se principiare o no se concluyere el inventario en los plazos y con las solemnidades prescritas en los artículos anteriores, se entenderá que acepta la herencia pura y simplemente.

> *Véase artículo 1024 del presente Código.*

Artículo 1019. El heredero que se hubiese reservado el derecho de deliberar, deberá manifestar al Notario, dentro de treinta días contados desde el siguiente a aquel en que se hubiese concluido el inventario, si repudia o acepta la herencia y si hace uso o no del beneficio de inventario.

Pasados los treinta días sin hacer dicha manifestación, se entenderá que la acepta pura y simplemente.

Artículo 1019 redactado por el apartado ochenta y cinco de la disposición final primera de la Ley 15/2015, de 2 de julio, de la Jurisdicción Voluntaria («B.O.E.» 3 julio).
Vigencia: 23 julio 2015

Artículo 1020. Durante la formación del inventario y hasta la aceptación de la herencia, a instancia de parte, el Notario podrá adoptar las provisiones necesarias para la administración y custodia de los bienes hereditarios con arreglo a lo que se prescribe en este Código y en la legislación notarial.

Artículo 1020 redactado por el apartado ochenta y seis de la disposición final primera de la Ley 15/2015, de 2 de julio, de la Jurisdicción Voluntaria («B.O.E.» 3 julio).
Vigencia: 23 julio 2015

Artículo 1021. El que reclame judicialmente una herencia de que otro se halle en posesión por más de un año, si venciere en el juicio, no tendrá obligación de hacer inventario para gozar de este beneficio, y sólo responderá de las cargas de la herencia con los bienes que le sean entregados.

Artículo 1022. El inventario hecho por el heredero que después repudie la herencia, aprovechará a los sustitutos y a los herederos ab intestato, respecto de los cuales los treinta días para deliberar y para hacer la manifestación que previene el artículo 1.019, se contarán desde el siguiente al en que tuvieran conocimiento de la repudiación.

Artículo 1023. El beneficio de inventario produce en favor del heredero los efectos siguientes:

1.º El heredero no queda obligado a pagar las deudas y demás cargas de la herencia sino hasta donde alcancen los bienes de la misma.

2.º Conserva contra el caudal hereditario todos los derechos y acciones que tuviera contra el difunto.

3.º No se confunden para ningún efecto, en daño del heredero, sus bienes particulares con los que pertenezcan a la herencia.

Artículo 1024. El heredero perderá el beneficio de inventario:

1.º Si a sabiendas dejare de incluir en el inventario alguno de los bienes, derechos o acciones de la herencia.

2.º Si antes de completar el pago de las deudas y legados enajenase bienes de la herencia sin autorización de todos los interesados, o no diese al precio de lo vendido la aplicación determinada al concederle la autorización.

No obstante, podrá disponer de valores negociables que coticen en un mercado secundario a través de la enajenación en dicho mercado, y de los demás bienes mediante su venta en subasta pública notarial previamente notificada a todos los interesados, especificando en ambos casos la aplicación que se dará al precio obtenido.

Artículo 1024 redactado por el apartado ochenta y siete de la disposición final primera de la Ley 15/2015, de 2 de julio, de la Jurisdicción Voluntaria («B.O.E.» 3 julio).
Vigencia: 23 julio 2015

Artículo 1025. Durante la formación del inventario y el término para deliberar no podrán los legatarios demandar el pago de sus legados.

Véanse:
- Artículo 885 del presente Código.
- Artículo 42.7º Ley Hipotecaria.
- Artículos 785 y siguientes LEC.

Artículo 1026. Hasta que resulten pagados todos los acreedores conocidos y los legatarios, se entenderá que se halla la herencia en administración.

El administrador, ya lo sea el mismo heredero, ya cualquiera otra persona, tendrá, en ese concepto, la representación de la herencia para ejercitar las acciones que a ésta competan y contestar a las demandas que se interpongan contra la misma.

Véanse artículos 797 y siguientes LEC.

Artículo 1027. El administrador no podrá pagar los legados sino después de haber pagado a todos los acreedores.

Véase artículo 1031 del presente Código.

Artículo 1028. Cuando haya juicio pendiente entre los acreedores sobre la preferencia de sus créditos, serán pagados por el orden y según el grado que señale la sentencia firme de graduación.

No habiendo juicio pendiente entre los acreedores, serán pagados los que primero se presenten; pero, constando que alguno de los créditos conocidos es preferente, no se hará el pago sin previa caución a favor del acreedor de mejor derecho.

Véanse artículos 1921 a 1929 del presente Código.

Artículo 1029. Si después de pagados los legados aparecieren otros acreedores, éstos sólo podrán reclamar contra los legatarios en el caso de no quedar en la herencia bienes suficientes para pagarles.

Artículo 1030. Cuando para el pago de los créditos y legados sea necesaria la venta de bienes hereditarios, se realizará ésta en la forma establecida en el párrafo segundo del número 2.º del artículo 1024 de este Código, salvo si todos los herederos, acreedores y legatarios acordaren otra cosa.

Artículo 1030 redactado por el apartado ochenta y ocho de la disposición final primera de la Ley 15/2015, de 2 de julio, de la Jurisdicción Voluntaria («B.O.E.» 3 julio). Vigencia: 23 julio 2015

Artículo 1031. No alcanzando los bienes hereditarios para el pago de las deudas y legados, el administrador dará cuenta de su administración a los acreedores y legatarios que no hubiesen cobrado por completo, y será responsable de los perjuicios causados a la herencia por culpa o negligencia suya.

Véase artículo 887 del presente Código.

Artículo 1032. Pagados los acreedores y legatarios, quedará el heredero en el pleno goce del remanente de la herencia.

Si la herencia hubiese sido administrada por otra persona, ésta rendirá al heredero la cuenta de su administración, bajo la responsabilidad que impone el artículo anterior.

Artículo 1033. Los gastos del inventario y las demás actuaciones a que dé lugar la administración de la herencia aceptada a beneficio de inventario y la defensa de sus derechos, serán de cargo de la misma herencia. Exceptúanse aquellos gastos imputables al heredero que hubiese sido condenado personalmente por su dolo o mala fe.

Lo mismo se entenderá respecto de las (sic) gastos causados para hacer uso del derecho de deliberar, si el heredero repudia la herencia.

Artículo 1033 redactado por el apartado ochenta y nueve de la disposición final primera de Ley 15/2015, de 2 de julio, de la Jurisdicción Voluntaria («B.O.E.» 3 julio). Vigencia: 23 julio 2015

Artículo 1034. Los acreedores particulares del heredero no podrán mezclarse en las operaciones de la herencia aceptada por éste a beneficio de inventario hasta que sean pagados los acreedores de la misma y los legatarios; pero podrán pedir la retención o embargo del remanente que pueda resultar a favor del heredero.

Véanse artículos 782, 788 y concordantes LEC.

CAPÍTULO VI
DE LA COLACIÓN Y PARTICIÓN

SECCIÓN PRIMERA
DE LA COLACIÓN

Artículo 1035. El heredero forzoso que concurra, con otros que también lo sean, a una sucesión, deberá traer a la masa hereditaria los bienes o valores que hubiese recibido del causante de la herencia, en vida de éste, por dote, donación u otro título lucrativo, para computarlo en la regulación de las legítimas y en la cuenta de partición.

Artículo 1036. La colación no tendrá lugar entre los herederos forzosos si el donante así lo hubiese dispuesto expresamente o, si el donatario repudiare la herencia, salvo el caso en que la donación deba reducirse por inoficiosa.

Artículo 1037. No se entiende sujeto a colación lo dejado en testamento si el testador no dispusiere lo contrario, quedando en todo caso a salvo las legítimas.

Artículo 1038. Cuando los nietos sucedan al abuelo en representación del padre, concurriendo con sus tíos o primos, colacionarán todo lo que debiera colacionar el padre si viviera aunque no lo hayan heredado.

También colacionarán lo que hubiesen recibido del causante de la herencia durante la vida de éste, a menos que el testador hubiese dispuesto lo contrario, en cuyo caso deberá respetarse su voluntad si no perjudicare a la legítima de los coherederos.

Artículo 1039. Los padres no estarán obligados a colacionar en la herencia de sus ascendientes lo donado por éstos a sus hijos.

Artículo 1040. Tampoco se traerán a colación las donaciones hechas al consorte del hijo; pero, si hubieren sido hechas por el padre conjuntamente a los dos, el hijo estará obligado a colacionar la mitad de la cosa donada.

Artículo 1041. No estarán sujetos a colación los gastos de alimentos, educación, curación de enfermedades, aunque sean extraordinarias, aprendizaje, ni los regalos de costumbre.

Tampoco estarán sujetos a colación los gastos realizados por los progenitores y ascendientes para cubrir las necesidades especiales de sus hijos o descendientes requeridas por su situación de discapacidad.

Artículo 1041 redactado por el apartado cuarenta y tres del artículo segundo de la Ley 8/2021, de 2 de junio, por la que se reforma la legislación civil y procesal para el apoyo a las personas con discapacidad en el ejercicio de su capacidad jurídica («B.O.E.» 3 junio).
Vigencia: 3 septiembre 2021

Véase la disposición adicional cuarta del presente Código sobre la referencia a la discapacidad contenida en el presente artículo.

Artículo 1042. No se traerán a colación, sino cuando el padre lo disponga o perjudiquen a la legítima, los gastos que éste hubiere hecho para dar a sus hijos una carrera profesional o artística; pero cuando proceda colacionarlos, se rebajará de ellos lo que el hijo habría gastado viviendo en la casa y compañía de sus padres.

Artículo 1043. Serán colacionables las cantidades satisfechas por el padre para redimir a sus hijos de la suerte de soldado, pagar sus deudas, conseguirles un título de honor y otros gastos análogos.

Artículo 1044. Los regalos de boda, consistentes en joyas, vestidos y equipos, no se reducirán como inoficiosos sino en la parte que excedan en un décimo o más de la cantidad disponible por testamento.

Véanse artículos 1336 a 1343 del presente Código.

Artículo 1045. No han de traerse a colación y partición las mismas cosas donadas, sino su valor al tiempo en que se evalúen los bienes hereditarios.

El aumento o deterioro físico posterior a la donación y aun su pérdida total, casual o culpable, será a cargo y riesgo o beneficio del donatario.

Artículo 1045 redactado por Ley 11/1981, 13 mayo («B.O.E.» 19 mayo), de modificación del Código Civil en materia de filiación, patria potestad y régimen económico del matrimonio.

Véase artículo 818 del presente Código.

Artículo 1046. La dote o donación hecha por ambos cónyuges se colacionará por mitad en la herencia de cada uno de ellos. La hecha por uno solo se colacionará en su herencia.

Artículo 1047. El donatario tomará de menos en la masa hereditaria tanto como ya hubiese recibido, percibiendo sus coherederos el equivalente, en cuanto sea posible, en bienes de la misma naturaleza, especie y calidad.

Artículo 1048. No pudiendo verificarse lo prescrito en el artículo anterior, si los bienes donados fueren inmuebles, los coherederos tendrán derecho a ser igualados en metálico o valores mobiliarios al tipo de cotización; y, no habiendo dinero ni valores cotizables en la herencia, se venderán otros bienes en pública subasta en la cantidad necesaria.

Cuando los bienes donados fueren muebles, los coherederos sólo tendrán derecho a ser igualados en otros muebles de la herencia por el justo precio, a su libre elección.

Véase artículo 1062 del presente Código.

Artículo 1049. Los frutos e intereses de los bienes sujetos a colación no se deben a la masa hereditaria sino desde el día en que se abra la sucesión.

Para regularlos, se atenderá a las rentas e intereses de los bienes hereditarios de la misma especie que los colacionados.

Véase artículo 1063 del presente Código.

Artículo 1050. Si entre los coherederos surgiere contienda sobre la obligación de colacionar o sobre los objetos que han de traerse a colación, no por eso dejará de proseguirse la partición, prestando la correspondiente fianza.

Véase artículo 1045 del presente Código.

SECCIÓN SEGUNDA
DE LA PARTICIÓN

Artículo 1051. Ningún coheredero podrá ser obligado a permanecer en la indivisión de la herencia, a menos que el testador prohíba expresamente la división.

Pero, aun cuando la prohíba, la división tendrá siempre lugar mediante alguna de las causas por las cuales se extingue la sociedad.

Artículo 1052. Todo coheredero que tenga la libre administración y disposición de sus bienes podrá pedir en cualquier tiempo la partición de la herencia. Lo harán sus representantes legales si el coheredero está en situación de ausencia. Si el coheredero contase con medidas de apoyo por razón de discapacidad, se estará a lo que se disponga en estas.

> *Artículo 1052 redactado por el apartado cuarenta y cuatro del artículo segundo de la Ley 8/2021, de 2 de junio, por la que se reforma la legislación civil y procesal para el apoyo a las personas con discapacidad en el ejercicio de su capacidad jurídica («B.O.E.» 3 junio).*
> *Vigencia: 3 septiembre 2021*

Artículo 1053. Cualquiera de los cónyuges podrá pedir la partición de la herencia sin intervención del otro.

> *Artículo 1053 redactado por Ley 14/1975, 2 mayo («B.O.E.» 5 mayo), sobre reforma de determinados artículos del Código Civil y del Código de Comercio sobre situación jurídica de la mujer casada y los derechos y deberes de los cónyuges.*

Artículo 1054. Los herederos bajo condición no podrán pedir la partición hasta que aquélla se cumpla. Pero podrán pedirla los otros coherederos, asegurando competentemente el derecho de los primeros para el caso de cumplirse la condición; y, hasta saberse que ésta ha faltado o no puede ya verificarse, se entenderá provisional la partición.

> *Véanse artículos 790 a 805 del presente Código.*

Artículo 1055. Si antes de hacerse la partición muere uno de los coherederos, dejando dos o más herederos, bastará que uno de éstos la pida; pero todos los que intervengan en este último concepto deberán comparecer bajo una sola representación.

> *Véase artículo 782 LEC.*

Artículo 1056. Cuando el testador hiciere, por acto entre vivos o por última voluntad, la partición de sus bienes, se pasará por ella, en cuanto no perjudique a la legítima de los herederos forzosos.

El testador que en atención a la conservación de la empresa o en interés de su familia quiera preservar indivisa una explotación económica o bien mantener el control de una sociedad de capital o grupo de éstas podrá usar de la facultad concedida en este artículo, disponiendo que se pague en metálico su legítima a los demás interesados. A tal efecto, no será necesario que exista metálico suficiente en la herencia para el pago, siendo posible realizar el abono con efectivo extrahereditario y establecer por el testador o por el contador-partidor por él designado aplazamiento, siempre que éste no supere cinco años a contar desde el fallecimiento del testador; podrá ser también de aplicación cualquier otro medio de extinción de las obligaciones. Si no se hubiere establecido la forma de pago, cualquier legitimario podrá exigir su legítima en bienes de la herencia. No será de aplicación a la partición así realizada lo dispuesto en el artículo 843 y en el párrafo primero del artículo 844.

> *Párrafo 2.º del artículo 1056 redactado por el apartado 1 de la disposición final primera de la Ley 7/2003, de 1 de abril, de la sociedad limitada Nueva Empresa por la que se modifica la Ley 2/1995, de 23 de marzo, de Sociedades de Responsabilidad Limitada («B.O.E.» 2 abril).*
> *Vigencia: 2 junio 2003*

Artículo 1057. El testador podrá encomendar por acto «inter vivos» o «mortis causa» para después de su muerte la simple facultad de hacer la partición a cualquier persona que no sea uno de los coherederos.

No habiendo testamento, contador-partidor en él designado o vacante el cargo, el Secretario judicial o el Notario, a petición de herederos y legatarios que representen, al menos, el 50 por 100 del haber hereditario, y con citación de los demás interesados, si su domicilio fuere conocido, podrá nombrar un contador-partidor dativo, según las reglas que la Ley de Enjuiciamiento Civil y del Notariado establecen para la designación de peritos. La partición así realizada requerirá aprobación del Secretario judicial o del Notario, salvo confirmación expresa de todos los herederos y legatarios.

Lo dispuesto en este artículo y en el anterior se observará aunque entre los coherederos haya alguno sujeto a patria potestad o tutela; pero el contador-partidor deberá en estos casos inventariar los bienes de la herencia, con citación de los representantes legales de dichas personas.

Párrafo tercero del artículo 1057 redactado por el apartado cuarenta y cinco del artículo segundo de la Ley 8/2021, de 2 de junio, por la que se reforma la legislación civil y procesal para el apoyo a las personas con discapacidad en el ejercicio de su capacidad jurídica («B.O.E.» 3 junio).
Vigencia: 3 septiembre 2021

Si el coheredero tuviera dispuestas medidas de apoyo, se estará a lo establecido en ellas.

Párrafo cuarto del artículo 1057 introducido por el apartado cuarenta y cinco del artículo segundo de la Ley 8/2021, de 2 de junio, por la que se reforma la legislación civil y procesal para el apoyo a las personas con discapacidad en el ejercicio de su capacidad jurídica («B.O.E.» 3 junio).
Vigencia: 3 septiembre 2021

Artículo 1057 redactado por el apartado noventa de la disposición final primera de la Ley 15/2015, de 2 de julio, de la Jurisdicción Voluntaria («B.O.E.» 3 julio).
Vigencia: 23 julio 2015

Artículo 1058. Cuando el testador no hubiese hecho la partición, ni encomendado a otro esta facultad, si los herederos fueren mayores y tuvieren la libre administración de sus bienes, podrán distribuir la herencia de la manera que tengan por conveniente.

Artículo 1059. Cuando los herederos mayores de edad no se entendieren sobre el modo de hacer la partición, quedará a salvo su derecho para que lo ejerciten en la forma prevenida en la Ley de Enjuiciamiento Civil.

Véanse artículos 782 a 805 de la LEC.

Artículo 1060. Cuando los menores estén legalmente representados en la partición, no será necesaria la intervención ni la autorización judicial, pero el tutor necesitará aprobación judicial de la ya efectuada. El defensor judicial designado para representar a un menor en una partición, deberá obtener la aprobación de la autoridad judicial, si el Letrado de la Administración de Justicia no hubiera dispuesto otra cosa al hacer el nombramiento.

Tampoco será necesaria autorización ni intervención judicial en la partición realizada por el curador con facultades de representación. La partición una vez practicada requerirá aprobación judicial.

La partición realizada por el defensor judicial designado para actuar en la partición en nombre de un menor o de una persona a cuyo favor se hayan establecido medidas de apoyo, necesitará la aprobación judicial, salvo que se hubiera dispuesto otra cosa al hacer el nombramiento.

Artículo 1060 redactado por el apartado cuarenta y seis del artículo segundo de la Ley 8/2021, de 2 de junio, por la que se reforma la legislación civil y procesal para el apoyo a las personas con discapacidad en el ejercicio de su capacidad jurídica («B.O.E.» 3 junio).
Vigencia: 3 septiembre 2021

Artículo 1061. En la partición de la herencia se ha de guardar la posible igualdad, haciendo lotes o adjudicando a cada uno de los coherederos cosas de la misma naturaleza, calidad o especie.

Véase artículo 832 del presente Código.

Artículo 1062. Cuando una cosa sea indivisible o desmerezca mucho por su división, podrá adjudicarse a uno, a calidad de abonar a los otros el exceso en dinero.

Pero bastará que uno sólo de los herederos pida su venta en pública subasta, y con admisión de licitadores extraños, para que así se haga.

Artículo 1063. Los coherederos deben abonarse recíprocamente en la partición las rentas y frutos que cada uno haya percibido de los bienes hereditarios, las impensas útiles y necesarias hechas en los mismos, y los daños ocasionados por malicia o negligencia.

Véase artículo 1049 del presente Código.

Artículo 1064. Los gastos de partición hechos en interés común de todos los coherederos se deducirán de la herencia; los hechos en interés particular de uno de ellos, serán a cargo del mismo.

Artículo 1065. Los títulos de adquisición o pertenencia serán entregados al coheredero adjudicatario de la finca o fincas a que se refieran.

Véase artículo 788 LEC.

Artículo 1066. Cuando el mismo título comprenda varias fincas adjudicadas a diversos coherederos, o una sola que se haya dividido entre dos o más, el título quedará en poder del mayor interesado en la finca o fincas, y se facilitarán a los otros copias fehacientes, a costa del caudal hereditario. Si el interés fuere igual, el título se entregará, a falta de acuerdo, a quien por suerte corresponda.

Siendo original, aquel en cuyo poder quede deberá también exhibirlo a los demás interesados cuando lo pidieren.

Artículo 1066 redactado por Ley 11/1990, 15 octubre («B.O.E.» 18 octubre), de reforma del Código Civil, en aplicación del principio de no discriminación por razón de sexo.

Artículo 1067. Si alguno de los herederos vendiere a un extraño su derecho hereditario antes de la partición, podrán todos o cualquiera de los coherederos subrogarse en lugar del comprador, reembolsándole el precio de la compra, con tal que lo verifiquen en término de un mes, a contar desde que esto se les haga saber.

Véanse artículos 1521 y siguientes del presente Código.

SECCIÓN TERCERA
DE LOS EFECTOS DE LA PARTICIÓN

Artículo 1068. La partición legalmente hecha confiere a cada heredero la propiedad exclusiva de los bienes que le hayan sido adjudicados.

Véanse:
- Artículo 450 del presente Código.
- Artículo 14 de la Ley Hipotecaria.
- Ley 19/1995, 4 julio, de Modernización de las Explotaciones Agrarias.

- Artículo 788 LEC.
- Artículo 83 del Reglamento Hipotecario de 1947.

Artículo 1069. Hecha la partición, los coherederos estarán recíprocamente obligados a la evicción y saneamiento de los bienes adjudicados.

Véanse artículos 1475 y siguientes del presente Código.

Artículo 1070. La obligación a que se refiere el artículo anterior sólo cesará en los siguientes casos:

1.º Cuando el mismo testador hubiese hecho la partición, a no ser que aparezca, o racionalmente se presuma, haber querido lo contrario, y salva siempre la legítima.

2.º Cuando se hubiese pactado expresamente al hacer la partición.

3.º Cuando la evicción proceda de causa posterior a la partición, o fuere ocasionada por culpa del adjudicatario.

Véase artículo 1056 del presente Código.

Artículo 1071. La obligación recíproca de los coherederos a la evicción es proporcionada a su respectivo haber hereditario; pero, si alguno de ellos resultare insolvente, responderán de su parte los demás coherederos en la misma proporción, deduciéndose la parte correspondiente al que deba ser indemnizado.

Los que pagaren por el insolvente conservarán su acción contra él para cuando mejore de fortuna.

Artículo 1072. Si se adjudicare como cobrable un crédito, los coherederos no responderán de la insolvencia posterior del deudor hereditario, y sólo serán responsables de su insolvencia al tiempo de hacerse la partición.

Por los créditos calificados de incobrables no hay responsabilidad; pero, si se cobran en todo o en parte, se distribuirá lo percibido proporcionalmente entre los herederos.

SECCIÓN CUARTA
DE LA RESCISIÓN DE LA PARTICIÓN

Artículo 1073. Las particiones pueden rescindirse por las mismas causas que las obligaciones.

Véanse artículos 1290 a 1299 del presente Código.

Artículo 1074. Podrán también ser rescindidas las particiones por causa de lesión en más de la cuarta parte, atendido el valor de las cosas cuando fueron adjudicadas.

Véase artículo 1293 del presente Código.

Artículo 1075. La partición hecha por el difunto no puede ser impugnada por causa de lesión, sino en el caso de que perjudique la legítima de los herederos forzosos o de que aparezca, o racionalmente se presuma, que fue otra la voluntad del testador.

Artículo 1076. La acción rescisoria por causa de lesión durará cuatro años, contados desde que se hizo la partición.

Véase artículo 1299 del presente Código.

Artículo 1077. El heredero demandado podrá optar entre indemnizar el daño o consentir que se proceda a nueva partición.

La indemnización puede hacerse en numerario o en la misma cosa en que resultó el perjuicio.

Si se procede a nueva partición, no alcanzará ésta a los que no hayan sido perjudicados ni percibido más de lo justo.

Artículo 1078. No podrá ejercitar la acción rescisoria por lesión el heredero que hubiese enajenado el todo o una parte considerable de los bienes inmuebles que le hubieran sido adjudicados.

Artículo 1079. La omisión de alguno o algunos objetos o valores de la herencia no da lugar a que se rescinda la partición por lesión, sino a que se complete o adicione con los objetos o valores omitidos.

Artículo 1080. La partición hecha con preterición de alguno de los herederos no se rescindirá a no ser que se pruebe que hubo mala fe o dolo por parte de los otros interesados; pero éstos tendrán la obligación de pagar al preterido la parte que proporcionalmente le corresponda.

Véase artículo 814 del presente Código.

Artículo 1081. La partición hecha con uno a quien se creyó heredero sin serlo, será nula.

SECCIÓN QUINTA
DEL PAGO DE LAS DEUDAS HEREDITARIAS

Artículo 1082. Los acreedores reconocidos como tales podrán oponerse a que se lleve a efecto la partición de la herencia hasta que se les pague o afiance el importe de sus créditos.

Artículo 1083. Los acreedores de uno o más de los coherederos podrán intervenir a su costa en la partición para evitar que ésta se haga en fraude o perjuicio de sus derechos.

Artículo 1084. Hecha la partición, los acreedores podrán exigir el pago de sus deudas por entero de cualquiera de los herederos que no hubiere aceptado la herencia a beneficio de inventario, o hasta donde alcance su porción hereditaria, en el caso de haberla admitido con dicho beneficio.

En uno y otro caso el demandado tendrá derecho a hacer citar y emplazar a sus coherederos, a menos que por disposición del testador, o a consecuencia de la partición, hubiere quedado él solo obligado al pago de la deuda.

Véase artículo 45 Ley Hipotecaria.

Artículo 1085. El coheredero que hubiese pagado más de lo que corresponda a su participación en la herencia, podrá reclamar de los demás su parte proporcional.

Esto mismo se observará cuando, por ser la deuda hipotecaria o consistir en cuerpo determinado, la hubiese pagado íntegramente. El adjudicatario, en este caso, podrá reclamar de sus coherederos sólo la parte proporcional, aunque el acreedor le haya cedido sus acciones y subrogándole en su lugar.

Véase artículo 1145 del presente Código.

Artículo 1086. Estando alguna de las fincas de la herencia gravada con renta o carga real perpetua, no se procederá a su extinción, aunque sea redimible, sino cuando la mayor parte de los coherederos lo acordare.

No acordándolo así, o siendo la carga irredimible, se rebajará su valor o capital del de la finca, y ésta pasará con la carga al que le toque en lote o por adjudicación.

Artículo 1087. El coheredero acreedor del difunto puede reclamar de los otros el pago de su crédito, deducida su parte proporcional como tal heredero, y sin perjuicio de lo establecido en la sección quinta, capítulo 6.º de este título.

Véanse artículos 1010 a 1034 y 1195 a 1202 del presente Código.

LIBRO CUARTO
DE LAS OBLIGACIONES Y CONTRATOS

TÍTULO PRIMERO
DE LAS OBLIGACIONES

CAPÍTULO PRIMERO
DISPOSICIONES GENERALES

Artículo 1088. Toda obligación consiste en dar, hacer o no hacer alguna cosa.

Véase artículo 1254 del presente Código.

Artículo 1089. Las obligaciones nacen de la ley, de los contratos y cuasi contratos, y de los actos y omisiones ilícitos o en que intervenga cualquier género de culpa o negligencia.

Véase artículo 1887 del presente Código.

Artículo 1090. Las obligaciones derivadas de la ley no se presumen. Sólo son exigibles las expresamente determinadas en este Código o en leyes especiales, y se regirán por los preceptos de la ley que las hubiera establecido; y, en lo que ésta no hubiere previsto, por las disposiciones del presente libro.

Véase artículo 4 del presente Código.

Artículo 1091. Las obligaciones que nacen de los contratos tienen fuerza de ley entre las partes contratantes, y deben cumplirse al tenor de los mismos.

Artículo 1092. Las obligaciones civiles que nazcan de los delitos o faltas se regirán por las disposiciones del Código Penal.

Véanse:
- Artículos 100 a 117 de la LECrim.
- Artículos 109 y siguientes Código Penal.

Artículo 1093. Las que se deriven de actos u omisiones en que intervenga culpa o negligencia no penadas por la ley, quedarán sometidas a las disposiciones del capítulo II del título XVI de este libro.

Véanse artículos 1902 a 1910 del presente Código.

CAPÍTULO II
DE LA NATURALEZA Y EFECTO DE LAS OBLIGACIONES

Artículo 1094. El obligado a dar alguna cosa lo está también a conservarla con la diligencia propia de un buen padre de familia.

Artículo 1095. El acreedor tiene derecho a los frutos de la cosa desde que nace la obligación de entregarla. Sin embargo, no adquirirá derecho real sobre ella hasta que le haya sido entregada.

Véanse artículos 354 a 357 del presente Código.

Artículo 1096. Cuando lo que deba entregarse sea una cosa determinada, el acreedor, independientemente del derecho que le otorga el artículo 1.101, puede compeler al deudor a que realice la entrega.

Si la cosa fuere indeterminada o genérica, podrá pedir que se cumpla la obligación a expensas del deudor.

Si el obligado se constituye en mora, o se halla comprometido a entregar una misma cosa a dos o más personas diversas, serán de su cuenta los casos fortuitos hasta que se realice la entrega.

Artículo 1097. La obligación de dar cosa determinada comprende la de entregar todos sus accesorios, aunque no hayan sido mencionados.

Artículo 1098. Si el obligado a hacer alguna cosa no la hiciere, se mandará ejecutar a su costa.

Esto mismo se observará si la hiciere contraviniendo al tenor de la obligación. Además podrá decretarse que se deshaga lo mal hecho.

Véanse artículos 923 a 925 y 1161 del presente Código.

Artículo 1099. Lo dispuesto en el párrafo segundo del artículo anterior se observará también cuando la obligación consista en no hacer y el deudor ejecutare lo que le había sido prohibido.

Artículo 1100. Incurren en mora los obligados a entregar o a hacer alguna cosa desde que el acreedor les exija judicial o extrajudicialmente el cumplimiento de su obligación.

No será, sin embargo, necesaria la intimación del acreedor para que la mora exista:

1.º Cuando la obligación o la ley lo declaren así expresamente.

2.º Cuando de su naturaleza y circunstancias resulte que la designación de la época en que había de entregarse la cosa o hacerse el servicio, fue motivo determinante para establecer la obligación.

En las obligaciones recíprocas ninguno de los obligados incurre en mora si el otro no cumple o no se allana a cumplir debidamente lo que le incumbe. Desde que uno de los obligados cumple su obligación, empieza la mora para el otro.

Véanse:
- Artículos 283, 284 y 1124 del presente Código.
- Artículo 63 del Código de Comercio.

Artículo 1101. Quedan sujetos a la indemnización de los daños y perjuicios causados los que en el cumplimiento de sus obligaciones incurrieren en dolo, negligencia o morosidad, y los que de cualquier modo contravinieren al tenor de aquéllas.

Véanse:
- Artículos 1096 y 1106 a 1109 del presente Código.
- Artículos 712 y siguientes LEC.

Artículo 1102. La responsabilidad procedente del dolo es exigible en todas las obligaciones. La renuncia de la acción para hacerla efectiva es nula.

Artículo 1103. La responsabilidad que proceda de negligencia es igualmente exigible en el cumplimiento de toda clase de obligaciones; pero podrá moderarse por los Tribunales según los casos.

Véase artículo 1154 del presente Código.

Artículo 1104. La culpa o negligencia del deudor consiste en la omisión de aquella diligencia que exija la naturaleza de la obligación y corresponda a las circunstancias de las personas, del tiempo y del lugar.

Cuando la obligación no exprese la diligencia que ha de prestarse en su cumplimiento, se exigirá la que correspondería a un buen padre de familia.

Artículo 1105. Fuera de los casos expresamente mencionados en la ley, y de los en que así lo declare la obligación, nadie responderá de aquellos sucesos que no hubieran podido preverse o, que, previstos, fueran inevitables.

Artículo 1106. La indemnización de daños y perjuicios comprende, no sólo el valor de la pérdida que hayan sufrido, sino también el de la ganancia que haya dejado de obtener el acreedor, salvas las disposiciones contenidas en los artículos siguientes.

Véanse:
- Artículo 1101 del presente Código.
- Artículos 712 y siguientes LEC.

La Sentencia TS (Sala 1.ª) de 10 septiembre 2014, Rec. 691/2012, fija como doctrina jurisprudencial que en los casos de incumplimiento de la obligación de entrega de la vivienda en el plazo acordado, no procede otorgar el resarcimiento derivado por el lucro cesante (lucrum cessans) de forma automática, por aplicación de la doctrina del daño ex re ipsa (de la propia cosa), incumbiendo la carga de su realidad y alcance a la parte que lo reclame.

Artículo 1107. Los daños y perjuicios de que responde el deudor de buena fe son los previstos o que se hayan podido prever al tiempo de constituirse la obligación y que sean consecuencia necesaria de su falta de cumplimiento.

En caso de dolo responderá el deudor de todos los que conocidamente se deriven de la falta de cumplimiento de la obligación.

Véanse artículos 1152 y siguientes., 1896 y 1897 del presente Código.

Artículo 1108. Si la obligación consistiere en el pago de una cantidad de dinero, y el deudor incurriere en mora, la indemnización de daños y perjuicios, no habiendo pacto en contrario, consistirá en el pago de los intereses convenidos, y a falta de convenio, en el interés legal.

...

Párrafo 2.º del artículo 1108 derogado por Ley 24/1984, 29 junio («B.O.E.» 3 julio), sobre modificación del tipo de interés legal del dinero.

Artículo 1109. Los intereses vencidos devengan el interés legal desde que son judicialmente reclamados, aunque la obligación haya guardado silencio sobre este punto.

En los negocios comerciales se estará a lo que dispone el Código de Comercio.

Los Montes de Piedad y Cajas de Ahorro se regirán por sus reglamentos especiales.

Véanse:
- Artículos 316 a 319 y 341 del Código de Comercio.
- Disposición derogatoria Ley 33/1984, de 2 de agosto, sobre Ordenación del Seguro Privado.
- Reglamento de Ordenación y Supervisión de los Seguros Privados.
- Real Decreto Legislativo 6/2004, de 29 de octubre, por el que se aprueba el texto refundido de la Ley de Ordenación y Supervisión de los Seguros Privados.

Artículo 1110. El recibo del capital por el acreedor, sin reserva alguna respecto a los intereses, extingue la obligación del deudor en cuanto a éstos.

El recibo del último plazo de un débito, cuando el acreedor tampoco hiciere reservas, extinguirá la obligación en cuanto a los plazos anteriores.

Véanse:
- Artículos 1173 y 1621 del presente Código.
- Artículo 318 del Código de Comercio.

Artículo 1111. Los acreedores, después de haber perseguido los bienes de que esté en posesión el deudor para realizar cuanto se les debe, pueden ejercitar todos los derechos y acciones de éste con el mismo fin, exceptuando los que sean inherentes a su persona; pueden también impugnar los actos que el deudor haya realizado en fraude de su derecho.

Artículo 1112. Todos los derechos adquiridos en virtud de una obligación son transmisibles con sujeción a las leyes, si no se hubiese pactado lo contrario.

Véanse artículos 1526 y siguientes del presente Código.

CAPÍTULO III
DE LAS DIVERSAS ESPECIES DE OBLIGACIONES

SECCIÓN PRIMERA
DE LAS OBLIGACIONES PURAS Y DE LAS CONDICIONALES

Artículo 1113. Será exigible desde luego toda obligación cuyo cumplimiento no dependa de un suceso futuro o incierto, o de un suceso pasado, que los interesados ignoren.

También será exigible toda obligación que contenga condición resolutoria, sin perjuicio de los efectos de la resolución.

Véanse:
- Artículos 1123, 1128 y 1278 del presente Código.
- Artículo 62 del Código de Comercio.

Artículo 1114. En las obligaciones condicionales la adquisición de los derechos, así como la resolución o pérdida de los ya adquiridos, dependerán del acontecimiento que constituya la condición.

Véanse:
- Artículos 759 y 799 del presente Código.
- Artículo 51.6º Reglamento Hipotecario 1947.

Artículo 1115. Cuando el cumplimiento de la condición dependa de la exclusiva voluntad del deudor, la obligación condicional será nula. Si dependiere de la suerte o de la voluntad de un tercero, la obligación surtirá todos sus efectos con arreglo a las disposiciones de este Código.

Véase artículo 1256 del presente Código.

Artículo 1116. Las condiciones imposibles, las contrarias a las buenas costumbres y las prohibidas por la ley anularán la obligación que de ellas dependa.

La condición de no hacer una cosa imposible se tiene por no puesta.

Véanse artículos 792, 793 y 1184 del presente Código.

Artículo 1117. La condición de que ocurra algún suceso en un tiempo determinado extinguirá la obligación desde que pasare el tiempo o fuere ya indudable que el acontecimiento no tendrá lugar.

Véase artículo 796 del presente Código.

Artículo 1118. La condición de que no acontezca algún suceso en tiempo determinado hace eficaz la obligación desde que pasó el tiempo señalado o sea ya evidente que el acontecimiento no puede ocurrir.

Si no hubiere tiempo fijado, la condición deberá reputarse cumplida en el que verosímilmente se hubiese querido señalar, atendida la naturaleza de la obligación.

Véase artículo 796 del presente Código.

Artículo 1119. Se tendrá por cumplida la condición cuando el obligado impidiese voluntariamente su cumplimiento.

Véase artículo 798 del presente Código.

Artículo 1120. Los efectos de la obligación condicional de dar, una vez cumplida la condición, se retrotraen al día de la constitución de aquélla. Esto no obstante, cuando la obligación imponga recíprocas prestaciones a los interesados, se entenderán compensados unos con otros los frutos e intereses del tiempo en que hubiese estado pendiente la condición. Si la obligación fuere unilateral, el deudor hará suyos los frutos e intereses percibidos, a menos que por la naturaleza y circunstancias de aquélla deba inferirse que fue otra la voluntad del que la constituyó.

En las obligaciones de hacer y no hacer los Tribunales determinarán, en cada caso, el efecto retroactivo de la condición cumplida.

Artículo 1121. El acreedor puede, antes del cumplimiento de las condiciones, ejercitar las acciones procedentes para la conservación de su derecho.

El deudor puede repetir lo que en el mismo tiempo hubiese pagado.

Véanse:
- Artículos 1895 y siguientes del presente Código.
- Artículo 87 de la Ley 22/2003, de 9 de julio, Concursal.

Artículo 1122. Cuando las condiciones fueren puestas con el intento de suspender la eficacia de la obligación de dar, se observarán las reglas siguientes, en el caso de que la cosa mejore o se pierda o deteriore pendiente la condición:
1.ª Si la cosa se perdió sin culpa del deudor, quedará extinguida la obligación.
2.ª Si la cosa se perdió por culpa del deudor, éste queda obligado al resarcimiento de daños y perjuicios.
Entiéndese que la cosa se pierde cuando perece, queda fuera del comercio o desaparece de modo que se ignora su existencia, o no se puede recobrar.
3.ª Cuando la cosa se deteriora sin culpa del deudor, el menoscabo es de cuenta del acreedor.
4.ª Deteriorándose por culpa del deudor, el acreedor podrá optar entre la resolución de la obligación y su cumplimiento, con la indemnización de perjuicios en ambos casos.
5.ª Si la cosa se mejora por su naturaleza, o por el tiempo, las mejoras ceden en favor del acreedor.
6.ª Si se mejora a expensas del deudor, no tendrá éste otro derecho que el concedido al usufructuario.

Véanse artículos 1101 y ss., 1104 y 1105 del presente Código.

Artículo 1123. Cuando las condiciones tengan por objeto resolver la obligación de dar, los interesados, cumplidas aquéllas, deberán restituirse lo que hubiesen percibido.

En el caso de pérdida, deterioro, o mejora de la cosa, se aplicarán al que deba hacer la restitución las disposiciones que respecto al deudor contiene el artículo precedente.

En cuanto a las obligaciones de hacer y no hacer, se observará, respecto a los efectos de la resolución, lo dispuesto en el párrafo segundo del artículo 1.120.

Artículo 1124. La facultad de resolver las obligaciones se entiende implícita en las recíprocas, para el caso de que uno de los obligados no cumpliere lo que le incumbe.

El perjudicado podrá escoger entre exigir el cumplimiento o la resolución de la obligación, con el resarcimiento de daños y abono de intereses en ambos casos.

También podrá pedir la resolución, aun después de haber optado por el cumplimiento, cuando éste resultare imposible.

El Tribunal decretará la resolución que se reclame, a no haber causas justificadas que la autoricen para señalar plazo.

Esto se entiende sin perjuicio de los derechos de terceros adquirentes, con arreglo a los artículos 1.295 y 1.298 y a las disposiciones de la Ley Hipotecaria.

La Sentencia TS (Sala 1.ª) de 16 septiembre 2014, Rec. 969/2012, fija como doctrina jurisprudencial que el incumplimiento de la obligación de elevar a escritura pública el contrato de compraventa celebrado, conforme a lo dispuesto por el artículo 1280 del Código Civil , no es causa directa de resolución contractual al amparo del artículo 1124 del Código Civil.

SECCIÓN SEGUNDA
DE LAS OBLIGACIONES A PLAZO

Artículo 1125. Las obligaciones para cuyo cumplimiento se haya señalado un día cierto, sólo serán exigibles cuando el día llegue.

Entiéndese por día cierto aquel que necesariamente ha de venir, aunque se ignore cuándo.

Si la incertidumbre consiste en si ha de llegar o no el día, la obligación es condicional, y se regirá por las reglas de la sección precedente.

Véanse:
- Artículos 5 y 1915 del presente Código.
- Artículos 46 y 91 de la Ley Cambiaria y del Cheque.

Artículo 1126. Lo que anticipadamente se hubiese pagado en las obligaciones a plazo, no se podrá repetir.

Si el que pagó ignoraba cuando lo hizo, la existencia del plazo, tendrá derecho a reclamar del acreedor los intereses o los frutos que éste hubiese percibido de la cosa.

Véanse artículos 1895 a 1901 del presente Código.

Artículo 1127. Siempre que en las obligaciones se designa un término, se presume establecido en beneficio de acreedor y deudor, a no ser que del tenor de aquellas o de otras circunstancias resultara haberse puesto en favor del uno o del otro.

Artículo 1128. Si la obligación no señalare plazo, pero de su naturaleza y circunstancias se dedujere que ha querido concederse al deudor, los Tribunales fijarán la duración de aquél.

También fijarán los Tribunales la duración del plazo cuando éste haya quedado a voluntad del deudor.

Artículo 1129. Perderá el deudor todo derecho a utilizar el plazo:

1.º Cuando, después de contraída la obligación, resulte insolvente, salvo que garantice la deuda.

2.º Cuando no otorgue al acreedor las garantías a que estuviese comprometido.

3.º Cuando por actos propios hubiese disminuido aquellas garantías después de establecidas, y cuando por caso fortuito desaparecieran, a menos que sean inmediatamente sustituidas por otras nuevas e igualmente seguras.

Véanse:
- Artículo 1915 del presente Código.
- Artículo 883 Código de Comercio.

Artículo 1130. Si el plazo de la obligación está señalado por días a contar desde uno determinado, quedará éste excluido del cómputo, que deberá empezar en el día siguiente.

Véanse:
- *Artículo 5 del presente Código.*
- *Artículo 60 del Código de Comercio.*
- *Artículos 38 a 42, 90 y 91 de la Ley Cambiaria y del Cheque.*
- *Artículo 133 LEC.*

SECCIÓN TERCERA
DE LAS OBLIGACIONES ALTERNATIVAS

Artículo 1131. El obligado alternativamente a diversas prestaciones debe cumplir por completo una de éstas.

El acreedor no puede ser compelido a recibir parte de una y parte de otra.

Artículo 1132. La elección corresponde al deudor, a menos que expresamente se hubiese concedido al acreedor.

El deudor no tendrá derecho a elegir las prestaciones imposibles, ilícitas o que no hubieran podido ser objeto de la obligación.

Véanse artículos 1271 a 1273 del presente Código.

Artículo 1133. La elección no producirá efecto sino desde que fuere notificada.

Artículo 1134. El deudor perderá el derecho de elección cuando de las prestaciones a que alternativamente estuviese obligado, sólo una fuere realizable.

Artículo 1135. El acreedor tendrá derecho a la indemnización de daños y perjuicios cuando por culpa del deudor hubieren desaparecido todas las cosas que alternativamente fueron objeto de la obligación, o se hubiera hecho imposible el cumplimiento de ésta.

La indemnización se fijará tomando por base el valor de la última cosa que hubiese desaparecido, o el del servicio que últimamente se hubiera hecho imposible.

Artículo 1136. Cuando la elección hubiere sido expresamente atribuida al acreedor, la obligación cesará de ser alternativa desde el día en que aquélla hubiese sido notificada al deudor.

Hasta entonces las responsabilidades del deudor se regirán por las siguientes reglas:

1.ª Si alguna de las cosas se hubiese perdido por caso fortuito, cumplirá entregando la que el acreedor elija entre las restantes, o la que haya quedado, si una sola subsistiera.

2.ª Si la pérdida de alguna de las cosas hubiese sobrevenido por culpa del deudor, el acreedor podrá reclamar cualquiera de las que subsistan, o el precio de la que, por culpa de aquél, hubiera desaparecido.

3.ª Si todas las cosas se hubiesen perdido por culpa del deudor, la elección del acreedor recaerá sobre su precio.

Las mismas reglas se aplicarán a las obligaciones de hacer o de no hacer, en el caso de que algunas o todas las prestaciones resultaren imposibles.

SECCIÓN CUARTA
DE LAS OBLIGACIONES MANCOMUNADAS Y DE LAS SOLIDARIAS

Artículo 1137. La concurrencia de dos o más acreedores o de dos o más deudores en una sola obligación no implica que cada uno de aquéllos tenga derecho a pedir, ni cada uno de éstos deba prestar íntegramente, las cosas objeto de la misma. Sólo habrá lugar a esto cuando la obligación expresamente lo determine, constituyéndose con el carácter de solidaria.

Véanse:
- *Artículo 38.3 de la Ley Orgánica del Tribunal de Cuentas.*

- Artículos 1084, 1591, 1731, 1748, 1822 y 1890 del presente Código.
- Artículos 57 y 148 de la Ley Cambiaria y del Cheque.

La Sentencia TS (Sala Primera) de 20 de mayo de 2015, Rec. 2167/2012, fija como doctrina jurisprudencial que en los daños comprendidos en la LOE, cuando no se pueda individualizar la causa de los mismos, o quedase debidamente probada la concurrencia de culpas, sin que se pueda precisar el grado de intervención de cada agente en el daño producido, la exigencia de la responsabilidad solidaria que se derive, aunque de naturaleza legal, no puede identificarse, plenamente, con el vínculo obligacional solidario que regula el Código Civil, en los términos del artículo 1137 , por tratarse de una responsabilidad que viene determinada por la sentencia judicial que la declara. De forma, que la reclamación al promotor, por ella sola, no interrumpe el plazo de prescripción respecto de los demás intervinientes.

Artículo 1138. Si del texto de las obligaciones a que se refiere el artículo anterior no resulta otra cosa, el crédito o la deuda se presumirán divididos en tantas partes iguales como acreedores o deudores haya, reputándose créditos o deudas distintos unos de otros.

Artículo 1139. Si la división fuere imposible, sólo perjudicarán al derecho de los acreedores los actos colectivos de éstos, y sólo podrá hacerse efectiva la deuda procediendo contra todos los deudores. Si alguno de éstos resultare insolvente, no estarán los demás obligados a suplir su falta.

Véanse artículos 1150 y 1151 del presente Código.

Artículo 1140. La solidaridad podrá existir aunque los acreedores y deudores no estén ligados del propio modo y por unos mismos plazos y condiciones.

Artículo 1141. Cada uno de los acreedores solidarios puede hacer lo que sea útil a los demás, pero no lo que les sea perjudicial.

Las acciones ejercitadas contra cualquiera de los deudores solidarios perjudicarán a todos éstos.

Véanse:
- Artículos 1252 y 1974 CC y disposición adicional 4ª del presente Código.
- Artículo 542.1 LEC.
- Artículo 2 de la Ley 41/2003, de 18 de noviembre, de protección patrimonial de las personas con discapacidad y de modificación del Código Civil, de la Ley de Enjuiciamiento Civil y de la Normativa Tributaria con esta finalidad.

Artículo 1142. El deudor puede pagar la deuda a cualquiera de los acreedores solidarios; pero, si hubiere sido judicialmente demandado por alguno, a éste deberá hacer el pago.

Artículo 1143. La novación, compensación, confusión o remisión de la deuda, hechas por cualquiera de los acreedores solidarios o con cualquiera de los deudores de la misma clase, extinguen la obligación sin perjuicio de lo dispuesto en el artículo 1.146.

El acreedor que haya ejecutado cualquiera de estos actos, así como el que cobre la deuda, responderá a los demás de la parte que les corresponde en la obligación.

Artículo 1144. El acreedor puede dirigirse contra cualquiera de los deudores solidarios o contra todos ellos simultáneamente. Las reclamaciones entabladas contra uno no serán obstáculo para las que posteriormente se dirijan contra los demás, mientras no resulte cobrada la deuda por completo.

Artículo 1145. El pago hecho por uno de los deudores solidarios extingue la obligación.

El que hizo el pago sólo puede reclamar de sus codeudores la parte que a cada uno corresponda, con los intereses del anticipo.

La falta de cumplimiento de la obligación por insolvencia del deudor solidario será suplida por sus codeudores, a prorrata de la deuda de cada uno.

Véase artículo 1210.3.º del presente Código.

Artículo 1146. La quita o remisión hecha por el acreedor de la parte que afecte a uno de los deudores solidarios, no libra a éste de su responsabilidad para con los codeudores, en el caso de que la deuda haya sido totalmente pagada por cualquiera de ellos.

Véanse:
- Artículos 1187 a 1191 del presente Código.
- Artículo 524 del Código de Comercio.

Artículo 1147. Si la cosa hubiese perecido o la prestación se hubiese hecho imposible sin culpa de los deudores solidarios, la obligación quedará extinguida.

Si hubiese mediado culpa de parte de cualquiera de ellos, todos serán responsables, para con el acreedor, del precio y de la indemnización de daños y abono de intereses, sin perjuicio de su acción contra el culpable o negligente.

Artículo 1148. El deudor solidario podrá utilizar, contra las reclamaciones del acreedor, todas las excepciones que se deriven de la naturaleza de la obligación y las que le sean personales. De las que personalmente correspondan a los demás sólo podrá servirse en la parte de deuda de que éstos fueren responsables.

<h2 style="text-align:center">SECCIÓN QUINTA
DE LAS OBLIGACIONES DIVISIBLES Y DE LAS INDIVISIBLES</h2>

Artículo 1149. La divisibilidad o indivisibilidad de las cosas objeto de las obligaciones en que hay un solo deudor y un solo acreedor no altera ni modifica los preceptos del capítulo II de este título.

Véanse artículos 1094 a 1112 del presente Código.

Artículo 1150. La obligación indivisible mancomunada se resuelve en indemnizar daños y perjuicios desde que cualquiera de los deudores falta a su compromiso. Los deudores que hubiesen estado dispuestos a cumplir los suyos, no contribuirán a la indemnización con más cantidad que la porción correspondiente del precio de la cosa o del servicio en que consistiere la obligación.

Artículo 1151. Para los efectos de los artículos que preceden, se reputarán indivisibles las obligaciones de dar cuerpos ciertos y todas aquellas que no sean susceptibles de cumplimiento parcial.

Las obligaciones de hacer serán divisibles cuando tengan por objeto la prestación de un número de días de trabajo, la ejecución de obras por unidades métricas, u otras cosas análogas que por su naturaleza sean susceptibles de cumplimiento parcial.

En las obligaciones de no hacer, la divisibilidad o indivisibilidad se decidirá por el carácter de la prestación en cada caso particular.

<h2 style="text-align:center">SECCIÓN SEXTA
DE LAS OBLIGACIONES CON CLÁUSULA PENAL</h2>

Artículo 1152. En las obligaciones con cláusula penal, la pena sustituirá a la indemnización de daños y al abono de intereses en caso de falta de cumplimiento, si otra cosa no se hubiere pactado.

Sólo podrá hacerse efectiva la pena cuando ésta fuere exigible conforme a las disposiciones del presente Código.

Véanse artículos 1106 a 1109 del presente Código.

Artículo 1153. El deudor no podrá eximirse de cumplir la obligación pagando la pena, sino en el caso de que expresamente le hubiese sido reservado este derecho. Tampoco el acreedor podrá exigir conjuntamente el cumplimiento de la obligación y la satisfacción de la pena, sin que esta facultad le haya sido claramente otorgada.

Véase artículo 56 del Código de Comercio.

Artículo 1154. El Juez modificará equitativamente la pena cuando la obligación principal hubiera sido en parte o irregularmente cumplida por el deudor.

Véanse:
- STS 10 Mar. 2014, rec. 343/2012, que fija como doctrina jurisprudencial que "en los contratos por negociación, en los que expresamente se prevea una pena convencional para el caso del desistimiento unilateral de las partes, la valoración o alcance patrimonial de la pena establecida no puede ser objeto de la facultad judicial de moderación, cuestión que pertenece al principio de autonomía de la voluntad de las partes".
- STS 11 Mar. 2014, rec. 2948/2012, que fija como doctrina jurisprudencial que "la declaración de abusividad de las cláusulas predispuestas bajo condiciones generales, que expresamente prevean una pena convencional para el caso del desistimiento unilateral de las partes, no permite la facultad judicial de moderación equitativa de la pena convencionalmente predispuesta; sin perjuicio del posible contenido indemnizatorio que, según los casos, pueda derivarse de la resolución contractual efectuada".

Artículo 1155. La nulidad de la cláusula penal no lleva consigo la de la obligación principal.

La nulidad de la obligación principal lleva consigo la de la cláusula penal.

CAPÍTULO IV
DE LA EXTINCIÓN DE LAS OBLIGACIONES

DISPOSICIONES GENERALES

Artículo 1156. Las obligaciones se extinguen:
Por el pago o cumplimiento.
Por la pérdida de la cosa debida.
Por la condonación de la deuda.
Por la confusión de los derechos de acreedor y deudor.
Por la compensación.
Por la novación.

SECCIÓN PRIMERA
DEL PAGO

Artículo 1157. No se entenderá pagada una deuda sino cuando completamente se hubiese entregado la cosa o hecho la prestación en que la obligación consistía.

Artículo 1158. Puede hacer el pago cualquier persona, tenga o no interés en el cumplimiento de la obligación, ya lo conozca y lo apruebe, o ya lo ignore el deudor.

El que pagare por cuenta de otro podrá reclamar del deudor lo que hubiese pagado, a no haberlo hecho contra su expresa voluntad.

En este caso sólo podrá repetir del deudor aquello en que le hubiera sido útil el pago.

Artículo 1159. El que pague en nombre del deudor, ignorándolo éste, no podrá compeler al acreedor a subrogarle en sus derechos.

Véanse artículos 1209, 1210 y 1893 y siguientes del presente Código.

Artículo 1160. En las obligaciones de dar no será válido el pago hecho por quien no tenga la libre disposición de la cosa debida y capacidad para enajenarla. Sin embargo, si el pago hubiere consistido en una cantidad de dinero o cosa fungible, no habrá repetición contra el acreedor que la hubiese gastado o consumido de buena fe.

Véanse artículos 1897 a 1899 del presente Código.

Artículo 1161. En las obligaciones de hacer el acreedor no podrá ser compelido a recibir la prestación o el servicio de un tercero, cuando la calidad y circunstancias de la persona del deudor se hubiesen tenido en cuenta al establecer la obligación.

Véanse artículos 1098 y 1099 del presente Código.

Artículo 1162. El pago deberá hacerse a la persona en cuyo favor estuviese constituida la obligación, o a otra autorizada para recibirla en su nombre.

Artículo 1163. El pago hecho a una persona menor de edad será válido en cuanto se hubiere convertido en su utilidad. Esta regla también será aplicable a los pagos realizados a una persona con discapacidad con medidas de apoyo establecidas para recibirlo y que actúe sin dichos apoyos, en caso de que el deudor o la persona que realice el pago conociera de la existencia de medidas de apoyo en el momento de la contratación o se hubiera aprovechado de otro modo de la situación de discapacidad obteniendo de ello una ventaja injusta.

Párrafo primero del artículo 1163 redactado por el apartado cuarenta y siete del artículo segundo de la Ley 8/2021, de 2 de junio, por la que se reforma la legislación civil y procesal para el apoyo a las personas con discapacidad en el ejercicio de su capacidad jurídica («B.O.E.» 3 junio).
Vigencia: 3 septiembre 2021

También será válido el pago hecho a un tercero en cuanto se hubiera convertido en utilidad del acreedor.

Artículo 1164. El pago hecho de buena fe al que estuviere en posesión del crédito, liberará al deudor.

Artículo 1165. No será válido el pago hecho al acreedor por el deudor después de habérsele ordenado judicialmente la retención de la deuda.

Artículo 1166. El deudor de una cosa no puede obligar a su acreedor a que reciba otra diferente, aun cuando fuere de igual o mayor valor que la debida.

Tampoco en las obligaciones de hacer podrá ser sustituido un hecho por otro contra la voluntad del acreedor.

Artículo 1167. Cuando la obligación consista en entregar una cosa indeterminada o genérica cuya calidad y circunstancias no se hubiesen expresado, el acreedor no podrá exigirla de la calidad superior, ni el deudor entregarla de la inferior.

Véase artículo 1273 del presente Código.

Artículo 1168. Los gastos extrajudiciales que ocasione el pago serán de cuenta del deudor. Respecto de los judiciales, decidirá el Tribunal con arreglo a la Ley de Enjuiciamiento Civil.

Véanse artículos 241 y siguientes y 539 LEC.

Artículo 1169. A menos que el contrato expresamente lo autorice, no podrá compelerse al acreedor a recibir parcialmente las prestaciones en que consista la obligación.

Sin embargo, cuando la deuda tuviere una parte líquida y otra ilíquida, podrá exigir el acreedor y hacer el deudor el pago de la primera sin esperar a que se liquide la segunda.

> *Véase artículo 573.3 LEC.*

Artículo 1170. El pago de las deudas de dinero deberá hacerse en la especie pactada y, no siendo posible entregar la especie, en la moneda de plata u oro que tenga curso legal en España.

La entrega de pagarés a la orden, o letras de cambio u otros documentos mercantiles, sólo producirá los efectos del pago cuando hubiesen sido realizados, o cuando por culpa del acreedor se hubiesen perjudicado.

Entretanto la acción derivada de la obligación primitiva quedará en suspenso.

> *Téngase en cuenta que la de la Ley de 20 de enero de 1939 («B.O.E.» 24 enero), privó de curso legal a las monedas de plata ordenando su canje por billetes del Banco de España, y que la de la Ley de 9 de noviembre de 1939 («B.O.E.», 17 noviembre), dispuso que los billetes del Banco de España son, preceptivamente, medio legal de pago y tienen pleno poder liberatorio.*
> *Véanse:*
> *- Artículo 1754 del presente Código.*
> *- Artículo 312 del Código de Comercio.*
> *- Artículos 49 a 68 y 146 a 156 de la Ley Cambiaria y del Cheque.*

Artículo 1171. El pago deberá ejecutarse en el lugar que hubiese designado la obligación.

No habiéndose expresado y tratándose de entregar una cosa determinada, deberá hacerse el pago donde ésta existía en el momento de constituirse la obligación.

En cualquier otro caso, el lugar del pago será el del domicilio del deudor.

> *Véanse:*
> *- Artículos 40, 41, 1500, 1574, 1615 y 1774 del presente Código.*
> *- Artículo 91 de la Ley Cambiaria y del Cheque.*

DE LA IMPUTACIÓN DE PAGOS

Artículo 1172. El que tuviere varias deudas de una misma especie en favor de un solo acreedor, podrá declarar, al tiempo de hacer el pago, a cuál de ellas debe aplicarse.

Si aceptare del acreedor un recibo en que se hiciese la aplicación del pago, no podrá reclamar contra ésta, a menos que hubiera mediado causa que invalide el contrato.

Artículo 1173. Si la deuda produce interés, no podrá estimarse hecho el pago por cuenta del capital mientras no estén cubiertos los intereses.

> *Véase artículo 1110 del presente Código.*

Artículo 1174. Cuando no pueda imputarse el pago según las reglas anteriores, se estimará satisfecha la deuda más onerosa al deudor entre las que estén vencidas.

Si éstas fueren de igual naturaleza y gravamen, el pago se imputará a todas a prorrata.

DEL PAGO POR CESIÓN DE BIENES

Artículo 1175. El deudor puede ceder sus bienes a los acreedores en pago de sus deudas. Esta cesión, salvo pacto en contrario, sólo libera a aquél de responsabilidad por el importe líquido de los bienes cedidos. Los convenios que sobre el efecto de la cesión se celebren entre el deudor y sus acreedores se ajustarán a las disposiciones del título XVII de este libro y a lo que establece la Ley de Enjuiciamiento Civil.

> *Véanse:*
> *- Artículos 1911 a 1920 del presente Código.*
> *- Artículos 1139.5º, 1303 a 1315 y 1389 a 1396 LEC.*
> *- Artículos 98 a 162 Ley 22/2003, de 9 de julio, Concursal.*

DEL OFRECIMIENTO DEL PAGO Y DE LA CONSIGNACIÓN

Artículo 1176. Si el acreedor a quien se hiciere el ofrecimiento de pago conforme a las disposiciones que regulan éste, se negare, de manera expresa o de hecho, sin razón a admitirlo, a otorgar el documento justificativo de haberse efectuado o a la cancelación de la garantía, si la hubiere, el deudor quedará libre de responsabilidad mediante la consignación de la cosa debida.

La consignación por sí sola producirá el mismo efecto cuando se haga estando el acreedor ausente en el lugar en donde el pago deba realizarse, o cuando esté impedido para recibirlo en el momento en que deba hacerse, y cuando varias personas pretendan tener derecho a cobrar, sea el acreedor desconocido, o se haya extraviado el título que lleve incorporada la obligación.

En todo caso, procederá la consignación en todos aquellos supuestos en que el cumplimiento de la obligación se haga más gravoso al deudor por causas no imputables al mismo.

> *Artículo 1176 redactado por el apartado noventa y dos de la disposición final primera de la Ley 15/2015, de 2 de julio, de la Jurisdicción Voluntaria («B.O.E.» 3 julio).*
> *Vigencia: 23 julio 2015*

Artículo 1177. Para que la consignación de la cosa debida libere al obligado, deberá ser previamente anunciada a las personas interesadas en el cumplimiento de la obligación.

La consignación será ineficaz si no se ajusta estrictamente a las disposiciones que regulan el pago.

> *Véanse artículos 1157 a 1175 del presente Código.*

Artículo 1178. La consignación se hará por el deudor o por un tercero, poniendo las cosas debidas a disposición del Juzgado o del Notario, en los términos previstos en la Ley de Jurisdicción Voluntaria o en la legislación notarial.

> *Artículo 1178 redactado por el apartado noventa y tres de la disposición final primera de la Ley 15/2015, de 2 de julio, de la Jurisdicción Voluntaria («B.O.E.» 3 julio).*
> *Vigencia: 23 julio 2015*

Artículo 1179. Los gastos de la consignación, cuando fuera procedente, serán de cuenta del acreedor.

Artículo 1180. La aceptación de la consignación por el acreedor o la declaración judicial de que está bien hecha, extinguirá la obligación y el deudor podrá pedir que se mande cancelar la obligación y la garantía, en su caso.

Mientras tanto, el deudor podrá retirar la cosa o cantidad consignada, dejando subsistente la obligación.

Artículo 1180 redactado por el apartado noventa y cuatro de la disposición final primera de la Ley 15/2015, de 2 de julio, de la Jurisdicción Voluntaria («B.O.E.» 3 julio). Vigencia: 23 julio 2015

Artículo 1181. Si, hecha la consignación, el acreedor autorizase al deudor para retirarla, perderá toda preferencia que tuviere sobre la cosa. Los codeudores y fiadores quedarán libres.

Véase artículo 1847 del presente Código.

SECCIÓN SEGUNDA
DE LA PÉRDIDA DE LA COSA DEBIDA

Artículo 1182. Quedará extinguida la obligación que consista en entregar una cosa determinada cuando ésta se perdiere o destruyere sin culpa del deudor y antes de haberse éste constituido en mora.

Artículo 1183. Siempre que la cosa se hubiese perdido en poder del deudor, se presumirá que la pérdida ocurrió por su culpa y no por caso fortuito, salvo prueba en contrario, y sin perjuicio de lo dispuesto en el artículo 1.096.

Véanse artículos 1104 y 1105 del presente Código.

Artículo 1184. También quedará liberado el deudor en las obligaciones de hacer cuando la prestación resultare legal o físicamente imposible.

Artículo 1185. Cuando la deuda de cosa cierta y determinada procediere de delito o falta, no se eximirá el deudor del pago de su precio, cualquiera que hubiese sido el motivo de la pérdida, a menos que, ofrecida por él la cosa al que la debía recibir, éste se hubiese sin razón negado a aceptarla.

Véase artículo 1176, párrafo 1º del presente Código.

Artículo 1186. Extinguida la obligación por la pérdida de la cosa, corresponderán al acreedor todas las acciones que el deudor tuviere contra terceros por razón de ésta.

Véanse artículos 1212 y 1213 del presente Código.

SECCIÓN TERCERA
DE LA CONDONACIÓN DE LA DEUDA

Artículo 1187. La condonación podrá hacerse expresa o tácitamente.

Una y otra estarán sometidas a los preceptos que rigen las donaciones inoficiosas. La condonación expresa deberá, además, ajustarse a las formas de la donación.

Artículo 1188. La entrega del documento privado justificativo de un crédito, hecha voluntariamente por el acreedor al deudor, implica la renuncia de la acción que el primero tenía contra el segundo.

Si para invalidar esta renuncia se pretendiere que es inoficiosa, el deudor y sus herederos podrán sostenerla probando que la entrega del documento se hizo en virtud del pago de la deuda.

Artículo 1189. Siempre que el documento privado de donde resulte la deuda se hallare en poder del deudor, se presumirá que el acreedor lo entregó voluntariamente, a no ser que se pruebe lo contrario.

Artículo 1190. La condonación de la deuda principal extinguirá las obligaciones accesorias; pero la de éstas dejará subsistente la primera.

Véase artículo 1207 del presente Código.

Artículo 1191. Se presumirá remitida la obligación accesoria de prenda, cuando la cosa pignorada, después de entregada al acreedor, se hallare en poder del deudor.

Véase artículo 1850 del presente Código.

SECCIÓN CUARTA
DE LA CONFUSIÓN DE DERECHOS

Artículo 1192. Quedará extinguida la obligación desde que se reúnan en una misma persona los conceptos de acreedor y de deudor.

Se exceptúa el caso en que esta confusión tenga lugar en virtud de título de herencia, si ésta hubiese sido aceptada a beneficio de inventario.

Artículo 1193. La confusión que recae en la persona del deudor o del acreedor principal, aprovecha a los fiadores. La que se realiza en cualquiera de éstos no extingue la obligación.

Véanse artículos 1847 y 1848 del presente Código.

Artículo 1194. La confusión no extingue la deuda mancomunada sino en la porción correspondiente al acreedor o deudor en quien concurran los dos conceptos.

SECCIÓN QUINTA
DE LA COMPENSACIÓN

Artículo 1195. Tendrá lugar la compensación cuando dos personas por derecho propio, sean recíprocamente acreedoras y deudoras la una de la otra.

Véase artículo 557.2.ª LEC.

Artículo 1196. Para que proceda la compensación, es preciso:
1.º Que cada uno de los obligados lo esté principalmente, y sea a la vez acreedor principal del otro.
2.º Que ambas deudas consistan en una cantidad de dinero, o, siendo fungibles las cosas debidas, sean de la misma especie y también de la misma calidad, si ésta se hubiese designado.
3.º Que las dos deudas estén vencidas.
4.º Que sean líquidas y exigibles.
5.º Que sobre ninguna de ellas haya retención o contienda promovida por terceras personas y notificada oportunamente al deudor.

Artículo 1197. No obstante lo dispuesto en el artículo anterior, el fiador podrá oponer la compensación respecto de lo que el acreedor debiere a su deudor principal.

Artículo 1198. El deudor, que hubiere consentido en la cesión de derechos hecha por un acreedor a favor de un tercero, no podrá oponer al cesionario la compensación que le correspondería contra el cedente.

Si el acreedor le hizo saber la cesión y el deudor no la consintió, puede oponer la compensación de las deudas anteriores a ella, pero no la de las posteriores.

Si la cesión se realiza sin conocimiento del deudor, podrá éste oponer la compensación de los créditos anteriores a ella y de los posteriores hasta que hubiese tenido conocimiento de la cesión.

Véase artículo 1527 del presente Código.

Artículo 1199. Las deudas pagaderas en diferentes lugares pueden compensarse mediante indemnización de los gastos de transporte o cambio al lugar del pago.

Véase artículo 1171 del presente Código.

Artículo 1200. La compensación no procederá cuando alguna de las deudas proviniere de depósito o de las obligaciones del depositario o comodatario.

Tampoco podrá oponerse al acreedor por alimentos debidos por título gratuito.

Artículo 1201. Si una persona tuviere contra sí varias deudas compensables, se observará en el orden de la compensación lo dispuesto respecto a la imputación de pagos.

Artículo 1202. El efecto de la compensación es extinguir una y otra deuda en la cantidad concurrente, aunque no tengan conocimiento de ella los acreedores y deudores.

> *Véanse:*
> *- Artículos 1148 y 1198 del presente Código.*
> *- Artículo 144 de la Ley Hipotecaria.*

SECCIÓN SEXTA
DE LA NOVACIÓN

Artículo 1203. Las obligaciones pueden modificarse:
1.º Variando su objeto o sus condiciones principales.
2.º Sustituyendo la persona del deudor.
3.º Subrogando a un tercero en los derechos del acreedor.

Artículo 1204. Para que una obligación quede extinguida por otra que la sustituya, es preciso que así se declare terminantemente, o que la antigua y la nueva sean de todo punto incompatibles.

Artículo 1205. La novación, que consiste en sustituirse un nuevo deudor en lugar del primitivo, puede hacerse sin el conocimiento de éste, pero no sin el consentimiento del acreedor.

> *Véase artículo 1211 del presente Código.*

Artículo 1206. La insolvencia del nuevo deudor, que hubiese sido aceptado por el acreedor, no hará revivir la acción de éste contra el deudor primitivo, salvo que dicha insolvencia hubiese sido anterior y pública o conocida del deudor al delegar su deuda.

> *Véanse artículos 1529 y 1530 del presente Código.*

Artículo 1207. Cuando la obligación principal se extinga por efecto de la novación, sólo podrán subsistir las obligaciones accesorias en cuanto aprovechen a terceros que no hubiesen prestado su consentimiento.

Artículo 1208. La novación es nula si lo fuere también la obligación primitiva, salvo que la causa de nulidad sólo pueda ser invocada por el deudor, o que la ratificación convalide los actos nulos en su origen.

> *Véanse artículos 1309 a 1313 del presente Código.*

Artículo 1209. La subrogación de un tercero en los derechos del acreedor no puede presumirse fuera de los casos expresamente mencionados en este Código.

En los demás será preciso establecerla con claridad para que produzca efecto.

> *Véanse artículos 1158 y 1159 del presente Código.*

Artículo 1210. Se presumirá que hay subrogación:
1.º Cuando un acreedor pague a otro acreedor preferente.

2.º Cuando un tercero, no interesado en la obligación, pague con aprobación expresa o tácita del deudor.

3.º Cuando pague el que tenga interés en el cumplimiento de la obligación, salvos los efectos de la confusión en cuanto a la porción que le corresponda.

Artículo 1211. El deudor podrá hacer la subrogación sin consentimiento del acreedor, cuando para pagar la deuda haya tomado prestado el dinero por escritura pública haciendo constar su propósito en ella, y expresando en la carta de pago la procedencia de la cantidad pagada.

Véanse artículos 1 a 10 de la Ley 2/1994, 30 marzo, de subrogación y modificación de préstamos hipotecarios.

Artículo 1212. La subrogación transfiere al subrogado el crédito con los derechos a él anexos, ya contra el deudor, ya contra los terceros, sean fiadores o poseedores de las hipotecas.

Véase artículo 1528 del presente Código.

Artículo 1213. El acreedor, a quien se hubiere hecho un pago parcial, puede ejercitar su derecho por el resto con preferencia al que se hubiere subrogado en su lugar a virtud del pago parcial del mismo crédito.

Véase artículo 1169 del presente Código.

CAPÍTULO V
DE LA PRUEBA DE LAS OBLIGACIONES

DISPOSICIONES GENERALES

Véanse artículos 281.1 y 299 LEC.

Artículo 1214. …

Artículo 1215. …

Artículos 1214 y 1215 derogados por el apartado 2.1.º de la Disposición Derogatoria Única de la Ley 1/2000, 7 enero, de Enjuiciamiento Civil («B.O.E.» 8 enero).
Vigencia: 8 enero 2001

SECCIÓN PRIMERA

DE LOS DOCUMENTOS PÚBLICOS

Artículo 1216. Son documentos públicos los autorizados por un Notario o empleado público competente, con las solemnidades requeridas por la ley.

Véanse:
- Artículos 317 a 323 y 328 a 334 LEC.
- Ley 37/2007, de 16 de noviembre, sobre reutilización de la información del sector público.
- Artículo 3 de la Ley 59/2003, de 19 de diciembre, de firma electrónica («B.O.E.» 20 diciembre).
- Artículo 52.1 Real Decreto Legislativo 781/1986, de 18 de abril, por el que se aprueba el Texto Refundido de las disposiciones legales vigentes en materia de Régimen Local.

Artículo 1217. Los documentos en que intervenga Notario público se regirán por la legislación notarial.

Véanse artículos 143 y siguientes Reglamento del Notariado.

Artículo 1218. Los documentos públicos hacen prueba, aun contra tercero, del hecho que motiva su otorgamiento y de la fecha de éste.

También harán prueba contra los contratantes y sus causahabientes, en cuanto a las declaraciones que en ellos hubiesen hecho los primeros.

Véanse:
- Artículo 1526 del presente Código.
- Artículos 318 y siguientes LEC.

Artículo 1219. Las escrituras hechas para desvirtuar otra escritura anterior entre los mismos interesados, sólo producirán efectos contra terceros cuando el contenido de aquéllas hubiese sido anotado en el registro público competente o al margen de la escritura matriz y del traslado o copia en cuya virtud hubiese procedido el tercero.

Véanse:
- Artículo 1230 del presente Código.
- Artículo 178, párr. 1º del Reglamento Notarial.

Artículo 1220. Las copias de los documentos públicos de que exista matriz o protocolo, impugnadas por aquéllos a quienes perjudiquen, sólo tendrán fuerza probatoria cuando hayan sido debidamente cotejadas.

Si resultare alguna variante entre la matriz y la copia, se estará al contenido de la primera.

Artículo 1221. Cuando hayan desaparecido la escritura matriz, el protocolo, o los expedientes originales, harán prueba:

1.º Las primeras copias, sacadas por el funcionario público que las autorizara.

2.º Las copias ulteriores, libradas por mandato judicial, con citación de los interesados.

3.º Las que, sin mandato judicial, se hubiesen sacado en presencia de los interesados y con su conformidad.

A falta de las copias mencionadas, harán prueba cualesquiera otras que tengan la antigüedad de treinta o más años, siempre que hubiesen sido tomadas del original por el funcionario que lo autorizó u otro encargado de su custodia.

Las copias de menor antigüedad, o que estuviesen autorizadas por funcionario público en quien no concurran las circunstancias mencionadas en el párrafo anterior, sólo servirán como un principio de prueba por escrito.

La fuerza probatoria de las copias de copia será apreciada por los Tribunales según las circunstancias.

Véanse:
- Artículo 322.2 LEC.
- Artículo 233 Reglamento del Notariado.

Artículo 1222. La inscripción, en cualquier registro público, de un documento que haya desaparecido, será apreciada según las reglas de los dos últimos párrafos del artículo precedente.

Artículo 1223. La escritura defectuosa, por incompetencia del Notario o por otra falta en la forma, tendrá el concepto de documento privado, si estuviese firmada por los otorgantes.

Véanse artículos 1225 a 1230 del presente Código.

Artículo 1224. Las escrituras de reconocimiento de un acto o contrato nada prueban contra el documento en que éstos hubiesen sido consignados, si por exceso u omisión se apartaren de él, a menos que conste expresamente la novación del primero.

Véanse artículos 1219 y 1230 del presente Código.

DE LOS DOCUMENTOS PRIVADOS

Artículo 1225. El documento privado, reconocido legalmente, tendrá el mismo valor que la escritura pública entre los que lo hubiesen suscrito y sus causahabientes.

> *Véanse:*
> *- Artículos 324 a 334 LEC.*
> *- Artículos 32 y 33 del Código de Comercio.*

Artículo 1226. ...

> *Artículo 1226 derogado por el apartado 2.1.º de la Disposición Derogatoria Única de la Ley 1/2000, 7 enero, de Enjuiciamiento Civil («B.O.E.» 8 enero).*
> *Vigencia: 8 enero 2001*

Artículo 1227. La fecha de un documento privado no se contará respecto de terceros sino desde el día en que hubiese sido incorporado o inscrito en un registro público, desde la muerte de cualquiera de los que le firmaron, o desde el día en que se entregase a un funcionario público por razón de su oficio.

> *Véase artículo 1526 del presente Código.*

Artículo 1228. Los asientos, registros y papeles privados únicamente hacen prueba contra el que los ha escrito en todo aquello que conste con claridad; pero el que quiera aprovecharse de ellos habrá de aceptarlos en la parte que le perjudiquen.

> *Véase artículo 327 LEC.*

Artículo 1229. La nota escrita o firmada por el acreedor a continuación, al margen o al dorso de una escritura que obre en su poder, hace prueba en todo lo que sea favorable al deudor.

Lo mismo se entenderá de la nota escrita o firmada por el acreedor al dorso, al margen o a continuación del duplicado de un documento o recibo que se halle en poder del deudor.

En ambos casos, el deudor que quiera aprovecharse de lo que le favorezca, tendrá que pasar por lo que le perjudique.

Artículo 1230. Los documentos privados hechos para alterar lo pactado en escritura pública, no producen efecto contra tercero.

SECCIÓN SEGUNDA
DE LA CONFESIÓN

> *Véanse artículos 301 a 316 LEC.*

Artículo 1231. ...

Artículo 1232. ...

Artículo 1233. ...

Artículo 1234. ...

Artículo 1235. ...

Artículo 1236. ...

Artículo 1237. ...

Artículo 1238. ...

Artículo 1239. ...

Artículos 1231 a 1239 derogados por el apartado 2.1.º de la Disposición Derogatoria Única de la Ley 1/2000, 7 enero, de Enjuiciamiento Civil («B.O.E.» 8 enero).
Vigencia: 8 enero 2001

SECCIÓN TERCERA
DE LA INSPECCIÓN PERSONAL DEL JUEZ

Véanse artículos 353 a 359 LEC.

Artículo 1240. ...

Artículo 1241. ...

Artículos 1240 y 1241 derogados por el apartado 2.1.º de la Disposición Derogatoria Única de la Ley 1/2000, 7 enero, de Enjuiciamiento Civil («B.O.E.» 8 enero).
Vigencia: 8 enero 2001

SECCIÓN CUARTA
DE LA PRUEBA DE PERITOS

Véanse artículos 335 a 352 LEC.

Artículo 1242. ...

Artículo 1243. ...

Artículos 1242 y 1243 derogados por el apartado 2.1.º de la Disposición Derogatoria Única de la Ley 1/2000, 7 enero, de Enjuiciamiento Civil («B.O.E.» 8 enero).
Vigencia: 8 enero 2001

SECCIÓN QUINTA
DE LA PRUEBA DE TESTIGOS

Véanse artículos 360 a 381 LEC.

Artículo 1244. ...

Artículo 1245. ...

Artículo 1246. ...

Artículo 1247. ...

Artículo 1248. ...

Artículos 1244 a 1248 derogados por el apartado 2.1.º de la Disposición Derogatoria Única de la Ley 1/2000, 7 enero, de Enjuiciamiento Civil («B.O.E.» 8 enero).
Vigencia: 8 enero 2001

SECCIÓN SEXTA
DE LAS PRESUNCIONES

Véanse artículos 385 y 386 LEC.

Artículo 1249. ...

Artículo 1250. ...

Artículo 1251. ...

Artículo 1252. ...

Artículo 1253. ...

> *Artículos 1249 a 1253 derogados por el apartado 2.1.º de la Disposición Derogatoria Única de la Ley 1/2000, 7 enero, de Enjuiciamiento Civil («B.O.E.» 8 enero).*
> *Vigencia: 8 enero 2001*

TÍTULO II
DE LOS CONTRATOS

CAPÍTULO PRIMERO
DISPOSICIONES GENERALES

Artículo 1254. El contrato existe desde que una o varias personas consienten en obligarse, respecto de otra u otras, a dar alguna cosa o prestar algún servicio.

> *Véase artículo 1261 del presente Código.*

Artículo 1255. Los contratantes pueden establecer los pactos, cláusulas y condiciones que tengan por conveniente, siempre que no sean contrarios a las leyes, a la moral, ni al orden público.

Artículo 1256. La validez y el cumplimiento de los contratos no pueden dejarse al arbitrio de uno de los contratantes.

Artículo 1257. Los contratos sólo producen efecto entre las partes que los otorgan y sus herederos; salvo, en cuanto a éstos, el caso en que los derechos y obligaciones que proceden del contrato no sean transmisibles, o por su naturaleza, o por pacto, o por disposición de la ley.

Si el contrato contuviere alguna estipulación en favor de un tercero, éste podrá exigir su cumplimiento, siempre que hubiese hecho saber su aceptación al obligado antes de que haya sido aquélla revocada.

> *Véanse:*
> *- Artículos 659 y 1112 del presente Código.*
> *- Artículos 176, párrafo 2º y 178, párrafo 3º Reglamento Notarial.*

Artículo 1258. Los contratos se perfeccionan por el mero consentimiento, y desde entonces obligan, no sólo al cumplimiento de lo expresamente pactado, sino también a todas las consecuencias que, según su naturaleza, sean conformes a la buena fe, al uso y a la ley.

Artículo 1259. Ninguno puede contratar a nombre de otro sin estar por éste autorizado o sin que tenga por la ley su representación legal.

El contrato celebrado a nombre de otro por quien no tenga su autorización o representación legal será nulo, a no ser que lo ratifique la persona a cuyo nombre se otorgue antes de ser revocado por la otra parte contratante.

> *Véanse:*
> *- Artículos 1257 y 1888 a 1894 del presente Código.*
> *- Artículos 176, párrafo 2º y 178, párrafo 3º Reglamento Notarial.*

Artículo 1260. No se admitirá juramento en los contratos. Si se hiciere se tendrá por no puesto.

CAPÍTULO II
DE LOS REQUISITOS ESENCIALES PARA LA VALIDEZ DE LOS CONTRATOS

DISPOSICIÓN GENERAL

Artículo 1261. No hay contrato sino cuando concurren los requisitos siguientes:

1.º Consentimiento de los contratantes.

> *Véanse artículos 1262 a 1270 del presente Código.*

2.º Objeto cierto que sea materia del contrato.

> *Véanse artículos 1271 a 1273 del presente Código.*

3.º Causa de la obligación que se establezca.

> *Véanse artículos 1274 a 1277 del presente Código.*

SECCIÓN PRIMERA
DEL CONSENTIMIENTO

Artículo 1262. El consentimiento se manifiesta por el concurso de la oferta y de la aceptación sobre la cosa y la causa que han de constituir el contrato.

Hallándose en lugares distintos el que hizo la oferta y el que la aceptó, hay consentimiento desde que el oferente conoce la aceptación o desde que, habiéndosela remitido el aceptante, no pueda ignorarla sin faltar a la buena fe. El contrato, en tal caso, se presume celebrado en el lugar en que se hizo la oferta.

En los contratos celebrados mediante dispositivos automáticos hay consentimiento desde que se manifiesta la aceptación.

> *Artículo 1262 redactado por el número uno de la disposición adicional cuarta de la Ley 34/2002, 11 julio, de servicios de la sociedad de la información y de comercio electrónico («B.O.E.» 12 julio).*
> *Vigencia: 12 octubre 2002*

Artículo 1263. Los menores de edad no emancipados podrán celebrar aquellos contratos que las leyes les permitan realizar por sí mismos o con asistencia de sus representantes y los relativos a bienes y servicios de la vida corriente propios de su edad de conformidad con los usos sociales.

> *Artículo 1263 redactado por el apartado cuarenta y ocho del artículo segundo de la Ley 8/2021, de 2 de junio, por la que se reforma la legislación civil y procesal para el apoyo a las personas con discapacidad en el ejercicio de su capacidad jurídica («B.O.E.» 3 junio).*
> *Vigencia: 3 septiembre 2021*

Artículo 1264. Lo previsto en el artículo anterior se entiende sin perjuicio de las prohibiciones legales o de los requisitos especiales de capacidad que las leyes puedan establecer.

> *Artículo 1264 redactado por el apartado treinta del artículo segundo de la Ley 26/2015, de 28 de julio, de modificación del sistema de protección a la infancia y a la adolescencia («B.O.E.» 29 julio).*
> *Vigencia: 18 agosto 2015*

Artículo 1265. Será nulo el consentimiento prestado por error, violencia, intimidación o dolo.

Artículo 1266. Para que el error invalide el consentimiento, deberá recaer sobre la sustancia de la cosa que fuere objeto del contrato, o sobre aquellas condiciones de la misma que principalmente hubiesen dado motivo a celebrarlo.

El error sobre la persona sólo invalidará el contrato cuando la consideración a ella hubiese sido la causa principal del mismo.

El simple error de cuenta sólo dará lugar a su corrección.

Artículo 1267. Hay violencia cuando para arrancar el consentimiento se emplea una fuerza irresistible.

Hay intimidación cuando se inspira a uno de los contratantes el temor racional y fundado de sufrir un mal inminente y grave en su persona o bienes, o en la persona o bienes de su cónyuge, descendientes o ascendientes.

Para calificar la intimidación debe atenderse a la edad y a la condición de la persona.

El temor de desagradar a las personas a quienes se debe sumisión y respeto no anulará el contrato.

> *Artículo 1267 redactado por Ley 11/1990, 15 octubre («B.O.E.» 18 octubre), de reforma del Código Civil, en aplicación del principio de no discriminación por razón de sexo.*
>
> *Véanse artículos 169 a 172 Código Penal.*

Artículo 1268. La violencia o intimidación anularán la obligación, aunque se hayan empleado por un tercero que no intervenga en el contrato.

> *Véase artículo 1301 del presente Código.*

Artículo 1269. Hay dolo cuando, con palabras o maquinaciones insidiosas de parte de uno de los contratantes, es inducido el otro a celebrar un contrato que, sin ellas, no hubiera hecho.

Artículo 1270. Para que el dolo produzca la nulidad de los contratos, deberá ser grave y no haber sido empleado por las dos partes contratantes.

El dolo incidental sólo obliga al que lo empleó a indemnizar daños y perjuicios.

SECCIÓN SEGUNDA
DEL OBJETO DE LOS CONTRATOS

> *Véase artículo 1261.2 del presente Código.*

Artículo 1271. Pueden ser objeto de contrato todas las cosas que no están fuera del comercio de los hombres, aun las futuras.

Sobre la herencia futura no se podrá, sin embargo, celebrar otros contratos que aquéllos cuyo objeto sea practicar entre vivos la división de un caudal y otras disposiciones particionales, conforme a lo dispuesto en el artículo 1056.

> *Párrafo 2.º del artículo 1271 redactado por el apartado 2 de la disposición final primera de la Ley 7/2003, de 1 de abril, de la sociedad limitada Nueva Empresa por la que se modifica la Ley 2/1995, de 23 de marzo, de Sociedades de Responsabilidad Limitada («B.O.E.» 2 abril).*
> *Vigencia: 2 junio 2003*

Pueden ser igualmente objeto de contrato todos los servicios que no sean contrarios a las leyes o a las buenas costumbres.

Artículo 1272. No podrán ser objeto de contrato las cosas o servicios imposibles.

Artículo 1273. El objeto de todo contrato debe ser una cosa determinada en cuanto a su especie. La indeterminación en la cantidad no será obstáculo para la existencia del contrato, siempre que sea posible determinarla sin necesidad de nuevo convenio entre los contratantes.

SECCIÓN TERCERA
DE LA CAUSA DE LOS CONTRATOS

> *Véanse:*
> *- Artículo 1261.3 del presente Código.*
> *- Artículo 53 Código de Comercio.*

Artículo 1274. En los contratos onerosos se entiende por causa, para cada parte contratante, la prestación o promesa de una cosa o servicio por la otra parte; en los remuneratorios, el servicio o beneficio que se remunera, y en los de pura beneficencia, la mera liberalidad del bienhechor.

Artículo 1275. Los contratos sin causa, o con causa ilícita, no producen efecto alguno. Es ilícita la causa cuando se opone a las leyes o a la moral.

Artículo 1276. La expresión de una causa falsa en los contratos dará lugar a la nulidad, si no se probase que estaban fundados en otra verdadera y lícita.

Véase artículo 767 del presente Código.

Artículo 1277. Aunque la causa no se exprese en el contrato, se presume que existe y que es lícita mientras el deudor no pruebe lo contrario.

Véase artículo 385 LEC.

CAPÍTULO III
DE LA EFICACIA DE LOS CONTRATOS

Artículo 1278. Los contratos serán obligatorios, cualquiera que sea la forma en que se hayan celebrado, siempre que en ellos concurran las condiciones esenciales para su validez.

Véanse:
- Artículo 1261 del presente Código.
- Artículo 51 del Código de Comercio.
- Artículos 99 y 164 de la Ley Cambiaria y del Cheque.
- Artículos 7 a 10 de la Ley 7/1998, de 13 de abril, sobre Condiciones Generales de la Contratación.

Artículo 1279. Si la ley exigiere el otorgamiento de escritura u otra forma especial para hacer efectivas las obligaciones propias de un contrato, los contratantes podrán compelerse recíprocamente a llenar aquella forma desde que hubiere intervenido el consentimiento y demás requisitos necesarios para su validez.

Artículo 1280. Deberán constar en documento público:

1.º Los actos y contratos que tengan por objeto la creación, transmisión, modificación o extinción de derechos reales sobre bienes inmuebles.

Véase artículo 2.1.º y 2.º de la Ley Hipotecaria.

2.º Los arrendamientos de estos mismos bienes por seis o más años, siempre que deban perjudicar a tercero.

Véanse:
- Artículo 1549 del presente Código.
- Artículo 2.5º Ley Hipotecaria.
- Artículo 13 del Reglamento Hipotecario de 1947.

3.º Las capitulaciones matrimoniales y sus modificaciones.

Número 3.º del artículo 1280 redactado por Ley 11/1981, 13 mayo («B.O.E.» 19 mayo), de modificación del Código Civil en materia de filiación, patria potestad y régimen económico del matrimonio.

4.º La cesión, repudiación y renuncia de los derechos hereditarios o de los de la sociedad conyugal.

Véase artículo 1008 del presente Código.

5.º El poder para contraer matrimonio, el general para pleitos y los especiales que deban presentarse en juicio; el poder para administrar bienes, y cualquier otro que tenga por objeto un acto redactado o que deba redactarse en escritura pública, o haya de perjudicar a tercero.

Véase artículo 55 del presente Código.

6.º La cesión de acciones o derechos procedentes de un acto consignado en escritura pública.

También deberán hacerse constar por escrito, aunque sea privado, los demás contratos en que la cuantía de las prestaciones de uno o de los dos contratantes exceda de 1.500 pesetas.

Véanse artículos 120.1, 317, 633, 694, 707, 1327, 1331, 1628, 1667 y 1875 del presente Código.

La Sentencia TS (Sala 1.ª) de 16 septiembre 2014, Rec. 969/2012, fija como doctrina jurisprudencial que el incumplimiento de la obligación de elevar a escritura pública el contrato de compraventa celebrado, conforme a lo dispuesto por el artículo 1280 del Código Civil , no es causa directa de resolución contractual al amparo del artículo 1124 del Código Civil.

CAPÍTULO IV
DE LA INTERPRETACIÓN DE LOS CONTRATOS

Véanse:
- Artículos 50 y siguientes Código de Comercio.
- Artículo 6 de la Ley 7/1998, de 13 de abril, sobre Condiciones Generales de la Contratación.

Artículo 1281. Si los términos de un contrato son claros y no dejan duda sobre la intención de los contratantes se estará al sentido literal de sus cláusulas.

Si las palabras parecieren contrarias a la intención evidente de los contratantes, prevalecerá ésta sobre aquéllas.

Artículo 1282. Para juzgar de la intención de los contratantes, deberá atenderse principalmente a los actos de éstos, coetáneos y posteriores al contrato.

Artículo 1283. Cualquiera que sea la generalidad de los términos de un contrato, no deberán entenderse comprendidos en él cosas distintas y casos diferentes de aquellos sobre que los interesados se propusieron contratar.

Véase artículo 1258 del presente Código.

Artículo 1284. Si alguna cláusula de los contratos admitiere diversos sentidos, deberá entenderse en el más adecuado para que produzca efecto.

Artículo 1285. Las cláusulas de los contratos deberán interpretarse las unas por las otras, atribuyendo a las dudosas el sentido que resulte del conjunto de todas.

Artículo 1286. Las palabras que puedan tener distintas acepciones serán entendidas en aquella que sea más conforme a la naturaleza y objeto del contrato.

Véanse artículos 346 y 347 del presente Código.

Artículo 1287. El uso o la costumbre del país se tendrán en cuenta para interpretar las ambigüedades de los contratos, supliendo en éstos la omisión de cláusulas que de ordinario suelen establecerse.

Véase artículo 1258 del presente Código.

Artículo 1288. La interpretación de las cláusulas oscuras de un contrato no deberá favorecer a la parte que hubiere ocasionado la oscuridad.

Artículo 1289. Cuando absolutamente fuere imposible resolver las dudas por las reglas establecidas en los artículos precedentes, si aquéllas recaen sobre circunstancias accidentales del contrato, y éste fuere gratuito, se resolverán en favor de la menor transmisión de derechos e intereses. Si el contrato fuere oneroso, la duda se resolverá en favor de la mayor reciprocidad de intereses.

Si las dudas de cuya resolución se trata en este artículo recayesen sobre el objeto principal del contrato, de suerte que no pueda venirse en conocimiento de cuál fue la intención o voluntad de los contratantes, el contrato será nulo.

> *Véanse:*
> *- Artículos 1261 y 1271 del presente Código.*
> *- Artículo 59 del Código de Comercio.*

CAPÍTULO V
DE LA RESCISIÓN DE LOS CONTRATOS

Artículo 1290. Los contratos válidamente celebrados pueden rescindirse en los casos establecidos por la ley.

Artículo 1291. Son rescindibles:

1.º Los contratos que hubieran podido celebrar sin autorización judicial los tutores o los curadores con facultades de representación, siempre que las personas a quienes representen hayan sufrido lesión en más de la cuarta parte del valor de las cosas que hubiesen sido objeto de aquellos.

> *Apartado 1.º del artículo 1291 redactado por el apartado cuarenta y nueve del artículo segundo de la Ley 8/2021, de 2 de junio, por la que se reforma la legislación civil y procesal para el apoyo a las personas con discapacidad en el ejercicio de su capacidad jurídica («B.O.E.» 3 junio).*
> *Vigencia: 3 septiembre 2021*

2.º Los celebrados en representación de los ausentes, siempre que éstos hayan sufrido la lesión a que se refiere el número anterior.

3.º Los celebrados en fraude de acreedores, cuando éstos no puedan de otro modo cobrar lo que se les deba.

> *Véanse artículos 1111 y 1297 del presente Código.*

4.º Los contratos que se refieran a cosas litigiosas, cuando hubiesen sido celebrados por el demandado sin conocimiento y aprobación de las partes litigantes o de la Autoridad judicial competente.

5.º Cualesquiera otros en que especialmente lo determine la ley.

Artículo 1292. Son también rescindibles los pagos hechos en estado de insolvencia por cuenta de obligaciones a cuyo cumplimiento no podía ser compelido el deudor al tiempo de hacerlos.

Artículo 1293. Ningún contrato se rescindirá por lesión, fuera de los casos mencionados en los números 1.º y 2.º del artículo 1.291.

Artículo 1294. La acción de rescisión es subsidiaria; no podrá ejercitarse sino cuando el perjudicado carezca de todo otro recurso legal para obtener la reparación del perjuicio.

Artículo 1295. La rescisión obliga a la devolución de las cosas que fueron objeto del contrato con sus frutos, y del precio con sus intereses; en consecuencia, sólo podrá llevarse a efecto cuando el que la haya pretendido pueda devolver aquello a que por su parte estuviese obligado.

Tampoco tendrá lugar la rescisión cuando las cosas, objeto del contrato, se hallaren legalmente en poder de terceras personas que no hubiesen procedido de mala fe.

En este caso podrá reclamarse la indemnización de perjuicios al causante de la lesión.

Véase artículo 37 de la Ley Hipotecaria.

Artículo 1296. La rescisión de que trata el número 2.º del artículo 1.291, no tendrá lugar respecto de los contratos celebrados con autorización judicial.

Artículo 1297. Se presumen celebrados en fraude de acreedores todos aquellos contratos por virtud de los cuales el deudor enajenare bienes a título gratuito.

También se presumen fraudulentas las enajenaciones a título oneroso, hechas por aquellas personas contra las cuales se hubiese pronunciado antes sentencia condenatoria en cualquier instancia o expedido mandamiento de embargo de bienes.

Véanse:
- Artículo 1111 del presente Código.
- Artículo 37 de la Ley Hipotecaria.

Artículo 1298. El que hubiese adquirido de mala fe las cosas enajenadas en fraude de acreedores, deberá indemnizar a éstos de los daños y perjuicios que la enajenación les hubiese ocasionado, siempre que por cualquier causa le fuere imposible devolverlas.

Véanse artículos 1433 y 1434 del presente Código.

Artículo 1299. La acción para pedir la rescisión dura cuatro años.

Para los menores sujetos a tutela, para las personas con discapacidad provistas de medidas de apoyo que establezcan facultades de representación y para los ausentes, los cuatro años no empezarán a computarse hasta que se extinga la tutela o la medida representativa de apoyo, o cese la situación de ausencia legal.

Párrafo segundo del artículo 1299 redactado por el apartado cincuenta del artículo segundo de la Ley 8/2021, de 2 de junio, por la que se reforma la legislación civil y procesal para el apoyo a las personas con discapacidad en el ejercicio de su capacidad jurídica («B.O.E.» 3 junio).
Vigencia: 3 septiembre 2021

CAPÍTULO VI
DE LA NULIDAD DE LOS CONTRATOS

Artículo 1300. Los contratos en que concurran los requisitos que expresa el artículo 1.261 pueden ser anulados, aunque no haya lesión para los contratantes, siempre que adolezcan de alguno de los vicios que los invalidan con arreglo a la ley.

Artículo 1301. La acción de nulidad caducará a los cuatro años. Ese tiempo empezará a correr:

1.º En los casos de intimidación o violencia, desde el día en que estas hubiesen cesado.

2.º En los de error, o dolo, o falsedad de la causa, desde la consumación del contrato.

3.º Cuando la acción se refiera a los contratos celebrados por los menores, desde que salieren de la patria potestad o la tutela.

4.º Cuando la acción se refiera a los contratos celebrados por personas con discapacidad prescindiendo de las medidas de apoyo previstas cuando fueran precisas, desde la celebración del contrato.

5.º Si la acción se dirigiese a invalidar actos o contratos realizados por uno de los cónyuges sin consentimiento del otro, cuando este consentimiento fuere necesario, desde el día de la disolución de la sociedad conyugal o del matrimonio salvo que antes hubiese tenido conocimiento suficiente de dicho acto o contrato.

Artículo 1301 redactado por el apartado cincuenta y uno del artículo segundo de la Ley 8/2021, de 2 de junio, por la que se reforma la legislación civil y procesal para el apoyo a las personas con discapacidad en el ejercicio de su capacidad jurídica («B.O.E.» 3 junio).
Vigencia: 3 septiembre 2021

Artículo 1302. 1. Pueden ejercitar la acción de nulidad de los contratos los obligados principal o subsidiariamente en virtud de ellos.

2. Los contratos celebrados por menores de edad podrán ser anulados por sus representantes legales o por ellos cuando alcancen la mayoría de edad. Se exceptúan aquellos que puedan celebrar válidamente por sí mismos.

3. Los contratos celebrados por personas con discapacidad provistas de medidas de apoyo para el ejercicio de su capacidad de contratar prescindiendo de dichas medidas cuando fueran precisas, podrán ser anulados por ellas, con el apoyo que precisen. También podrán ser anulados por sus herederos durante el tiempo que faltara para completar el plazo, si la persona con discapacidad hubiere fallecido antes del transcurso del tiempo en que pudo ejercitar la acción.

Los contratos mencionados en el párrafo anterior también podrán ser anulados por la persona a la que hubiera correspondido prestar el apoyo. En este caso, la anulación solo procederá cuando el otro contratante fuera conocedor de la existencia de medidas de apoyo en el momento de la contratación o se hubiera aprovechado de otro modo de la situación de discapacidad obteniendo de ello una ventaja injusta.

4. Los contratantes no podrán alegar la minoría de edad ni la falta de apoyo de aquel con el que contrataron; ni los que causaron la intimidación o violencia o emplearon el dolo o produjeron el error, podrán fundar su acción en estos vicios del contrato.

Artículo 1302 redactado por el apartado cincuenta y dos del artículo segundo de la Ley 8/2021, de 2 de junio, por la que se reforma la legislación civil y procesal para el apoyo a las personas con discapacidad en el ejercicio de su capacidad jurídica («B.O.E.» 3 junio).
Vigencia: 3 septiembre 2021

Artículo 1303. Declarada la nulidad de una obligación, los contratantes deben restituirse recíprocamente las cosas que hubiesen sido materia del contrato, con sus frutos, y el precio con los intereses, salvo lo que se dispone en los artículos siguientes.

Artículo 1304. Cuando la nulidad proceda de la minoría de edad, el contratante menor no estará obligado a restituir sino en cuanto se enriqueció con la prestación recibida. Esta regla será aplicable cuando la nulidad proceda de haber prescindido de las medidas de apoyo establecidas cuando fueran precisas, siempre que el contratante con derecho a la restitución fuera conocedor de la existencia de medidas de apoyo en el momento de la contratación o se hubiera aprovechado de otro modo de la situación de discapacidad obteniendo de ello una ventaja injusta.

Artículo 1304 redactado por el apartado cincuenta y tres del artículo segundo de la Ley 8/2021, de 2 de junio, por la que se reforma la legislación civil y procesal para el apoyo a las personas con discapacidad en el ejercicio de su capacidad jurídica («B.O.E.» 3 junio).
Vigencia: 3 septiembre 2021

Artículo 1305. Cuando la nulidad provenga de ser ilícita la causa u objeto del contrato, si el hecho constituye un delito o falta común a ambos contratantes, carecerán de toda acción entre sí, y se procederá contra ellos, dándose, además, a las cosas o precio que hubiesen sido materia del contrato, la aplicación prevenida en el Código Penal respecto a los efectos o instrumentos del delito o falta.

Esta disposición es aplicable al caso en que sólo hubiere delito o falta de parte de uno de los contratantes; pero el no culpado podrá reclamar lo que hubiese dado, y no estará obligado a cumplir lo que hubiera prometido.

> *Véanse:*
> *- Artículos 127 a 129 del Código Penal.*
> *- Real Decreto 2783/1976, de 15 de octubre, sobre conservación y destino de piezas de convicción.*
> *- Orden de 14 de julio de 1983, sobre conservación y destino de piezas de convicción de los depósitos judiciales.*

Artículo 1306. Si el hecho en que consiste la causa torpe no constituyere delito ni falta, se observarán las reglas siguientes:

1.ª Cuando la culpa esté de parte de ambos contratantes, ninguno de ellos podrá repetir lo que hubiera dado a virtud del contrato, ni reclamar el cumplimiento de lo que el otro hubiese ofrecido.

2.ª Cuando esté de parte de un solo contratante, no podrá éste repetir lo que hubiese dado a virtud del contrato, ni pedir el cumplimiento de lo que se le hubiera ofrecido. El otro, que fuera extraño a la causa torpe, podrá reclamar lo que hubiera dado, sin obligación de cumplir lo que hubiera ofrecido.

Artículo 1307. Siempre que el obligado por la declaración de nulidad a la devolución de la cosa no pueda devolverla por haberse perdido, deberá restituir los frutos percibidos y el valor que tenía la cosa cuando se perdió, con los intereses desde la misma fecha.

Artículo 1308. Mientras uno de los contratantes no realice la devolución de aquello a que en virtud de la declaración de nulidad esté obligado, no puede el otro ser compelido a cumplir por su parte lo que le incumba.

> *Véase artículo 1100 del presente Código.*

Artículo 1309. La acción de nulidad queda extinguida desde el momento en que el contrato haya sido confirmado válidamente.

Artículo 1310. Sólo son confirmables los contratos que reúnan los requisitos expresados en el artículo 1.261.

Artículo 1311. La confirmación puede hacerse expresa o tácitamente. Se entenderá que hay confirmación tácita cuando, con conocimiento de la causa de nulidad y habiendo ésta cesado, el que tuviese derecho a invocarla ejecutase un acto que implique necesariamente la voluntad de renunciarlo.

Artículo 1312. La confirmación no necesita el concurso de aquel de los contratantes a quien no correspondiese ejercitar la acción de nulidad.

Artículo 1313. La confirmación purifica al contrato de los vicios de que adoleciera desde el momento de su celebración.

Artículo 1314. También se extinguirá la acción de nulidad de los contratos cuando la cosa, objeto de estos, se hubiese perdido por dolo o culpa del que pudiera ejercitar aquella.

Si la causa de la acción fuera la minoría de edad de alguno de los contratantes, la pérdida de la cosa no será obstáculo para que la acción prevalezca, a menos que hubiese ocurrido por dolo o culpa del reclamante después de haber alcanzado la mayoría de edad.

Si la causa de la acción fuera haber prescindido el contratante con discapacidad de las medidas de apoyo establecidas cuando fueran precisas, la pérdida de la cosa no será obstáculo para que la acción prevalezca, siempre que el otro contratante fuera conocedor de la existencia de medidas de apoyo en el momento de la contratación o se hubiera aprovechado de otro modo de la situación de discapacidad obteniendo de ello una ventaja injusta.

> *Artículo 1314 redactado por el apartado cincuenta y cuatro del artículo segundo de la Ley 8/2021, de 2 de junio, por la que se reforma la legislación civil y procesal para el apoyo a las personas con discapacidad en el ejercicio de su capacidad jurídica («B.O.E.» 3 junio).*
> *Vigencia: 3 septiembre 2021*

TÍTULO III
DEL RÉGIMEN ECONÓMICO MATRIMONIAL

> *Título III del Libro IV y artículos 1315 a 1444 redactados por el artículo 3 de Ley 11/1981, de 13 de mayo, de modificación del Código Civil en materia de filiación, patria potestad y régimen económico del matrimonio («B.O.E.» 19 mayo).*

CAPÍTULO PRIMERO
DISPOSICIONES GENERALES

Artículo 1315. El régimen económico del matrimonio será el que los cónyuges estipulen en capitulaciones matrimoniales, sin otras limitaciones que las establecidas en este Código.

> *Véanse artículos 1325 a 1335 del presente Código.*

Artículo 1316. A falta de capitulaciones o cuando éstas sean ineficaces, el régimen será el de la sociedad de gananciales.

Artículo 1317. La modificación del régimen económico matrimonial realizada durante el matrimonio no perjudicará en ningún caso los derechos ya adquiridos por terceros.

Artículo 1318. Los bienes de los cónyuges están sujetos al levantamiento de las cargas del matrimonio.

Cuando uno de los cónyuges incumpliere su deber de contribuir al levantamiento de estas cargas, el Juez, a instancia del otro, dictará las medidas cautelares que estime conveniente a fin de asegurar su cumplimiento y los anticipos necesarios o proveer a las necesidades futuras.

Cuando un cónyuge carezca de bienes propios suficientes, los gastos necesarios causados en litigios que sostenga contra el otro cónyuge sin mediar mala fe o temeridad, o contra tercero si redundan en provecho de la familia, serán a cargo del caudal común y, faltando éste, se sufragarán a costa de los bienes propios del otro cónyuge cuando la posición económica de éste impida al primero, por imperativo de la Ley de Enjuiciamiento Civil, la obtención del beneficio de justicia gratuita.

Artículo 1319. Cualquiera de los cónyuges podrá realizar los actos encaminados a atender las necesidades ordinarias de la familia, encomendadas a su cuidado, conforme al uso del lugar y a las circunstancias de la misma.

De las deudas contraídas en el ejercicio de esta potestad responderán solidariamente los bienes comunes y los del cónyuge que contraiga la deuda y, subsidiariamente, los del otro cónyuge.

El que hubiere aportado caudales propios para satisfacción de tales necesidades tendrá derecho a ser reintegrado de conformidad con su régimen matrimonial.

Véanse:
- Artículos 1364, 1365.1.º, 1369 y 1440 del presente Código.
- Artículos 6 a 12 del Código de Comercio.

Artículo 1320. Para disponer de los derechos sobre la vivienda habitual y los muebles de uso ordinario de la familia, aunque tales derechos pertenezcan a uno solo de los cónyuges, se requerirá el consentimiento de ambos o, en su caso, autorización judicial.

La manifestación errónea o falsa del disponente sobre el carácter de la vivienda no perjudicará al adquirente de buena fe.

Véanse:
- Artículos 1322 y 1357 del presente Código.
- Artículos 91 y 144.5 del Reglamento Hipotecario 1947.

Artículo 1321. Fallecido uno de los cónyuges, las ropas, el mobiliario y enseres que constituyan el ajuar de la vivienda habitual común de los esposos se entregarán al que sobreviva, sin computárselo en su haber.

No se entenderán comprendidos en el ajuar las alhajas, objetos artísticos, históricos y otros de extraordinario valor.

Véase artículo 1346.7.º del presente Código.

Artículo 1322. Cuando la Ley requiera para un acto de administración o disposición que uno de los cónyuges actúe con el consentimiento del otro, los realizados sin él y que no hayan sido expresa o tácitamente confirmados podrán ser anulados a instancia del cónyuge cuyo consentimiento se haya omitido o de sus herederos.

No obstante, serán nulos los actos a título gratuito sobre bienes comunes si falta, en tales casos, el consentimiento del otro cónyuge.

Artículo 1323. Los cónyuges podrán transmitirse por cualquier título bienes y derechos y celebrar entre sí toda clase de contratos.

Artículo 1323 redactado por el apartado diez del artículo único de la Ley 13/2005, de 1 de julio, por la que se modifica el Código Civil en materia de derecho a contraer matrimonio («B.O.E.» 2 julio).
Vigencia: 3 julio 2005

Véase artículo 1458 del presente Código.

Artículo 1324. Para probar entre cónyuges que determinados bienes son propios de uno de ellos, será bastante la confesión del otro, pero tal confesión por sí sola no perjudicará a los herederos forzosos del confesante, ni a los acreedores, sean de la comunidad o de cada uno de los cónyuges.

Véase artículo 1361 del presente Código.

CAPÍTULO II
DE LAS CAPITULACIONES MATRIMONIALES

Artículo 1325. En capitulaciones matrimoniales podrán los otorgantes estipular, modificar o sustituir el régimen económico de su matrimonio o cualesquiera otras disposiciones por razón del mismo.

Artículo 1326. Las capitulaciones matrimoniales podrán otorgarse antes o después de celebrado el matrimonio.

Véase artículo 1345 del presente Código.

Artículo 1327. Para su validez, las capitulaciones habrán de constar en escritura pública.

Véase artículo 1280.3.º del presente Código.

Artículo 1328. Será nula cualquier estipulación contraria a las leyes o a las buenas costumbres o limitativa de la igualdad de derechos que corresponda a cada cónyuge.

Véanse artículos 66 a 71 del presente Código.

Artículo 1329. El menor no emancipado que con arreglo a la Ley pueda casarse podrá otorgar capitulaciones, pero necesitará el concurso y consentimiento de sus padres o tutor, salvo que se limite a pactar el régimen de separación o el de participación.

Artículo 1329 redactado por L.O. 1/1996, 15 enero («B.O.E.» 17 enero), de Protección Jurídica del Menor.

Véanse artículos 46.1º y 48 del presente Código.

Artículo 1330. ...

Artículo 1330 suprimido por el apartado cincuenta y cinco del artículo segundo de la Ley 8/2021, de 2 de junio, por la que se reforma la legislación civil y procesal para el apoyo a las personas con discapacidad en el ejercicio de su capacidad jurídica («B.O.E.» 3 junio).
Vigencia: 3 septiembre 2021

Artículo 1331. Para que sea válida la modificación de las capitulaciones matrimoniales deberá realizarse con la asistencia y concurso de las personas que en éstas intervinieron como otorgantes si vivieren y la modificación afectare a derechos concedidos por tales personas.

Artículo 1332. La existencia de pactos modificativos de anteriores capitulaciones se indicará mediante nota en la escritura que contenga la anterior estipulación y el Notario lo hará constar en las copias que expida.

Véanse artículos 75 y 77 del Reglamento Hipotecario de 1947.

Artículo 1333. En toda inscripción de matrimonio en el Registro Civil se hará mención, en su caso, de las capitulaciones matrimoniales que se hubieran otorgado, así como de los pactos, resoluciones judiciales y demás hechos que modifiquen el régimen económico del matrimonio. Si aquéllas o éstos afectaren a inmuebles, se tomará razón en el Registro de la Propiedad, en la forma y a los efectos previstos en la Ley Hipotecaria.

Artículo 1334. Todo lo que se estipule en capitulaciones bajo el supuesto de futuro matrimonio quedará sin efecto en el caso de no contraerse en el plazo de un año.

Véanse:
- Artículos 42, 43 y 1342 del presente Código.
- Artículos 75 y 77.2 del Reglamento Hipotecario de 1947.

Artículo 1335. La invalidez de las capitulaciones matrimoniales se regirá por las reglas generales de los contratos. Las consecuencias de la anulación no perjudicarán a terceros de buena fe.

Véanse artículos 1300 a 1314 del presente Código.

CAPÍTULO III
DE LAS DONACIONES POR RAZÓN DE MATRIMONIO

Artículo 1336. Son donaciones por razón de matrimonio las que cualquier persona hace, antes de celebrarse, en consideración al mismo y en favor de uno o de los dos esposos.

Véanse artículos 618 y 624 del presente Código.

Artículo 1337. Estas donaciones se rigen por las reglas ordinarias en cuanto no se modifiquen por los artículos siguientes.

Véanse artículos 618 a 650 del presente Código.

Artículo 1338. El menor no emancipado que con arreglo a la Ley pueda casarse, también puede en capitulaciones matrimoniales o fuera de ellas hacer donaciones por razón de su matrimonio, con la autorización de sus padres o del tutor. Para aceptarlas, se estará a lo dispuesto en el título II del libro III de este Código.

La expresión "el menor no emancipado" contenida en el artículo 1338, ha sido introducida por L.O. 1/1996, 15 enero («B.O.E.» 17 enero), de Protección Jurídica del Menor, en sustitución de la anterior "el menor".

Artículo 1339. Los bienes donados conjuntamente a los esposos pertenecerán a ambos en pro indiviso ordinario y por partes iguales, salvo que el donante haya dispuesto otra cosa.

Véase artículo 1353 del presente Código.

Artículo 1340. El que diere o prometiere por razón de matrimonio sólo estará obligado a saneamiento por evicción o vicios ocultos si hubiere actuado con mala fe.

Véanse artículos 1475 a 1483 del presente Código.

Artículo 1341. Por razón de matrimonio los futuros esposos podrán donarse bienes presentes.

Igualmente podrán donarse antes del matrimonio en capitulaciones bienes futuros, sólo para el caso de muerte, y en la medida marcada por las disposiciones referentes a la sucesión testada.

Artículo 1342. Quedarán sin efecto las donaciones por razón de matrimonio si no llegara a contraerse en el plazo de un año.

Véase artículo 1334 del presente Código.

Artículo 1343. Estas donaciones serán revocables por las causas comunes, excepto la supervivencia o superveniencia de hijos.

En las otorgadas por terceros, se reputará incumplimiento de cargas, además de cualesquiera otras específicas a que pudiera haberse subordinado la donación, la anulación del matrimonio por cualquier causa, la separación y el divorcio si al cónyuge donatario le fueren imputables, según la sentencia, los hechos que los causaron.

En las otorgadas por los contrayentes, se reputará incumplimiento de cargas, además de las específicas, la anulación del matrimonio si el donatario hubiere obrado de mala fe. Se estimará ingratitud, además de los supuestos legales, el que el donatario incurra en causa de desheredación del artículo 855 o le sea imputable, según la sentencia, la causa de separación o divorcio.

Véanse artículos 644 y siguientes del presente Código.

CAPÍTULO IV
DE LA SOCIEDAD DE GANANCIALES

SECCIÓN PRIMERA
DISPOSICIONES GENERALES

Artículo 1344. Mediante la sociedad de gananciales se hacen comunes para los cónyuges las ganancias o beneficios obtenidos indistintamente por cualquiera de ellos, que les serán atribuidos por mitad al disolverse aquella.

> *Artículo 1344 redactado por el apartado once del artículo único de la Ley 13/2005, de 1 de julio, por la que se modifica el Código Civil en materia de derecho a contraer matrimonio («B.O.E.» 2 julio).*
> *Vigencia: 3 julio 2005*
>
> *Véanse artículos 1316 y 1404 del presente Código.*

Artículo 1345. La sociedad de gananciales empezará en el momento de la celebración del matrimonio o, posteriormente, al tiempo de pactarse en capitulaciones.

> *Véase artículo 1362 del presente Código.*

SECCIÓN SEGUNDA
DE LOS BIENES PRIVATIVOS Y COMUNES

Artículo 1346. Son privativos de cada uno de los cónyuges:

1.º Los bienes, animales y derechos que le pertenecieran al comenzar la sociedad.

> *Apartado 1.º del artículo 1346 redactado por el apartado veintiséis del artículo primero de la Ley 17/2021, de 15 de diciembre, de modificación del Código Civil, la Ley Hipotecaria y la Ley de Enjuiciamiento Civil, sobre el régimen jurídico de los animales («B.O.E.» 16 diciembre).*
> *Vigencia: 5 enero 2022*

2.º Los que adquiera después por título gratuito.

3.º Los adquiridos a costa o en sustitución de bienes privativos.

4.º Los adquiridos por derecho de retracto perteneciente a uno solo de los cónyuges.

> *Véase artículo 1347.4.º del presente Código.*

5.º Los bienes y derechos patrimoniales inherentes a la persona y los no transmisibles inter vivos.

6.º El resarcimiento por daños inferidos a la persona de uno de los cónyuges o a sus bienes privativos.

7.º Las ropas y objetos de uso personal que no sean de extraordinario valor.

8.º Los instrumentos necesarios para el ejercicio de la profesión u oficio, salvo cuando éstos sean parte integrante o pertenencias de un establecimiento o explotación de carácter común.

Los bienes mencionados en los apartados 4.º y 8.º no perderán su carácter de privativos por el hecho de que su adquisición se haya realizado con fondos comunes; pero, en este caso, la sociedad será acreedora del cónyuge propietario por el valor satisfecho.

Artículo 1347. Son bienes gananciales:

1.º Los obtenidos por el trabajo o la industria de cualquiera de los cónyuges.

2.º Los frutos, rentas o intereses que produzcan tanto los bienes privativos como los gananciales.

3.º Los adquiridos a título oneroso a costa del caudal común, bien se haga la adquisición para la comunidad, bien para uno solo de los esposos.

Véanse:
- Artículo 1355 del presente Código.
- Artículo 93.1 del Reglamento Hipotecario 1947.

4.º Los adquiridos por derecho de retracto de carácter ganancial, aun cuando lo fueran con fondos privativos, en cuyo caso la sociedad será deudora del cónyuge por el valor satisfecho.

5.º Las Empresas y establecimientos fundados durante la vigencia de la sociedad por uno cualquiera de los cónyuges a expensas de los bienes comunes. Si a la formación de la Empresa o establecimiento concurren capital privativo y capital común, se aplicará lo dispuesto en el artículo 1.354.

Véanse:
- Artículos 1324, 1348 a 1351, 1355, 1361 y 1381 del presente Código.
- Ley 19/1995, 4 julio, de Modernización de las Explotaciones Agrarias.
- Artículo 93.1 del Reglamento Hipotecario de 1947.

Artículo 1348. Siempre que pertenezca privativamente a uno de los cónyuges una cantidad o crédito pagadero en cierto número de años, no serán gananciales las sumas que se cobren en los plazos vencidos durante el matrimonio, sino que se estimarán capital de uno u otro cónyuge, según a quien pertenezca el crédito.

Artículo 1348 redactado por el apartado doce del artículo único de la Ley 13/2005, de 1 de julio, por la que se modifica el Código Civil en materia de derecho a contraer matrimonio («B.O.E.» 2 julio).
Vigencia: 3 julio 2005

Artículo 1349. El derecho de usufructo o de pensión, perteneciente a uno de los cónyuges, formará parte de sus bienes propios; pero los frutos, pensiones o intereses devengados durante el matrimonio serán gananciales.

Véase artículo 1381 del presente Código.

Artículo 1350. Se reputarán gananciales las cabezas de ganado que al disolverse la sociedad excedan del número aportado por cada uno de los cónyuges con carácter privativo.

Artículo 1351. Las ganancias obtenidas por cualquiera de los cónyuges en el juego o las procedentes de otras causas que eximan de la restitución pertenecerán a la sociedad de gananciales.

Artículo 1351 redactado por el apartado trece del artículo único de la Ley 13/2005, de 1 de julio, por la que se modifica el Código Civil en materia de derecho a contraer matrimonio («B.O.E.» 2 julio).
Vigencia: 3 julio 2005

Véanse artículos 1371 y 1372 del presente Código.

Artículo 1352. Las nuevas acciones u otros títulos o participaciones sociales suscritos como consecuencia de la titularidad de otros privativos serán también privativos. Asimismo lo serán las cantidades obtenidas por la enajenación del derecho a suscribir.

Si para el pago de la suscripción se utilizaren fondos comunes o se emitieran las acciones con cargo a los beneficios, se reembolsará el valor satisfecho.

Artículo 1353. Los bienes donados o dejados en testamento a los cónyuges conjuntamente y sin especial designación de partes, constante la sociedad, se entenderán gananciales siempre que la liberalidad fuere aceptada por ambos y el donante o testador no hubiere dispuesto lo contrario.

Véanse:
- Artículos 637, 1339, 1379 y 1380 del presente Código.
- Artículo 93.1 del Reglamento Hipotecario de 1947.

Artículo 1354. Los bienes adquiridos mediante precio o contraprestación, en parte ganancial y en parte privativo, corresponderán pro indiviso a la sociedad de gananciales y al cónyuge o cónyuges en proporción al valor de las aportaciones respectivas.

Véanse:
- Artículos 1323, 1339 y 1458 del presente Código.
- Artículo 91 del Reglamento Hipotecario de 1947.

Artículo 1355. Podrán los cónyuges, de común acuerdo, atribuir la condición de gananciales a los bienes que adquieran a título oneroso durante el matrimonio, cualquiera que sea la procedencia del precio o contraprestación y la forma y plazos en que se satisfaga.

Si la adquisición se hiciere en forma conjunta y sin atribución de cuotas, se presumirá su voluntad favorable al carácter ganancial de tales bienes.

Véanse los artículos 1347.3 y 1370 del presente Código.

Artículo 1356. Los bienes adquiridos por uno de los cónyuges constante la sociedad por precio aplazado, tendrán naturaleza ganancial si el primer desembolso tuviera tal carácter, aunque los plazos restantes se satisfagan con dinero privativo. Si el primer desembolso tuviere carácter privativo, el bien será de esta naturaleza.

Véase artículo 1358 del presente Código.

Artículo 1357. Los bienes comprados a plazos por uno de los cónyuges antes de comenzar la sociedad tendrán siempre carácter privativo, aun cuando la totalidad o parte del precio aplazado se satisfaga con dinero ganancial.

Se exceptúan la vivienda y ajuar familiares, respecto de los cuales se aplicará el artículo 1.354.

Véanse:
- Artículo 1320 del presente Código.
- Artículo 91 del Reglamento Hipotecario de 1947.

Artículo 1358. Cuando conforme a este Código los bienes sean privativos o gananciales, con independencia de la procedencia del caudal con que la adquisición se realice, habrá de reembolsarse el valor satisfecho a costa, respectivamente, del caudal común o del propio, mediante el reintegro de su importe actualizado al tiempo de la liquidación.

Véase artículo 1354 del presente Código.

Artículo 1359. Las edificaciones, plantaciones y cualesquiera otras mejoras que se realicen en los bienes gananciales y en los privativos tendrán el carácter correspondiente a los bienes a que afecten, sin perjuicio del reembolso del valor satisfecho.

No obstante, si la mejora hecha en bienes privativos fuese debida a la inversión de fondos comunes o a la actividad de cualquiera de los cónyuges, la sociedad será acreedora del aumento del valor que los bienes tengan como consecuencia de la mejora, al tiempo de la disolución de la sociedad o de la enajenación del bien mejorado.

Artículo 1360. Las mismas reglas del artículo anterior se aplicarán a los incrementos patrimoniales incorporados a una explotación, establecimiento mercantil u otro género de empresa.

Artículo 1361. Se presumen gananciales los bienes existentes en el matrimonio mientras no se pruebe que pertenecen privativamente a uno de los dos cónyuges.

Artículo 1361 redactado por el apartado catorce del artículo único de la Ley 13/2005, de 1 de julio, por la que se modifica el Código Civil en materia de derecho a contraer matrimonio («B.O.E.» 2 julio).
Vigencia: 3 julio 2005

Véanse:
- Artículos 385 y 836 LEC.
- Artículos 93, 94 y 96 del Reglamento Hipotecario 1947.

SECCIÓN TERCERA
DE LAS CARGAS Y OBLIGACIONES DE LA SOCIEDAD DE GANANCIALES

Artículo 1362. Serán de cargo de la sociedad de gananciales los gastos que se originen por alguna de las siguientes causas:

1.ª El sostenimiento de la familia, la alimentación y educación de los hijos comunes y las atenciones de previsión acomodadas a los usos y a las circunstancias de la familia.

La alimentación y educación de los hijos de uno solo de los cónyuges correrá a cargo de la sociedad de gananciales cuando convivan en el hogar familiar. En caso contrario, los gastos derivados de estos conceptos serán sufragados por la sociedad de gananciales, pero darán lugar a reintegro en el momento de la liquidación.

Véanse artículos 1318 y 1319 del presente Código.

2.ª La adquisición, tenencia y disfrute de los bienes comunes.

3.ª La administración ordinaria de los bienes privativos de cualquiera de los cónyuges.

4.ª La explotación regular de los negocios o el desempeño de la profesión, arte u oficio de cada cónyuge.

Véanses artículos 1365.2.º y 1382 del presente Código.

Artículo 1363. Serán también de cargo de la sociedad las cantidades donadas o prometidas por ambos cónyuges de común acuerdo, cuando no hubiesen pactado que hayan de satisfacerse con los bienes privativos de uno de ellos en todo o en parte.

Artículo 1364. El cónyuge que hubiere aportado bienes privativos para los gastos o pagos que sean de cargo de la sociedad tendrá derecho a ser reintegrado del valor a costa del patrimonio común.

Véase el artículo 1319 párr. 3.º del presente Código.

Artículo 1365. Los bienes gananciales responderán directamente frente al acreedor de las deudas contraídas por un cónyuge:

1.º En el ejercicio de la potestad doméstica o de la gestión o disposición de gananciales, que por ley o por capítulos le corresponda.

2.º En el ejercicio de la profesión, arte u oficio o en la administración ordinaria de los propios bienes.

Apartado 2.º del artículo 1365 redactado por el apartado tres de la disposición final primera de la Ley 16/2022, de 5 de septiembre, de reforma del texto refundido de la Ley Concursal («B.O.E.» 6 septiembre).
Vigencia: 26 septiembre 2022

Artículo 1366. Las obligaciones extracontractuales de un cónyuge, consecuencia de su actuación en beneficio de la sociedad conyugal o en el ámbito de la administración de los bienes, serán de la responsabilidad y cargo de aquélla, salvo si fuesen debidas a dolo o culpa grave del cónyuge deudor.

Artículo 1367. Los bienes gananciales responderán en todo caso de las obligaciones contraídas por los dos cónyuges conjuntamente o por uno de ellos con el consentimiento expreso del otro.

Artículo 1368. También responderán los bienes gananciales de las obligaciones contraídas por uno solo de los cónyuges en caso de separación de hecho para atender a los gastos de sostenimiento, previsión y educación de los hijos que estén a cargo de la sociedad de gananciales.

Artículo 1369. De las deudas de un cónyuge que sean, además, deudas de la sociedad responderán también solidariamente los bienes de ésta.

Véanse artículos 1137 y ss. y 1367 del presente Código.

Artículo 1370. Por el precio aplazado del bien ganancial adquirido por un cónyuge sin el consentimiento del otro responderá siempre el bien adquirido, sin perjuicio de la responsabilidad de otros bienes según las reglas de este Código.

Artículo 1371. Lo perdido y pagado durante el matrimonio por alguno de los cónyuges en cualquier clase de juego no disminuirá su parte respectiva de los gananciales siempre que el importe de aquella pérdida pudiere considerarse moderada con arreglo al uso y circunstancias de la familia.

Véase artículo 1351 del presente Código.

Artículo 1372. De lo perdido y no pagado por alguno de los cónyuges en los juegos en que la ley concede acción para reclamar lo que se gane responden exclusivamente los bienes privativos del deudor.

Artículo 1373. Cada cónyuge responde con su patrimonio personal de las deudas propias y, si sus bienes privativos no fueran suficientes para hacerlas efectivas, el acreedor podrá pedir el embargo de bienes gananciales, que será inmediatamente notificado al otro cónyuge y éste podrá exigir que en la traba se sustituyan los bienes comunes por la parte que ostenta el cónyuge deudor en la sociedad conyugal, en cuyo caso el embargo llevará consigo la disolución de aquélla.

Si se realizase la ejecución sobre bienes comunes, se reputará que el cónyuge deudor tiene recibido a cuenta de su participación el valor de aquéllos al tiempo en que los abone con otros caudales propios o al tiempo de liquidación de la sociedad conyugal.

Véanse:
- Artículos 1397.3.º y 1398.2.º del presente Código.
- Artículo 144 del Reglamento Hipotecario 1947.

Artículo 1374. Tras la disolución a que se refiere el artículo anterior se aplicará el régimen de separación de bienes, salvo que, en el plazo de tres meses, el cónyuge del deudor opte en documento público por el comienzo de una nueva sociedad de gananciales.

Véanse artículos 1435 a 1444 del presente Código.

SECCIÓN CUARTA
DE LA ADMINISTRACIÓN DE LA SOCIEDAD DE GANANCIALES

Artículo 1375. En defecto de pacto en capitulaciones, la gestión y disposiciones de los bienes gananciales corresponde conjuntamente a los cónyuges, sin perjuicio de lo que se determina en los artículos siguientes.

Véanse:
- Artículo 1328 del presente Código.

- Ley 19/1995, 4 julio («B.O.E.» 5 julio), de Modernización de las Explotaciones Agrarias.
- Artículos 93.2, 93.4 y 94 del Reglamento Hipotecario 1947.

Artículo 1376. Cuando en la realización de actos de administración fuere necesario el consentimiento de ambos cónyuges y uno se hallare impedido para prestarlo, o se negare injustificadamente a ello, podrá el Juez suplirlo si encontrare fundada la petición.

Artículo 1377. Para realizar actos de disposición a título oneroso sobre bienes gananciales se requerirá el consentimiento de ambos cónyuges.

Si uno lo negare o estuviere impedido para prestarlo, podrá el Juez autorizar uno o varios actos dispositivos cuando lo considere de interés para la familia. Excepcionalmente acordará las limitaciones o cautelas que estime convenientes.

Artículo 1377 redactado por el apartado noventa y cinco de la disposición final primera de Ley 15/2015, de 2 de julio, de la Jurisdicción Voluntaria («B.O.E.» 3 julio). Vigencia: 23 julio 2015

Artículo 1378. Serán nulos los actos a título gratuito si no concurre el consentimiento de ambos cónyuges. Sin embargo, podrá cada uno de ellos realizar con los bienes gananciales liberalidades de uso.

Véanse:
- Artículos 71 y 1322 del presente Código.
- Artículo 93.3 del Reglamento Hipotecario 1947.

Artículo 1379. Cada uno de los cónyuges podrá disponer por testamento de la mitad de los bienes gananciales.

Véase artículo 1404 del presente Código.

Artículo 1380. La disposición testamentaria de un bien ganancial producirá todos sus efectos si fuere adjudicado a la herencia del testador. En caso contrario se entenderá legado el valor que tuviera al tiempo del fallecimiento.

Artículo 1381. Los frutos y ganancias de los patrimonios privativos y las ganancias de cualquiera de los cónyuges forma parte del haber de la sociedad y están sujetos a las cargas y responsabilidades de la sociedad de gananciales. Sin embargo, cada cónyuge, como administrador de su patrimonio privativo, podrá a este solo efecto disponer de los frutos y productos de sus bienes.

Véanse artículos 1362 y siguientes del presente Código.

Artículo 1382. Cada cónyuge podrá, sin el consentimiento del otro, pero siempre con su conocimiento, tomar como anticipo el numerario ganancial que le sea necesario, de acuerdo con los usos y circunstancias de la familia, para el ejercicio de su profesión o la administración ordinaria de sus bienes.

Artículo 1383. Deben los cónyuges informarse recíproca y periódicamente sobre la situación y rendimientos de cualquier actividad económica suya.

Véase artículo 1394.4.º del presente Código.

Artículo 1384. Serán válidos los actos de administración de bienes y los de disposición de dinero o títulos valores realizados por el cónyuge a cuyo nombre figuren o en cuyo poder se encuentren.

Véase artículo 1376 del presente Código.

Artículo 1385. Los derechos de crédito, cualquiera que sea su naturaleza, serán ejercitados por aquel de los cónyuges a cuyo nombre aparezcan constituidos.

Cualquiera de los cónyuges podrá ejercitar la defensa de los bienes y derechos comunes por vía de acción o de excepción.

Véase artículo 1164 del presente Código.

Artículo 1386. Para realizar gastos urgentes de carácter necesario, aun cuando sean extraordinarios, bastará el consentimiento de uno solo de los cónyuges.

Artículo 1387. La administración y disposición de los bienes de la sociedad de gananciales se transferirá por ministerio de la ley al cónyuge nombrado curador de su consorte con discapacidad, cuando le hayan sido atribuidas facultades de representación plena.

> *Artículo 1387 redactado por el apartado cincuenta y seis del artículo segundo de la Ley 8/2021, de 2 de junio, por la que se reforma la legislación civil y procesal para el apoyo a las personas con discapacidad en el ejercicio de su capacidad jurídica («B.O.E.» 3 junio).*
> *Vigencia: 3 septiembre 2021*

Artículo 1388. Los Tribunales podrán conferir la administración a uno solo de los cónyuges cuando el otro se encontrare en imposibilidad de prestar consentimiento o hubiere abandonado la familia o existiere separación de hecho.

Artículo 1389. El cónyuge en quien recaiga la administración en virtud de lo dispuesto en los dos artículos anteriores tendrá para ello plenas facultades, salvo que el Juez, cuando lo considere de interés para la familia, establezca cautelas o limitaciones.

En todo caso, para realizar actos de disposición sobre inmuebles, establecimientos mercantiles, objetos preciosos o valores mobiliarios, salvo el derecho de suscripción preferente, necesitará autorización judicial.

> *Artículo 1389 redactado por el apartado noventa y seis de la disposición final primera de la Ley 15/2015, de 2 de julio, de la Jurisdicción Voluntaria («B.O.E.» 3 julio).*
> *Vigencia: 23 julio 2015*

Artículo 1390. Si como consecuencia de un acto de administración o de disposición llevado a cabo por uno solo de los cónyuges hubiere éste obtenido un beneficio o lucro exclusivo para él u ocasionado dolosamente un daño a la sociedad, será deudor a la misma por su importe, aunque el otro cónyuge no impugne cuando proceda la eficacia del acto.

Artículo 1391. Cuando el cónyuge hubiere realizado un acto en fraude de los derechos de su consorte será, en todo caso, de aplicación lo dispuesto en el artículo anterior y, además, si el adquirente hubiere procedido de mala fe, el acto será rescindible.

SECCIÓN QUINTA
DE LA DISOLUCIÓN Y LIQUIDACIÓN DE LA SOCIEDAD DE GANANCIALES

Artículo 1392. La sociedad de gananciales concluirá de pleno derecho:
1.º Cuando se disuelva el matrimonio.
2.º Cuando sea declarado nulo.
3.º Cuando se acuerde la separación legal de los cónyuges.
4.º Cuando los cónyuges convengan un régimen económico distinto en la forma prevenida en este Código.

> *Artículo 1392 redactado por el apartado noventa y siete de la disposición final primera de la Ley 15/2015, de 2 de julio, de la Jurisdicción Voluntaria («B.O.E.» 3 julio).*
> *Vigencia: 23 julio 2015*

Artículo 1393. También concluirá por decisión judicial la sociedad de gananciales, a petición de uno de los cónyuges, en alguno de los casos siguientes:

1.º Si respecto del otro cónyuge se hubieren dispuesto judicialmente medidas de apoyo que impliquen facultades de representación plena en la esfera patrimonial, si hubiere sido declarado ausente o en concurso, o condenado por abandono de familia. Para que la autoridad judicial acuerde la disolución bastará que el cónyuge que la pidiere presente la correspondiente resolución judicial.

Apartado 1.º del artículo 1393 redactado por el apartado cincuenta y siete del artículo segundo de la Ley 8/2021, de 2 de junio, por la que se reforma la legislación civil y procesal para el apoyo a las personas con discapacidad en el ejercicio de su capacidad jurídica («B.O.E.» 3 junio).
Vigencia: 3 septiembre 2021

2.º Venir el otro cónyuge realizando por sí solo actos dispositivos o de gestión patrimonial que entrañen fraude, daño o peligro para los derechos del otro en la sociedad.

Véanse artículos 1390 y 1391 del presente Código.

3.º Llevar separado de hecho más de un año por acuerdo mutuo o por abandono del hogar.

4.º Incumplir grave y reiteradamente el deber de informar sobre la marcha y rendimientos de sus actividades económicas.

Véase artículo 1383 del presente Código.

En cuanto a la disolución de la sociedad por el embargo de la parte de uno de los cónyuges por deudas propias, se estará a lo especialmente dispuesto en este Código.

Artículo 1394. Los efectos de la disolución prevista en el artículo anterior se producirán desde la fecha en que se acuerde. De seguirse pleito sobre la concurrencia de la causa de disolución, iniciada la tramitación del mismo, se practicará el inventario, y el Juez adoptará las medidas necesarias para la administración del caudal, requiriéndose licencia judicial para todos los actos que excedan de la administración ordinaria.

Véanse artículos 103 y 104 del presente Código.

Artículo 1395. Cuando la sociedad de gananciales se disuelva por nulidad del matrimonio y uno de los cónyuges hubiera sido declarado de mala fe, podrá el otro optar por la liquidación del régimen matrimonial según las normas de esta Sección o por las disposiciones relativas al régimen de participación, y el contrayente de mala fe no tendrá derecho a participar en las ganancias obtenidas por su consorte.

Artículo 1396. Disuelta la sociedad se procederá a su liquidación, que comenzará por un inventario del activo y pasivo de la sociedad.

Artículo 1397. Habrán de comprenderse en el activo:

1.º Los bienes gananciales existentes en el momento de la disolución.

2.º El importe actualizado del valor que tenían los bienes al ser enajenados por negocio ilegal o fraudulento si no hubieran sido recuperados.

3.º El importe actualizado de las cantidades pagadas por la sociedad que fueran de cargo sólo de un cónyuge y en general las que constituyen créditos de la sociedad contra éste.

Véanse artículos 1390 y 1391 del presente Código.

Artículo 1398. El pasivo de la sociedad estará integrado por las siguientes partidas:

1.ª Las deudas pendientes a cargo de la sociedad.
2.ª El importe actualizado del valor de los bienes privativos cuando su restitución deba hacerse en metálico por haber sido gastados en interés de la sociedad.
Igual regla se aplicará a los deterioros producidos en dichos bienes por su uso en beneficio de la sociedad.
3.ª El importe actualizado de las cantidades que, habiendo sido pagadas por uno solo de los cónyuges, fueran de cargo de la sociedad y, en general, las que constituyan créditos de los cónyuges contra la sociedad.

Véanse artículos 1358 y 1364 del presente Código.

Artículo 1399. Terminado el inventario se pagarán en primer lugar las deudas de la sociedad, comenzando por las alimenticias que, en cualquier caso, tendrán preferencia.
Respecto de las demás, si el caudal inventariado no alcanzase para ello, se observará lo dispuesto para la concurrencia y prelación de créditos.

Véanse artículos 1911 y 1921 a 1929 del presente Código.

Artículo 1400. Cuando no hubiera metálico suficiente para el pago de las deudas podrán ofrecerse con tal fin adjudicaciones de bienes gananciales, pero si cualquier partícipe o acreedor lo pide se procederá a enajenarlos y pagar con su importe.

Artículo 1401. Mientras no se hayan pagado por entero las deudas de la sociedad, los acreedores conservarán sus créditos contra el cónyuge deudor. El cónyuge no deudor responderá con los bienes que le hayan sido adjudicados, si se hubiere formulado debidamente inventario judicial o extrajudicial.
Si como consecuencia de ello resultare haber pagado uno de los cónyuges mayor cantidad de la que le fuere imputable, podrá repetir contra el otro.

Véase artículo 1364 del presente Código.

Artículo 1402. Los acreedores de la sociedad de gananciales tendrán en su liquidación los mismos derechos que le reconocen las Leyes en la partición y liquidación de las herencias.

Véanse artículos 1082 a 1087 del presente Código.

Artículo 1403. Pagadas las deudas y cargas de la sociedad se abonarán las indemnizaciones y reintegros debidos a cada cónyuge hasta donde alcance el caudal inventariado, haciendo las compensaciones que correspondan cuando el cónyuge sea deudor de la sociedad.

Artículo 1404. Hechas las deducciones en el caudal inventariado que prefijan los artículos anteriores, el remanente constituirá el haber de la sociedad de gananciales, que se dividirá por mitad entre los cónyuges o sus respectivos herederos.

Artículo 1404 redactado por el apartado dieciséis del artículo único de la Ley 13/2005, de 1 de julio, por la que se modifica el Código Civil en materia de derecho a contraer matrimonio («B.O.E.» 2 julio).
Vigencia: 3 julio 2005

Véase artículo 1344 del presente Código.

Artículo 1405. Si uno de los cónyuges resultare en el momento de la liquidación acreedor personal del otro, podrá exigir que se le satisfaga su crédito adjudicándole bienes comunes, salvo que el deudor pague voluntariamente.

Artículo 1406. Cada cónyuge tendrá derecho a que se incluyan con preferencia en su haber, hasta donde éste alcance:
1.º Los bienes de uso personal no incluidos en el número 7 del artículo 1.346.
2.º La explotación económica que gestione efectivamente.

Apartado 2.º del artículo 1406 redactado por el apartado 3 de la disposición final primera de la Ley 7/2003, de 1 de abril, de la sociedad limitada Nueva Empresa por la que se modifica la Ley 2/1995, de 23 de marzo, de Sociedades de Responsabilidad Limitada («B.O.E.» 2 abril).
Vigencia: 2 junio 2003

3.º El local donde hubiese venido ejerciendo su profesión.

4.º En caso de muerte del otro cónyuge, la vivienda donde tuviese la residencia habitual.

Artículo 1407. En los casos de los números 3 y 4 del artículo anterior podrá el cónyuge pedir, a su elección, que se le atribuyan los bienes en propiedad o que se constituya sobre ellos a su favor un derecho de uso o habitación. Si el valor de los bienes o el derecho superara al de haber del cónyuge adjudicatario, deberá éste abonar la diferencia en dinero.

Véanse artículos 523 a 529 del presente Código.

Artículo 1408. De la masa común de bienes se darán alimentos a los cónyuges o, en su caso, al sobreviviente y a los hijos mientras se haga la liquidación del caudal inventariado y hasta que se les entregue su haber; pero se les rebajarán de éste en la parte que excedan de los que les hubiese correspondido en razón de frutos y rentas.

Véase artículo 964 del presente Código.

Artículo 1409. Siempre que haya de ejecutarse simultáneamente la liquidación de gananciales de dos o más matrimonios contraídos por una misma persona para determinar el capital de cada sociedad se admitirá toda clase de pruebas en defecto de inventarios. En caso de duda se atribuirán los gananciales a las diferentes sociedades proporcionalmente, atendiendo al tiempo de su duración y a los bienes e ingresos de los respectivos cónyuges.

Artículo 1410. En todo lo no previsto en este capítulo sobre formación de inventario, reglas sobre tasación y ventas de los bienes, división del caudal, adjudicaciones a los partícipes y demás que no se halle expresamente determinado, se observará lo establecido para la partición y liquidación de la herencia.

CAPÍTULO V
DEL RÉGIMEN DE PARTICIPACIÓN

Artículo 1411. En el régimen de participación cada uno de los cónyuges adquiere derecho a participar en las ganancias obtenidas por su consorte durante el tiempo en que dicho régimen haya estado vigente.

Artículo 1412. A cada cónyuge le corresponde la administración, el disfrute y la libre disposición tanto de los bienes que le pertenecían en el momento de contraer matrimonio como de los que pueda adquirir después por cualquier título.

Artículo 1413. En todo lo no previsto en este capítulo se aplicarán, durante la vigencia del régimen de participación, las normas relativas al de separación de bienes.

Véanse artículos 1435 a 1444 del presente Código.

Artículo 1414. Si los casados en régimen de participación adquirieran conjuntamente algún bien o derecho, les pertenece en pro indiviso ordinario.

Artículo 1415. El régimen de participación se extingue en los casos prevenidos para la sociedad de gananciales, aplicándose lo dispuesto en los artículos 1.394 y 1.395.

Véanse artículos 1392 y 1393 del presente Código.

Artículo 1416. Podrá pedir un cónyuge la terminación del régimen de participación cuando la irregular administración del otro comprometa gravemente sus intereses.

Artículo 1417. Producida la extinción se determinarán las ganancias por las diferencias entre los patrimonios inicial y final de cada cónyuge.

Véanse artículos 1427 y 1428 del presente Código.

Artículo 1418. Se estimará constituido el patrimonio inicial de cada cónyuge:
1.º Por los bienes y derechos que le pertenecieran al empezar el régimen.
2.º Por los adquiridos después a título de herencia, donación o legado.

Artículo 1419. Se deducirán las obligaciones del cónyuge al empezar el régimen y, en su caso, las sucesorias o las cargas inherentes a la donación o legado, en cuanto no excedan de los bienes heredados o donados.

Véanse artículos 642, 647 y 858 y siguientes del presente Código.

Artículo 1420. Si el pasivo fuese superior al activo no habrá patrimonio inicial.

Artículo 1421. Los bienes constitutivos del patrimonio inicial se estimarán según el estado y valor que tuvieran al empezar el régimen o, en su caso, al tiempo en que fueron adquiridos.
El importe de la estimación deberá actualizarse el día en que el régimen haya cesado.

Artículo 1422. El patrimonio final de cada cónyuge estará formado por los bienes y derechos de que sea titular en el momento de la terminación del régimen, con deducción de las obligaciones todavía no satisfechas.

Artículo 1423. Se incluirá en el patrimonio final el valor de los bienes de que uno de los cónyuges hubiese dispuesto a título gratuito sin el consentimiento de su consorte, salvo si se tratase de liberalidades de uso.

Artículo 1424. La misma regla se aplicará respecto de los actos realizados por uno de los cónyuges en fraude de los derechos del otro.

Artículo 1425. Los bienes constitutivos del patrimonio final se estimarán según el estado y valor que tuvieren en el momento de la terminación del régimen y los enajenados gratuita o fraudulentamente, conforme al estado que tenían el día de la enajenación y por el valor que hubieran tenido si se hubiesen conservado hasta el día de la terminación.

Artículo 1426. Los créditos que uno de los cónyuges tenga frente al otro, por cualquier título, incluso por haber atendido o cumplido obligaciones de aquél, se computarán también en el patrimonio final del cónyuge acreedor y se deducirán del patrimonio del cónyuge deudor.

Artículo 1427. Cuando la diferencia entre los patrimonios final e inicial de uno y otro cónyuge arroje resultado positivo, el cónyuge cuyo patrimonio haya experimentado menor incremento percibirá la mitad de la diferencia entre su propio incremento y el del otro cónyuge.

Véase artículo 1417 del presente Código.

Artículo 1428. Cuando únicamente uno de los patrimonios arroje resultado positivo, el derecho de la participación consistirá, para el cónyuge no titular de dicho patrimonio, en la mitad de aquel incremento.

Artículo 1429. Al constituirse el régimen podrá pactarse una participación distinta de la que establecen los dos artículos anteriores, pero deberá regir por igual y en la misma proporción respecto de ambos patrimonios y en favor de ambos cónyuges.

Artículo 1430. No podrá convenirse una participación que no sea por mitad si existen descendientes no comunes.

Artículo 1431. El crédito de participación deberá ser satisfecho en dinero. Si mediaren dificultades graves para el pago inmediato, el Juez podrá conceder aplazamiento, siempre que no exceda de tres años y que la deuda y sus intereses legales queden suficientemente garantizados.

> *Artículo 1431 redactado por Ley 11/1981, 13 mayo («B.O.E.» 19 mayo), de modificación del Código Civil en materia de filiación, patria potestad y régimen económico del matrimonio.*

> *Véase artículo 1170 del presente Código.*

Artículo 1432. El crédito de participación podrá pagarse mediante la adjudicación de bienes concretos, por acuerdo de los interesados o si lo concediese el Juez a petición fundada del deudor.

Artículo 1433. Si no hubiese bienes en el patrimonio deudor para hacer efectivo el derecho de participación en ganancias, el cónyuge acreedor podrá impugnar las enajenaciones que hubieren sido hechas a título gratuito sin su consentimiento y aquellas que hubieren sido realizadas en fraude de sus derechos.

Artículo 1434. Las acciones de impugnación a que se refiere el artículo anterior caducarán a los dos años de extinguido el régimen de participación y no se darán contra los adquirentes a título oneroso y de buena fe.

CAPÍTULO VI
DEL RÉGIMEN DE SEPARACIÓN DE BIENES

Artículo 1435. Existirá entre los cónyuges separación de bienes:
1.º Cuando así lo hubiesen convenido.
2.º Cuando los cónyuges hubieren pactado en capitulaciones matrimoniales que no regirá entre ellos la sociedad de gananciales, sin expresar las reglas por que hayan de regirse sus bienes.
3.º Cuando se extinga, constante matrimonio, la sociedad de gananciales o el régimen de participación, salvo que por voluntad de los interesados fuesen sustituidos por otro régimen distinto.

Artículo 1436. La demanda de separación de bienes y la sentencia firme en que se declare se deberán anotar e inscribir, respectivamente, en el Registro de la Propiedad que corresponda, si recayere sobre bienes inmuebles. La sentencia firme se anotará también en el Registro Civil.

> *Véanse:*
> *- Artículo 77 de la Ley de 8 de junio de 1957, del Registro Civil.*
> *- Artículos 42, 43 y 68 y siguientes de la Ley Hipotecaria.*
> *- Artículo 264 del Decreto de 14 de noviembre de 1958, Reglamento del Registro Civil.*

Artículo 1437. En el régimen de separación pertenecerán a cada cónyuge los bienes que tuviese en el momento inicial del mismo y los que después adquiera por cualquier título. Asimismo corresponderá a cada uno la administración, goce y libre disposición de tales bienes.

Véase artículo 1441 del presente Código.

Artículo 1438. Los cónyuges contribuirán al sostenimiento de las cargas del matrimonio. A falta de convenio lo harán proporcionalmente a sus respectivos recursos económicos. El trabajo para la casa será computado como contribución a las cargas y dará derecho a obtener una compensación que el Juez señalará, a falta de acuerdo, a la extinción del régimen de separación.

Véase artículo 1318 del presente Código.

Artículo 1439. Si uno de los cónyuges hubiese administrado o gestionado bienes o intereses del otro, tendrá las mismas obligaciones y responsabilidades que un mandatario, pero no tendrá obligación de rendir cuentas de los frutos percibidos y consumidos, salvo cuando se demuestre que los invirtió en atenciones distintas del levantamiento de las cargas del matrimonio.

Véanse los artículos 1718 a 1729 del presente Código.

Artículo 1440. Las obligaciones contraídas por cada cónyuge serán de su exclusiva responsabilidad.

En cuanto a las obligaciones contraídas en el ejercicio de la potestad doméstica ordinaria responderán ambos cónyuges en la forma determinada por los artículos 1.319 y 1.438 de este Código.

Artículo 1441. Cuando no sea posible acreditar a cuál de los cónyuges pertenece algún bien o derecho, corresponderá a ambos por mitad.

Artículo 1442. Declarado un cónyuge en concurso, serán de aplicación las disposiciones de la legislación concursal.

Artículo 1442 redactado por el apartado noventa y ocho de la disposición final primera de la Ley 15/2015, de 2 de julio, de la Jurisdicción Voluntaria («B.O.E.» 3 julio). Vigencia: 23 julio 2015

Artículo 1443. La separación de bienes decretada no se alterará por la reconciliación de los cónyuges en caso de separación personal o por la desaparición de cualquiera de las demás causas que la hubiesen motivado.

Véase artículo 84 del presente Código.

Artículo 1444. No obstante lo dispuesto en el artículo anterior, los cónyuges pueden acordar en capitulaciones que vuelvan a regir las mismas reglas que antes de la separación de bienes.

Harán constar en las capitulaciones los bienes que cada uno aporte de nuevo y se considerarán éstos privativos, aunque, en todo o en parte, hubieren tenido carácter ganancial antes de la liquidación practicada por causa de la separación.

Véanse artículos 1325 y siguientes del presente Código.

TÍTULO IV
DEL CONTRATO DE COMPRA Y VENTA
CAPÍTULO PRIMERO
DE LA NATURALEZA Y FORMA DE ESTE CONTRATO

Artículo 1445. Por el contrato de compra y venta uno de los contratantes se obliga a entregar una cosa determinada y el otro a pagar por ella un precio cierto, en dinero o signo que lo represente.

> *Véanse:*
> *- Artículos 1255, 1271 a 1273, 1450 y 1457 a 1459 del presente Código.*
> *- Artículo 325 del Código de Comercio.*

Artículo 1446. Si el precio de la venta consistiera parte en dinero y parte en otra cosa se calificará el contrato por la intención manifiesta de los contratantes. No constando ésta, se tendrá por permuta, si el valor de la cosa dada en parte del precio excede al del dinero o su equivalente; y por venta en el caso contrario.

> *Véanse artículos 1282 y 1538 y siguientes del presente Código.*

Artículo 1447. Para que el precio se tenga por cierto bastará que lo sea con referencia a otra cosa cierta, o que se deje su señalamiento al arbitrio de persona determinada.

Si ésta no pudiere o no quisiere señalarlo, quedará ineficaz el contrato.

> *Véase Ley 60/2003, de 23 de diciembre, de Arbitraje.*

Artículo 1448. También se tendrá por cierto el precio en la venta de valores, granos, líquidos y demás cosas fungibles, cuando se señale el que la cosa vendida tuviera en determinado día, bolsa, mercado, o se fije un tanto mayor o menor que el precio del día, bolsa o mercado, con tal que sea cierto.

Artículo 1449. El señalamiento del precio no podrá nunca dejarse al arbitrio de uno de los contratantes.

Artículo 1450. La venta se perfeccionará entre comprador y vendedor, y será obligatoria para ambos, si hubieren convenido en la cosa objeto del contrato, y en el precio, aunque ni la una ni el otro se hayan entregado.

Artículo 1451. La promesa de vender o comprar, habiendo conformidad en la cosa y en el precio, dará derecho a los contratantes para reclamar recíprocamente el cumplimiento del contrato.

Siempre que no pueda cumplirse la promesa de compra y venta, regirá para vendedor y comprador, según los casos, lo dispuesto acerca de las obligaciones y contratos en el presente Libro.

Artículo 1452. El daño o provecho de la cosa vendida, después de perfeccionado el contrato, se regulará por lo dispuesto en los artículos 1.096 y 1.182.

Esta regla se aplicará a la venta de cosas fungibles hecha aisladamente y por un sólo precio, o sin consideración a su peso, número o medida.

Si las cosas fungibles se vendieren por un precio fijado con relación al peso, número o medida, no se imputará el riesgo al comprador hasta que se hayan pesado, contado o medido, a no ser que éste se haya constituido en mora.

> *Véanse artículos 331 a 334 del Código de Comercio.*

Artículo 1453. La venta hecha a calidad de ensayo o prueba de la cosa vendida, y la venta de las cosas que es costumbre gustar o probar antes de recibirlas, se presumirán hechas siempre bajo condición suspensiva.

Véanse:
- Artículos 1114 y 1122 del presente Código.
- Artículo 328 del Código de Comercio.

Artículo 1454. Si hubiesen mediado arras o señal en el contrato de compra y venta, podrá rescindirse el contrato allanándose el comprador a perderlas, o el vendedor a devolverlas duplicadas.

Véase artículo 343 del Código de Comercio.

Artículo 1455. Los gastos de otorgamiento de escrituras serán de cuenta del vendedor, y los de la primera copia y los demás posteriores a la venta serán de cuenta del comprador, salvo pacto en contrario.

Véase artículo 1465 del presente Código.

Artículo 1456. La enajenación forzosa por causa de utilidad pública se regirá por lo que establezcan las leyes especiales.

CAPÍTULO II
DE LA CAPACIDAD PARA COMPRAR O VENDER

Artículo 1457. Podrán celebrar el contrato de compra y venta todas las personas a quienes este Código autoriza para obligarse, salvo las modificaciones contenidas en los artículos siguientes.

Artículo 1458. Los cónyuges podrán venderse bienes recíprocamente.

Artículo 1458 redactado por el apartado diecisiete del artículo único de la Ley 13/2005, de 1 de julio, por la que se modifica el Código Civil en materia de derecho a contraer matrimonio («B.O.E.» 2 julio).
Vigencia: 3 julio 2005

Véase artículo 1323 del presente Código.

Artículo 1459. No podrán adquirir por compra, aunque sea en subasta pública o judicial, por sí ni por persona alguna intermedia:

1.º Los que desempeñen el cargo de tutor o funciones de apoyo, los bienes de la persona o personas a quienes representen.

Apartado 1.º del artículo 1459 redactado por el apartado cincuenta y ocho del artículo segundo de la Ley 8/2021, de 2 de junio, por la que se reforma la legislación civil y procesal para el apoyo a las personas con discapacidad en el ejercicio de su capacidad jurídica («B.O.E.» 3 junio).
Vigencia: 3 septiembre 2021

2.º Los mandatarios, los bienes de cuya administración o enajenación estuviesen encargados.

Véase artículo 267 del presente Código.

3.º Los albaceas, los bienes confiados a su cargo.

4.º Los empleados públicos, los bienes del Estado, de los Municipios, de los pueblos y de los establecimientos también públicos, de cuya administración estuviesen encargados.

Esta disposición regirá para los Jueces y peritos que de cualquier modo intervinieren en la venta.

Véanse artículos 11 y siguientes del Real Decreto Legislativo 781/1986, de 18 de abril, por el que se aprueba el Texto Refundido de las disposiciones legales vigentes en materia de Régimen Local.

5.º Los Magistrados, Jueces, individuos del Ministerio fiscal, Secretarios de Tribunales y Juzgados y Oficiales de justicia, los bienes y derechos que estuviesen en litigio ante el Tribunal, en cuya jurisdicción o territorio ejercieran sus respectivas funciones, extendiéndose esta prohibición al acto de adquirir por cesión.

Se exceptuará de esta regla el caso en que se trate de acciones hereditarias entre coherederos, o de cesión en pago de créditos, o de garantía de los bienes que posean.

La prohibición contenida en este número 5.º comprenderá a los Abogados y Procuradores respecto a los bienes y derechos que fueren objeto de un litigio en que intervengan por su profesión y oficio.

CAPÍTULO III
DE LOS EFECTOS DEL CONTRATO DE COMPRA Y VENTA CUANDO SE HA PERDIDO LA COSA VENDIDA

Artículo 1460. Si al tiempo de celebrarse la venta se hubiese perdido en su totalidad la cosa objeto de la misma, quedará sin efecto el contrato.

Pero si se hubiese perdido sólo en parte, el comprador podrá optar entre desistir del contrato o reclamar la parte existente, abonando su precio en proporción al total convenido.

Véanse artículos 1182 y 1183 del presente Código.

CAPÍTULO IV
DE LAS OBLIGACIONES DEL VENDEDOR

SECCIÓN PRIMERA
DISPOSICIÓN GENERAL

Artículo 1461. El vendedor está obligado a la entrega y saneamiento de la cosa objeto de la venta.

Véase artículo 345 del Código de Comercio.

SECCIÓN SEGUNDA
DE LA ENTREGA DE LA COSA VENDIDA

Artículo 1462. Se entenderá entregada la cosa vendida, cuando se ponga en poder y posesión del comprador.

Cuando se haga la venta mediante escritura pública, el otorgamiento de ésta equivaldrá a la entrega de la cosa objeto del contrato, si de la misma escritura no resultare o se dedujere claramente lo contrario.

Artículo 1463. Fuera de los casos que expresa el artículo precedente, la entrega de los bienes muebles se efectuará: por la entrega de las llaves del lugar o sitio donde se hallan almacenados o guardados; y por el solo acuerdo o conformidad de los contratantes, si la cosa vendida no puede trasladarse a poder del comprador en el instante de la venta, o si éste la tenía ya en su poder por algún otro motivo.

Artículo 1464. Respecto de los bienes incorporales, regirá lo dispuesto en el párrafo segundo del artículo 1.462. En cualquier otro caso en que éste no tenga aplicación se entenderá por entrega el hecho de poner en poder del comprador los títulos de pertenencia, o el uso que haga de su derecho el mismo comprador, consintiéndolo el vendedor.

Artículo 1465. Los gastos para la entrega de la cosa vendida serán de cuenta del vendedor, y los de su transporte o traslación de cargo del comprador, salvo el caso de estipulación especial.

Véanse:
- Artículo 1455 del presente Código.
- Artículo 338 del Código de Comercio.

Artículo 1466. El vendedor no estará obligado a entregar la cosa vendida, si el comprador no le ha pagado el precio o no se ha señalado en el contrato un plazo para el pago.

Artículo 1467. Tampoco tendrá obligación el vendedor de entregar la cosa vendida cuando se haya convenido en un aplazamiento o término para el pago, si después de la venta se descubre que el comprador es insolvente, de tal suerte que el vendedor corre inminente riesgo de perder el precio.

Se exceptúa de esta regla el caso en que el comprador afiance pagar en el plazo convenido.

Véase artículo 1129.1.º del presente Código.

Artículo 1468. El vendedor deberá entregar la cosa vendida en el estado en que se hallaba al perfeccionarse el contrato.

Todos los frutos pertenecerán al comprador desde el día en que se perfeccionó el contrato.

Artículo 1469. La obligación de entregar la cosa vendida comprende la de poner en poder del comprador todo lo que exprese el contrato, mediante las reglas siguientes:

Si la venta de bienes inmuebles se hubiese hecho con expresión de su cabida, a razón de un precio por unidad de medida o número, tendrá obligación el vendedor de entregar al comprador, si éste lo exige, todo cuanto se haya expresado en el contrato; pero si esto no fuere posible, podrá el comprador optar entre una rebaja proporcional del precio o la rescisión del contrato, siempre que, en este último caso, no baje de la décima parte de la cabida la disminución de la que se le atribuyera al inmueble.

Lo mismo se hará, aunque resulte igual cabida, si alguna parte de ella no es de la calidad expresada en el contrato.

La rescisión en este caso, sólo tendrá lugar a voluntad del comprador, cuando el menos valor de la cosa vendida exceda de la décima parte del precio convenido.

Artículo 1470. Si, en el caso del artículo precedente, resultare mayor cabida o número en el inmueble que los expresados en el contrato, el comprador tendrá la obligación de pagar el exceso de precio si la mayor cabida o número no pasa de la vigésima parte de los señalados en el mismo contrato; pero, si excedieren de dicha vigésima parte, el comprador podrá optar entre satisfacer el mayor valor del inmueble, o desistir del contrato.

Véanse artículos 1290 y 1291 del presente Código.

Artículo 1471. En la venta de un inmueble, hecha por precio alzado y no a razón de un tanto por unidad de medida o número, no tendrá lugar el aumento o disminución del mismo, aunque resulte mayor o menor cabida o número de los expresados en el contrato.

Esto mismo tendrá lugar cuando sean dos o más fincas las vendidas por un solo precio pero, si, además de expresarse los linderos, indispensables en toda enajenación de inmuebles, se designaren en el contrato su cabida o número, el vendedor estará obligado a entregar todo lo que se comprenda dentro de los mismos linderos, aun cuando exceda de la cabida o número expresados en el contrato; y, si no pudiere, sufrirá una disminución en el precio, proporcional a lo que falte de cabida o número, a no ser que el contrato quede anulado por no conformarse el comprador con que se deje de entregar lo que se estipuló.

Artículo 1472. Las acciones que nacen de los tres artículos anteriores prescribirán a los seis meses, contados desde el día de la entrega.

Artículo 1473. Si una misma cosa se hubiese vendido a diferentes compradores, la propiedad se transferirá a la persona que primero haya tomado posesión de ella con buena fe, si fuere mueble.

Si fuere inmueble, la propiedad pertenecerá al adquirente que antes la haya inscrito en el Registro.

Cuando no haya inscripción, pertenecerá la propiedad a quien de buena fe sea primero en la posesión; y faltando ésta, a quien presente título de fecha más antigua, siempre que haya buena fe.

> *Véanse:*
> *- Artículos 434, 445, 464, 606 y 609 del presente Código.*
> *- Artículos 17, 24, 25, 34, 37 y 38 de la Ley Hipotecaria.*

SECCIÓN TERCERA
DEL SANEAMIENTO

Artículo 1474. En virtud del saneamiento a que se refiere el artículo 1.461, el vendedor responderá al comprador:

1.º De la posesión legal y pacífica de la cosa vendida.

2.º De los vicios o defectos ocultos que tuviere.

> *Véanse:*
> *- Artículos 638, 860, 1069 a 1071, 1540, 1553, 1554.3, 1643 y 1681 del presente Código.*
> *- Artículo 345 del Código de Comercio.*

1.º
DEL SANEAMIENTO EN CASO DE EVICCIÓN

Artículo 1475. Tendrá lugar la evicción cuando se prive al comprador, por sentencia firme y en virtud de un derecho anterior a la compra, de todo o parte de la cosa comprada.

El vendedor responderá de la evicción aunque nada se haya expresado en el contrato.

Los contratantes, sin embargo, podrán aumentar, disminuir o suprimir esta obligación legal del vendedor.

Artículo 1476. Será nulo todo pacto que exima al vendedor de responder de la evicción, siempre que hubiere mala fe de su parte.

Artículo 1477. Cuando el comprador hubiese renunciado el derecho al saneamiento para el caso de evicción, llegado que sea éste, deberá el vendedor entregar únicamente el precio que tuviere la cosa vendida al tiempo de la evicción, a no ser que el comprador hubiese hecho la renuncia con conocimiento de los riesgos de la evicción y sometiéndose a sus consecuencias.

Artículo 1478. Cuando se haya estipulado el saneamiento o cuando nada se haya pactado sobre este punto, si la evicción se ha realizado, tendrá el comprador derecho a exigir del vendedor:

1.º La restitución del precio que tuviere la cosa vendida al tiempo de la evicción, ya sea mayor o menor que el de la venta.

2.º Los frutos o rendimientos, si se le hubiere condenado a entregarlos al que le haya vencido en juicio.

3.º Las costas del pleito que haya motivado la evicción, y, en su caso, las del seguido con el vendedor para el saneamiento.

4.º Los gastos del contrato, si los hubiese pagado el comprador.
5.º Los daños e intereses y los gastos voluntarios o de puro recreo u ornato, si se vendió de mala fe.

Artículo 1479. Si el comprador perdiere, por efecto de la evicción, una parte de la cosa vendida de tal importancia con relación al todo que sin dicha parte no la hubiera comprado, podrá exigir la rescisión del contrato; pero con la obligación de devolver la cosa sin más gravámenes que los que tuviese al adquirirla.

Esto mismo se observará cuando se vendiesen dos o más cosas conjuntamente por un precio alzado, o particular para cada una de ellas, si constase claramente que el comprador no habría comprado la una sin la otra.

Artículo 1480. El saneamiento no podrá exigirse hasta que haya recaído sentencia firme, por la que se condene al comprador a la pérdida de la cosa adquirida o de parte de la misma.

Véase artículo 1475, párrafo 1º del presente Código.

Artículo 1481. El vendedor estará obligado al saneamiento que corresponda, siempre que resulte probado que se le notificó la demanda de evicción a instancia del comprador. Faltando la notificación, el vendedor no estará obligado al saneamiento.

Artículo 1482. El comprador demandado solicitará, dentro del término que la Ley de Enjuiciamiento Civil señala para contestar a la demanda, que ésta se notifique al vendedor o vendedores en el plazo más breve posible.

La notificación se hará como la misma ley establece para emplazar a los demandados.

El término de contestación para el comprador quedará en suspenso ínterin no expiren los que para comparecer y contestar a la demanda se señalen al vendedor o vendedores, que serán los mismos plazos que determina para todos los demandados la expresada Ley de Enjuiciamiento Civil, contados desde la notificación establecida por el párrafo primero de este artículo.

Si los citados de evicción no comparecieren en tiempo y forma, continuará, respecto del comprador, el término para contestar a la demanda.

Véase artículo 404 de la LEC.

Artículo 1483. Si la finca vendida estuviese gravada, sin mencionarlo la escritura, con alguna carga o servidumbre no aparente, de tal naturaleza que deba presumirse no la habría adquirido el comprador si la hubiera conocido, podrá pedir la rescisión del contrato, a no ser que prefiera la indemnización correspondiente.

Durante un año, a contar desde el otorgamiento de la escritura, podrá el comprador ejercitar la acción rescisoria, o solicitar la indemnización.

Transcurrido el año, sólo podrá reclamar la indemnización dentro de un período igual, a contar desde el día en que haya descubierto la carga o servidumbre.

2.º
DEL SANEAMIENTO POR LOS DEFECTOS O GRAVÁMENES OCULTOS DE LA COSA VENDIDA

Artículo 1484. 1. El vendedor estará obligado al saneamiento por los defectos ocultos que tuviere la cosa vendida, si la hacen impropia para el uso a que se la destina, o si disminuyen de tal modo este uso que, de haberlos conocido el comprador, no la habría adquirido o habría dado menos precio por ella; pero no será responsable de los defectos manifiestos o que estuvieren a la vista, ni tampoco de los que no lo estén, si el comprador es un perito que, por razón de su oficio o profesión, debía fácilmente conocerlos.

Número 1 del artículo 1484 renumerado por el apartado veintisiete del artículo primero de la Ley 17/2021, de 15 de diciembre, de modificación del Código Civil, la Ley Hipotecaria y la Ley de Enjuiciamiento Civil, sobre el régimen jurídico de los animales («B.O.E.» 16 diciembre). Su contenido literal se corresponde con el del anterior párrafo único del artículo.
Vigencia: 5 enero 2022

2. El vendedor de un animal responde frente al comprador por el incumplimiento de sus deberes de asistencia veterinaria y cuidados necesarios para garantizar su salud y bienestar, si el animal sufre una lesión, enfermedad o alteración significativa de la conducta que tiene origen anterior a la venta.

Número 2 del artículo 1484 introducido por el apartado veintisiete del artículo primero de la Ley 17/2021, de 15 de diciembre, de modificación del Código Civil, la Ley Hipotecaria y la Ley de Enjuiciamiento Civil, sobre el régimen jurídico de los animales («B.O.E.» 16 diciembre).
Vigencia: 5 enero 2022

Artículo 1485. El vendedor responde al comprador del saneamiento por los vicios o defectos ocultos del animal o la cosa vendida, aunque los ignorase.

Esta disposición no regirá cuando se haya estipulado lo contrario, y el vendedor ignorara los vicios o defectos ocultos de lo vendido.

Artículo 1485 redactado por el apartado veintiocho del artículo primero de la Ley 17/2021, de 15 de diciembre, de modificación del Código Civil, la Ley Hipotecaria y la Ley de Enjuiciamiento Civil, sobre el régimen jurídico de los animales («B.O.E.» 16 diciembre).
Vigencia: 5 enero 2022

Artículo 1486. En los casos de los dos artículos anteriores, el comprador podrá optar entre desistir del contrato, abonándosele los gastos que pagó, o rebajar una cantidad proporcional del precio, a juicio de peritos.

Si el vendedor conocía los vicios o defectos ocultos de la cosa vendida y no los manifestó al comprador, tendrá éste la misma opción y además se le indemnizará de los daños y perjuicios, si optare por la rescisión.

Véanse:
- Artículos 1102, 1106 y 1107 del presente Código.
- Artículo 336 del Código de Comercio.

Artículo 1487. Si la cosa vendida se perdiere por efecto de los vicios ocultos, conociéndolos el vendedor, sufrirá éste la pérdida, y deberá restituir el precio y abonar los gastos del contrato, con los daños y perjuicios. Si no los conocía, debe sólo restituir el precio y abonar los gastos del contrato que hubiese pagado el comprador.

Artículo 1488. Si la cosa vendida tenía algún vicio oculto al tiempo de la venta, y se pierde después por caso fortuito o por culpa del comprador, podrá éste reclamar del vendedor el precio que pagó, con la rebaja del valor que la cosa tenía al tiempo de perderse.

Si el vendedor obró de mala fe, deberá abonar al comprador los daños e intereses.

Artículo 1489. En las ventas judiciales nunca habrá lugar a la responsabilidad por daños y perjuicios; pero sí a todo lo demás dispuesto en los artículos anteriores.

Artículo 1490. Las acciones que emanan de lo dispuesto en los cinco artículos precedentes se extinguirán a los seis meses, contados desde la entrega de la cosa vendida.

Véase artículo 1472 del presente Código.

Artículo 1491. Vendiéndose dos o más animales juntamente, sea en un precio alzado, sea señalándolo a cada uno de ellos, el vicio redhibitorio de cada uno dará solamente lugar a su redhibición, y no a la de los otros, a no ser que aparezca que el comprador no habría comprado el sano o sanos sin el vicioso.

Se presume esto último cuando se compra un tiro, yunta, pareja o juego, aunque se haya señalado un precio separado a cada uno de los animales que lo componen.

Artículo 1492. Lo dispuesto en el artículo anterior respecto de la venta de animales se entiende igualmente aplicable a la de las cosas.

Artículo 1492 redactado por el apartado veintinueve del artículo primero de la Ley 17/2021, de 15 de diciembre, de modificación del Código Civil, la Ley Hipotecaria y la Ley de Enjuiciamiento Civil, sobre el régimen jurídico de los animales («B.O.E.» 16 diciembre).
Vigencia: 5 enero 2022

Artículo 1493. El saneamiento por los vicios ocultos de los animales destinados a una finalidad productiva no tendrá lugar en las ventas hechas en feria o en pública subasta, o cuando sean destinados a sacrificio o matanza de acuerdo con la legislación aplicable, salvo el caso previsto en el artículo siguiente.

Artículo 1493 redactado por el apartado treinta del artículo primero de la Ley 17/2021, de 15 de diciembre, de modificación del Código Civil, la Ley Hipotecaria y la Ley de Enjuiciamiento Civil, sobre el régimen jurídico de los animales («B.O.E.» 16 diciembre).
Vigencia: 5 enero 2022

Artículo 1494. No serán objeto del contrato de venta los ganados y animales que padezcan enfermedades contagiosas. Cualquier contrato que se hiciere respecto de ellos será nulo.

También será nulo el contrato de venta de los ganados y animales, si, expresándose en el mismo contrato el servicio o uso para que se adquieren, resultaren inútiles para prestarlo.

Artículo 1495. Cuando el vicio oculto de los animales, aunque se haya practicado reconocimiento facultativo, sea de tal naturaleza que no basten los conocimientos periciales para su descubrimiento, se reputará redhibitorio.

Pero si el profesor, por ignorancia o mala fe, dejara de descubrirlo o manifestarlo, será responsable de los daños y perjuicios.

Véanse artículos 1101 y siguientes del presente Código.

Artículo 1496. La acción redhibitoria que se funde en los vicios o defectos de los animales, deberá interponerse dentro de cuarenta días, contados desde el de su entrega al comprador, salvo que, por el uso en cada localidad, se hallen establecidos mayores o menores plazos.

Esta acción en las ventas de animales sólo se podrá ejercitar respecto de los vicios y defectos de los mismos que están determinados por la ley o por los usos locales.

Artículo 1497. Si el animal muriese a los tres días de comprado, será responsable el vendedor, siempre que la enfermedad que ocasionó la muerte existiera antes del contrato, a juicio de los facultativos.

Artículo 1498. Resuelta la venta, el animal deberá ser devuelto en el estado en que fue vendido y entregado, siendo responsable el comprador de cualquier deterioro debido a su negligencia, y que no proceda del vicio o defecto redhibitorio.

Véase artículo 1295 del presente Código.

Artículo 1499. En las ventas de animales y ganados con vicios redhibitorios, gozará también el comprador de la facultad expresada en el artículo 1.486; pero deberá usar de ella dentro del mismo término que para el ejercicio de la acción redhibitoria queda, respectivamente, señalado.

CAPÍTULO V
DE LAS OBLIGACIONES DEL COMPRADOR

Artículo 1500. El comprador está obligado a pagar el precio de la cosa vendida en el tiempo y lugar fijados por el contrato.

Si no se hubieren fijado, deberá hacerse el pago en el tiempo y lugar en que se haga la entrega de la cosa vendida.

Artículo 1501. El comprador deberá intereses por el tiempo que medie entre la entrega de la cosa y el pago del precio, en los tres casos siguientes:
1.º Si así se hubiere convenido.
2.º Si la cosa vendida y entregada produce fruto o renta.
3.º Si se hubiese constituido en mora, con arreglo al artículo 1.100.

> *Véanse:*
> *- Artículo 1108 del presente Código.*
> *- Artículo 341 del Código de Comercio.*

Artículo 1502. Si el comprador fuere perturbado en la posesión o dominio de la cosa adquirida, o tuviere fundado temor de serlo por una acción reivindicatoria o hipotecaria, podrá suspender el pago del precio hasta que el vendedor haya hecho cesar la perturbación o el peligro, a no ser que afiance la devolución del precio en su caso, o se haya estipulado que, no obstante cualquiera contingencia de aquella clase, el comprador estará obligado a verificar el pago.

Artículo 1503. Si el vendedor tuviere fundado motivo para temer la pérdida de la cosa inmueble vendida y el precio, podrá promover inmediatamente la resolución de la venta.

Si no existiere este motivo, se observará lo dispuesto en el artículo 1.124.

Artículo 1504. En la venta de bienes inmuebles, aun cuando se hubiera estipulado que por falta de pago del precio en el tiempo convenido tendrá lugar de pleno derecho la resolución del contrato, el comprador podrá pagar, aun después de expirado el término, ínterin no haya sido requerido judicialmente o por acta notarial. Hecho el requerimiento, el Juez no podrá concederle nuevo término.

> *Véanse:*
> *- Artículo 1100 del presente Código.*
> *- Artículo 59 del Reglamento Hipotecario 1947.*

Artículo 1505. Respecto de los bienes muebles, la resolución de la venta tendrá lugar de pleno derecho, en interés del vendedor, cuando el comprador, antes de vencer el término fijado para la entrega de la cosa, no se haya presentado a recibirla, o, presentándose, no haya ofrecido al mismo tiempo el precio, salvo que para el pago de éste se hubiese pactado mayor dilación.

> *Véase artículo 10 de la Ley 28/1998, de 13 de julio, de venta a Plazos de Bienes Muebles («B.O.E.» 14 julio).*

CAPÍTULO VI
DE LA RESOLUCIÓN DE LA VENTA

Artículo 1506. La venta se resuelve por las mismas causas que todas las obligaciones, y además por las expresadas en los capítulos anteriores, y por el retracto convencional o por el legal.

SECCIÓN PRIMERA
DEL RETRACTO CONVENCIONAL

Artículo 1507. Tendrá lugar el retracto convencional cuando el vendedor se reserve el derecho de recuperar la cosa vendida, con obligación de cumplir lo expresado en el artículo 1.518 y lo demás que se hubiese pactado.

Véanse artículos 2.1, 23 y 177 de la Ley Hipotecaria.

Artículo 1508. El derecho de que trata el artículo anterior durará, a falta de pacto expreso, cuatro años contados desde la fecha del contrato.

En caso de estipulación, el plazo no podrá exceder de diez años.

Artículo 1509. Si el vendedor no cumple lo prescrito en el artículo 1.518, el comprador adquirirá irrevocablemente el dominio de la cosa vendida.

Artículo 1510. El vendedor podrá ejercitar su acción contra todo poseedor que traiga su derecho del comprador, aunque en el segundo contrato no se haya hecho mención del retracto convencional; salvo lo dispuesto en la Ley Hipotecaria respecto de terceros.

Véanse artículos 37, 38, 107.7.º y 8.º de la Ley Hipotecaria.

Artículo 1511. El comprador sustituye al vendedor en todos sus derechos y acciones.

Véase artículo 107.8.º de la Ley Hipotecaria.

Artículo 1512. Los acreedores del vendedor no podrán hacer uso del retracto convencional contra el comprador, sino después de haber hecho excusión en los bienes del vendedor.

Artículo 1513. El comprador con pacto de retroventa de una parte de finca indivisa que adquiera la totalidad de la misma en el caso del artículo 404, podrá obligar al vendedor a redimir el todo, si éste quiere hacer uso del retracto.

Artículo 1514. Cuando varios, conjuntamente y en un solo contrato, vendan una finca indivisa con pacto de retro, ninguno de ellos podrá ejercitar este derecho más que por su parte respectiva.

Lo mismo se observará si el que ha vendido por sí solo una finca ha dejado varios herederos, en cuyo caso cada uno de éstos sólo podrá redimir la parte que hubiese adquirido.

Artículo 1515. En los casos del artículo anterior, el comprador podrá exigir de todos los vendedores o coherederos que se pongan de acuerdo sobre la redención de la totalidad de la cosa vendida; y, si así no lo hicieren, no se podrá obligar al comprador al retracto parcial.

Artículo 1516. Cada uno de los copropietarios de una finca indivisa, que hubiese vendido separadamente su parte, podrá ejercitar, con la misma separación, el derecho de retracto por su porción respectiva, y el comprador no podrá obligarle a redimir la totalidad de la finca.

Artículo 1517. Si el comprador dejare varios herederos, la acción de retracto no podrá ejercitarse contra cada uno sino por su parte respectiva, ora se halle indivisa, ora se haya distribuido entre ellos.

Pero, si se ha dividido la herencia, y la cosa vendida se ha adjudicado a uno de los herederos, la acción de retracto podrá intentarse contra él por el todo.

Artículo 1518. El vendedor no podrá hacer uso del derecho de retracto sin reembolsar al comprador el precio de la venta, y además:

1.º Los gastos del contrato y cualquier otro pago legítimo hecho para la venta.
2.º Los gastos necesarios y útiles hechos en la cosa vendida.

La Sentencia TS (Sala Primera) de 14 de enero de 2015, Rec. 2432/2012, fija como doctrina jurisprudencial que el fenómeno adquisitivo que se deriva del ejercicio de adquisición preferente del arrendatario de vivienda o local de negocios se produce cuando se realiza el pertinente pago a través de la consignación, según lo previsto en los artículos 1518 y 1521 del Código Civil.

Artículo 1519. Cuando al celebrarse la venta hubiese en la finca frutos manifiestos o nacidos, no se hará abono ni prorrateo de los que haya al tiempo del retracto.

Si no los hubo al tiempo de la venta, y los hay al del retracto, se prorratearán entre el retrayente y el comprador, dando a éste la parte correspondiente al tiempo que poseyó la finca en el último año, a contar desde la venta.

Artículo 1520. El vendedor que recobre la cosa vendida, la recibirá libre de toda carga o hipoteca impuesta por el comprador, pero estará obligado a pasar por los arriendos que éste haya hecho de buena fe, y según costumbre del lugar en que radique.

Véanse:
- Artículo 1572 del presente Código.
- Artículo 175 del Reglamento Hipotecario 1947.

SECCIÓN SEGUNDA
DEL RETRACTO LEGAL

Artículo 1521. El retracto legal es el derecho de subrogarse, con las mismas condiciones estipuladas en el contrato, en lugar del que adquiere una cosa por compra o dación en pago.

La Sentencia TS (Sala Primera) de 14 de enero de 2015, Rec. 2432/2012, fija como doctrina jurisprudencial que el fenómeno adquisitivo que se deriva del ejercicio de adquisición preferente del arrendatario de vivienda o local de negocios se produce cuando se realiza el pertinente pago a través de la consignación, según lo previsto en los artículos 1518 y 1521 del Código Civil.

Artículo 1522. El copropietario de una cosa común podrá usar del retracto en el caso de enajenarse a un extraño la parte de todos los demás condueños o de alguno de ellos.

Cuando dos o más copropietarios quieran usar del retracto, sólo podrán hacerlo a prorrata de la porción que tengan en la cosa común.

Véase artículo 396 del presente Código.

La Sentencia TS (Sala Primera) de 6 abril 2016, Rec. 638/2014, declara como doctrina jurisprudencial que: «Unicamente procede estimar la acción de retracto de comuneros cuando recae sobre una cuota o porción de una cosa que sea propiedad pro indiviso de varios comuneros».

Artículo 1523. También tendrán el derecho de retracto los propietarios de las tierras colindantes cuando se trate de la venta de una finca rústica cuya cabida no exceda de una hectárea.

El derecho a que se refiere el párrafo anterior no es aplicable a las tierras colindantes que estuvieren separadas por arroyos, acequias, barrancos, caminos y otras servidumbres aparentes en provecho de otras fincas.

Si dos o más colindantes usan del retracto al mismo tiempo será preferido el que de ellos sea dueño de la tierra colindante de menor cabida; y si las dos la tuvieran igual, el que primero lo solicite.

> *Véanse:*
> *- Artículo 227 del Decreto 118/1973, de 12 de enero, por el que se aprueba el texto de la Ley de reforma y desarrollo agrario.*
> *- Artículo 27 de la Ley 19/1995, de 4 de julio, de modernización de las explotaciones agrarias.*

Artículo 1524. No podrá ejercitarse el derecho de retracto legal sino dentro de nueve días contados desde la inscripción en el Registro, y en su defecto, desde que el retrayente hubiera tenido conocimiento de la venta.

El retracto de comuneros excluye el de colindantes.

> *Véanse:*
> *- Artículo 1642 del presente Código.*
> *- Artículo 25 y 31 LAU 1994.*
> *- Artículo 249.1.7.º LEC.*

Artículo 1525. En el retracto legal tendrá lugar lo dispuesto en los artículos 1.511 y 1.518.

CAPÍTULO VII
DE LA TRANSMISIÓN DE CRÉDITOS Y DEMÁS DERECHOS INCORPORALES

> *Véanse:*
> *- Artículos 272.7º, 347 y 348 del presente Código.*
> *- Artículos 149 a 152 de la Ley Hipotecaria.*
> *- Artículo 8 de la Ley de Hipoteca Mobiliaria y prenda sin desplazamiento.*
> *- Ley 2/2009, de 31 de marzo, por la que se regula la contratación con los consumidores de préstamos o créditos hipotecarios y de servicios de intermediación para la celebración de contratos de préstamo o crédito («B.O.E.» 1 abril).*
> *- Artículos 176 y 242 a 244 del Reglamento Hipotecario 1947.*

Artículo 1526. La cesión de un crédito, derecho o acción no surtirá efecto contra tercero sino desde que su fecha deba tenerse por cierta en conformidad a los artículos 1.218 y 1.227.

Si se refiere a un inmueble, desde la fecha de su inscripción en el Registro.

> *Véanse:*
> *- Artículos 151, 166, párrafo 1º, 272.7.º, 336, 346, 1112, 1280.4.º y 6.º y 1464 del presente Código.*
> *- Artículos 347 y 348 del Código de Comercio.*
> *- Artículos 14 y 24 de la Ley Cambiaria y del Cheque.*
> *- Artículos 24, 32 y 149 a 152 de la Ley Hipotecaria.*
> *- Artículos 8 y 68.b) de la Ley de 16 de diciembre de 1954, sobre Hipoteca Mobiliaria y prenda sin desplazamiento de la posesión.*
> *- Artículos 8 y 32 LAU 1994.*
> *- Artículos 176 y 242 a 244 del Reglamento Hipotecario 1947.*
> *- Artículos 18 y 27 del Decreto de 17 de junio de 1955, Reglamento del Registro de Hipoteca mobiliaria y prenda sin desplazamiento de la posesión.*

Artículo 1527. El deudor, que antes de tener conocimiento de la cesión satisfaga al acreedor, quedará libre de la obligación.

Artículo 1528. La venta o cesión de un crédito comprende la de todos los derechos accesorios, como la fianza, hipoteca, prenda o privilegio.

> *Véanse artículos 1097 y 1212 del presente Código.*

Artículo 1529. El vendedor de buena fe responderá de la existencia y legitimidad del crédito al tiempo de la venta, a no ser que se haya vendido como dudoso; pero no de la solvencia del deudor, a menos de haberse estipulado expresamente, o de que la insolvencia fuese anterior y pública.

Aun en estos casos sólo responderá del precio recibido y de los gastos expresados en el número 1.º del artículo 1.518.

El vendedor de mala fe responderá siempre del pago de todos los gastos y de los daños y perjuicios.

> *Véanse:*
> *- Artículos 1102, 1106, 1107 y 1206 del presente Código.*
> *- Artículo 348 del Código de Comercio.*

Artículo 1530. Cuando el cedente de buena fe se hubiese hecho responsable de la solvencia del deudor, y los contratantes no hubieran estipulado nada sobre la duración de la responsabilidad, durará ésta sólo un año, contado desde la cesión del crédito, si estaba ya vencido el plazo.

Si el crédito fuere pagadero en término o plazo todavía no vencido, la responsabilidad cesará un año después del vencimiento.

Si el crédito consistiere en una renta perpetua, la responsabilidad se extinguirá a los diez años, contados desde la fecha de la cesión.

Artículo 1531. El que venda una herencia sin enumerar las cosas de que se compone, sólo estará obligado a responder de su cualidad de heredero.

> *Véanse:*
> *- Artículos 1271, párrafo 2.º, 1280.4.º y 1474 y siguientes del presente Código.*
> *- Artículo 46 de la Ley Hipotecaria.*

Artículo 1532. El que venda alzadamente o en globo la totalidad de ciertos derechos, rentas o productos, cumplirá con responder de la legitimidad del todo en general; pero no estará obligado al saneamiento de cada una de las partes de que se componga, salvo en el caso de evicción del todo o de la mayor parte.

> *Véanse artículos 1474 y siguientes del presente Código.*

Artículo 1533. Si el vendedor se hubiese aprovechado de algunos frutos o hubiese percibido alguna cosa de la herencia que vendiere, deberá abonarlos al comprador, si no se hubiese pactado lo contrario.

Artículo 1534. El comprador deberá, por su parte, satisfacer al vendedor todo lo que éste haya pagado por las deudas y cargas de la herencia y por los créditos que tenga contra la misma, salvo pacto en contrario.

Artículo 1535. Vendiéndose un crédito litigioso, el deudor tendrá derecho a extinguirlo, reembolsando al cesionario el precio que pagó, las costas que se le hubiesen ocasionado y los intereses del precio desde el día en que éste fue satisfecho.

Se tendrá por litigioso un crédito desde que se conteste a la demanda relativa al mismo.

El deudor podrá usar de su derecho dentro de nueve días, contados desde que el cesionario le reclame el pago.

Artículo 1536. Se exceptúan de lo dispuesto en el artículo anterior la cesión o ventas hechas:

1.º A un coheredero o condueño del derecho cedido.

2.º A un acreedor en pago de su crédito.

3.º Al poseedor de una finca sujeta al derecho litigioso que se ceda.

CAPÍTULO VIII
DISPOSICIÓN GENERAL

Artículo 1537. Todo lo dispuesto en este título se entiende con sujeción a lo que respecto de bienes inmuebles se determina en la Ley Hipotecaria.

Véanse artículos 37.3.º y 107.7.º y 8.º de la Ley Hipotecaria.

TÍTULO V
DE LA PERMUTA

Véanse:
- Artículos 153 y 154 de la Ley 33/2003, de 3 de noviembre, del Patrimonio de las Administraciones Públicas.
- Artículos 123 y 124 del Reglamento General de la Ley 33/2003, de 3 de noviembre, del Patrimonio de las Administraciones Públicas, aprobado por Real Decreto 1373/2009, de 28 de agosto.

Artículo 1538. La permuta es un contrato por el cual cada uno de los contratantes se obliga a dar una cosa para recibir otra.

Véanse:
- Artículo 1446 del presente Código.
- Artículo 346 del Código de Comercio.

Artículo 1539. Si uno de los contratantes hubiese recibido la cosa que se le prometió en permuta, y acreditase que no era propia del que la dio, no podrá ser obligado a entregar la que él ofreció en cambio, y cumplirá con devolver la que recibió.

Artículo 1540. El que pierda por evicción la cosa recibida en permuta, podrá optar entre recuperar la que dio en cambio, o reclamar la indemnización de daños y perjuicios; pero sólo podrá usar del derecho a recuperar la cosa que él entregó mientras ésta subsista en poder del otro permutante, y sin perjuicio de los derechos adquiridos entretanto sobre ella con buena fe por un tercero.

Artículo 1541. En todo lo que no se halle especialmente determinado en este título, la permuta se regirá por las disposiciones concernientes a la venta.

Véanse artículos 1445 a 1537 del presente Código.

TÍTULO VI
DEL CONTRATO DE ARRENDAMIENTO
CAPÍTULO PRIMERO
DISPOSICIONES GENERALES

Artículo 1542. El arrendamiento puede ser de cosas, o de obras o servicios.

Véase artículo 1655 del presente Código.

Artículo 1543. En el arrendamiento de cosas, una de las partes se obliga a dar a la otra el goce o uso de una cosa por tiempo determinado y precio cierto.

Artículo 1544. En el arrendamiento de obras o servicios, una de las partes se obliga a ejecutar una obra o a prestar a la otra un servicio por precio cierto.

Véanse artículos 1583 a 1603 del presente Código.

Artículo 1545. Los bienes fungibles que se consumen con el uso no pueden ser materia de este contrato.

Véase artículo 337 del presente Código.

CAPÍTULO II
DE LOS ARRENDAMIENTOS DE FINCAS RÚSTICAS Y URBANAS
SECCIÓN PRIMERA
DISPOSICIONES GENERALES

Artículo 1546. Se llama arrendador al que se obliga a ceder el uso de la cosa, ejecutar la obra o prestar el servicio; y arrendatario al que adquiere el uso de la cosa o el derecho a la obra o servicio que se obliga a pagar.

Artículo 1547. Cuando hubiese comenzado la ejecución de un contrato de arrendamiento verbal y faltare la prueba del precio convenido, el arrendatario devolverá al arrendador la cosa arrendada, abonándole, por el tiempo que la haya disfrutado, el precio que se regule.

Artículo 1548. Los progenitores o tutores, respecto de los bienes de los menores, y los administradores de bienes que no tengan poder especial, no podrán dar en arrendamiento las cosas por término que exceda de seis años.

Artículo 1548 redactado por el apartado cincuenta y nueve del artículo segundo de la Ley 8/2021, de 2 de junio, por la que se reforma la legislación civil y procesal para el apoyo a las personas con discapacidad en el ejercicio de su capacidad jurídica («B.O.E.» 3 junio).
Vigencia: 3 septiembre 2021

Artículo 1549. Con relación a terceros, no surtirán efecto los arrendamientos de bienes raíces que no se hallen debidamente inscritos en el Registro de la Propiedad.

Véanse:
- Artículos 1280.2.º y 1571 del presente Código.
- Artículos 2.5.º, 32 y 38 de la Ley Hipotecaria.
- Real Decreto 297/1996, de 23 de febrero, sobre inscripción en el Registro de la Propiedad de los contratos de arrendamientos urbanos.

Artículo 1550. Cuando en el contrato de arrendamiento de cosas no se prohíba expresamente, podrá el arrendatario subarrendar en todo o en parte la cosa arrendada, sin perjuicio de su responsabilidad al cumplimiento del contrato para con el arrendador.

Véanse:
- Artículos 8, 32 y 35 LAU 1994.
- Artículo 23 LAR 2003.

Artículo 1551. Sin perjuicio de su obligación para con el subarrendador, queda el subarrendatario obligado a favor del arrendador por todos los actos que se refieran al uso y conservación de la cosa arrendada en la forma pactada entre el arrendador y el arrendatario.

Véanse artículos 21 a 23 y 30 LAU 1994.

Artículo 1552. El subarrendatario queda también obligado para con el arrendador por el importe del precio convenido en el subarriendo que se halle debiendo al tiempo del requerimiento, considerando no hechos los pagos adelantados, a no haberlos verificado con arreglo a la costumbre.

Véanse artículos 8, 17, 27.2 a), 31 y 32 LAU 1994.

Artículo 1553. Son aplicables al contrato de arrendamiento las disposiciones sobre saneamiento contenidas en el título de la compraventa.

En los casos en que proceda la devolución del precio, se hará la disminución proporcional al tiempo que el arrendatario haya disfrutado de la cosa.

Véanse artículos 1474 a 1499 del presente Código.

SECCIÓN SEGUNDA
DE LOS DERECHOS Y OBLIGACIONES DEL ARRENDADOR Y DEL ARRENDATARIO

Artículo 1554. El arrendador está obligado:
1.º A entregar al arrendatario la cosa objeto del contrato.

Véanse artículos 21, 25, 29, 30 y 31 de la LAU 1994

2.º A hacer en ella durante el arrendamiento todas las reparaciones necesarias a fin de conservarla en estado de servir para el uso a que ha sido destinada.

Véanse:
- Artículo 1559 párr. 2.º del presente Código.
- Artículos 17 y siguientes de la LAR 2003.

3.º A mantener al arrendatario en el goce pacífico del arrendamiento por todo el tiempo del contrato.

Véase artículo 1560 del presente Código.

Artículo 1555. El arrendatario está obligado:
1.º A pagar el precio del arrendamiento en los términos convenidos.

Véanse:
- Artículo 1574 del presente Código.
- Artículos 17 a 19 de la LAU 1994.

2.º A usar de la cosa arrendada como un diligente padre de familia, destinándola al uso pactado; y, en defecto de pacto, al que se infiera de la naturaleza de la cosa arrendada según la costumbre de la tierra.

Véanse artículos 22 a 24, 26, 27.2.e), 27.3 b) y 30 de la LAU 1994.

3.º A pagar los gastos que ocasione la escritura del contrato.

Véanse:
- Artículo 1922.7.º del presente Código.
- Artículos 22 a 24, 26 y 30 LAU 1994.
- Artículos 17 y siguientes LAR 2003.

Artículo 1556. Si el arrendador o el arrendatario no cumplieren las obligaciones expresadas en los artículos anteriores, podrán pedir la rescisión del contrato y la indemnización de daños y perjuicios, o sólo esto último, dejando el contrato subsistente.

Véanse:
- Artículos 1101, 1124 y 1129 del presente Código.
- Artículos 27 y 35 LAU 1994.
- Artículo 26 LAR 2003.

Artículo 1557. El arrendador no puede variar la forma de la cosa arrendada.

Véase artículo 23 LAU 1994.

Artículo 1558. Si durante el arrendamiento es necesario hacer alguna reparación urgente en la cosa arrendada que no pueda diferirse hasta la conclusión del arriendo, tiene el arrendatario obligación de tolerar la obra, aunque le sea muy molesta, y aunque durante ella se vea privado de una parte de la finca.

Si la reparación dura más de cuarenta días, debe disminuirse el precio del arriendo a proporción del tiempo y de la parte de la finca de que el arrendatario se vea privado.

Si la obra es de tal naturaleza que hace inhabitable la parte que el arrendatario y su familia necesitan para su habitación, puede éste rescindir el contrato.

Véanse:
- Artículos 22, 26 y 30 LAU 1994.
- Artículos 17 y siguientes LAR 2003.

Artículo 1559. El arrendatario está obligado a poner en conocimiento del propietario, en el más breve plazo posible, toda usurpación o novedad dañosa que otro haya realizado o abiertamente prepare en la cosa arrendada.

También está obligado a poner en conocimiento del dueño, con la misma urgencia, la necesidad de todas las reparaciones comprendidas en el número 2.º del artículo 1.554.

En ambos casos será responsable el arrendatario de los daños y perjuicios que por su negligencia se ocasionaren al propietario.

Artículo 1560. El arrendador no está obligado a responder de la perturbación de mero hecho que un tercero causare en el uso de la finca arrendada; pero el arrendatario tendrá acción directa contra el perturbador.

No existe perturbación de hecho cuando el tercero, ya sea la Administración, ya un particular, ha obrado en virtud de un derecho que le corresponde.

Véanse:
- Artículo 446 del presente Código.
- Artículos 249.1.6º y 250.1.4º LEC.

Artículo 1561. El arrendatario debe devolver la finca, al concluir el arriendo, tal como la recibió, salvo lo que hubiese perecido o se hubiera menoscabado por el tiempo o por causa inevitable.

Véanse:
- Artículo 1573 del presente Código.
- Artículos 21.4 y 23.2 de la LAU 1994.

Artículo 1562. A falta de expresión del estado de la finca al tiempo de arrendarla, la ley presume que el arrendatario la recibió en buen estado, salvo prueba en contrario.

Artículo 1563. El arrendatario es responsable del deterioro o pérdida que tuviere la cosa arrendada, a no ser que pruebe haberse ocasionado sin culpa suya.

Artículo 1564. El arrendatario es responsable del deterioro causado por las personas de su casa.

Véanse:
- Artículos 1903 y 1910 del presente Código.
- Artículos 21 y 27.2 d) y e) LAU 1994.

Artículo 1565. Si el arrendamiento se ha hecho por tiempo determinado, concluye el día prefijado sin necesidad de requerimiento.

Véanse:
- Artículos 1569, 1577, 1581 y 1656 del presente Código.
- Artículos 9, 10, 28 y 34 LAU 1994.
- Artículos 12 y 24 b) LAR 2003.

Artículo 1566. Si al terminar el contrato, permanece el arrendatario disfrutando quince días de la cosa arrendada con aquiescencia del arrendador, se entiende que hay tácita reconducción por el tiempo que establecen los artículos 1.577 y 1.581, a menos que haya precedido requerimiento.

Artículo 1567. En el caso de la tácita reconducción, cesan respecto de ella las obligaciones otorgadas por un tercero para la seguridad del contrato principal.

Artículo 1568. Si se pierde la cosa arrendada o alguno de los contratantes falta al cumplimiento de lo estipulado, se observará, respectivamente, lo dispuesto en los artículos 1.182 y 1.183 y en los 1.101 y 1.124.

Véanse:
- Artículos 27, 28 y 35 LAU 1994.
- Artículo 24 a) LAR 2003.

Artículo 1569. El arrendador podrá desahuciar judicialmente al arrendatario por alguna de las causas siguientes:
1.ª Haber expirado el término convencional o el que se fija para la duración de los arrendamientos en los artículos 1.577 y 1.581.
2.ª Falta de pago en el precio convenido.
3.ª Infracción de cualquiera de las condiciones estipuladas en el contrato.
4.ª Destinar la cosa arrendada a usos o servicios no pactados que la hagan desmerecer; o no sujetarse en su uso a lo que se ordena en el número 2.º del artículo 1.555.

Véanse:
- Artículo 25 LAU 1994.
- Artículos 27.2 y 35 LAR 2003.
- Artículos 22.4, 250.1.1.º, 439.3, 44.1, 449.1.2 y 6 LEC.

Artículo 1570. Fuera de los casos mencionados en el artículo anterior, tendrá el arrendatario derecho a aprovechar los términos establecidos en los artículos 1.577 y 1.581.

Artículo 1571. El comprador de una finca arrendada tiene derecho a que termine el arriendo vigente al verificarse la venta, salvo pacto en contrario y lo dispuesto en la Ley Hipotecaria.
Si el comprador usare de este derecho, el arrendatario podrá exigir que se le deje recoger los frutos de la cosecha que corresponda al año agrícola corriente y que el vendedor le indemnice los daños y perjuicios que se le causen.

Véanse:
- Artículo 2.5 de la Ley Hipotecaria.
- Artículo 13 del Reglamento Hipotecario 1947.
- Artículos 14 y 29 LAU 1994.
- Artículo 22 LAR 2003.

Artículo 1572. El comprador con pacto de retraer no puede usar de la facultad de desahuciar al arrendatario hasta que haya concluido el plazo para usar del retracto.

Véanse:
- Artículos 1507, 1508 y 1520 del presente Código.
- Artículos 13, 141 y 29 LAU 1994.

Artículo 1573. El arrendatario tendrá, respecto de las mejoras útiles y voluntarias, el mismo derecho que se concede al usufructuario.

> *Véanse:*
> *- Artículos 487, 488 y 502 del presente Código.*
> *- Artículos 19, 21, 22 y 30 LAU 1994.*
> *- Artículos 20 y 21 LAR 2003.*

Artículo 1574. Si nada se hubiere pactado sobre el lugar y tiempo del pago del arrendamiento, se estará, en cuanto al lugar, a lo dispuesto en el artículo 1.171; y, en cuanto al tiempo, a la costumbre de la tierra.

> *Véanse:*
> *- Artículos 17.2 y 3 LAU 1994.*
> *- Artículo 14 LAR 2003.*

SECCIÓN TERCERA
DISPOSICIONES ESPECIALES PARA LOS ARRENDAMIENTOS DE PREDIOS RÚSTICOS

Véase LAR 2003.

Artículo 1575. El arrendatario no tendrá derecho a rebaja de la renta por esterilidad de la tierra arrendada o por pérdida de frutos proveniente de casos fortuitos ordinarios; pero sí, en caso de pérdida de más de la mitad de frutos, por casos fortuitos extraordinarios e imprevistos, salvo siempre el pacto especial en contrario.

Entiéndese por casos fortuitos extraordinarios: el incendio, guerra, peste, inundación insólita, langosta, terremoto u otro igualmente desacostumbrado, y que los contratantes no hayan podido racionalmente prever.

> *Véanse artículos 13 y 16 LAR 2003.*

Artículo 1576. Tampoco tiene el arrendatario derecho a rebaja de la renta cuando los frutos se han perdido después de estar separados de su raíz o tronco.

Artículo 1577. El arrendamiento de un predio rústico, cuando no se fija su duración, se entiende hecho por todo el tiempo necesario para la recolección de los frutos que toda la finca arrendada diere en un año o pueda dar por una vez, aunque pasen dos o más años para obtenerlos.

El de tierras labrantías, divididas en dos o más hojas, se entiende por tantos años cuantas sean éstas.

> *Véanse:*
> *- Artículo 480 del presente Código.*
> *- Artículo 12 LAR 2003.*

Artículo 1578. El arrendatario saliente debe permitir al entrante el uso del local y demás medios necesarios para las labores preparatorias del año siguiente; y, recíprocamente, el entrante tiene obligación de permitir al colono saliente lo necesario para la recolección y aprovechamiento de los frutos, todo con arreglo a la costumbre del pueblo.

> *Véase artículo 27 LAR 2003.*

Artículo 1579. El arrendamiento por aparcería de tierras de labor, ganados de cría o establecimientos fabriles e industriales, se regirá por las disposiciones relativas al contrato de sociedad y por las estipulaciones de las partes, y, en su defecto, por la costumbre de la tierra.

SECCIÓN CUARTA
DISPOSICIONES ESPECIALES PARA EL ARRENDAMIENTO DE PREDIOS URBANOS

Artículo 1580. En defecto de pacto especial, se estará a la costumbre del pueblo para las reparaciones de los predios urbanos que deban ser de cuenta del propietario. En caso de duda se entenderán de cargo de éste.

Véanse artículos 21, 22 y 30 LAU 1994.

Artículo 1581. Si no se hubiese fijado plazo al arrendamiento, se entiende hecho por años cuando se ha fijado un alquiler anual, por meses cuando es mensual, por días cuando es diario.

En todo caso cesa el arrendamiento, sin necesidad de requerimiento especial, cumplido el término.

Véanse artículos 9 a 16, 34 y 35 LAU 1994.

Artículo 1582. Cuando el arrendador de una casa, o de parte de ella, destinada a la habitación de una familia, o de una tienda, o almacén, o establecimiento industrial, arrienda también los muebles, el arrendamiento de éstos se entenderá por el tiempo que dure el de la finca arrendada.

Véase artículo 2.2 LAU 1994.

CAPÍTULO III
DEL ARRENDAMIENTO DE OBRAS Y SERVICIOS

SECCIÓN PRIMERA
DEL SERVICIO DE CRIADOS Y TRABAJADORES ASALARIADOS

Artículo 1583. Puede contratarse esta clase de servicios sin tiempo fijo, por cierto tiempo, o para una obra determinada. El arrendamiento hecho por toda la vida es nulo.

Artículo 1584. El criado doméstico destinado al servicio personal de su amo, o de la familia de éste, por tiempo determinado, puede despedirse y ser despedido antes de expirar el término; pero, si el amo despide al criado sin justa causa, debe indemnizarle pagándole el salario devengado y el de quince días más.

El amo será creído, salvo prueba en contrario:

1.º Sobre el tanto del salario del sirviente doméstico.

2.º Sobre el pago de los salarios devengados en el año corriente.

Artículo 1585. Además de lo prescrito en los artículos anteriores, se observará acerca de los amos y sirvientes lo que determinen las leyes y reglamentos especiales.

Artículo 1586. Los criados de labranza, menestrales, artesanos y demás trabajadores asalariados por cierto término para cierta obra, no pueden despedirse ni ser despedidos antes del cumplimiento del contrato, sin justa causa.

Artículo 1587. La despedida de los criados, menestrales, artesanos y demás trabajadores asalariados, a que se refieren los artículos anteriores, da derecho para desposeerles de la herramienta y edificios que ocuparen por razón de su cargo.

Véanse artículos 49 a 56 del Estatuto de los Trabajadores.

SECCIÓN SEGUNDA
DE LAS OBRAS POR AJUSTE O PRECIO ALZADO

Véase artículo 60 párr. 2.º del Reglamento Hipotecario 1947.

Artículo 1588. Puede contratarse la ejecución de una obra conviniendo en que el que la ejecute ponga solamente su trabajo o su industria, o que también suministre el material.

Artículo 1589. Si el que contrató la obra se obligó a poner el material, debe sufrir la pérdida en el caso de destruirse la obra antes de ser entregada, salvo si hubiese habido morosidad en recibirla.

Artículo 1590. El que se ha obligado a poner sólo su trabajo o industria, no puede reclamar ningún estipendio si se destruye la obra antes de haber sido entregada, a no ser que haya habido morosidad para recibirla, o que la destrucción haya provenido de la mala calidad de los materiales, con tal que haya advertido oportunamente esta circunstancia al dueño.

Artículo 1591. El contratista de un edificio que se arruinase por vicios de la construcción, responde de los daños y perjuicios si la ruina tuviere lugar dentro de diez años, contados desde que concluyó la construcción; igual responsabilidad, y por el mismo tiempo, tendrá el arquitecto que la dirigiere, si se debe la ruina a vicio del suelo o de la dirección.

Si la causa fuere la falta del contratista a las condiciones del contrato, la acción de indemnización durará quince años.

> *Véanse:*
> *- Artículo 17 de la Ley 38/1999, 5 noviembre, de Ordenación de la Edificación («B.O.E.» 6 noviembre).*
> *- Artículos 5 a 15 del RD 314/2006, de 17 de marzo, por el que se aprueba el Código Técnico de la Edificación («B.O.E.» 28 marzo).*

Artículo 1592. El que se obliga a hacer una obra por piezas o por medida, puede exigir del dueño que la reciba por partes y que la pague en proporción. Se presume aprobada y recibida la parte satisfecha.

Artículo 1593. El arquitecto o contratista que se encarga por un ajuste alzado de la construcción de un edificio u otra obra en vista de un plano convenido con el propietario del suelo, no puede pedir aumento de precio aunque se haya aumentado el de los jornales o materiales; pero podrá hacerlo cuando se haya hecho algún cambio en el plano que produzca aumento de obra, siempre que hubiese dado su autorización el propietario.

Artículo 1594. El dueño puede desistir, por su sola voluntad, de la construcción de la obra aunque se haya empezado, indemnizando al contratista de todos sus gastos, trabajo y utilidad que pudiera obtener de ella.

> *Véase artículo 1256 del presente Código.*

Artículo 1595. Cuando se ha encargado cierta obra a una persona por razón de sus cualidades personales, el contrato se rescinde por la muerte de esta persona.

En este caso el propietario debe abonar a los herederos del constructor, a proporción del precio convenido, el valor de la parte de obra ejecutada y de los materiales preparados, siempre que de estos materiales reporte algún beneficio.

Lo mismo se entenderá si el que contrató la obra no puede acabarla por alguna causa independiente de su voluntad.

> *Véanse artículos 1161 y 1742 del presente Código.*

Artículo 1596. El contratista es responsable del trabajo ejecutado por las personas que ocupare en la obra.

Artículo 1597. Los que ponen su trabajo y materiales en una obra ajustada alzadamente por el contratista, no tienen acción contra el dueño de ella sino hasta la cantidad que éste adeude a aquél cuando se hace la reclamación.

Artículo 1598. Cuando se conviniere que la obra se ha de hacer a satisfacción del propietario, se entiende reservada la aprobación, a falta de conformidad, al juicio pericial correspondiente.

Si la persona que ha de aprobar la obra es un tercero, se estará a lo que éste decida.

Véanse:
- Artículo 1453 del presente Código.
- Artículo 17 de la Ley 38/1999, 5 noviembre, de Ordenación de la Edificación («B.O.E.» 6 noviembre).

Artículo 1599. Si no hubiere pacto o costumbre en contrario, el precio de la obra deberá pagarse al hacerse la entrega.

Artículo 1600. El que ha ejecutado una obra en cosa mueble tiene el derecho de retenerla en prenda hasta que se le pague.

SECCIÓN TERCERA
DE LOS TRANSPORTES POR AGUA Y TIERRA, TANTO DE PERSONAS COMO DE COSAS

Artículo 1601. Los conductores de efectos por tierra o por agua están sujetos, en cuanto a la guarda y conservación de las cosas que se les confían, a las mismas obligaciones que respecto a los posaderos se determinan en los artículos 1.783 y 1.784.

Lo dispuesto en este artículo se entiende sin perjuicio de lo que respecto a transportes por mar y tierra establece el Código de Comercio.

Véanse artículos 349 a 379 y 652 a 718 del Código de Comercio.

Artículo 1602. Responden igualmente los conductores de la pérdida y de las averías de las cosas que reciben, a no ser que prueben que la pérdida o la avería ha provenido de caso fortuito o de fuerza mayor.

Véanse artículos 361 a 367 y 806 a 809 del Código de Comercio.

Artículo 1603. Lo dispuesto en estos artículos se entiende sin perjuicio de lo que prevengan las leyes y los reglamentos especiales.

Véanse:
- Artículos 349 a 379 y 652 a 718 del Código de Comercio.
- Ley 16/1987, de 30 de julio, de ordenación de los transportes terrestres.
- Real Decreto 1211/1990, de 28 de septiembre, por el que se aprueba el Reglamento de la Ley de ordenación de los transportes terrestres.
- Ley 48/1960, de 21 de julio, reguladora de la navegación aérea.
- Ley 39/2003, de 17 de noviembre del sector ferroviario.

TÍTULO VII
DE LOS CENSOS

Véanse:
- Artículos 565.1 a 565.33 de la Ley 5/2006, de 10 de mayo, del libro quinto del Código civil de Cataluña.

- Leyes 542 y siguientes de la Ley 1/1973, de 1 de marzo, por la que se aprueba la Compilación del Derecho Civil Foral de Navarra.

- Artículos 55 y siguientes del Decreto Legislativo 79/1990, de 6 de septiembre, por el que se aprueba el Texto Refundido de la Compilación del Derecho Civil de las Islas Baleares.

CAPÍTULO PRIMERO
DISPOSICIONES GENERALES

Artículo 1604. Se constituye el censo cuando se sujetan algunos bienes inmuebles al pago de un canon o rédito anual en retribución de un capital que se recibe en dinero, o del dominio pleno o menos pleno que se transmite de los mismos bienes.

Véanse:
- Artículo 334.10 del presente Código.
- Artículo 2.2.º de la Ley Hipotecaria.

Artículo 1605. Es enfitéutico el censo cuando una persona cede a otra el dominio útil de una finca, reservándose el directo y el derecho a percibir del enfiteuta una pensión anual en reconocimiento de este mismo dominio.

Véanse artículos 1628 a 1656 del presente Código.

Artículo 1606. Es consignativo el censo, cuando el censatario impone sobre un inmueble de su propiedad el gravamen del canon o pensión que se obliga a pagar al censualista por el capital que de éste recibe en dinero.

Véanse artículos 1657 a 1660 del presente Código.

Artículo 1607. Es reservativo el censo, cuando una persona cede a otra el pleno dominio de un inmueble, reservándose el derecho a percibir sobre el mismo inmueble una pensión anual que deba pagar el censatario.

Véanse artículos 1661 a 1664 del presente Código.

Artículo 1608. Es de la naturaleza del censo que la cesión del capital o de la cosa inmueble sea perpetua o por tiempo indefinido; sin embargo, el censatario podrá redimir el censo a su voluntad aunque se pacte lo contrario; siendo esta disposición aplicable a los censos que hoy existen.

Puede, no obstante, pactarse que la redención del censo no tenga lugar durante la vida del censualista o de una persona determinada, o que no pueda redimirse en cierto número de años, que no excederá de veinte en el consignativo, ni de sesenta en el reservativo y enfitéutico.

Véanse:
- Artículos 1651, 1658 y 1662 del presente Código.
- Artículo 148 de la Ley Hipotecaria.

Artículo 1609. Para llevar a efecto la redención, el censatario deberá avisarlo al censualista con un año de antelación, o anticiparle el pago de una pensión anual.

Artículo 1610. Los censos no pueden redimirse parcialmente sino en virtud de pacto expreso.

Tampoco podrán redimirse contra la voluntad del censualista, sin estar al corriente el pago de las pensiones.

Véanse artículos 1514 a 1517 del presente Código.

Artículo 1611. Para la redención de los censos constituidos antes de la promulgación de este Código, si no fuere conocido el capital, se regulará éste por la cantidad que resulte, computada la pensión al 3 por 100.

Si la pensión se paga en frutos, se estimarán éstos, para determinar el capital, por el precio medio que hubiesen tenido en el último quinquenio.

Lo dispuesto en este artículo no será aplicable a los foros, subforos, derechos de superficie y cualesquiera otros gravámenes semejantes en los cuales el principio de la redención de los dominios será regulado por una ley especial.

Artículo 1612. Los gastos que se ocasionen para la redención y liberación del censo serán de cuenta del censatario, salvo los que se causen por oposición temeraria, a juicio de los Tribunales.

Artículo 1613. La pensión o canon de los censos se determinará por las partes al otorgar el contrato.

Podrá consistir en dinero o frutos.

Artículo 1614. Las pensiones se pagarán en los plazos convenidos; y, a falta de convenio, si consisten en dinero, por años vencidos a contar desde la fecha del contrato, y, si en frutos, al fin de la respectiva recolección.

Artículo 1615. Si no se hubiere designado en el contrato el lugar en que hayan de pagarse las pensiones, se cumplirá esta obligación en el que radique la finca gravada con el censo, siempre que el censualista o su apoderado tuvieren su domicilio en el término municipal del mismo pueblo. No teniéndolo, y sí el censatario, en el domicilio de éste se hará el pago.

Véase artículo 1171 del presente Código.

Artículo 1616. El censualista, al tiempo de entregar el recibo de cualquier pensión, puede obligar al censatario a que le de un resguardo en que conste haberse hecho el pago.

Artículo 1617. Pueden transmitirse a título oneroso o lucrativo las fincas gravadas con censos, y lo mismo el derecho a percibir la pensión.

Artículo 1618. No pueden dividirse entre dos o más personas las fincas gravadas con censo sin el consentimiento expreso del censualista, aunque se adquieran a título de herencia.

Cuando el censualista permita la división, se designará con su consentimiento la parte del censo con que quedará gravada cada porción, constituyéndose tantos censos distintos cuantas sean las porciones en que se divida la finca.

Artículo 1619. Cuando se intente adjudicar la finca gravada con censo a varios herederos, y el censualista no preste su consentimiento para la división, se pondrá a licitación entre ellos.

A falta de conformidad, o no ofreciéndose por alguno de los interesados el precio de tasación, se venderá la finca con la carga, repartiéndose el precio entre los herederos.

Artículo 1620. Son prescriptibles tanto el capital como las pensiones de los censos, conforme a lo que se dispone en el título XVIII de este libro.

Artículo 1621. A pesar de lo dispuesto en el artículo 1.110, será necesario el pago de dos pensiones consecutivas para suponer satisfechas todas las anteriores.

Artículo 1622. El censatario está obligado a pagar las contribuciones y demás impuestos que afecten a la finca acensuada.

Al verificar el pago de la pensión podrá descontar de ella la parte de los impuestos que corresponda al censualista.

Artículo 1623. Los censos producen acción real sobre la finca gravada. Además de la acción real podrá el censualista ejercitar la personal para el pago de las pensiones atrasadas, y de los daños e intereses cuando hubiere lugar a ello.

> *Véanse:*
> *- Artículo 1659 del presente Código.*
> *- Artículo 116 de la Ley Hipotecaria.*

Artículo 1624. El censatario no podrá pedir el perdón o reducción de la pensión por esterilidad accidental de la finca, ni por la pérdida de sus frutos.

> *Véase artículo 1575 del presente Código.*

Artículo 1625. Si por fuerza mayor o caso fortuito se pierde o inutiliza totalmente la finca gravada con censo, quedará éste extinguido, cesando el pago de la pensión.

Si se pierde sólo en parte, no se eximirá el censatario de pagar la pensión, a no ser que prefiera abandonar la finca al censualista.

Interviniendo culpa del censatario, quedará sujeto, en ambos casos, al resarcimiento de daños y perjuicios.

> *Véase artículo 1101 del presente Código.*

Artículo 1626. En el caso del párrafo primero del artículo anterior, si estuviere asegurada la finca, el valor del seguro quedará afecto al pago del capital del censo y de las pensiones vencidas, a no ser que el censatario prefiera invertirlo en reedificar la finca en cuyo caso revivirá el censo con todos sus efectos, incluso el pago de las pensiones no satisfechas. El censualista podrá exigir del censatario que asegure la inversión del valor del seguro en la reedificación de la finca.

Artículo 1627. Si la finca gravada con censo fuere expropiada por causa de utilidad pública su precio estará afecto al pago del capital del censo y de las pensiones vencidas, quedando éste extinguido.

La precedente disposición es también aplicable al caso en que la expropiación forzosa sea solamente de parte de la finca, cuando su precio baste para cubrir el capital del censo.

Si no bastare, continuará gravando el censo sobre el resto de la finca, siempre que su precio sea suficiente para cubrir el capital censual y un 25 por 100 más del mismo. En otro caso estará obligado el censatario a sustituir con otra garantía la parte expropiada, o a redimir el censo, a su elección, salvo lo dispuesto para el enfitéutico en el artículo 1.631.

CAPÍTULO II
DEL CENSO ENFITÉUTICO

SECCIÓN PRIMERA
DISPOSICIONES RELATIVAS A LA ENFITEUSIS

Artículo 1628. El censo enfitéutico sólo puede establecerse sobre bienes inmuebles y en escritura pública.

Artículo 1629. Al constituirse el censo enfitéutico se fijará en el contrato, bajo pena de nulidad, el valor de la finca y la pensión anual que haya de satisfacerse.

> *Véase artículo 1613 del presente Código.*

Artículo 1630. Cuando la pensión consista en una cantidad determinada de frutos, se fijarán en el contrato su especie y calidad.

Si consiste en una parte alícuota de los que produzca la finca, a falta de pacto expreso sobre la intervención que haya de tener el dueño directo, deberá el enfiteuta darle aviso previo, o a su representante, del día en que se proponga comenzar la recolección de cada clase de frutos, a fin de que pueda, por sí mismo o por medio de su representante, presenciar todas las operaciones hasta percibir la parte que le corresponda.

Dado el aviso, el enfiteuta podrá levantar la cosecha, aunque no concurra el dueño directo ni su representante o interventor.

Artículo 1631. En el caso de expropiación forzosa se estará a lo dispuesto en el párrafo primero del artículo 1.627, cuando sea expropiada toda la finca.

Si sólo lo fuere en parte, se distribuirá el precio de lo expropiado entre el dueño directo y el útil, recibiendo aquél la parte del capital del censo que proporcionalmente corresponda a la parte expropiada, según el valor que se dio a toda la finca al constituirse el censo o que haya servido de tipo para la redención, y el resto corresponderá al enfiteuta.

En este caso continuará el censo sobre el resto de la finca, con la correspondiente reducción en el capital y las pensiones, a no ser que el enfiteuta opte por la redención total o por el abandono a favor del dueño directo.

Cuando, conforme a lo pactado, deba pagarse laudemio, el dueño directo percibirá lo que por este concepto le corresponda sólo de la parte del precio que pertenezca al enfiteuta.

Artículo 1632. El enfiteuta hace suyos los productos de la finca y de sus accesiones.

Tiene los mismos derechos que corresponderían al propietario en los tesoros y minas que se descubran en la finca enfitéutica.

Artículo 1633. Puede el enfiteuta disponer del predio enfitéutico y de sus accesiones tanto por actos entre vivos como de última voluntad, dejando a salvo los derechos del dueño directo, y con sujeción a lo que establecen los artículos que siguen.

Artículo 1634. Cuando la pensión consista en una parte alícuota de los frutos de la finca enfitéutica, no podrá imponerse servidumbre ni otra carga que disminuya los productos sin consentimiento expreso del dueño directo.

Véase artículo 596 del presente Código.

Artículo 1635. El enfiteuta podrá donar o permutar libremente la finca, poniéndolo en conocimiento del dueño directo.

Artículo 1636. Corresponden recíprocamente al dueño directo y al útil el derecho de tanteo y el de retracto, siempre que vendan o den en pago su respectivo dominio sobre la finca enfitéutica.

Esta disposición no es aplicable a las enajenaciones forzosas por causa de utilidad pública.

Artículo 1637. Para los efectos del artículo anterior, el que trate de enajenar el dominio de una finca enfitéutica deberá avisarlo al otro condueño, declarándole el precio definitivo que se le ofrezca, o en que pretenda enajenar su dominio.

Dentro de los veinte días siguientes al del aviso, podrá el condueño hacer uso del derecho de tanteo, pagando el precio indicado. Si no lo verifica, perderá este derecho y podrá llevarse a efecto la enajenación.

Artículo 1638. Cuando el dueño directo, o el enfiteuta en su caso, no haya hecho uso del derecho de tanteo a que se refiere el artículo anterior, podrá utilizar el de retracto para adquirir la finca por el precio de la enajenación.

En este caso deberá utilizarse el retracto dentro de los nueve días útiles siguientes al del otorgamiento de la escritura de venta. Si ésta se ocultare, se contará dicho término desde la inscripción de la misma en el Registro de la Propiedad.

Se presume la ocultación cuando no se presenta la escritura en el Registro dentro de los nueve días siguientes al de su otorgamiento.

Independientemente de la presunción, la ocultación puede probarse por los demás medios legales.

> *Véanse:*
> *- Artículo 1524 del presente Código.*
> *- Artículo 249.1.7.º LEC.*

Artículo 1639. Si se hubiere realizado la enajenación sin el previo aviso que ordena el artículo 1.637, el dueño directo, y en su caso el útil, podrán ejercitar la acción de retracto en todo tiempo hasta que transcurra un año, contado desde que la enajenación se inscriba en el Registro de la Propiedad.

> *Véase artículo 1524 del presente Código.*

Artículo 1640. En las ventas judiciales de fincas enfitéuticas, el dueño directo y el útil, en sus casos respectivos, podrán hacer uso del derecho de tanteo dentro del término fijado en los edictos para el remate, pagando el precio que sirva de tipo para la subasta, y del de retracto dentro de los nueve días útiles siguientes al del otorgamiento de la escritura.

En este caso no será necesario el aviso previo que exige el artículo 1.637.

> *Véase artículo 1521 del presente Código.*

Artículo 1641. Cuando sean varias las fincas enajenadas sujetas a un mismo censo, no podrá utilizarse el derecho de tanteo ni el de retracto respecto de unas con exclusión de las otras.

Artículo 1642. Cuando el dominio directo o el útil pertenezca pro indiviso a varias personas, cada una de ellas podrá hacer uso del derecho de retracto con sujeción a las reglas establecidas para el de comuneros, y con preferencia del dueño directo, si se hubiese enajenado parte del dominio útil; o el enfiteuta, si la enajenación hubiese sido del dominio directo.

> *Véanse artículos 1522 y 1524 del presente Código.*

Artículo 1643. Si el enfiteuta fuere perturbado en su derecho por un tercero que dispute el dominio directo o la validez de la enfiteusis, no podrá reclamar la correspondiente indemnización del dueño directo, si no le cita de evicción conforme a lo prevenido en el artículo 1.481.

Artículo 1644. En las enajenaciones a título oneroso de fincas enfitéuticas sólo se pagará laudemio al dueño directo cuando se haya estipulado expresamente en el contrato de enfiteusis.

Si al pactarlo no se hubiera señalado cantidad fija, ésta consistirá en el 2 por 100 del precio de la enajenación.

En las enfiteusis anteriores a la promulgación de este Código, que estén sujetas al pago de laudemio, aunque no se haya pactado, seguirá esta prestación en la forma acostumbrada, pero no excederá del 2 por 100 del precio de la enajenación cuando no se haya contratado expresamente otra mayor.

Artículo 1645. La obligación de pagar el laudemio corresponde al adquirente, salvo pacto en contrario.

Artículo 1646. Cuando el enfiteuta hubiese obtenido del dueño directo licencia para la enajenación o le hubiese dado el aviso previo que previene el artículo

1.637, no podrá el dueño directo reclamar, en su caso, el pago del laudemio sino dentro del año siguiente al día en que se inscriba la escritura en el Registro de la Propiedad. Fuera de dichos casos, esta acción estará sujeta a la prescripción ordinaria.

Artículo 1647. Cada veintinueve años podrá el dueño directo exigir el reconocimiento de su derecho por el que se encuentre en posesión de la finca enfitéutica.

Los gastos del reconocimiento serán de cuenta del enfiteuta, sin que pueda exigírsele ninguna otra prestación por este concepto.

Artículo 1648. Caerá en comiso la finca, y el dueño directo podrá reclamar su devolución:

1.º Por falta de pago de la pensión durante tres años consecutivos.

2.º Si el enfiteuta no cumple la condición estipulada en el contrato o deteriora gravemente la finca.

Artículo 1649. En el caso primero del artículo anterior, para que el dueño directo pueda pedir el comiso, deberá requerir de pago al enfiteuta judicialmente o por medio de Notario; y, si no paga dentro de los treinta días siguientes al requerimiento, quedará expedito el derecho de aquél.

Artículo 1650. Podrá el enfiteuta librarse del comiso en todo caso, redimiendo el censo y pagando las pensiones vencidas dentro de los treinta días siguientes al requerimiento de pago o al emplazamiento de la demanda.

Del mismo derecho podrán hacer uso los acreedores del enfiteuta hasta los treinta días siguientes al en que el dueño directo haya recobrado el pleno dominio.

Véanse artículos 1610 y 1611 del presente Código.

Artículo 1651. La redención del censo enfitéutico consistirá en la entrega en metálico, y de una vez, al dueño directo del capital que se hubiese fijado como valor de la finca al tiempo de constituirse el censo, sin que pueda exigirse ninguna otra prestación, a menos que haya sido estipulada.

Véanse artículos 1608 a 1612 del presente Código.

Artículo 1652. En el caso de comiso, o en el de rescisión por cualquier causa del contrato de enfiteusis, el dueño directo deberá abonar las mejoras que hayan aumentado el valor de la finca, siempre que este aumento subsista al tiempo de devolverla.

Si ésta tuviese deterioros por culpa o negligencia del enfiteuta, serán compensables con las mejoras, y en lo que no basten quedará el enfiteuta obligado personalmente a su pago, y lo mismo al de las pensiones vencidas y no prescritas.

Artículo 1653. A falta de herederos testamentarios descendientes, ascendientes, cónyuge supérstite y parientes dentro del sexto grado del último enfiteuta, volverá la finca al dueño directo en el estado en que se halle, si no dispuso de ella el enfiteuta en otra forma.

Véase artículo 954 del presente Código.

Artículo 1654. Queda suprimido para lo sucesivo el contrato de subenfiteusis.

SECCIÓN SEGUNDA
DE LOS FOROS Y OTROS CONTRATOS ANÁLOGOS AL DE ENFITEUSIS

Véanse:
- Artículo 8 de la Ley Hipotecaria.
- Artículos 73 a 78 del Reglamento Hipotecario de 1947.

Artículo 1655. Los foros y cualesquiera otros gravámenes de naturaleza análoga que se establezcan desde la promulgación de este Código, cuando sean por tiempo indefinido, se regirán por las disposiciones establecidas para el censo enfitéutico en la sección que precede.

Si fueren temporales o por tiempo limitado, se estimarán como arrendamientos y se regirán por las disposiciones relativas a este contrato.

Véanse artículos 69 a 74 del Reglamento Hipotecario de 1947.

Artículo 1656. El contrato en cuya virtud el dueño del suelo cede su uso para plantar viñas por el tiempo que vivieren las primeras cepas, pagándole el cesionario una renta o pensión anual en frutos o en dinero, se regirá por las reglas siguientes:

1.ª Se tendrá por extinguido a los cincuenta años de la concesión, cuando en ésta no se hubiese fijado expresamente otro plazo.

2.ª También quedará extinguido por muerte de las primeras cepas, o por quedar infructíferas las dos terceras partes de las plantadas.

3.ª El cesionario o colono puede hacer renuevos y mugrones durante el tiempo del contrato.

4.ª No pierde su carácter este contrato por la facultad de hacer otras plantaciones en el terreno concedido, siempre que sea su principal objeto la plantación de viñas.

5.ª El cesionario puede transmitir libremente su derecho a título oneroso o gratuito, pero sin que pueda dividirse el uso de la finca, a no consentirlo expresamente su dueño.

6.ª En las enajenaciones a título oneroso, el cedente y el cesionario tendrán recíprocamente los derechos de tanteo y de retracto, conforme a lo prevenido para la enfiteusis, y con la obligación de darse el aviso previo que se ordena en el artículo 1.637.

7.ª El colono o cesionario puede dimitir o devolver la finca al cedente cuando le convenga, abonando los deterioros causados por su culpa.

8.ª El cesionario no tendrá derecho a las mejoras que existan en la finca al tiempo de la extinción del contrato, siempre que sean necesarias o hechas en cumplimiento de lo pactado.

En cuanto a las útiles y voluntarias, tampoco tendrá derecho a su abono, a no haberlas ejecutado con consentimiento por escrito del dueño del terreno, obligándose a abonarlas. En este caso se abonarán dichas mejoras por el valor que tengan al devolver la finca.

9.ª El cedente podrá hacer uso de la acción de desahucio por cumplimiento del término del contrato.

10.ª Cuando después de terminado el plazo de los cincuenta años o el fijado expresamente por los interesados, continuare el cesionario en el uso y aprovechamiento de la finca por consentimiento tácito del cedente, no podrá aquél ser desahuciado sin el aviso previo que éste deberá darle con un año de antelación para la conclusión del contrato.

Véanse artículos 1 a 6 LAR 2003.

CAPÍTULO III
DEL CENSO CONSIGNATIVO

Véase artículo 1606 del presente Código.

Artículo 1657. Cuando se pacte el pago en frutos de la pensión del censo consignativo, deberá fijarse la especie, cantidad y calidad de los mismos, sin que pueda consistir en una parte alícuota de los que produzca la finca acensuada.

Artículo 1658. La redención del censo consignativo consistirá en la devolución al censualista, de una vez y en metálico, del capital que hubiese entregado para constituir el censo.

Artículo 1659. Cuando se proceda por acción real contra la finca acensuada para el pago de pensiones, si lo que reste del valor de la misma no fuera suficiente para cubrir el capital del censo y un 25 por 100 más del mismo, podrá el censualista obligar al censatario a que, a su elección, redima el censo o complete la garantía, o abandone el resto de la finca a favor de aquél.

Artículo 1660. También podrá el censualista hacer uso del derecho establecido en el artículo anterior en los demás casos en que el valor de la finca sea insuficiente para cubrir el capital del censo y un 25 por 100 más, si concurre alguna de las circunstancias siguientes:

1.ª Que haya disminuido el valor de la finca por culpa o negligencia del censatario.

En tal caso éste será además responsable de los daños y perjuicios.

2.ª Que haya dejado de pagar la pensión por dos años consecutivos.

3.ª Que el censatario haya sido declarado en quiebra, concurso o insolvencia.

Véanse artículos 21 y siguientes de la Ley 22/2003, de 9 de julio, Concursal.

CAPÍTULO IV
DEL CENSO RESERVATIVO

Véase artículo 1607 del presente Código.

Artículo 1661. No puede constituirse válidamente el censo reservativo sin que preceda la valoración de la finca por estimación conforme de las partes o por justiprecio de peritos.

Artículo 1662. La redención de este censo se verificará entregando el censatario al censualista, de una vez y en metálico, el capital que se hubiese fijado conforme al artículo anterior.

Artículo 1663. La disposición del artículo 1.657 es aplicable al censo reservativo.

Artículo 1664. En los casos previstos en los artículos 1.659 y 1.660, el deudor del censo reservativo sólo podrá ser obligado a redimir el censo, o a que abandone la finca a favor del censualista.

TÍTULO VIII
DE LA SOCIEDAD

CAPÍTULO PRIMERO
DISPOSICIONES GENERALES

Artículo 1665. La sociedad es un contrato por el cual dos o más personas se obligan a poner en común dinero, bienes o industria, con ánimo de partir entre sí las ganancias.

Véanse artículos 116 y siguientes del Código de Comercio.

Artículo 1666. La sociedad debe tener un objeto lícito y establecerse en interés común de los socios.

Cuando se declare la disolución de una sociedad ilícita, las ganancias se destinarán a los establecimientos de beneficencia del domicilio de la sociedad, y, en su defecto, a los de la provincia.

Artículo 1667. La sociedad civil se podrá constituir en cualquier forma, salvo que se aportaren a ella bienes inmuebles o derechos reales, en cuyo caso será necesaria la escritura pública.

> *Véanse:*
> *- Artículos 1278 y 1280 del presente Código.*
> *- Artículo 119 del Código de Comercio.*

Artículo 1668. Es nulo el contrato de sociedad, siempre que se aporten bienes inmuebles, si no se hace un inventario de ellos, firmado por las partes, que deberá unirse a la escritura.

Artículo 1669. No tendrán personalidad jurídica las sociedades cuyos pactos se mantengan secretos entre los socios, y en que cada uno de éstos contrate en su propio nombre con los terceros.

Esta clase de sociedades se regirá por las disposiciones relativas a la comunidad de bienes.

> *Véanse:*
> *- Artículos 392 a 406 del presente Código.*
> *- Artículo 116 del Código de Comercio.*

Artículo 1670. Las sociedades civiles, por el objeto a que se consagren, pueden revestir todas las formas reconocidas por el Código de Comercio. En tal caso, les serán aplicables sus disposiciones en cuanto no se opongan a las del presente Código.

Artículo 1671. La sociedad es universal o particular.

Artículo 1672. La sociedad universal puede ser de todos los bienes presentes, o de todas las ganancias.

Artículo 1673. La sociedad de todos los bienes presentes es aquella por la cual las partes ponen en común todos los que actualmente les pertenecen, con ánimo de partirlos entre sí, como igualmente todas las ganancias que adquieran con ellos.

Artículo 1674. En la sociedad universal de todos los bienes presentes, pasan a ser propiedad común de los socios los bienes que pertenecían a cada uno, así como todas las ganancias que adquieran con ellos.

Puede también pactarse en ella la comunicación recíproca de cualesquiera otras ganancias; pero no pueden comprenderse los bienes que los socios adquieran posteriormente por herencia, legado o donación, aunque sí sus frutos.

> *Véase artículo 1271, párrafo 2.º del presente Código.*

Artículo 1675. La sociedad universal de ganancias comprende todo lo que adquieran los socios por su industria o trabajo mientras dure la sociedad.

Los bienes muebles o inmuebles que cada socio posee al tiempo de la celebración del contrato, continúan siendo de dominio particular, pasando sólo a la sociedad el usufructo.

Artículo 1676. El contrato de sociedad universal celebrado sin determinar su especie, sólo constituye la sociedad universal de ganancias.

Artículo 1677. No pueden contraer sociedad universal entre sí las personas a quienes está prohibido otorgarse recíprocamente alguna donación o ventaja.

Artículo 1678. La sociedad particular tiene únicamente por objeto cosas determinadas, su uso, o sus frutos, o una empresa señalada, o el ejercicio de una profesión o arte.

CAPÍTULO II
DE LAS OBLIGACIONES DE LOS SOCIOS

SECCIÓN PRIMERA
DE LAS OBLIGACIONES DE LOS SOCIOS ENTRE SÍ

Artículo 1679. La sociedad comienza desde el momento mismo de la celebración del contrato, si no se ha pactado otra cosa.

Artículo 1680. La sociedad dura por el tiempo convenido; a falta de convenio, por el tiempo que dure el negocio que haya servido exclusivamente de objeto a la sociedad, si aquél por su naturaleza tiene una duración limitada; y en cualquier otro caso, por toda la vida de los asociados, salvo la facultad que se les reserva en el artículo 1.700 y lo dispuesto en el artículo 1.704.

Véase artículo 221 del Código de Comercio.

Artículo 1681. Cada uno es deudor a la sociedad de lo que ha prometido aportar a ella.

Queda también sujeto a la evicción en cuanto a las cosas ciertas y determinadas que haya aportado a la sociedad, en los mismos casos y de igual modo que lo está el vendedor respecto del comprador.

Artículo 1682. El socio que se ha obligado a aportar una suma en dinero y no la ha aportado, es de derecho deudor de los intereses desde el día en que debió aportarla, sin perjuicio de indemnizar además los daños que hubiese causado.

Lo mismo tiene lugar respecto a las sumas que hubiese tomado de la caja social, principiando a contarse los intereses desde el día en que las tomó para su beneficio particular.

Véanse:
- Artículo 1100 del presente Código.
- Artículo 218 del Código de Comercio.
- Artículos 252 a 254 del Código Penal.

Artículo 1683. El socio industrial debe a la sociedad las ganancias que durante ella haya obtenido en el ramo de industria que sirve de objeto a la misma.

Artículo 1684. Cuando un socio autorizado para administrar cobra una cantidad exigible, que le era debida en su propio nombre, de una persona que debía a la sociedad otra cantidad también exigible debe imputarse lo cobrado en los dos créditos a proporción de su importe, aunque hubiese dado el recibo por cuenta de sólo su haber; pero, si lo hubiere dado por cuenta del haber social, se imputará todo en éste.

Lo dispuesto en este artículo se entiende sin perjuicio de que el deudor pueda usar de la facultad que se le concede en el artículo 1.172, en el solo caso de que el crédito personal del socio le sea más oneroso.

Artículo 1685. El socio que ha recibido por entero su parte en un crédito social sin que hayan cobrado la suya los demás socios, queda obligado, si el deudor cae después en insolvencia, a traer a la masa social lo que recibió, aunque hubiera dado el recibo por sólo su parte.

Artículo 1686. Todo socio debe responder a la sociedad de los daños y perjuicios que ésta haya sufrido por culpa del mismo y no puede compensarlos con los beneficios que por su industria le haya proporcionado.

Véase artículo 144 del Código de Comercio.

Artículo 1687. El riesgo de las cosas ciertas y determinadas, no fungibles, que se aportan a la sociedad para que sólo sean comunes su uso y sus frutos, es del socio propietario.

Si las cosas aportadas son fungibles, o no pueden guardarse sin que se deterioren, o si se aportaron para ser vendidas, el riesgo es de la sociedad. También lo será, a falta de pacto especial, el de las cosas aportadas con estimación hecha en el inventario, y en este caso la reclamación se limitará al precio en que fueron tasadas.

Artículo 1688. La sociedad responde a todo socio de las cantidades que haya desembolsado por ella y del interés correspondiente; también le responde de las obligaciones que con buena fe haya contraído para los negocios sociales y de los riesgos inseparables de su dirección.

Véase artículo 142 del Código de Comercio.

Artículo 1689. Las pérdidas y ganancias se repartirán en conformidad a lo pactado. Si sólo se hubiera pactado la parte de cada uno en las ganancias, será igual su parte en las pérdidas.

A falta de pacto, la parte de cada socio en las ganancias y pérdidas debe ser proporcionada a lo que haya aportado. El socio que lo fuere sólo de industria tendrá una parte igual a la del que menos haya aportado. Si además de su industria hubiere aportado capital, recibirá también la parte proporcional que por él le corresponda.

Véanse:
- Artículos 1691 y 1708 del presente Código.
- Artículos 140 y 141 del Código de Comercio.

Artículo 1690. Si los socios se han convenido en confiar a un tercero la designación de la parte de cada uno en las ganancias y pérdidas, solamente podrá ser impugnada la designación hecha por él cuando evidentemente haya faltado a la equidad. En ningún caso podrá reclamar el socio que haya principiado a ejecutar la decisión del tercero, o que no la haya impugnado en el término de tres meses, contados desde que le fue conocida.

La designación de pérdidas y ganancias no puede ser encomendada a uno de los socios.

Artículo 1691. Es nulo el pacto que excluye a uno o más socios de toda parte en las ganancias o en las pérdidas.

Sólo el socio de industria puede ser eximido de toda responsabilidad en las pérdidas.

Véase artículo 141 del Código de Comercio.

Artículo 1692. El socio nombrado administrador en el contrato social, puede ejercer todos los actos administrativos, sin embargo de la oposición de sus compañeros, a no ser que proceda de mala fe; y su poder es irrevocable sin causa legítima.

El poder otorgado después del contrato, sin que en éste se hubiera acordado conferirlo, puede revocarse en cualquier tiempo.

Véanse artículos 129 y siguientes del Código de Comercio.

Artículo 1693. Cuando dos o más socios han sido encargados de la administración social sin determinarse sus funciones, o sin haberse expresado que no podrán obrar los unos sin el consentimiento de los otros, cada uno puede ejercer todos los actos de administración separadamente; pero cualquiera de ellos puede oponerse a las operaciones del otro antes de que éstas hayan producido efecto legal.

Artículo 1694. En el caso de haberse estipulado que los socios administradores no hayan de funcionar los unos sin el consentimiento de los otros, se necesita el concurso de todos para la validez de los actos, sin que pueda alegarse la ausencia o imposibilidad de alguno de ellos, salvo si hubiere peligro inminente de un daño grave o irreparable para la sociedad.

Artículo 1695. Cuando no se haya estipulado el modo de administrar, se observarán las reglas siguientes:

1.ª Todos los socios se considerarán apoderados, y lo que cualquiera de ellos hiciere por sí solo, obligará a la sociedad pero cada uno podrá oponerse a las operaciones de los demás antes que hayan producido efecto legal.

2.ª Cada socio puede servirse de las cosas que componen el fondo social según costumbre de la tierra, con tal que no lo haga contra el interés de la sociedad, o de tal modo que impida el uso a que tienen derecho sus compañeros.

3.ª Todo socio puede obligar a los demás a costear con él los gastos necesarios para la conservación de las cosas comunes.

4.ª Ninguno de los socios puede, sin el consentimiento de los otros, hacer novedad en los bienes inmuebles sociales, aunque alegue que es útil a la sociedad.

Artículo 1696. Cada socio puede por sí solo asociarse un tercero en su parte; pero el asociado no ingresará en la sociedad sin el consentimiento unánime de los socios, aunque aquél sea administrador.

Véanse artículos 239 a 243 del Código de Comercio.

SECCIÓN SEGUNDA
DE LAS OBLIGACIONES DE LOS SOCIOS PARA CON UN TERCERO

Artículo 1697. Para que la sociedad quede obligada con un tercero por los actos de uno de los socios, se requiere:

1.º Que el socio haya obrado en su carácter de tal, por cuenta de la sociedad.

2.º Que tenga poder para obligar a la sociedad en virtud de un mandato expreso o tácito.

3.º Que haya obrado dentro de los límites que le señala su poder o mandato.

Véanse artículos 1714 y 1715 del presente Código.

Artículo 1698. Los socios no quedan obligados solidariamente respecto de las deudas de la sociedad; y ninguno puede obligar a los otros por un acto personal, si no le han conferido poder para ello.

La sociedad no queda obligada respecto a tercero por actos que un socio haya realizado en su propio nombre o sin poder de la sociedad para ejecutarlo, pero queda obligada para con el socio en cuanto dichos actos hayan redundado en provecho de ella.

Lo dispuesto en este artículo se entiende sin perjuicio de lo establecido en la regla 1.ª del artículo 1.695.

Véanse artículos 127, 148 y 237 del Código de Comercio.

Artículo 1699. Los acreedores de la sociedad son preferentes a los acreedores de cada socio sobre los bienes sociales. Sin perjuicio de este derecho, los acreedores particulares de cada socio pueden pedir el embargo y remate de la parte de éste en el fondo social.

CAPÍTULO III
DE LOS MODOS DE EXTINGUIRSE LA SOCIEDAD

Artículo 1700. La sociedad se extingue:

1.º Cuando expira el término por que fue constituida.

2.º Cuando se pierde la cosa, o se termina el negocio que le sirve de objeto.

3.º Por muerte o concurso de cualquiera de los socios y en el caso previsto en el artículo 1699.

Apartado 3.º del artículo 1700 redactado por el apartado sesenta del artículo segundo de la Ley 8/2021, de 2 de junio, por la que se reforma la legislación civil y procesal para el apoyo a las personas con discapacidad en el ejercicio de su capacidad jurídica («B.O.E.» 3 junio).
Vigencia: 3 septiembre 2021

4.º Por la voluntad de cualquiera de los socios, con sujeción a lo dispuesto en los artículos 1.705 y 1.707.

5.º Cuando respecto de alguno de los socios se hubieren dispuesto medidas de apoyo que impliquen facultades de representación plena en la esfera patrimonial.

Apartado 5.º del artículo 1700 introducido por el apartado sesenta del artículo segundo de la Ley 8/2021, de 2 de junio, por la que se reforma la legislación civil y procesal para el apoyo a las personas con discapacidad en el ejercicio de su capacidad jurídica («B.O.E.» 3 junio).
Vigencia: 3 septiembre 2021

Se exceptúan de lo dispuesto en los números 3.º, 4.º y 5.º de este artículo las sociedades a que se refiere el artículo 1670, en los casos en que deban subsistir con arreglo al Código de Comercio.

Párrafo final del artículo 1700 redactado por el apartado sesenta del artículo segundo de la Ley 8/2021, de 2 de junio, por la que se reforma la legislación civil y procesal para el apoyo a las personas con discapacidad en el ejercicio de su capacidad jurídica («B.O.E.» 3 junio).
Vigencia: 3 septiembre 2021

Artículo 1701. Cuando la cosa específica, que un socio había prometido aportar a la sociedad, perece antes de efectuada la entrega, su pérdida produce la disolución de la sociedad.

También se disuelve la sociedad en todo caso por la pérdida de la cosa, cuando, reservándose su propiedad el socio que la aporta, sólo ha transferido a la sociedad el uso o goce de la misma.

Pero no se disuelve la sociedad por la pérdida de la cosa cuando ésta ocurre después que la sociedad ha adquirido la propiedad de ella.

Artículo 1702. La sociedad constituida por tiempo determinado puede prorrogarse por consentimiento de todos los socios.

El consentimiento puede ser expreso o tácito, y se justificará por los medios ordinarios.

Véase artículo 223 del Código de Comercio.

Artículo 1703. Si la sociedad se prorroga después de expirado el término, se entiende que se constituye una nueva sociedad. Si se prorroga antes de expirado el término, continúa la sociedad primitiva.

Véase artículo 223 del Código de Comercio.

Artículo 1704. Es válido el pacto de que, en el caso de morir uno de los socios, continúe la sociedad entre los que sobrevivan. En este caso el heredero del que haya fallecido sólo tendrá derecho a que se haga la partición, fijándola en el día de la muerte de su causante; y no participará de los derechos y obligaciones ulteriores, sino en cuanto sean una consecuencia necesaria de lo hecho antes de aquel día.

Si el pacto fuere que la sociedad ha de continuar con el heredero, será guardado, sin perjuicio de lo que se determina en el número 4.º del artículo 1.700.

Véanse artículos 143 y 222 del Código de Comercio.

Artículo 1705. La disolución de la sociedad por la voluntad o renuncia de uno de los socios únicamente tiene lugar cuando no se ha señalado término para su duración, o no resulta éste de la naturaleza del negocio.

Para que la renuncia surta efecto, debe ser hecha de buena fe en tiempo oportuno; además debe ponerse en conocimiento de los otros socios.

Véase artículo 224 del Código de Comercio.

Artículo 1706. Es de mala fe la renuncia cuando el que la hace se propone apropiarse para sí solo el provecho que debía ser común. En este caso el renunciante no se libra para con sus socios, y éstos tienen facultad para excluirle de la sociedad.

Se reputa hecha en tiempo inoportuno la renuncia, cuando, no hallándose las cosas íntegras, la sociedad está interesada en que se dilate su disolución. En este caso continuará la sociedad hasta la terminación de los negocios pendientes.

Véanse artículos 224 y 225 del Código de Comercio.

Artículo 1707. No puede un socio reclamar la disolución de la sociedad que, ya sea por disposición del contrato, ya por la naturaleza del negocio, ha sido constituida por tiempo determinado, a no intervenir justo motivo, como el de faltar uno de los compañeros a sus obligaciones, el de inhabilitarse para los negocios sociales, u otro semejante, a juicio de los Tribunales.

Véanse:
- Artículos 1680 y 1700 del presente Código.
- Artículo 224 del Código de Comercio.

Artículo 1708. La partición entre socios se rige por las reglas de las herencias, así en su forma como en las obligaciones que de ella resultan. Al socio de industria no puede aplicarse ninguna parte de los bienes aportados, sino sólo sus frutos y los beneficios, conforme a lo dispuesto en el artículo 1.689, a no haberse pactado expresamente lo contrario.

Véanse artículos 1051 a 1089 del presente Código.

TÍTULO IX
DEL MANDATO

CAPÍTULO PRIMERO
DE LA NATURALEZA, FORMA Y ESPECIES DEL MANDATO

Artículo 1709. Por el contrato de mandato se obliga una persona a prestar algún servicio o hacer alguna cosa, por cuenta o encargo de otra.

Véanse:
- Artículos 1544, 1583 y siguientes y 1888 a 1894 del presente Código.
- Artículos 224 y 244 a 302 del Código de Comercio.

Artículo 1710. El mandato puede ser expreso o tácito.

El expreso puede darse por instrumento público o privado y aun de palabra.

La aceptación puede ser también expresa o tácita, deducida esta última de los actos del mandatario.

Artículo 1711. A falta de pacto en contrario, el mandato se supone gratuito.

Esto no obstante, si el mandatario tiene por ocupación el desempeño de servicios de la especie a que se refiera el mandato, se presume la obligación de retribuirlo.

Artículo 1712. El mandato es general o especial.

El primero comprende todos los negocios del mandante.

El segundo uno o más negocios determinados.

Artículo 1713. El mandato, concebido en términos generales, no comprende más que los actos de administración.

Para transigir, enajenar, hipotecar o ejecutar cualquier otro acto de riguroso dominio, se necesita mandato expreso.

La facultad de transigir no autoriza para comprometer en árbitros o amigables componedores.

Véanse:
- Artículo 139 de la Ley Hipotecaria.
- Ley 60/2003, de 23 de diciembre, de Arbitraje.

Artículo 1714. El mandatario no puede traspasar los límites del mandato.

Véanse:
- Artículos 1725 y 1727, párrafo 2.º del presente Código.
- Artículos 254 a 256 del Código de Comercio.

Artículo 1715. No se consideran traspasados los límites del mandato si fuese cumplido de una manera más ventajosa para el mandante que la señalada por éste.

Véase artículo 255 del Código de Comercio.

Artículo 1716. El menor emancipado puede ser mandatario, pero el mandante sólo tendrá acción contra él en conformidad a lo dispuesto respecto a las obligaciones de los menores.

Artículo 1716 redactado por Ley 14/1975, 2 mayo («B.O.E.» 5 mayo), sobre reforma de determinados artículos del Código Civil y del Código de Comercio, sobre la situación jurídica de la mujer casada y los derechos y deberes de los cónyuges.

Véase artículo 1304 del presente Código.

Artículo 1717. Cuando el mandatario obra en su propio nombre, el mandante no tiene acción contra las personas con quienes el mandatario ha contratado, ni éstas tampoco contra el mandante.

En este caso el mandatario es el obligado directamente en favor de la persona con quien ha contratado, como si el asunto fuera personal suyo. Exceptúase el caso en que se trate de cosas propias del mandante.

Lo dispuesto en este artículo se entiende sin perjuicio de las acciones entre mandante y mandatario.

Véanse:
- Artículo 1259 del presente Código.
- Artículo 246 del Código de Comercio.

CAPÍTULO II
DE LAS OBLIGACIONES DEL MANDATARIO

Artículo 1718. El mandatario queda obligado por la aceptación a cumplir el mandato, y responde de los daños y perjuicios que, de no ejecutarlo, se ocasionen al mandante.

Debe también acabar el negocio que ya estuviese comenzado al morir el mandante, si hubiere peligro en la tardanza.

Véanse artículos 1737 y 1738 del presente Código.

Artículo 1719. En la ejecución del mandato ha de arreglarse el mandatario a las instrucciones del mandante.

A falta de ellas, hará todo lo que, según la naturaleza del negocio, haría un buen padre de familia.

Véanse artículos 254 a 256 del Código de Comercio.

Artículo 1720. Todo mandatario está obligado a dar cuenta de sus operaciones y a abonar al mandante cuanto haya recibido en virtud del mandato, aun cuando lo recibido no se debiera al segundo.

Véanse:
- Artículo 1730 del presente Código.
- Artículo 263 del Código de Comercio.

Artículo 1721. El mandatario puede nombrar sustituto si el mandante no se lo ha prohibido; pero responde de la gestión del sustituto:

1.º Cuando no se le dio facultad para nombrarlo.

2.º Cuando se le dio esta facultad, pero sin designar la persona, y el nombrado era notoriamente incapaz o insolvente.

Lo hecho por el sustituto nombrado contra la prohibición del mandante será nulo.

Artículo 1722. En los casos comprendidos en los dos números del artículo anterior puede además el mandante dirigir su acción contra el sustituto.

Artículo 1723. La responsabilidad de dos o más mandatarios, aunque hayan sido instituidos simultáneamente, no es solidaria, si no se ha expresado así.

Véase artículo 1731 del presente Código.

Artículo 1724. El mandatario debe intereses de las cantidades que aplicó a usos propios desde el día en que lo hizo, y de las que quede debiendo después de fenecido el mandato, desde que se haya constituido en mora.

Véanse artículos 282 a 284 del presente Código.

Artículo 1725. El mandatario que obre en concepto de tal no es responsable personalmente a la parte con quien contrata sino cuando se obliga a ello expresamente o traspasa los límites del mandato sin darle conocimiento suficiente de sus poderes.

Véase artículo 247 del Código de Comercio.

Artículo 1726. El mandatario es responsable, no solamente del dolo, sino también de la culpa, que deberá estimarse con más o menos rigor por los Tribunales según que el mandato haya sido o no retribuido.

Véanse artículos 1101 y 1104 del presente Código.

CAPÍTULO III
DE LAS OBLIGACIONES DEL MANDANTE

Artículo 1727. El mandante debe cumplir todas las obligaciones que el mandatario haya contraído dentro de los límites del mandato.

En lo que el mandatario se haya excedido, no queda obligado el mandante sino cuando lo ratifica expresa o tácitamente.

Véanse:
- Artículos 1250, párr. 1º, 1714 y 1829 del presente Código.
- Artículos 253 y 254 del Código de Comercio.

Artículo 1728. El mandante debe anticipar al mandatario si éste lo pide, las cantidades necesarias para la ejecución del mandato.

Si el mandatario las hubiera anticipado, debe reembolsarlas el mandante, aunque el negocio no haya salido bien, con tal que esté exento de culpa el mandatario.

El reembolso comprenderá los intereses de la cantidad anticipada, a contar desde el día en que se hizo la anticipación.

Véanse artículos 250 y 251 del Código de Comercio.

Artículo 1729. Debe también el mandante indemnizar al mandatario de todos los daños y perjuicios que le haya causado el cumplimiento del mandato, sin culpa ni imprudencia del mismo mandatario.

Véase artículo 278 del Código de Comercio.

Artículo 1730. El mandatario podrá retener en prenda las cosas que son objeto del mandato hasta que el mandante realice la indemnización y reembolso de que tratan los dos artículos anteriores.

Véanse:
- Artículo 1720 del presente Código.
- Artículo 276 del Código de Comercio.

Artículo 1731. Si dos o más personas han nombrado un mandatario para un negocio común, le quedan obligadas solidariamente para todos los efectos del mandato.

CAPÍTULO IV
DE LOS MODOS DE ACABARSE EL MANDATO

Artículo 1732. El mandato se acaba:
1.º Por su revocación.
2.º Por renuncia del mandatario.
3.º Por muerte o por concurso del mandante o del mandatario.
4.º Por el establecimiento en relación al mandatario de medidas de apoyo que incidan en el acto en que deba intervenir en esa condición.
5.º Por la constitución en favor del mandante de la curatela representativa como medida de apoyo para el ejercicio de su capacidad jurídica, a salvo lo dispuesto en este Código respecto de los mandatos preventivos.

Artículo 1732 redactado por el apartado sesenta y uno del artículo segundo de la Ley 8/2021, de 2 de junio, por la que se reforma la legislación civil y procesal para el apoyo a las personas con discapacidad en el ejercicio de su capacidad jurídica («B.O.E.» 3 junio).
Vigencia: 3 septiembre 2021

Artículo 1733. El mandante puede revocar el mandato a su voluntad, y compeler al mandatario a la devolución del documento en que conste el mandato.

Véase artículo 279 del Código de Comercio.

Artículo 1734. Cuando el mandato se haya dado para contratar con determinadas personas, su revocación no puede perjudicar a éstas si no se les ha hecho saber.

Véanse artículos 290 y 291 del Código de Comercio.

Artículo 1735. El nombramiento de nuevo mandatario para el mismo negocio produce la revocación del mandato anterior desde el día en que se hizo saber al que lo había recibido, salvo lo dispuesto en el artículo que precede.

Artículo 1736. El mandatario puede renunciar al mandato poniéndolo en conocimiento del mandante. Si éste sufriere perjuicios por la renuncia, deberá indemnizarle de ellos el mandatario, a menos que funde su renuncia en la imposibilidad de continuar desempeñando el mandato sin grave detrimento suyo.

Artículo 1737. El mandatario, aunque renuncie al mandato con justa causa, debe continuar su gestión hasta que el mandante haya podido tomar las disposiciones necesarias para ocurrir a esta falta.

> *Véase artículo 1718 del presente Código.*

Artículo 1738. Lo hecho por el mandatario, ignorando la muerte del mandante u otra cualquiera de las causas que hacen cesar el mandato, es válido y surtirá todos sus efectos respecto a los terceros que hayan contratado con él de buena fe.

Artículo 1739. En el caso de morir el mandatario, deberán sus herederos ponerlo en conocimiento del mandante y proveer entretanto a lo que las circunstancias exijan en interés de éste.

TÍTULO X
DEL PRÉSTAMO

DISPOSICIÓN GENERAL

Artículo 1740. Por el contrato de préstamo, una de las partes entrega a la otra, o alguna cosa no fungible para que use de ella por cierto tiempo y se la devuelva, en cuyo caso se llama comodato, o dinero u otra cosa fungible, con condición de devolver otro tanto de la misma especie y calidad, en cuyo caso conserva simplemente el nombre de préstamo.

El comodato es esencialmente gratuito.

El simple préstamo puede ser gratuito o con pacto de pagar interés.

> *Véanse:*
> *- Artículos 1741 a 1752 y 1753 a 1757 del presente Código.*
> *- Artículos 311 a 324 del Código de Comercio.*
> *- Ley 28/1998, de 13 de julio, de venta a Plazos de Bienes Muebles.*

CAPÍTULO PRIMERO
DEL COMODATO

SECCIÓN PRIMERA
DE LA NATURALEZA DEL COMODATO

Artículo 1741. El comodante conserva la propiedad de la cosa prestada. El comodatario adquiere el uso de ella, pero no los frutos; si interviene algún emolumento que haya de pagar el que adquiere el uso, la convención deja de ser comodato.

> *Véanse artículos 1543 y siguientes del presente Código.*

Artículo 1742. Las obligaciones y derechos que nacen del comodato pasan a los herederos de ambos contrayentes, a no ser que el préstamo se haya hecho en contemplación a la persona del comodatario, en cuyo caso los herederos de éste no tienen derecho a continuar en el uso de la cosa prestada.

SECCIÓN SEGUNDA
DE LAS OBLIGACIONES DEL COMODATARIO

Artículo 1743. El comodatario está obligado a satisfacer los gastos ordinarios que sean de necesidad para el uso y conservación de la cosa prestada.

Artículo 1744. Si el comodatario destina la cosa a un uso distinto de aquel para que se prestó, o la conserva en su poder por más tiempo del convenido, será responsable de su pérdida, aunque ésta sobrevenga por caso fortuito.

Artículo 1745. Si la cosa prestada se entregó con tasación y se pierde, aunque sea por caso fortuito, responderá el comodatario del precio, a no haber pacto en que expresamente se le exima de responsabilidad.

> *Véase artículo 1182 del presente Código.*

Artículo 1746. El comodatario no responde de los deterioros que sobrevengan a la cosa prestada por el solo efecto del uso y sin culpa suya.

Artículo 1747. El comodatario no puede retener la cosa prestada a pretexto de lo que el comodante le deba, aunque sea por razón de expensas.

> *Véase artículo 1730 del presente Código.*

Artículo 1748. Todos los comodatarios a quienes se presta conjuntamente una cosa responden solidariamente de ella, al tenor de lo dispuesto en esta sección.

> *Véanse artículos 1137 y siguientes del presente Código.*

SECCIÓN TERCERA
DE LAS OBLIGACIONES DEL COMODANTE

Artículo 1749. El comodante no puede reclamar la cosa prestada sino después de concluido el uso para que la prestó. Sin embargo, si antes de estos plazos tuviere el comodante urgente necesidad de ella, podrá reclamar la restitución.

Artículo 1750. Si no se pactó la duración del comodato ni el uso a que había de destinarse la cosa prestada, y éste no resulta determinado por la costumbre de la tierra, puede el comodante reclamarla a su voluntad.
En caso de duda, incumbe la prueba al comodatario.

> *Véase artículo 444 del presente Código.*

Artículo 1751. El comodante debe abonar los gastos extraordinarios causados durante el contrato para la conservación de la cosa prestada, siempre que el comodatario lo ponga en su conocimiento antes de hacerlos, salvo cuando fueren tan urgentes que no pueda esperarse el resultado del aviso sin peligro.

Artículo 1752. El comodante que, conociendo los vicios de la cosa prestada, no los hubiere hecho saber al comodatario, responderá a éste de los daños que por aquella causa hubiese sufrido.

CAPÍTULO II
DEL SIMPLE PRÉSTAMO

Artículo 1753. El que recibe en préstamo dinero u otra cosa fungible, adquiere su propiedad, y está obligado a devolver al acreedor otro tanto de la misma especie y calidad.

Artículo 1754. La obligación del que toma dinero a préstamo se regirá por lo dispuesto en el artículo 1.170 de este Código.

Si lo prestado es otra cosa fungible, o una cantidad de metal no amonedado, el deudor debe una cantidad igual a la recibida y de la misma especie y calidad, aunque sufra alteración en su precio.

Véase artículo 312 del Código de Comercio.

Artículo 1755. No se deberán intereses sino cuando expresamente se hubiesen pactado.

Véanse:
- Artículos 1108 y 1109 del presente Código.
- Artículos 314 y 315 del Código de Comercio.
- Artículos 278 y siguientes del Código Penal.
- Ley de 23 de julio de 1908, de la Usura.

Artículo 1756. El prestatario que ha pagado intereses sin estar estipulados, no puede reclamarlos ni imputarlos al capital.

Artículo 1757. Los establecimientos de préstamos sobre prendas quedan además sujetos a los reglamentos que les conciernen.

Véanse:
- Artículo 1109 del presente Código.
- Artículo 5 de la Ley de Represión de la Usura.
- Reglamento sobre casas de préstamo y establecimientos similares, de 12 de junio de 1909 («Gaceta» 15 junio).

TÍTULO XI
DEL DEPÓSITO

CAPÍTULO PRIMERO
DEL DEPÓSITO EN GENERAL Y DE SUS DIVERSAS ESPECIES

Artículo 1758. Se constituye el depósito desde que uno recibe la cosa ajena con la obligación de guardarla y de restituirla.

Véanse artículos 303 a 310 del Código de Comercio.

Artículo 1759. El depósito puede constituirse judicial o extrajudicialmente.

Véase Real Decreto 467/2006, de 21 de abril, por el que se regulan los depósitos y consignaciones judiciales en metálico, de efectos o valores («B.O.E.» 12 mayo).

CAPÍTULO II
DEL DEPÓSITO PROPIAMENTE DICHO

SECCIÓN PRIMERA
DE LA NATURALEZA Y ESENCIA DEL CONTRATO DE DEPÓSITO

Artículo 1760. El depósito es un contrato gratuito, salvo pacto en contrario.

Véase artículo 304 del Código de Comercio.

Artículo 1761. Sólo pueden ser objeto del depósito las cosas muebles.

Véase artículo 1786 del presente Código.

Artículo 1762. El depósito extrajudicial es necesario o voluntario.

SECCIÓN SEGUNDA
DEL DEPÓSITO VOLUNTARIO

Artículo 1763. Depósito voluntario es aquel en que se hace la entrega por la voluntad del depositante. También puede realizarse el depósito por dos o más personas, que se crean con derecho a la cosa depositada, en un tercero, que hará la entrega en su caso a la que corresponda.

Véanse artículos 216 a 220 del Reglamento Notarial.

Artículo 1764. El depósito hecho por un menor o por persona con discapacidad sin contar con la medida de apoyo prevista vinculará al depositario a todas las obligaciones que nacen del contrato de depósito.

Artículo 1764 redactado por el apartado sesenta y dos del artículo segundo de la Ley 8/2021, de 2 de junio, por la que se reforma la legislación civil y procesal para el apoyo a las personas con discapacidad en el ejercicio de su capacidad jurídica («B.O.E.» 3 junio).
Vigencia: 3 septiembre 2021

Artículo 1765. Si el depósito ha sido hecho en un menor, el depositante solo tendrá acción para reivindicar la cosa depositada mientras exista en poder del depositario, o a que este le abone la cantidad en que se hubiese enriquecido con la cosa o con el precio. Esta regla también resultará de aplicación cuando el depósito haya sido hecho en una persona con discapacidad que haya prescindido de las medidas de apoyo previstas cuando fueran precisas y el depositante fuera conocedor de la existencia de medidas de apoyo en el momento de la contratación o se hubiera aprovechado de otro modo de la situación de discapacidad obteniendo de ello una ventaja injusta.

Artículo 1765 redactado por el apartado sesenta y tres del artículo segundo de la Ley 8/2021, de 2 de junio, por la que se reforma la legislación civil y procesal para el apoyo a las personas con discapacidad en el ejercicio de su capacidad jurídica («B.O.E.» 3 junio).
Vigencia: 3 septiembre 2021

SECCIÓN TERCERA
DE LAS OBLIGACIONES DEL DEPOSITARIO

Artículo 1766. El depositario está obligado a guardar la cosa y restituirla, cuando le sea pedida, al depositante, o a sus causahabientes, o a la persona que hubiese sido designada en el contrato. Su responsabilidad en cuanto a la guarda y la pérdida de la cosa, se regirá por lo dispuesto en el título I de este libro.

Véanse:
- Artículos 1101 a 1105 y 1769 a 1778 del presente Código.
- Artículo 306 del Código de Comercio.
- Artículos 252 a 254 y 623.4 del Código Penal.
- Artículo 3 de la Ley 40/2002, de 14 de noviembre, reguladora del contrato de aparcamiento de vehículos («B.O.E.» 15 noviembre).

Artículo 1767. El depositario no puede servirse de la cosa depositada sin permiso expreso del depositante.

En caso contrario, responderá de los daños y perjuicios.

Véase artículo 1101 del presente Código.

Artículo 1768. Cuando el depositario tiene permiso para servirse o usar de la cosa depositada, el contrato pierde el concepto de depósito y se convierte en préstamo o comodato.

El permiso no se presume, debiendo probarse su existencia.

Véase artículo 309 del Código de Comercio.

Artículo 1769. Cuando la cosa depositada se entrega cerrada y sellada, debe restituirla el depositario en la misma forma, y responderá de los daños y perjuicios si hubiese sido forzado el sello o cerradura por su culpa.

Se presume la culpa en el depositario, salvo la prueba en contrario.

En cuanto al valor de lo depositado, cuando la fuerza sea imputable al depositario, se estará a la declaración del depositante, a no resultar prueba en contrario.

Véanse artículos 306, 307, 309 y 310 del Código de Comercio.

Artículo 1770. La cosa depositada será devuelta con todos sus productos y accesiones.

Consistiendo el depósito en dinero, se aplicará al depositario lo dispuesto respecto al mandatario en el artículo 1.724.

Artículo 1771. El depositario no puede exigir que el depositante pruebe ser propietario de la cosa depositada.

Sin embargo, si llega a descubrir que la cosa ha sido hurtada y quién es su verdadero dueño, debe hacer saber a éste el depósito.

Si el dueño, a pesar de esto, no reclama en el término de un mes, quedará libre de toda responsabilidad el depositario, devolviendo la cosa depositada a aquél de quien la recibió.

Artículo 1772. Cuando sean dos o más los depositantes, si no fueren solidarios y la cosa admitiere división, no podrá pedir cada uno de ellos más que su parte.

Cuando haya solidaridad, o la cosa no admita división, regirá lo dispuesto en los artículos 1.141 y 1.142 de este Código.

Artículo 1773. Cuando el depositante, después de hacer el depósito, contara con medidas de apoyo, la devolución del depósito se ajustará a lo que resulte de aquellas.

Artículo 1773 redactado por el apartado sesenta y cuatro del artículo segundo de la Ley 8/2021, de 2 de junio, por la que se reforma la legislación civil y procesal para el apoyo a las personas con discapacidad en el ejercicio de su capacidad jurídica («B.O.E.» 3 junio).
Vigencia: 3 septiembre 2021

Artículo 1774. Cuando al hacerse el depósito se designó lugar para la devolución, el depositario debe llevar a él la cosa depositada; pero los gastos que ocasione la traslación serán de cargo del depositante.

No habiéndose designado lugar para la devolución, deberá ésta hacerse en el que se halle la cosa depositada, aunque no sea el mismo en que se hizo el depósito, con tal que no haya intervenido malicia de parte del depositario.

Véase artículo 1171 del presente Código.

Artículo 1775. El depósito debe ser restituido al depositante cuando lo reclame, aunque en el contrato se haya fijado un plazo o tiempo determinado para la devolución.

Esta disposición no tendrá lugar cuando judicialmente haya sido embargado el depósito en poder del depositario, o se haya notificado a éste la oposición de un tercero a la restitución o traslación de la cosa depositada.

Artículo 1776. El depositario que tenga justos motivos para no conservar el depósito, podrá, aun antes del término designado, restituirlo al depositante; y, si éste lo resiste, podrá obtener del Juez su consignación.

Véanse:
- Artículos 1176 a 1181 del presente Código.
- Artículos 449, 585 y 586 LEC.

Artículo 1777. El depositario que por fuerza mayor hubiese perdido la cosa depositada y recibido otra en su lugar, estará obligado a entregar ésta al depositante.

Artículo 1778. El heredero del depositario que de buena fe haya vendido la cosa que ignoraba ser depositada, sólo está obligado a restituir el precio que hubiese recibido o a ceder sus acciones contra el comprador en el caso de que el precio no se le haya pagado.

Véase artículo 1897 del presente Código.

SECCIÓN CUARTA
DE LAS OBLIGACIONES DEL DEPOSITANTE

Artículo 1779. El depositante está obligado a reembolsar al depositario los gastos que haya hecho para la conservación de la cosa depositada y a indemnizarle de todos los perjuicios que se le hayan seguido del depósito.

Artículo 1780. El depositario puede retener en prenda la cosa depositada hasta el completo pago de lo que se le deba por razón del depósito.

SECCIÓN QUINTA
DEL DEPÓSITO NECESARIO

Artículo 1781. Es necesario el depósito:
1.º Cuando se hace en cumplimiento de una obligación legal.
2.º Cuando tiene lugar con ocasión de alguna calamidad como incendio, ruina, saqueo, naufragio u otras semejantes.

Artículo 1782. El depósito comprendido en el número 1.º del artículo anterior se regirá por las disposiciones de la ley que lo establezca, y, en su defecto, por las del depósito voluntario.
El comprendido en el número 2.º se regirá por las reglas del depósito voluntario.

Véanse artículos 1763 a 1780 del presente Código.

Artículo 1783. Se reputa también depósito necesario el de los efectos introducidos por los viajeros en las fondas y mesones. Los fondistas o mesoneros responden de ellos como tales depositarios, con tal que se hubiese dado conocimiento a los mismos, o a sus dependientes, de los efectos introducidos en su casa, y que los viajeros por su parte observen las prevenciones que dichos posaderos o sus sustitutos les hubiesen hecho sobre cuidado y vigilancia de los efectos.

Véase artículo 1601 del presente Código.

Artículo 1784. La responsabilidad a que se refiere el artículo anterior comprende los daños hechos en los efectos de los viajeros, tanto por los criados o dependientes de los fondistas o mesoneros, como por los extraños; pero no los que provengan de robo a mano armada, o sean ocasionados por otro suceso de fuerza mayor.

Véase artículo 1903 del presente Código.

CAPÍTULO III
DEL SECUESTRO

Artículo 1785. El depósito judicial o secuestro tiene lugar cuando se decreta el embargo o el aseguramiento de bienes litigiosos.

Artículo 1786. El secuestro puede tener por objeto así los bienes muebles como los inmuebles.

Véanse:
- Artículo 42.4.º de la Ley Hipotecaria.
- Artículos 626 y siguientes LEC.

- Real Decreto 467/2006, de 21 de abril, por el que se regulan los depósitos y consignaciones judiciales en metálico, de efectos o valores («B.O.E.» 12 mayo).

Artículo 1787. El depositario de los bienes u objetos secuestrados no puede quedar libre de su encargo hasta que se termine la controversia que lo motivó, a no ser que el Juez lo ordenare por consentir en ello todos los interesados o por otra causa legítima.

Artículo 1788. El depositario de bienes secuestrados está obligado a cumplir respecto de ellos todas las obligaciones de un buen padre de familia.

Véase artículo 1094 del presente Código.

Artículo 1789. En lo que no se hallare dispuesto en este Código, el secuestro judicial se regirá por las disposiciones de la Ley de Enjuiciamiento Civil.

Véanse artículos 626 y siguientes LEC.

TÍTULO XII
DE LOS CONTRATOS ALEATORIOS O DE SUERTE
CAPÍTULO I
DISPOSICIÓN GENERAL

Artículo 1790. Por el contrato aleatorio, una de las partes, o ambas recíprocamente, se obligan a dar o hacer alguna cosa en equivalencia de lo que la otra parte ha de dar o hacer para el caso de un acontecimiento incierto, o que ha de ocurrir en tiempo indeterminado.

CAPÍTULO II
DEL CONTRATO DE ALIMENTOS

Capítulo II del Título XII del Libro IV introducido en su actual redacción por el artículo 12 de la Ley 41/2003, de 18 de noviembre, de protección patrimonial de las personas con discapacidad y de modificación del Código Civil, de la Ley de Enjuiciamiento Civil y de la Normativa Tributaria con esta finalidad («B.O.E.» 19 noviembre).
Vigencia: 20 noviembre 2003

Artículo 1791. Por el contrato de alimentos una de las partes se obliga a proporcionar vivienda, manutención y asistencia de todo tipo a una persona durante su vida, a cambio de la transmisión de un capital en cualquier clase de bienes y derechos.

Artículo 1792. De producirse la muerte del obligado a prestar los alimentos o de concurrir cualquier circunstancia grave que impida la pacífica convivencia de las partes, cualquiera de ellas podrá pedir que la prestación de alimentos convenida se pague mediante la pensión actualizable a satisfacer por plazos anticipados que para esos eventos hubiere sido prevista en el contrato o, de no haber sido prevista, mediante la que se fije judicialmente.

Artículo 1793. La extensión y calidad de la prestación de alimentos serán las que resulten del contrato y, a falta de pacto en contrario, no dependerá de las vicisitudes del caudal y necesidades del obligado ni de las del caudal de quien los recibe.

Artículo 1794. La obligación de dar alimentos no cesará por las causas a que se refiere el artículo 152, salvo la prevista en su apartado primero.

Artículo 1795. El incumplimiento de la obligación de alimentos dará derecho al alimentista sin perjuicio de lo dispuesto en el artículo 1792, para optar entre exigir el cumplimiento, incluyendo el abono de los devengados con anterioridad a la demanda, o la resolución del contrato, con aplicación, en ambos casos, de las reglas generales de las obligaciones recíprocas.

En caso de que el alimentista opte por la resolución, el deudor de los alimentos deberá restituir inmediatamente los bienes que recibió por el contrato, y, en cambio, el juez podrá, en atención a las circunstancias, acordar que la restitución que, con respeto de lo que dispone el artículo siguiente, corresponda al alimentista quede total o parcialmente aplazada, en su beneficio, por el tiempo y con las garantías que se determinen.

Artículo 1796. De las consecuencias de la resolución del contrato, habrá de resultar para el alimentista, cuando menos, un superávit suficiente para constituir, de nuevo, una pensión análoga por el tiempo que le quede de vida.

Artículo 1797. Cuando los bienes o derechos que se transmitan a cambio de los alimentos sean registrables, podrá garantizarse frente a terceros el derecho del alimentista con el pacto inscrito en el que se dé a la falta de pago el carácter de condición resolutoria explícita, además de mediante el derecho de hipoteca regulado en el artículo 157 de la Ley Hipotecaria.

CAPÍTULO III
DEL JUEGO Y DE LA APUESTA

Artículo 1798. La ley no concede acción para reclamar lo que se gana en un juego de suerte, envite o azar; pero el que pierde no puede repetir lo que haya pagado voluntariamente, a no ser que hubiese mediado dolo, o que fuera menor, o estuviera inhabilitado para administrar sus bienes.

Véanse artículos 1371, 1372 y 1411 del presente Código.

Artículo 1799. Lo dispuesto en el artículo anterior respecto del juego es aplicable a las apuestas.

Se consideran prohibidas las apuestas que tienen analogía con los juegos prohibidos.

Artículo 1800. No se consideran prohibidos los juegos que contribuyen al ejercicio del cuerpo, como son los que tienen por objeto adiestrarse en el manejo de las armas, las carreras a pie o a caballo, las de carros, el juego de pelota y otros de análoga naturaleza.

Artículo 1801. El que pierde en un juego o apuesta de los no prohibidos queda obligado civilmente.

La Autoridad judicial puede, sin embargo, no estimar la demanda cuando la cantidad que se cruzó en el juego o en la apuesta sea excesiva, o reducir la obligación en lo que excediere de los usos de un buen padre de familia.

CAPÍTULO IV
DE LA RENTA VITALICIA

Artículo 1802. El contrato aleatorio de renta vitalicia obliga al deudor a pagar una pensión o rédito anual durante la vida de una o más personas determinadas por un capital en bienes muebles o inmuebles, cuyo dominio se le transfiere desde luego con la carga de la pensión.

Véanse:
- Artículos 99 y 1257 del presente Código.
- Artículo 157 de la Ley Hipotecaria.

Artículo 1803. Puede constituirse la renta sobre la vida del que da el capital, sobre la de un tercero o sobre la de varias personas.

También puede constituirse a favor de aquella o aquellas personas sobre cuya vida se otorga o a favor de otra u otras personas distintas.

Artículo 1804. Es nula la renta constituida sobre la vida de una persona muerta a la fecha del otorgamiento, o que en el mismo tiempo se halle padeciendo una enfermedad que llegue a causar su muerte dentro de los veinte días siguientes a aquella fecha.

Artículo 1805. La falta de pago de las pensiones vencidas no autoriza al perceptor de la renta vitalicia a exigir el reembolso del capital ni a volver a entrar en la posesión del predio enajenado; sólo tendrá derecho a reclamar judicialmente el pago de las rentas atrasadas y el aseguramiento de las futuras.

Artículo 1806. La renta correspondiente al año en que muere el que la disfruta, se pagará en proporción a los días que hubiese vivido; si debía satisfacerse por plazos anticipados, se pagará el importe total del plazo que durante su vida hubiese empezado a correr.

Artículo 1807. El que constituye a título gratuito una renta sobre sus bienes, puede disponer, al tiempo del otorgamiento, que no estará sujeta dicha renta a embargo por obligaciones del pensionista.

Véase artículo 820.3.º del presente Código.

Artículo 1808. No puede reclamarse la renta sin justificar la existencia de la persona sobre cuya vida esté constituida.

TÍTULO XIII
DE LAS TRANSACCIONES Y COMPROMISOS

CAPÍTULO PRIMERO
DE LAS TRANSACCIONES

Artículo 1809. La transacción es un contrato por el cual las partes, dando, prometiendo o reteniendo cada una alguna cosa, evitan la provocación de un pleito o ponen término al que había comenzado.

Véanse:
- Artículos 271.3 y 1713, párrafos 2.º y 3.º del presente Código.
- Artículo 19 LEC.

Artículo 1810. Para transigir sobre los bienes y derechos de los hijos bajo la patria potestad se aplicarán las mismas reglas que para enajenarlos.

Artículo 1810 redactado por Ley 11/1981, 13 mayo («B.O.E.» 19 mayo), de modificación del Código Civil en materia de filiación, patria potestad y régimen económico del matrimonio.

Véanse:
- Artículos 163, 164 y 166 del presente Código.
- Artículos 2025 y siguientes LEC 1881.

Artículo 1811. El tutor y el curador con facultades de representación necesitarán autorización judicial para transigir sobre cuestiones relativas a los intereses de la persona cuya representación ostentan, salvo que se trate de asuntos de escasa relevancia económica.

Artículo 1811 redactado por el apartado sesenta y cinco del artículo segundo de la Ley 8/2021, de 2 de junio, por la que se reforma la legislación civil y procesal para el

apoyo a las personas con discapacidad en el ejercicio de su capacidad jurídica («B.O.E.» 3 junio).
   Vigencia: 3 septiembre 2021

Artículo 1812. Las corporaciones que tengan personalidad jurídica sólo podrán transigir en la forma y con los requisitos que necesiten para enajenar sus bienes.

Artículo 1813. Se puede transigir sobre la acción civil proveniente de un delito; pero no por eso se extinguirá la acción pública para la imposición de la pena legal.

Artículo 1814. No se puede transigir sobre el estado civil de las personas, ni sobre las cuestiones matrimoniales, ni sobre alimentos futuros.

   Véase artículo 151 del presente Código.

Artículo 1815. La transacción no comprende sino los objetos expresados determinadamente en ella, o que, por una inducción necesaria de sus palabras, deban reputarse comprendidos en la misma.

   La renuncia general de derechos se entiende sólo de los que tienen relación con la disputa sobre que ha recaído la transacción.

Artículo 1816. La transacción tiene para las partes la autoridad de la cosa juzgada; pero no procederá la vía de apremio sino tratándose del cumplimiento de la transacción judicial.

   Véanse:
   - Artículos 1835 y 1839 del presente Código.
   - Artículo 144 de la Ley Hipotecaria.
   - Artículo 240 del Reglamento Hipotecario de 1947.
   - Artículo 19.2 LEC.

Artículo 1817. La transacción en que intervenga error, dolo, violencia o falsedad de documentos, está sujeta a lo dispuesto en el artículo 1.265 de este Código.

   Sin embargo, no podrá una de las partes oponer el error de hecho a la otra siempre que ésta se haya apartado por la transacción de un pleito comenzado.

Artículo 1818. El descubrimiento de nuevos documentos no es causa para anular o rescindir la transacción, si no ha habido mala fe.

Artículo 1819. Si estando decidido un pleito por sentencia firme, se celebrare transacción sobre él por ignorar la existencia de la sentencia firme alguna de las partes interesadas, podrá ésta pedir que se rescinda la transacción.

   La ignorancia de una sentencia que pueda revocarse, no es causa para atacar la transacción.

   Véanse:
   - Artículo 245.3 LOPJ.
   - Artículo 207 LEC.

CAPÍTULO II
DE LOS COMPROMISOS

   Capítulo II del Título XIII del Libro Cuarto dejado sin contenido por Ley 36/1988, 5 diciembre, de Arbitraje («B.O.E.» 7 diciembre).

   Véase Ley 60/2003, de 23 de diciembre, de Arbitraje («B.O.E.» 26 diciembre).

Artículo 1820. ...

Artículo 1821. ...

TÍTULO XIV
DE LA FIANZA

CAPÍTULO PRIMERO
DE LA NATURALEZA Y EXTENSIÓN DE LA FIANZA

Artículo 1822. Por la fianza se obliga uno a pagar o cumplir por un tercero, en el caso de no hacerlo éste.

Si el fiador se obligare solidariamente con el deudor principal, se observará lo dispuesto en la sección cuarta, capítulo III, título I de este libro.

Véanse:
- Artículos 1137 a 1148 del presente Código.
- Artículos 439 a 442 del Código de Comercio.

Artículo 1823. La fianza puede ser convencional, legal o judicial, gratuita o a título oneroso.

Puede también constituirse no sólo a favor del deudor principal, sino al del otro fiador, consintiéndolo, ignorándolo y aun contradiciéndolo éste.

Véanse:
- Artículos 1854 a 1856 del presente Código.
- Artículos 533, 536, 592, 613 y 614 LEC.

Artículo 1824. La fianza no puede existir sin una obligación válida.

Puede, no obstante, recaer sobre una obligación cuya nulidad pueda ser reclamada a virtud de una excepción puramente personal del obligado, como la de la menor edad.

Exceptúase de la disposición del párrafo anterior el caso de préstamo hecho al hijo de familia.

Artículo 1825. Puede también prestarse fianza en garantía de deudas futuras, cuyo importe no sea aún conocido; pero no se podrá reclamar contra el fiador hasta que la deuda sea líquida.

Artículo 1826. El fiador puede obligarse a menos, pero no a más que el deudor principal, tanto en la cantidad como en lo oneroso de las condiciones.

Si se hubiera obligado a más, se reducirá su obligación a los límites de la del deudor.

Artículo 1827. La fianza no se presume: debe ser expresa y no puede extenderse a más de lo contenido en ella.

Si fuere simple o indefinida, comprenderá, no sólo la obligación principal, sino todos sus accesorios, incluso los gastos del juicio, entendiéndose, respecto de éstos, que no responderá sino de los que se hayan devengado después que haya sido requerido el fiador para el pago.

Véase artículo 440 del Código de Comercio.

Artículo 1828. El obligado a dar fiador debe presentar persona que tenga capacidad para obligarse y bienes suficientes para responder de la obligación que garantiza. El fiador se entenderá sometido a la jurisdicción del Juez del lugar donde ésta obligación deba cumplirse.

Véanse:
- Artículos 1263 y 1264 del presente Código.
- Artículos 50 y siguientes LEC.

Artículo 1829. Si el fiador viniere al estado de insolvencia, puede el acreedor pedir otro que reúna las cualidades exigidas en el artículo anterior. Exceptúase el caso de haber exigido y pactado el acreedor que se le diera por fiador una persona determinada.

CAPÍTULO II
DE LOS EFECTOS DE LA FIANZA

SECCIÓN PRIMERA
DE LOS EFECTOS DE LA FIANZA ENTRE EL FIADOR Y EL ACREEDOR

Artículo 1830. El fiador no puede ser compelido a pagar al acreedor sin hacerse antes excusión de todos los bienes del deudor.

Véanse artículos 1209 a 1213 del presente Código.

Artículo 1831. La excusión no tiene lugar:
1.º Cuando el fiador haya renunciado expresamente a ella.
2.º Cuando se haya obligado solidariamente con el deudor.
3.º En el caso de quiebra o concurso del deudor.

Véanse artículos 21 y siguientes de la Ley 22/2003, de 9 de julio, Concursal.

4.º Cuando éste no pueda ser demandado judicialmente dentro del Reino.

Artículo 1832. Para que el fiador pueda aprovecharse del beneficio de la excusión, debe oponerlo al acreedor luego que éste le requiera para el pago, y señalarle bienes del deudor realizables dentro del territorio español, que sean suficientes para cubrir el importe de la deuda.

Artículo 1833. Cumplidas por el fiador todas las condiciones del artículo anterior, el acreedor negligente en la excusión de los bienes señalados es responsable, hasta donde ellos alcancen, de la insolvencia del deudor que por aquel descuido resulte.

Artículo 1834. El acreedor podrá citar al fiador cuando demande al deudor principal, pero quedará siempre a salvo el beneficio de excusión, aunque se dé sentencia contra los dos.

Artículo 1835. La transacción hecha por el fiador con el acreedor no surte efecto para con el deudor principal.
La hecha por éste tampoco surte efecto para con el fiador, contra su voluntad.

Artículo 1836. El fiador de un fiador goza del beneficio de excusión, tanto respecto del fiador como del deudor principal.

Véase artículo 1856 del presente Código.

Artículo 1837. Siendo varios los fiadores de un mismo deudor y por una misma deuda, la obligación a responder de ella se divide entre todos. El acreedor no puede reclamar a cada fiador sino la parte que le corresponda satisfacer, a menos que se haya estipulado expresamente la solidaridad.
El beneficio de división contra los cofiadores cesa en los mismos casos y por las mismas causas que el de excusión contra el deudor principal.

Véanse artículos 1137 y 1138 del presente Código.

SECCIÓN SEGUNDA
DE LOS EFECTOS DE LA FIANZA ENTRE EL DEUDOR Y EL FIADOR

Artículo 1838. El fiador que paga por el deudor, debe ser indemnizado por éste.
La indemnización comprende:
1.º La cantidad total de la deuda.

2.º Los intereses legales de ella desde que se haya hecho saber el pago al deudor, aunque no los produjese para el acreedor.

3.º Los gastos ocasionados al fiador después de poner éste en conocimiento del deudor que ha sido requerido para el pago.

4.º Los daños y perjuicios, cuando procedan.

La disposición de este artículo tiene lugar aunque la fianza se haya dado ignorándolo el deudor.

Artículo 1839. El fiador se subroga por el pago en todos los derechos que el acreedor tenía contra el deudor.

Si ha transigido con el acreedor, no puede pedir al deudor más de lo que realmente haya pagado.

Véanse artículos 1209 a 1213 del presente Código.

Artículo 1840. Si el fiador paga sin ponerlo en noticia del deudor, podrá éste hacer valer contra él todas las excepciones que hubiera podido oponer al acreedor al tiempo de hacerse el pago.

Artículo 1841. Si la deuda era a plazo y el fiador la pagó antes de su vencimiento, no podrá exigir reembolso del deudor hasta que el plazo venza.

Véase artículo 1126 del presente Código.

Artículo 1842. Si el fiador ha pagado sin ponerlo en noticia del deudor, y éste, ignorando el pago, lo repite por su parte, no queda al primero recurso alguno contra el segundo, pero sí contra el acreedor.

Véanse artículos 1895 a 1901 del presente Código.

Artículo 1843. El fiador, aun antes de haber pagado, puede proceder contra el deudor principal:

1.º Cuando se ve demandado judicialmente para el pago.

2.º En caso de quiebra, concurso o insolvencia.

Véanse artículos 21 y siguientes de la Ley 22/2003, de 9 de julio, Concursal.

3.º Cuando el deudor se ha obligado a relevarle de la fianza en un plazo determinado, y este plazo ha vencido.

4.º Cuando la deuda ha llegado a hacerse exigible, por haber cumplido el plazo en que debe satisfacerse.

5.º Al cabo de diez años, cuando la obligación principal no tiene término fijo para su vencimiento, a menos que sea de tal naturaleza que no pueda extinguirse sino en un plazo mayor de los diez años.

En todos estos casos la acción del fiador tiende a obtener relevación de la fianza o una garantía que lo ponga a cubierto de los procedimientos del acreedor y del peligro de insolvencia en el deudor.

SECCIÓN TERCERA
DE LOS EFECTOS DE LA FIANZA ENTRE LOS COFIADORES

Artículo 1844. Cuando son dos o más los fiadores de un mismo deudor y por una misma deuda, el que de ellos la haya pagado podrá reclamar de cada uno de los otros la parte que proporcionalmente le corresponda satisfacer.

Si alguno de ellos resultare insolvente, la parte de éste recaerá sobre todos en la misma proporción.

Para que pueda tener lugar la disposición de este artículo, es preciso que se haya hecho el pago en virtud de demanda judicial, o hallándose el deudor principal en estado de concurso o quiebra.

Véanse artículos 1145 y 1837 del presente Código.

Artículo 1845. En el caso del artículo anterior podrán los cofiadores oponer al que pagó las mismas excepciones que habrían correspondido al deudor principal contra el acreedor y que no fueren puramente personales del mismo deudor.

Artículo 1846. El subfiador, en caso de insolvencia del fiador por quien se obligó, queda responsable a los cofiadores en los mismos términos que lo estaba el fiador.

CAPÍTULO III
DE LA EXTINCIÓN DE LA FIANZA

Artículo 1847. La obligación del fiador se extingue al mismo tiempo que la del deudor, y por las mismas causas que las demás obligaciones.

Véanse artículos 1156 a 1213 del presente Código.

Artículo 1848. La confusión que se verifica en la persona del deudor y en la del fiador cuando uno de ellos hereda al otro, no extingue la obligación del subfiador.

Véanse artículos 1192 y siguientes del presente Código.

Artículo 1849. Si el acreedor acepta voluntariamente un inmueble, u otros cualesquiera efectos en pago de la deuda, aunque después los pierda por evicción, queda libre el fiador.

Artículo 1850. La liberación hecha por el acreedor a uno de los fiadores sin el consentimiento de los otros, aprovecha a todos hasta donde alcance la parte del fiador a quien se ha otorgado.

Artículo 1851. La prórroga concedida al deudor por el acreedor sin el consentimiento del fiador extingue la fianza.

Artículo 1852. Los fiadores, aunque sean solidarios, quedan libres de su obligación siempre que por algún hecho del acreedor no puedan quedar subrogados en los derechos, hipotecas y privilegios del mismo.

Artículo 1853. El fiador puede oponer al acreedor todas las excepciones que competan al deudor principal y sean inherentes a la deuda; más no las que sean puramente personales del deudor.

La Sentencia TS (Sala 1.ªl) de 7 mayo 2014, 4. Se establece como doctrina jurisprudencial que cuando se demande exclusivamente al avalista en juicio declarativo, reclamando el importe del aval constituido al amparo de la ley 57/1968, la entidad de crédito no podrá oponer las excepciones derivadas del artículo 1853 del Código Civil, debiendo abonar las cantidades, debidamente reclamadas y entregadas a cuenta, una vez incumplido el plazo convenido para la obligación de entrega, por cualquier causa.

CAPÍTULO IV
DE LA FIANZA LEGAL Y JUDICIAL

Artículo 1854. El fiador que haya de darse por disposición de la ley o de providencia judicial, debe tener las cualidades prescritas en el artículo 1.828.

Véanse artículos 167, 260 y 261, 491 y siguientes, 507 y 522 del presente Código.

Artículo 1855. Si el obligado a dar fianza en los casos del artículo anterior no la hallase, se le admitirá en su lugar una prenda o hipoteca que se estime bastante para cubrir su obligación.

Véase artículo 1857 del presente Código.

Artículo 1856. El fiador judicial no puede pedir la excusión de bienes del deudor principal.

El subfiador, en el mismo caso, no puede pedir ni la del deudor ni la del fiador.

TÍTULO XV
DE LOS CONTRATOS DE PRENDA, HIPOTECA Y ANTICRESIS
CAPÍTULO PRIMERO
DISPOSICIONES COMUNES A LA PRENDA Y A LA HIPOTECA

Véanse:
- Ley Hipotecaria.
- Reglamento Hipotecario de 1947.
- Ley de 16 de diciembre de 1954, sobre Hipoteca Mobiliaria y prenda sin desplazamiento de la posesión («B.O.E.» 18 diciembre).
- Ley 2/2009, de 31 de marzo, por la que se regula la contratación con los consumidores de préstamos o créditos hipotecarios y de servicios de intermediación para la celebración de contratos de préstamo o crédito («B.O.E.» 1 abril).

Artículo 1857. Son requisitos esenciales de los contratos de prenda e hipoteca:

1.º Que se constituya para asegurar el cumplimiento de una obligación principal.

2.º Que la cosa pignorada o hipotecada pertenezca en propiedad al que la empeña o hipoteca.

3.º Que las personas que constituyan la prenda o hipoteca tengan la libre disposición de sus bienes o, en caso de no tenerla, se hallen legalmente autorizadas al efecto.

Las terceras personas extrañas a la obligación principal pueden asegurar ésta pignorando o hipotecando sus propios bienes.

Véanse:
- Artículos 166, 271.2.º y 323 del presente Código.
- Artículo 138 de la Ley Hipotecaria.

Artículo 1858. Es también de esencia de estos contratos que, vencida la obligación principal, puedan ser enajenadas las cosas en que consiste la prenda o hipoteca para pagar al acreedor.

Véase artículo 1872 del presente Código.

Artículo 1859. El acreedor no puede apropiarse las cosas dadas en prenda o hipoteca, ni disponer de ellas.

Véanse artículos 1869 y 1870 del presente Código.

Artículo 1860. La prenda y la hipoteca son indivisibles, aunque la deuda se divida entre los causahabientes del deudor o del acreedor.

No podrá, por tanto, el heredero del deudor que haya pagado parte de la deuda pedir que se extinga proporcionalmente la prenda o la hipoteca mientras la deuda no haya sido satisfecha por completo.

Tampoco podrá el heredero del acreedor que recibió su parte de la deuda devolver la prenda ni cancelar la hipoteca en perjuicio de los demás herederos que no hayan sido satisfechos.

Se exceptúa de estas disposiciones el caso en que, siendo varias las cosas dadas en hipoteca o en prenda, cada una de ellas garantice solamente una porción determinada del crédito.

El deudor, en este caso, tendrá derecho a que se extingan la prenda o la hipoteca a medida que satisfaga la parte de deuda de que cada cosa responda especialmente.

Véanse artículos 122 a 125 de la Ley Hipotecaria.

Artículo 1861. Los contratos de prenda e hipoteca pueden asegurar toda clase de obligaciones, ya sean puras, ya estén sujetas a condición suspensiva o resolutoria.

Véanse:
- Artículos 105, 142 y 143 de la Ley Hipotecaria.
- Artículos 232 y 238 a 240 del Reglamento Hipotecario de 1947.

Artículo 1862. La promesa de constituir prenda o hipoteca sólo produce acción personal entre los contratantes, sin perjuicio de la responsabilidad criminal en que incurriere el que defraudase a otro ofreciendo en prenda o hipoteca como libres las cosas que sabía estaban gravadas, o fingiéndose dueño de las que no le pertenecen.

Véanse artículos 248 a 251 del Código Penal.

CAPÍTULO II
DE LA PRENDA

Téngase en cuenta que el Capítulo II del Título XV del Libro IV ha sido dividido en Secciones conforme establece la Ley de 5 de diciembre de 1941, por la que se adicionan al Código Civil nuevos artículos sobre prendas sin desplazamiento o hipoteca mobiliaria («B.O.E.» 16 diciembre), comprendiendo la Sección Primera los anteriores artículos 1863 a 1873 que integraban el Capítulo II e introduciéndose los artículos 1863 bis a 1873 bis en la Sección Segunda.

SECCIÓN PRIMERA
DE LA PRENDA

Artículo 1863. Además de los requisitos exigidos en el artículo 1.857, se necesita, para constituir el contrato de prenda, que se ponga en posesión de ésta al acreedor, o a un tercero de común acuerdo.

Artículo 1864. Pueden darse en prenda todas las cosas muebles que están en el comercio, con tal que sean susceptibles de posesión.
En ningún caso podrán ser objeto de prenda los animales de compañía.

Artículo 1864 redactado por el apartado treinta y uno del artículo primero de la Ley 17/2021, de 15 de diciembre, de modificación del Código Civil, la Ley Hipotecaria y la Ley de Enjuiciamiento Civil, sobre el régimen jurídico de los animales («B.O.E.» 16 diciembre).
Vigencia: 5 enero 2022

Artículo 1865. No surtirá efecto la prenda contra tercero si no consta por instrumento público la certeza de la fecha.

Véanse artículos 1278 y siguientes del presente Código.

Artículo 1866. El contrato de prenda da derecho al acreedor para retener la cosa en su poder o en el de la tercera persona a quien hubiese sido entregada, hasta que se le pague el crédito.
Si mientras el acreedor retiene la prenda, el deudor contrajese con él otra deuda exigible antes de haberse pagado la primera, podrá aquél prorrogar la retención hasta que se le satisfagan ambos créditos, aunque no se hubiese estipulado la sujeción de la prenda a la seguridad de la segunda deuda.

Véase artículo 1926.1.º del presente Código.

Artículo 1867. El acreedor debe cuidar de la cosa dada en prenda con la diligencia de un buen padre de familia; tiene derecho al abono de los gastos hechos para su conservación, y responde de su pérdida o deterioro conforme a las disposiciones de este Código.

Véanse artículos 1094 a 1096 del presente Código.

Artículo 1868. Si la prenda produce intereses, compensará el acreedor los que perciba con los que se le deben; y si no se le deben, o en cuanto excedan de los legítimamente debidos, los imputará al capital.

Véase artículo 1173 del presente Código.

Artículo 1869. Mientras no llegue el caso de ser expropiado de la cosa dada en prenda, el deudor sigue siendo dueño de ella.

Esto no obstante, el acreedor podrá ejercitar las acciones que competan al dueño de la cosa pignorada para reclamarla o defenderla contra tercero.

Artículo 1870. El acreedor no podrá usar la cosa dada en prenda sin autorización del dueño, y si lo hiciere o abusare de ella en otro concepto, puede el segundo pedir que se la constituya en depósito.

Véase artículo 1859 del presente Código.

Artículo 1871. No puede el deudor pedir la restitución de la prenda contra la voluntad del acreedor mientras no pague la deuda y sus intereses, con las expensas en su caso.

Artículo 1872. El acreedor a quien oportunamente no hubiese sido satisfecho su crédito, podrá proceder por ante Notario a la enajenación de la prenda. Esta enajenación habrá de hacerse precisamente en subasta pública y con citación del deudor y del dueño de la prenda en su caso. Si en la primera subasta no hubiese sido enajenada la prenda, podrá celebrarse una segunda con iguales formalidades; y, si tampoco diere resultado, podrá el acreedor hacerse dueño de la prenda. En este caso estará obligado a dar carta de pago de la totalidad de su crédito.

Si la prenda consistiere en valores cotizables, se venderán en la forma prevenida por el Código de Comercio.

Véanse:
- Artículo 1858 del presente Código.
- Artículos 322, 323 y 324 del Código de Comercio.

Artículo 1873. Respecto a los Montes de Piedad y demás establecimientos públicos, que por instituto o profesión prestan sobre prendas, se observarán las leyes y reglamentos especiales que les conciernan y subsidiariamente las disposiciones de este título.

Véase artículo 15 de la Ley de la Represión de la Usura, de 23 de julio de 1908 («Gaceta» 24 julio).

SECCIÓN SEGUNDA
DE LA PRENDA SIN DESPLAZAMIENTO

Artículos 1863 bis a 1873 bis derogados por la disposición final derogatoria de la Ley de 16 de diciembre de 1954, sobre Hipoteca Mobiliaria y prenda sin desplazamiento de la posesión («B.O.E.» 18 diciembre).

Artículo 1863 bis. ...

Artículo 1864 bis. ...

Artículo 1865 bis. ...

Artículo 1866 bis. ...

Artículo 1867 bis. ...

Artículo 1868 bis. ...

Artículo 1869 bis. ...

Artículo 1870 bis. ...

Artículo 1871 bis. ...

Artículo 1872 bis. ...

Artículo 1873 bis. ...

CAPÍTULO III
DE LA HIPOTECA

Véanse:
- Artículos 104 a 197 de la Ley Hipotecaria.
- Artículos 215 a 271 del Reglamento Hipotecario de 1947.
- Ley de 16 de diciembre de 1954, sobre Hipoteca Mobiliaria y prenda sin desplazamiento de la posesión.

Artículo 1874. Sólo podrán ser objeto del contrato de hipoteca:
1.º Los bienes inmuebles.
2.º Los derechos reales enajenables con arreglo a las leyes, impuestos sobre bienes de aquella clase.

Véanse:
- Artículos 104 y siguientes de la Ley Hipotecaria.
- Artículo 12 de la Ley de 16 de diciembre de 1954, sobre Hipoteca Mobiliaria y prenda sin desplazamiento de la posesión.

Artículo 1875. Además de los requisitos exigidos en el artículo 1.857, es indispensable, para que la hipoteca quede válidamente constituida, que el documento en que se constituya sea inscrito en el Registro de la Propiedad.

Las personas a cuyo favor establece hipoteca la ley, no tienen otro derecho que el de exigir el otorgamiento e inscripción del documento en que haya de formalizarse la hipoteca, salvo lo que dispone la Ley Hipotecaria en favor del Estado, las provincias y los pueblos, por el importe de la última anualidad de los tributos, así como de los aseguradores por el premio del seguro.

Véanse:
- Artículos 145, 158, 159 y 193 y siguientes de la Ley Hipotecaria.
- Artículo 3 de la Ley de 16 de diciembre de 1954, sobre Hipoteca Mobiliaria y prenda sin desplazamiento de la posesión.
- Artículos 270 y 271 del Reglamento Hipotecario de 1947.

Artículo 1876. La hipoteca sujeta directa e inmediatamente los bienes sobre que se impone, cualquiera que sea su poseedor, al cumplimiento de la obligación para cuya seguridad fue constituida.

Véanse:
- Artículos 104, 105 y 140 de la Ley Hipotecaria.
- Artículos 15 y 16 de la Ley de 16 de diciembre de 1954, sobre Hipoteca Mobiliaria y prenda sin desplazamiento de la posesión.

Artículo 1877. La hipoteca se extiende a las accesiones naturales, a las mejoras, a los frutos pendientes y rentas no percibidas al vencer la obligación, y al importe de las indemnizaciones concedidas o debidas al propietario por los aseguradores de los bienes hipotecados, o en virtud de expropiación por causa de utilidad pública, con las declaraciones, ampliaciones y limitaciones establecidas por la ley, así en el caso de permanecer la finca en poder del que la hipotecó, como en el de pasar a manos de un tercero.

> *Véanse:*
> *- Artículos 109 a 113 de la Ley Hipotecaria.*
> *- Artículo 215 del Reglamento Hipotecario de 1947.*

Artículo 1878. El crédito hipotecario puede ser enajenado o cedido a un tercero en todo o en parte, con las formalidades exigidas por la ley.

> *Véanse:*
> *- Artículos 149 a 152 de la Ley Hipotecaria.*
> *- Artículos 176 y 242 del Reglamento Hipotecario de 1947.*

Artículo 1879. El acreedor podrá reclamar del tercer poseedor de los bienes hipotecados el pago de la parte de crédito asegurada con los que el último posee, en los términos y con las formalidades que la ley establece.

> *Véanse artículos 126 y 127 de la Ley Hipotecaria.*

Artículo 1880. La forma, extensión y efectos de la hipoteca, así como lo relativo a su constitución, modificación y extinción y a lo demás que no haya sido comprendido en este capítulo, queda sometido a las prescripciones de la Ley Hipotecaria, que continúa vigente.

CAPÍTULO IV
DE LA ANTICRESIS

Artículo 1881. Por la anticresis el acreedor adquiere el derecho de percibir los frutos de un inmueble de su deudor, con la obligación de aplicarlos al pago de los intereses, si se debieren, y después al del capital de su crédito.

Artículo 1882. El acreedor, salvo pacto en contrario, está obligado a pagar las contribuciones y cargas que pesen sobre la finca.

Lo está asimismo a hacer los gastos necesarios para su conservación y reparación.

Se deducirán de los frutos las cantidades que emplee en uno y otro objeto.

Artículo 1883. El deudor no puede readquirir el goce del inmueble sin haber pagado antes enteramente lo que debe a su acreedor.

Pero éste, para librarse de las obligaciones que le impone el artículo anterior, puede siempre obligar al deudor a que entre de nuevo en el goce de la finca, salvo pacto en contrario.

Artículo 1884. El acreedor no adquiere la propiedad del inmueble por falta de pago de la deuda dentro del plazo convenido.

Todo pacto en contrario será nulo. Pero el acreedor en este caso podrá pedir, en la forma que previene la Ley de Enjuiciamiento Civil, el pago de la deuda o la venta del inmueble.

> *Véanse:*
> *- Artículo 1859 del presente Código.*
> *- Artículos 571 y siguientes LEC.*

Artículo 1885. Los contratantes pueden estipular que se compensen los intereses de la deuda con los frutos de la finca dada en anticresis.

> *Véase artículo 1868 del presente Código.*

Artículo 1886. Son aplicables a este contrato el último párrafo del artículo 1.857, el párrafo segundo del artículo 1.866, y los artículos 1.860 y 1.861.

TÍTULO XVI
DE LAS OBLIGACIONES QUE SE CONTRAEN SIN CONVENIO
CAPÍTULO PRIMERO
DE LOS CUASI CONTRATOS

Artículo 1887. Son cuasi contratos los hechos lícitos y puramente voluntarios, de los que resulta obligado su autor para con un tercero y a veces una obligación recíproca entre los interesados.

Véanse artículos 1089 y 1090 del presente Código.

SECCIÓN PRIMERA
DE LA GESTIÓN DE NEGOCIOS AJENOS

Artículo 1888. El que se encarga voluntariamente de la agencia o administración de los negocios de otro, sin mandato de éste, está obligado a continuar su gestión hasta el término del asunto y sus incidencias, o a requerir al interesado para que le sustituya en la gestión, si se hallase en estado de poder hacerlo por sí.

Véase artículo 1259 del presente Código.

Artículo 1889. El gestor oficioso debe desempeñar su encargo con toda la diligencia de un buen padre de familia, e indemnizar los perjuicios que por su culpa o negligencia se irroguen al dueño de los bienes o negocios que gestione.

Los Tribunales, sin embargo, podrán moderar la importancia de la indemnización según las circunstancias del caso.

Artículo 1890. Si el gestor delegare en otra persona todos o algunos de los deberes de su cargo, responderá de los actos del delegado, sin perjuicio de la obligación directa de éste para con el propietario del negocio.

La responsabilidad de los gestores, cuando fueren dos o más, será solidaria.

Artículo 1891. El gestor de negocios responderá del caso fortuito cuando acometa operaciones arriesgadas que el dueño no tuviese costumbre de hacer, o cuando hubiese pospuesto el interés de éste al suyo propio.

Véase artículo 1105 del presente Código.

Artículo 1892. La ratificación de la gestión por parte del dueño del negocio produce los efectos del mandato expreso.

Artículo 1893. Aunque no hubiese ratificado expresamente la gestión ajena, el dueño de bienes o negocios que aproveche las ventajas de la misma será responsable de las obligaciones contraídas en su interés, e indemnizará al gestor los gastos necesarios y útiles que hubiese hecho y los perjuicios que hubiese sufrido en el desempeño de su cargo.

La misma obligación le incumbirá cuando la gestión hubiera tenido por objeto evitar algún perjuicio inminente y manifiesto, aunque de ella no resultase provecho alguno.

Artículo 1894. Cuando, sin conocimiento del obligado a prestar alimentos, los diese un extraño, éste tendrá derecho a reclamarlos de aquél, a no constar que los dio por oficio de piedad y sin ánimo de reclamarlos.

Los gastos funerarios proporcionados a la calidad de la persona y a los usos de la localidad deberán ser satisfechos, aunque el difunto no hubiese dejado bienes, por aquéllos que en vida habrían tenido la obligación de alimentarle.

Véanse artículos 142 a 153 del presente Código.

SECCIÓN SEGUNDA
DEL COBRO DE LO INDEBIDO

Artículo 1895. Cuando se recibe alguna cosa que no había derecho a cobrar, y que por error ha sido indebidamente entregada, surge la obligación de restituirla.

Artículo 1896. El que acepta un pago indebido, si hubiera procedido de mala fe, deberá abonar el interés legal cuando se trate de capitales, o los frutos percibidos o debidos percibir cuando la cosa recibida los produjere.

Además responderá de los menoscabos que la cosa haya sufrido por cualquier causa, y de los perjuicios que se irrogaren al que la entregó, hasta que la recobre. No se prestará el caso fortuito cuando hubiese podido afectar del mismo modo a las cosas hallándose en poder del que las entregó.

Artículo 1897. El que de buena fe hubiera aceptado un pago indebido de cosa cierta y determinada, sólo responderá de las desmejoras o pérdidas de ésta y de sus accesiones, en cuanto por ellas se hubiese enriquecido. Si la hubiese enajenado, restituirá el precio o cederá la acción para hacerlo efectivo.

Artículo 1898. En cuanto al abono de mejoras y gastos hechos por el que indebidamente recibió la cosa, se estará a lo dispuesto en el título V del libro 2.º.

Véanse artículos 430 a 465 del presente Código.

Artículo 1899. Queda exento de la obligación de restituir el que, creyendo de buena fe que se hacía el pago por cuenta de un crédito legítimo y subsistente, hubiese inutilizado el título, o dejado prescribir la acción, o abandonado las prendas, o cancelado las garantías de su derecho. El que pagó indebidamente sólo podrá dirigirse contra el verdadero deudor o los fiadores respecto de los cuales la acción estuviese viva.

Véanse artículos 1961 y siguientes del presente Código.

Artículo 1900. La prueba del pago incumbe al que pretende haberlo hecho. También corre a su cargo la del error con que lo realizó, a menos que el demandado negare haber recibido la cosa que se le reclame. En este caso justificada por el demandante la entrega, queda relevado de toda otra prueba. Esto no limita el derecho del demandado para acreditar que le era debido lo que se supone que recibió.

Artículo 1901. Se presume que hubo error en el pago cuando se entregó cosa que nunca se debió o que ya estaba pagada; pero aquél a quien se pida la devolución puede probar que la entrega se hizo a título de liberalidad o por otra causa justa.

Véanse artículos 1756 y 1798 del presente Código.

CAPÍTULO II
DE LAS OBLIGACIONES QUE NACEN DE CULPA O NEGLIGENCIA

Artículo 1902. El que por acción u omisión causa daño a otro, interviniendo culpa o negligencia, está obligado a reparar el daño causado.

Artículo 1903. La obligación que impone el artículo anterior es exigible, no sólo por los actos u omisiones propios, sino por los de aquellas personas de quienes se debe responder.

Los padres son responsables de los daños causados por los hijos que se encuentren bajo su guarda.

> *Párrafo 2.º del artículo 1903 redactado por Ley 11/1981, 13 mayo («B.O.E.» 19 mayo), de modificación del Código Civil en materia de filiación, patria potestad y régimen económico del matrimonio.*

Los tutores lo son de los perjuicios causados por los menores que están bajo su autoridad y habitan en su compañía.

> *Párrafo tercero del artículo 1903 redactado por el apartado sesenta y seis del artículo segundo de la Ley 8/2021, de 2 de junio, por la que se reforma la legislación civil y procesal para el apoyo a las personas con discapacidad en el ejercicio de su capacidad jurídica («B.O.E.» 3 junio).*
> *Vigencia: 3 septiembre 2021*

Los curadores con facultades de representación plena lo son de los perjuicios causados por la persona a quien presten apoyo, siempre que convivan con ella.

> *Actual párrafo cuarto del artículo 1903 introducido por el apartado sesenta y seis del artículo segundo de la Ley 8/2021, de 2 de junio, por la que se reforma la legislación civil y procesal para el apoyo a las personas con discapacidad en el ejercicio de su capacidad jurídica («B.O.E.» 3 junio).*
> *Vigencia: 3 septiembre 2021*

Lo son igualmente los dueños o directores de un establecimiento o empresa respecto de los perjuicios causados por sus dependientes en el servicio de los ramos en que los tuvieran empleados, o con ocasión de sus funciones.

...

> *Párrafo 5.º del artículo 1903 suprimido por Ley 1/1991, 7 enero («B.O.E.» 8 enero), de modificación de los Códigos Civil y Penal en materia de responsabilidad civil del profesorado.*

Las personas o entidades que sean titulares de un Centro docente de enseñanza no superior responderán por los daños y perjuicios que causen sus alumnos menores de edad durante los períodos de tiempo en que los mismos se hallen bajo el control o vigilancia del profesorado del Centro, desarrollando actividades escolares o extraescolares y complementarias.

> *Párrafo del artículo 1903 redactado por Ley 1/1991, 7 enero, de modificación de los Códigos Civil y Penal en materia de responsabilidad civil del profesorado («B.O.E.» 8 enero).*

La responsabilidad de que trata este artículo cesará cuando las personas en él mencionadas prueben que emplearon toda la diligencia de un buen padre de familia para prevenir el daño.

Artículo 1904. El que paga el daño causado por sus dependientes puede repetir de éstos lo que hubiese satisfecho.

Cuando se trate de Centros docentes de enseñanza no superior, sus titulares podrán exigir de los profesores las cantidades satisfechas, si hubiesen incurrido en dolo o culpa grave en el ejercicio de sus funciones que fuesen causa del daño.

> *Artículo 1904 redactado por Ley 1/1991, de 7 de enero («B.O.E.» 8 enero), sobre modificación de los Códigos Civil y Penal en materia de responsabilidad civil del profesorado.*

Artículo 1905. El poseedor de un animal, o el que se sirve de él, es responsable de los perjuicios que causare, aunque se le escape o extravíe. Sólo cesará esta responsabilidad en el caso de que el daño proviniera de fuerza mayor o de culpa del que lo hubiese sufrido.

Artículo 1906. El propietario de una heredad de caza responderá del daño causado por ésta en las fincas vecinas, cuando no haya hecho lo necesario para impedir su multiplicación o cuando haya dificultado la acción de los dueños de dichas fincas para perseguirla.

> *Véanse:*
> *- Artículos 610 a 613 del presente Código.*
> *- Artículo 33 de la Ley 1/1970, de 4 de abril, de Caza.*
> *- Artículo 35 del Decreto 506/1971, de 25 de marzo, por el que se aprueba el Reglamento para la Ejecución de la Ley de Caza.*
> *- Real Decreto 63/1994, de 21 de enero, por el que se aprueba el Reglamento del Seguro de Responsabilidad Civil del Cazador, de suscripción obligatoria.*
> *- Resolución 9 marzo 1994, de la Dirección General de Seguros, por la que se aprueba el sistema de primas y recargos a percibir por el Consorcio de Compensación de Seguros para el cumplimiento de sus funciones en relación con el Seguro Obligatorio de Responsabilidad Civil del Cazador.*

Artículo 1907. El propietario de un edificio es responsable de los daños que resulten de la ruina de todo o parte de él, si ésta sobreviniere por falta de las reparaciones necesarias.

> *Véanse:*
> *- Artículos 358, 500 a 503, 527, 543, 544, 575 a 577, 1554, 1558, 1559 y 1580 del presente Código.*
> *- Artículo 10 de la Ley de Propiedad Horizontal, de 21 de julio de 1960.*

Artículo 1908. Igualmente responderán los propietarios de los daños causados:

1.º Por la explosión de máquinas que no hubiesen sido cuidadas con la debida diligencia, y la inflamación de sustancias explosivas que no estuviesen colocadas en lugar seguro y adecuado.

2.º Por los humos excesivos, que sean nocivos a las personas o a las propiedades.

3.º Por la caída de árboles colocados en sitios de tránsito, cuando no sea ocasionada por fuerza mayor.

> *Véase artículo 390 del presente Código.*

4.º Por las emanaciones de cloacas o depósitos de materias infectantes, construidos sin las precauciones adecuadas al lugar en que estuviesen.

Artículo 1909. Si el daño de que tratan los dos artículos anteriores resultare por defecto de construcción, el tercero que lo sufra sólo podrá repetir contra el arquitecto, o, en su caso, contra el constructor, dentro del tiempo legal.

> *Véanse:*
> *- Artículos 1591 y 1969 del presente Código.*
> *- Artículo 19 de la Ley 38/1999, de 5 de noviembre, de Ordenación de la Edificación («B.O.E.» 6 noviembre).*

Artículo 1910. El cabeza de familia que habita una casa o parte de ella, es responsable de los daños causados por las cosas que se arrojaren o cayeren de la misma.

TÍTULO XVII
DE LA CONCURRENCIA Y PRELACIÓN DE CRÉDITOS
CAPÍTULO PRIMERO
DISPOSICIONES GENERALES

Artículo 1911. Del cumplimiento de las obligaciones responde el deudor con todos sus bienes, presentes y futuros.

El Emprendedor de Responsabilidad Limitada podrá obtener que su responsabilidad y la acción del acreedor, que tenga origen en las deudas empresariales o profesionales, no alcance al bien no sujeto, por excepción de lo que disponen el artículo 1.911 del Código Civil y el artículo 6 del Código de Comercio, con arreglo al apartado 2 del artículo 8 de la Ley 14/2013, de 27 de septiembre, de apoyo a los emprendedores y su internacionalización y siempre que dicha no vinculación se publique en la forma establecida en la citada Ley («B.O.E.» 28 septiembre).

Véanse artículos 584 y siguientes LEC.

Artículo 1912. ...

> *Artículo 1912 derogado por el apartado 2.º del número 3 de la disposición derogatoria única de la Ley 22/2003, de 9 de julio, Concursal («B.O.E.» 10 julio).*
> *Vigencia: 1 septiembre 2004*

Artículo 1913. ...

> *Artículo 1913 derogado por el apartado 2.º del número 3 de la disposición derogatoria única de la Ley 22/2003, de 9 de julio, Concursal («B.O.E.» 10 julio).*
> *Vigencia: 1 septiembre 2004*

Artículo 1914. ...

> *Artículo 1914 derogado por el apartado 2.º del número 3 de la disposición derogatoria única de la Ley 22/2003, de 9 de julio, Concursal («B.O.E.» 10 julio).*
> *Vigencia: 1 septiembre 2004*

Artículo 1915. ...

> *Artículo 1915 derogado por el apartado 2.º del número 3 de la disposición derogatoria única de la Ley 22/2003, de 9 de julio, Concursal («B.O.E.» 10 julio).*
> *Vigencia: 1 septiembre 2004*

Artículo 1916. ...

> *Artículo 1916 derogado por el apartado 2.º del número 3 de la disposición derogatoria única de la Ley 22/2003, de 9 de julio, Concursal («B.O.E.» 10 julio).*
> *Vigencia: 1 septiembre 2004*

Artículo 1917. ...

> *Artículo 1917 derogado por el apartado 2.º del número 3 de la disposición derogatoria única de la Ley 22/2003, de 9 de julio, Concursal («B.O.E.» 10 julio).*
> *Vigencia: 1 septiembre 2004*

Artículo 1918. ...

> *Artículo 1918 derogado por el apartado 2.º del número 3 de la disposición derogatoria única de la Ley 22/2003, de 9 de julio, Concursal («B.O.E.» 10 julio).*
> *Vigencia: 1 septiembre 2004*

Artículo 1919. ...

> *Artículo 1919 derogado por el apartado 2.º del número 3 de la disposición derogatoria única de la Ley 22/2003, de 9 de julio, Concursal («B.O.E.» 10 julio).*
> *Vigencia: 1 septiembre 2004*

Artículo 1920. ...

Artículo 1920 derogado por el apartado 2.º del número 3 de la disposición derogatoria única de la Ley 22/2003, de 9 de julio, Concursal («B.O.E.» 10 julio).
Vigencia: 1 septiembre 2004

CAPÍTULO II
DE LA CLASIFICACIÓN DE CRÉDITOS

Artículo 1921. Los créditos se clasificarán, para su graduación y pago, por el orden y en los términos que en este capítulo se establecen.

En caso de concurso, la clasificación y graduación de los créditos se regirá por lo establecido en la Ley Concursal.

Párrafo 2.º del artículo 1921 introducido por la disposición final primera de la Ley 22/2003, de 9 de julio, Concursal («B.O.E.» 10 julio).
Vigencia: 1 septiembre 2004

Artículo 1922. Con relación a determinados bienes muebles del deudor, gozan de preferencia:

1.º Los créditos por construcción, reparación, conservación o precio de venta de bienes muebles que estén en poder del deudor, hasta donde alcance el valor de los mismos.

2.º Los garantizados con prenda que se halle en poder del acreedor, sobre la cosa empeñada y hasta donde alcance su valor.

3.º Los garantizados con fianza de efectos o valores, constituida en establecimiento público o mercantil, sobre la fianza y por el valor de los efectos de la misma.

4.º Los créditos por transporte, sobre los efectos transportados, por el precio del mismo, gastos y derechos de conducción y conservación, hasta la entrega y durante treinta días después de ésta.

5.º Los de hospedaje, sobre los muebles del deudor existentes en la posada.

6.º Los créditos por semillas y gastos de cultivo y recolección anticipados al deudor, sobre los frutos de la cosecha para que sirvieron.

7.º Los créditos por alquileres y rentas de un año, sobre los bienes muebles del arrendatario existentes en la finca arrendada y sobre los frutos de la misma.

8.º Los créditos a favor de los tenedores de bonos garantizados, respecto de los préstamos y créditos, y otros activos que los garanticen, integrados en el conjunto de cobertura, conforme al Real Decreto-ley 24/2021, de 2 de noviembre, de transposición de directivas de la Unión Europea en las materias de bonos garantizados, distribución transfronteriza de organismos de inversión colectiva, datos abiertos y reutilización de la información del sector público, ejercicio de derechos de autor y derechos afines aplicables a determinadas transmisiones en línea y a las retransmisiones de programas de radio y televisión, exenciones temporales a determinadas importaciones y suministros, de personas consumidoras y para la promoción de vehículos de transporte por carretera limpios y energéticamente eficientes, hasta donde alcance su valor.

Si los bienes muebles sobre que recae la preferencia hubieren sido sustraídos, el acreedor podrá reclamarlos de quien los tuviese, dentro del término de treinta días, contados desde que ocurrió la sustracción.

Artículo 1922 redactado por el apartado uno de la disposición final primera del R.D.-ley 24/2021, de 2 de noviembre, de transposición de directivas de la Unión Europea en las materias de bonos garantizados, distribución transfronteriza de organismos de inversión colectiva, datos abiertos y reutilización de la información del sector público, ejercicio de derechos de autor y derechos afines aplicables a determinadas transmisio-

nes en línea y a las retransmisiones de programas de radio y televisión, exenciones temporales a determinadas importaciones y suministros, de personas consumidoras y para la promoción de vehículos de transporte por carretera limpios y energéticamente eficientes («B.O.E.» 3 noviembre).
Vigencia: 8 julio 2022

Artículo 1923. Con relación a determinados bienes inmuebles y derechos reales del deudor, gozan de preferencia:

1.º Los créditos a favor del Estado, sobre los bienes de los contribuyentes, por el importe de la última anualidad, vencida y no pagada, de los impuestos que graviten sobre ellos.

2.º Los créditos de los aseguradores, sobre los bienes asegurados, por los premios del seguro de dos años; y, si fuere el seguro mutuo, por los dos últimos dividendos que se hubiesen repartido.

3.º Los créditos hipotecarios y los refaccionarios, anotados e inscritos en el Registro de la Propiedad, sobre los bienes hipotecados o que hubiesen sido objeto de la refacción.

4.º Los créditos preventivamente anotados en el Registro de la Propiedad, en virtud de mandamiento judicial, por embargos, secuestros o ejecución de sentencias, sobre los bienes anotados, y sólo en cuanto a créditos posteriores.

5.º Los refaccionarios no anotados ni inscritos, sobre los inmuebles a que la refacción se refiera y sólo respecto a otros créditos distintos de los expresados en los cuatro números anteriores.

6.º Los créditos a favor de los tenedores de bonos garantizados, respecto de los préstamos y créditos hipotecarios, y otros activos que los garanticen, integrados en el conjunto de cobertura, conforme al Real Decreto-ley 24/2021, de 2 de noviembre, de transposición de directivas de la Unión Europea en las materias de bonos garantizados, distribución transfronteriza de organismos de inversión colectiva, datos abiertos y reutilización de la información del sector público, ejercicio de derechos de autor y derechos afines aplicables a determinadas transmisiones en línea y a las retransmisiones de programas de radio y televisión, exenciones temporales a determinadas importaciones y suministros, de personas consumidoras y para la promoción de vehículos de transporte por carretera limpios y energéticamente eficientes, hasta donde alcance su valor.

Artículo 1923 redactado por el apartado dos de la disposición final primera del R.D.--ley 24/2021, de 2 de noviembre, de transposición de directivas de la Unión Europea en las materias de bonos garantizados, distribución transfronteriza de organismos de inversión colectiva, datos abiertos y reutilización de la información del sector público, ejercicio de derechos de autor y derechos afines aplicables a determinadas transmisiones en línea y a las retransmisiones de programas de radio y televisión, exenciones temporales a determinadas importaciones y suministros, de personas consumidoras y para la promoción de vehículos de transporte por carretera limpios y energéticamente eficientes («B.O.E.» 3 noviembre).
Vigencia: 8 julio 2022

Artículo 1924. Con relación a los demás bienes muebles e inmuebles del deudor, gozan de preferencia:

1.º Los créditos a favor de la provincia o del Municipio, por los impuestos de la última anualidad vencida y no pagada, no comprendidos en el artículo 1.923, número 1.º.

2.º Los devengados:

A. ...

Letra A del apartado 2.º del artículo 1924 derogada por el apartado 2.º del número 3 de la disposición derogatoria única de Ley 22/2003, de 9 de julio, Concursal («B.O.E.» 10 julio).
Vigencia: 1 septiembre 2004

B. Por los funerales del deudor, según el uso del lugar, y también los de su cónyuge y los de sus hijos constituidos bajo su patria potestad, si no tuviesen bienes propios.

La referencia al "cónyuge" contenida en la letra B del número 2 del artículo 1924, ha sido introducida por Ley 11/1990, 15 octubre («B.O.E.» 18 octubre), de reforma del Código Civil, en aplicación del principio de no discriminación por razón de sexo, en sustitución de la anterior "mujer".

C. Por gastos de la última enfermedad de las mismas personas, causados en el último año, contado hasta el día del fallecimiento.

D. Por los salarios y sueldos de los trabajadores por cuenta ajena y del servicio doméstico correspondientes al último año.

Letra D del apartado 2.º del artículo 1924 redactada por Ley 17 julio 1958 («B.O.E.» 18 julio), por la que se modifica el Código Civil y el Código de Comercio en materia de concurrencia y prelación de créditos.

Véase artículo 32 del Estatuto de los Trabajadores.

E. Por las cuotas correspondientes a los regímenes obligatorios de subsidios, seguros sociales y mutualismo laboral por el mismo período de tiempo que señala el apartado anterior, siempre que no tengan reconocida mayor preferencia con arreglo al artículo precedente.

Letra E del apartado 2.º del artículo 1924 redactada por Ley 17 julio 1958 («B.O.E.» 18 julio), por la que se declaran preferentes los créditos por descubiertos en la cotización de los mismos.

F. Por anticipaciones hechas al deudor, para sí y su familia constituida bajo su autoridad, en comestibles, vestido o calzado, en el mismo período de tiempo.

G. ...

Letra G del apartado 2.º del artículo 1924 derogada por el apartado 2.º del número 3 de la disposición derogatoria única de Ley 22/2003, de 9 de julio, Concursal («B.O.E.» 10 julio).
Vigencia: 1 septiembre 2004

3.º Los créditos que sin privilegio especial consten:

A. En escritura pública.

B. Por sentencia firme, si hubiesen sido objeto de litigio.

Estos créditos tendrán preferencia entre sí por el orden de antigüedad de las fechas de las escrituras y de las sentencias.

Véanse artículos 913 y 914 del presente Código.

Artículo 1925. No gozarán de preferencia los créditos de cualquiera otra clase, o por cualquiera otro título, no comprendidos en los artículos anteriores.

Véase artículo 1929.3.º del presente Código.

<h1 style="text-align:center">CAPÍTULO III
DE LA PRELACIÓN DE CRÉDITOS</h1>

Artículo 1926. Los créditos que gozan de preferencia con relación a determinados bienes muebles, excluyen a todos los demás hasta donde alcance el valor del mueble a que la preferencia se refiere.

Si concurren dos o más respecto a determinados muebles, se observarán, en cuanto a la prelación para su pago, las reglas siguientes:

1.ª El crédito pignoraticio excluye a los demás hasta donde alcance el valor de la cosa dada en prenda.

Véanse artículos 10 y 66 de la Ley de 16 de diciembre de 1954, sobre Hipoteca Mobiliaria y prenda sin desplazamiento de la posesión.

2.ª En el caso de fianza, si estuviere ésta legítimamente constituida a favor de más de un acreedor, la prelación entre ellos se determinará por el orden de fechas de la prestación de la garantía.

3.ª Los créditos por anticipo de semillas, gastos de cultivo y recolección, serán preferidos a los de alquileres y rentas sobre los frutos de la cosecha para que aquéllos sirvieron.

4.ª En los demás casos el precio de los muebles se distribuirá a prorrata entre los créditos que gocen de especial preferencia con relación a los mismos.

Véanse:
- Artículos 1028, 1922, 1928 y 1929 del presente Código.
- Artículos 614, 622 y 1268 LEC.
- Artículos 10 y 66 de la Ley de 16 de diciembre de 1954, sobre Hipoteca Mobiliaria y prenda sin desplazamiento de la posesión.

Artículo 1927. Los créditos que gozan de preferencia con relación a determinados bienes inmuebles o derechos reales, excluyen a todos los demás por su importe hasta donde alcance el valor del inmueble o derecho real a que la preferencia se refiera.

Si concurrieren dos o más créditos respecto a determinados inmuebles o derechos reales, se observarán, en cuanto a su respectiva prelación, las reglas siguientes:

1.ª Serán preferidos, por su orden, los expresados en los números 1.º y 2.º del artículo 1.923 a los comprendidos en los demás números del mismo.

2.ª Los hipotecarios y refaccionarios, anotados o inscritos, que se expresan en el número 3.º del citado artículo 1.923 y los comprendidos en el número 4.º del mismo, gozarán de prelación entre sí por el orden de antigüedad de las respectivas inscripciones o anotaciones en el Registro de la Propiedad.

3.ª Los refaccionarios no anotados ni inscritos en el Registro a que se refiere el número 5.º del artículo 1.923, gozarán de prelación entre sí por el orden inverso de su antigüedad.

Véanse:
- Artículos 614 y 620 LEC.
- Artículos 155 y 156 de la Ley 22/2003, de 9 de julio, Concursal.

Artículo 1928. El remanente del caudal del deudor, después de pagados los créditos que gocen de preferencia con relación a determinados bienes, muebles o inmuebles, se acumulará a los bienes libres que aquél tuviere para el pago de los demás créditos.

Los que, gozando de preferencia con relación a determinados bienes, muebles o inmuebles, no hubiesen sido totalmente satisfechos con el importe de éstos, lo serán, en cuanto al déficit, por el orden y en el lugar que les corresponda según su respectiva naturaleza.

Artículo 1929. Los créditos que no gocen de preferencia con relación a determinados bienes, y los que la gozaren, por la cantidad no realizada, o cuando hubiese prescrito el derecho a la preferencia, se satisfarán conforme a las reglas siguientes:

1.ª Por el orden establecido en el artículo 1.924.

2.ª Los preferentes por fechas, por el orden de éstas, y los que la tuviesen común, a prorrata.

3.ª Los créditos comunes a que se refiere el artículo 1.925, sin consideración a sus fechas.

Véase artículo 157 de la Ley 22/2003, de 9 de julio, Concursal.

TÍTULO XVIII
DE LA PRESCRIPCIÓN

CAPÍTULO PRIMERO
DISPOSICIONES GENERALES

Artículo 1930. Por la prescripción se adquieren, de la manera y con las condiciones determinadas en la ley, el dominio y demás derechos reales.

También se extinguen del propio modo por la prescripción los derechos y las acciones, de cualquier clase que sean.

Véanse:
- Artículos 409.2.º, 468, 513.7.º, 537, 538, 546.2.º, 547, 548, 598, 646, 652, 1472, 1490, 1620, 1939 y a 1975 del presente Código.
- Artículos 942 y siguientes del Código de Comercio.

Artículo 1931. Pueden adquirir bienes o derechos por medio de la prescripción las personas capaces para adquirirlos por los demás modos legítimos.

Artículo 1932. Los derechos y acciones se extinguen por la prescripción en perjuicio de toda clase de personas, inclusas las jurídicas, en los términos prevenidos por la ley.

Queda siempre a salvo a las personas impedidas de administrar sus bienes el derecho para reclamar contra sus representantes legítimos, cuya negligencia hubiese sido causa de la prescripción.

Artículo 1933. La prescripción ganada por un copropietario o comunero aprovecha a los demás.

Artículo 1934. La prescripción produce sus efectos jurídicos a favor y en contra de la herencia antes de haber sido aceptada y durante el tiempo concedido para hacer inventario y para deliberar.

Artículo 1935. Las personas con capacidad para enajenar pueden renunciar la prescripción ganada; pero no el derecho de prescribir para lo sucesivo.

Entiéndese tácitamente renunciada la prescripción cuando la renuncia resulta de actos que hacen suponer el abandono del derecho adquirido.

Artículo 1936. Son susceptibles de prescripción todas las cosas que están en el comercio de los hombres.

Artículo 1937. Los acreedores, y cualquiera otra persona interesada en hacer valer la prescripción, podrán utilizarla a pesar de la renuncia expresa o tácita del deudor o propietario.

Artículo 1938. Las disposiciones del presente título se entienden sin perjuicio de lo que en este Código o en leyes especiales se establezca respecto a determinados casos de prescripción.

Artículo 1939. La prescripción comenzada antes de la publicación de este código se regirá por las leyes anteriores al mismo; pero si desde que fuere puesto en observancia transcurriese todo el tiempo en él exigido para la prescripción, surtirá ésta su efecto, aunque por dichas leyes anteriores se requiriese mayor lapso de tiempo.

Véase disposición transitoria 4.ª del presente Código.

CAPÍTULO II
DE LA PRESCRIPCIÓN DEL DOMINIO Y DEMÁS DERECHOS REALES

Artículo 1940. Para la prescripción ordinaria del dominio y demás derechos reales se necesita poseer las cosas con buena fe y justo título por el tiempo determinado en la ley.

Artículo 1941. La posesión ha de ser en concepto de dueño, pública, pacífica y no interrumpida.

Artículo 1942. No aprovechan para la posesión los actos de carácter posesorio, ejecutados en virtud de licencia o por mera tolerancia del dueño.

Artículo 1943. La posesión se interrumpe, para los efectos de la prescripción, natural o civilmente.

Artículo 1944. Se interrumpe naturalmente la posesión cuando por cualquier causa se cesa en ella por más de un año.

Artículo 1945. La interrupción civil se produce por la citación judicial hecha al poseedor, aunque sea por mandato de Juez incompetente.

> *Véanse:*
> *- Artículos 1947 y 1973 del presente Código.*
> *- Artículo 944 del Código de Comercio.*

Artículo 1946. Se considerará no hecha y dejará de producir interrupción la citación judicial:
1.º Si fuere nula por falta de solemnidades legales.
2.º Si el actor desistiere de la demanda o dejare caducar la instancia.
3.º Si el poseedor fuere absuelto de la demanda.

Artículo 1947. También se produce interrupción civil por el acto de conciliación, siempre que dentro de dos meses de celebrado se presente ante el Juez la demanda sobre posesión o dominio de la cosa cuestionada.

> *Véanse:*
> *- Artículo 1973 del presente Código.*
> *- Artículo 479 LEC de 1881.*

Artículo 1948. Cualquier reconocimiento expreso o tácito que el poseedor hiciere del derecho del dueño, interrumpe asimismo la posesión.

Artículo 1949. Contra un título inscrito en el Registro de la Propiedad no tendrá lugar la prescripción ordinaria del dominio o derechos reales en perjuicio de tercero, sino en virtud de otro título igualmente inscrito, debiendo empezar a correr el tiempo desde la inscripción del segundo.

> *La Sentencia TS (Sala 1.ª) de 21 enero 2014, Rec. 916/2011, declara que el artículo 1949 del Código Civil ha sido derogado por el artículo 36, apartados I y II, de la Ley Hipotecaria de 1946 que regula los distintos supuestos de usucapión contra tabulas . (...) Se trata, en definitiva, de un nuevo régimen totalmente distinto del anterior en lo que afecta a la posición del "tercero hipotecario", que ha venido a sustituir en su integridad el previsto en el artículo 1949 del Código Civil, en cuanto que, al no distinguir, debe entenderse que afecta tanto a la prescripción ordinaria como a la extraordinaria.*

> *Véanse:*
> *- Artículo 462 del presente Código.*
> *- Artículos 32, 35 y 36 de la Ley Hipotecaria.*

Artículo 1950. La buena fe del poseedor consiste en la creencia de que la persona de quien recibió la cosa era dueño de ella, y podía transmitir su dominio.

Véanse artículos 433 a 436 del presente Código.

Artículo 1951. Las condiciones de la buena fe exigidas para la posesión en los artículos 433, 434, 435 y 436 de este Código son igualmente necesarias para la determinación de aquel requisito en la prescripción del dominio y demás derechos reales.

Véase artículo 1940 del presente Código.

Artículo 1952. Entiéndese por justo título el que legalmente baste para transferir el dominio o derecho real de cuya prescripción se trate.

Artículo 1953. El título para la prescripción ha de ser verdadero y válido.

Véase artículo 33 de la Ley Hipotecaria.

Artículo 1954. El justo título debe probarse; no se presume nunca.

Véanse:
- Artículos 448, 1249 y 1253 del presente Código.
- Artículo 35 de la Ley Hipotecaria.

Artículo 1955. El dominio de los bienes muebles se prescribe por la posesión no interrumpida de tres años con buena fe.

También se prescribe el dominio de las cosas muebles por la posesión no interrumpida de seis años, sin necesidad de ninguna otra condición.

En cuanto al derecho del dueño para reivindicar la cosa mueble perdida o de que hubiese sido privado ilegalmente, así como respecto a las adquiridas en venta pública, en Bolsa, feria o mercado, o de comerciante legalmente establecido y dedicado habitualmente al tráfico de objetos análogos, se estará a lo dispuesto en el artículo 464 de este Código.

Véanse:
- Artículos 464 y 1962 del presente Código.
- Artículos 85, 86, 324 y 545 del Código de Comercio.

Artículo 1956. Las cosas muebles hurtadas o robadas no podrán ser prescritas por los que las hurtaron o robaron, ni por los cómplices o encubridores, a no haber prescrito el delito o falta, o su pena, y la acción para exigir la responsabilidad civil, nacida del delito o falta.

Véanse:
- Artículo 1962 del presente Código.
- Artículos 130 a 135 del Código Penal.
- Artículos 112, 115 y 116 LEC.

Artículo 1957. El dominio y demás derechos reales sobre bienes inmuebles se prescriben por la posesión durante diez años entre presentes y veinte entre ausentes, con buena fe y justo título.

Véanse:
- Artículo 1949 del presente Código.
- Artículos 35 y 36 de la Ley Hipotecaria.

Artículo 1958. Para los efectos de la prescripción se considera ausente al que reside en el extranjero o en Ultramar.

Si parte del tiempo estuvo presente y parte ausente, cada dos años de ausencia se reputarán como uno para completar los diez de presente.

La ausencia que no fuere de un año entero y continuo, no se tomará en cuenta para el cómputo.

Artículo 1959. Se prescriben también el dominio y demás derechos reales sobre los bienes inmuebles por su posesión no interrumpida durante treinta años, sin necesidad de título ni de buena fe, y sin distinción entre presentes y ausentes, salvo la excepción determinada en el artículo 539.

Véase artículo 36 de la Ley Hipotecaria.

Artículo 1960. En la computación del tiempo necesario para la prescripción se observarán las reglas siguientes:

1.ª El poseedor actual puede completar el tiempo necesario para la prescripción, uniendo al suyo el de su causante.

2.ª Se presume que el poseedor actual, que lo hubiera sido en época anterior, ha continuado siéndolo durante el tiempo intermedio, salvo prueba en contrario.

Véase artículo 459 del presente Código.

3.ª El día en que comienza a contarse el tiempo se tiene por entero; pero el último debe cumplirse en su totalidad.

CAPÍTULO III
DE LA PRESCRIPCIÓN DE LAS ACCIONES

Artículo 1961. Las acciones prescriben por el mero lapso del tiempo fijado por la ley.

Véanse:
- Artículos 1930, párrafo 2.º y 1965 del presente Código.
- Artículos 942 y siguientes del Código de Comercio.
- Artículos 88 y 157 de la Ley Cambiaria y del Cheque.

Artículo 1962. Las acciones reales sobre bienes muebles prescriben a los seis años de perdida la posesión, salvo que el poseedor haya ganado por menos término el dominio, conforme al artículo 1.955, y excepto los casos de extravío y venta pública, y los de hurto o robo, en que se estará a lo dispuesto en el párrafo tercero del mismo artículo citado.

Artículo 1963. Las acciones reales sobre bienes inmuebles prescriben a los treinta años.

Entiéndese esta disposición sin perjuicio de lo establecido para la adquisición del dominio o derechos reales por prescripción.

Artículo 1964. 1. La acción hipotecaria prescribe a los veinte años.

2. Las acciones personales que no tengan plazo especial prescriben a los cinco años desde que pueda exigirse el cumplimiento de la obligación. En las obligaciones continuadas de hacer o no hacer, el plazo comenzará cada vez que se incumplan.

La disposición transitoria quinta de la Ley 42/2015, de 5 de octubre, establece que el tiempo de prescripción de las acciones personales que no tengan señalado término especial de prescripción, nacidas antes de la fecha de su entrada en vigor, 7 de octubre de 2015, se regirá por lo dispuesto en el artículo 1939 del Código Civil.

Artículo 1964 redactado por la disposición final primera de la Ley 42/2015, de 5 de octubre, de reforma de la Ley 1/2000, de 7 de enero, de Enjuiciamiento Civil («B.O.E.» 6 octubre).
Vigencia: 7 octubre 2015

Artículo 1965. No prescribe entre coherederos, condueños o propietarios de fincas colindantes la acción para pedir la partición de la herencia, la división de la cosa común o el deslinde de las propiedades contiguas.

Véanse:
- Artículos 384 y siguientes y 400, párr. 1º del presente Código.
- Artículos 2061 LEC 1881.

Artículo 1966. Por el transcurso de cinco años prescriben las acciones para exigir el cumplimiento de las obligaciones siguientes:
1.ª La de pagar pensiones alimenticias.
2.ª La de satisfacer el precio de los arriendos, sean éstos de fincas rústicas o de fincas urbanas.
3.ª La de cualesquiera otros pagos que deban hacerse por años o en plazos más breves.

Artículo 1967. Por el transcurso de tres años prescriben las acciones para el cumplimiento de las obligaciones siguientes:
1.ª La de pagar a los Jueces, Abogados, Registradores, Notarios, Escribanos, peritos, agentes y curiales sus honorarios y derechos, y los gastos y desembolsos que hubiesen realizado en el desempeño de sus cargos u oficios en los asuntos a que las obligaciones se refieran.
2.ª La de satisfacer a los Farmacéuticos las medicinas que suministraron; a los Profesores y Maestros sus honorarios y estipendios por la enseñanza que dieron, o por el ejercicio de su profesión, arte u oficio.
3.ª La de pagar a los menestrales, criados y jornaleros el importe de sus servicios, y el de los suministros o desembolsos que hubiesen hecho concernientes a los mismos.
4.ª La de abonar a los posaderos la comida y habitación, y a los mercaderes el precio de los géneros vendidos a otros que no lo sean, o que siéndolo se dediquen a distinto tráfico.
El tiempo para la prescripción de las acciones a que se refieren los tres párrafos anteriores se contará desde que dejaron de prestarse los respectivos servicios.

Véase artículo 88 de la Ley Cambiaria y del Cheque.

Artículo 1968. Prescriben por el transcurso de un año:
1.º La acción para recobrar o retener la posesión.

Véanse:
- Artículo 460.4.º del presente Código.
- Artículos 250.1.2.º y 4.º LEC.

2.º La acción para exigir la responsabilidad civil por injuria o calumnia, y por las obligaciones derivadas de la culpa o negligencia de que se trata en el artículo 1.902, desde que lo supo el agraviado.

La Sentencia TS (Sala Primera) de 13 octubre 2015, Rec. 959/2013 fija como doctrina que "la acción que ejercite el mutualista funcionario civil del Estado contra la Entidad con la que haya concertado su Mutualidad la prestación de asistencia sanitaria, a fin de reclamar aquél el daño sufrido por la prestación del servicio, tiene como plazo de prescripción el de un año".

Véanse:
- Artículo 460.4º del presente Código.
- Artículo 7 del Texto Refundido de la Ley de Responsabilidad Civil y Seguro de la Circulación de Vehículos a Motor.
- Artículo 143.1 del Real Decreto Legislativo 1/2007, de 16 de noviembre, por el que se aprueba el texto refundido de la Ley General para la Defensa de los Consumidores y Usuarios y otras leyes complementarias.

Artículo 1969. El tiempo para la prescripción de toda clase de acciones, cuando no haya disposición especial que otra cosa determine, se contará desde el día en que pudieron ejercitarse.

Artículo 1970. El tiempo para la prescripción de las acciones, que tienen por objeto reclamar el cumplimiento de obligaciones de capital con interés o renta, corre desde el último pago de la renta o del interés.

Lo mismo se entiende respecto al capital del censo consignativo.

En los censos enfitéutico y reservativo se cuenta asimismo el tiempo de la prescripción desde el último pago de la pensión o renta.

Artículo 1971. El tiempo de la prescripción de las acciones para exigir el cumplimiento de obligaciones declaradas por sentencia, comienza desde que la sentencia quedó firme.

> *Véanse:*
> *- Artículo 245.3 LOPJ.*
> *- Artículo 518 LEC.*

Artículo 1972. El término de la prescripción de las acciones para exigir rendición de cuentas corre desde el día en que cesaron en sus cargos los que debían rendirlas.

El correspondiente a la acción por el resultado de las cuentas, desde la fecha en que fue éste reconocido por conformidad de las partes interesadas.

Artículo 1973. La prescripción de las acciones se interrumpe por su ejercicio ante los Tribunales, por reclamación extrajudicial del acreedor y por cualquier acto de reconocimiento de la deuda por el deudor.

> *Véanse:*
> *- Artículos 1943 a 1948 del presente Código.*
> *- Artículo 944 del Código de Comercio.*
> *- Artículos 88 y 158 de la Ley Cambiaria y del Cheque.*
> *- Artículo 410 LEC.*
> *- Artículo 60 de la Ley 22/2003, de 9 de julio, Concursal.*

Artículo 1974. La interrupción de la prescripción de acciones en las obligaciones solidarias aprovecha o perjudica por igual a todos los acreedores y deudores.

Esta disposición rige igualmente respecto a los herederos del deudor en toda clase de obligaciones.

En las obligaciones mancomunadas, cuando el acreedor no reclame de uno de los deudores más que la parte que le corresponda, no se interrumpe por ello la prescripción respecto a los otros codeudores.

> *La Sentencia TS (Sala Primera) de 20 de mayo de 2015, Rec. 2167/2012, fija como doctrina jurisprudencial que en los daños comprendidos en la LOE, cuando no se pueda individualizar la causa de los mismos, o quedase debidamente probada la concurrencia de culpas, sin que se pueda precisar el grado de intervención de cada agente en el daño producido, la exigencia de la responsabilidad solidaria que se derive, aunque de naturaleza legal, no puede identificarse, plenamente, con el vínculo obligacional solidario que regula el Código Civil, en los términos del artículo 1137 , por tratarse de una responsabilidad que viene determinada por la sentencia judicial que la declara. De forma, que la reclamación al promotor, por ella sola, no interrumpe el plazo de prescripción respecto de los demás intervinientes.*

Artículo 1975. La interrupción de la prescripción contra el deudor principal por reclamación judicial de la deuda, surte efecto también contra su fiador; pero no perjudicará a éste la que se produzca por reclamaciones extrajudiciales del acreedor o reconocimientos privados del deudor.

DISPOSICIÓN FINAL

Artículo 1976. Quedan derogados todos los cuerpos legales, usos y costumbres que constituyen el Derecho civil común en todas las materias que son objeto de este Código, y quedarán sin fuerza y vigor, así en su concepto de leyes directamente obligatorias, como en el de derecho supletorio. Esta disposición no es aplicable a las leyes que en este Código se declaran subsistentes.

DISPOSICIONES TRANSITORIAS

Las variaciones introducidas por este Código, que perjudiquen derechos adquiridos según la legislación civil anterior, no tendrán efecto retroactivo.

Para aplicar la legislación que corresponda, en los casos que no están expresamente determinados en el Código, se observarán las reglas siguientes:

Primera. Se regirán por la legislación anterior al Código los derechos nacidos, según ella, de hechos realizados bajo su régimen, aunque el Código los regule de otro modo o no los reconozca. Pero si el derecho apareciere declarado por primera vez en el Código, tendrá efecto desde luego, aunque el hecho que lo origine se verificara bajo la legislación anterior, siempre que no perjudique a otro derecho adquirido, de igual origen.

Segunda. Los actos y contratos celebrados bajo el régimen de la legislación anterior, y que sean válidos con arreglo a ella, surtirán todos sus efectos según la misma, con las limitaciones establecidas en estas reglas. En su consecuencia, serán válidos los testamentos aunque sean mancomunados, los poderes para testar y las memorias testamentarias que se hubiesen otorgado o escrito antes de regir el Código, y producirán su efecto las cláusulas ad cautelam, los fideicomisos para aplicar los bienes según instrucciones reservadas del testador, y cualesquiera otros actos permitidos por la legislación precedente; pero la revocación o modificación de estos actos o de cualquiera de las cláusulas contenidas en ellos no podrá verificarse, después de regir el Código, sino testando con arreglo al mismo.

Tercera. Las disposiciones del Código que sancionan con penalidad civil o privación de derechos, actos u omisiones que carecían de sanción en las leyes anteriores, no son aplicables al que, cuando éstas se hallaban vigentes, hubiese incurrido en la omisión o ejecutado el acto prohibido por el Código.

Cuando la falta esté también penada por la legislación anterior, se aplicará la disposición más benigna.

Cuarta. Las acciones y los derechos nacidos y no ejercitados antes de regir el Código subsistirán con la extensión y en los términos que les reconociera la legislación precedente; pero sujetándose, en cuanto a su ejercicio, duración y procedimientos para hacerlos valer, a lo dispuesto en el Código. Si el ejercicio del derecho o de la acción se hallara pendiente de procedimientos oficiales empezados bajo la legislación anterior, y éstos fuesen diferentes de los establecidos por el Código, podrán optar los interesados por unos o por otros.

Véase artículo 1939 del presente Código.

Quinta. Quedan emancipados y fuera de la patria potestad los hijos que hubiesen cumplido veintitrés años al empezar a regir el Código; pero si continuaren viviendo en la casa y a expensas de sus padres, podrán éstos conservar el usufructo, la administración y los demás derechos que estén disfrutando sobre los bienes de su peculio, hasta el tiempo en que los hijos deberían salir de la patria potestad según la legislación anterior.

Sexta. El padre que voluntariamente hubiese emancipado a un hijo, reservándose algún derecho sobre sus bienes adventicios, podrá continuar disfrutándolo hasta el tiempo en que el hijo debería salir de la patria potestad con arreglo a la legislación anterior.

Séptima. Los padres, las madres y los abuelos que se hallen ejerciendo la curatela de sus descendientes, no podrán retirar las fianzas que tengan constituidas, ni ser obligados a constituirlas si no las hubieran prestado, ni a completarlas si resultaren insuficientes las prestadas.

Octava. Los tutores y curadores nombrados bajo el régimen de la legislación anterior y con sujeción a ella, conservarán su cargo, pero sometiéndose, en cuanto a su ejercicio, a las disposiciones del Código.

Esta regla es también aplicable a los poseedores y a los administradores interinos de bienes ajenos, en los casos en que la ley los establece.

Novena. Las tutelas y curatelas, cuya constitución definitiva esté pendiente de la resolución de los Tribunales al empezar a regir el Código, se constituirán con arreglo a la legislación anterior, sin perjuicio de lo dispuesto en la regla que precede.

Décima. Los Jueces y los Fiscales municipales no procederán de oficio al nombramiento de los consejos de familia sino respecto a los menores cuya tutela no estuviere aún definitivamente constituida al empezar a regir el Código. Cuando el tutor o curador hubiere comenzado ya a ejercer su cargo, no se procederá al nombramiento del consejo hasta que lo solicite alguna de las personas que deban formar parte de él, o el mismo tutor o curador existente; y entretanto quedará en suspenso el nombramiento del protutor.

> *Téngase en cuenta que el Consejo de Familia fue suprimido por Ley 13/1983, de 24 de octubre («B.O.E.» 26 octubre).*

Undécima. Los expedientes de adopción, los de emancipación voluntaria y los de dispensa de ley pendientes ante el Gobierno o los Tribunales, seguirán su curso con arreglo a la legislación anterior, a menos que los padres o solicitantes de la gracia desistan de seguir este procedimiento y prefieran el establecido en el Código.

Duodécima. Los derechos a la herencia del que hubiese fallecido, con testamento o sin él, antes de hallarse en vigor el Código, se regirán por la legislación anterior. La herencia de los fallecidos después, sea o no con testamento, se adjudicará y repartirá con arreglo al Código; pero cumpliendo, en cuanto éste lo permita, las disposiciones testamentarias. Se respetarán, por lo tanto, las legítimas, las mejoras y los legados; pero reduciendo su cuantía, si de otro modo no se pudiera dar a cada partícipe en la herencia lo que le corresponda según el Código.

Decimotercera. Los casos no comprendidos directamente en las disposiciones anteriores, se resolverán aplicando los principios que les sirven de fundamento.

DISPOSICIONES ADICIONALES

Primera. El Presidente del Tribunal Supremo y los de las *Audiencias Territoriales* elevarán al *Ministerio de Gracia y Justicia* al fin de cada año, una Memoria, en la que, refiriéndose a los negocios de que hayan conocido durante el mismo las Salas de lo civil, señalen las deficiencias y dudas que hayan encontrado al aplicar este Código. En ella harán constar detalladamente las cuestiones y puntos de derecho controvertidos y los artículos u omisiones del Código que han dado ocasión a las dudas del Tribunal.

Segunda. El *Ministro de Gracia y Justicia* pasará estas Memorias y un ejemplar de la Estadística civil del mismo año a la Comisión general de Codificación.

Tercera. En vista de estos datos, de los progresos realizados en otros países que sean utilizables en el nuestro, y de la jurisprudencia del Tribunal Supremo, la Comisión de Codificación formulará y elevará al Gobierno cada diez años las reformas que convenga introducir.

Cuarta. La referencia a la discapacidad que se realiza en los artículos 96, 756 número 7.º, 782, 808, 822 y 1041, se entenderá hecha al concepto definido en la Ley 41/2003, de 18 de noviembre, de protección patrimonial de las personas con discapacidad y de modificación del Código Civil, de la Ley de Enjuiciamiento Civil y de la Normativa Tributaria con esta finalidad, y a las personas que están en situación de dependencia de grado II o III de acuerdo con la Ley 39/2006, de 14 de diciembre, de Promoción de la Autonomía Personal y Atención a las personas en situación de dependencia.

A los efectos de los demás preceptos de este Código, salvo que otra cosa resulte de la dicción del artículo de que se trate, toda referencia a la discapacidad habrá de ser entendida a aquella que haga precisa la provisión de medidas de apoyo para el ejercicio de la capacidad jurídica.

Disposición adicional cuarta redactada por el apartado sesenta y siete del artículo segundo de la Ley 8/2021, de 2 de junio, por la que se reforma la legislación civil y procesal para el apoyo a las personas con discapacidad en el ejercicio de su capacidad jurídica («B.O.E.» 3 junio).
Vigencia: 3 septiembre 2021

ÍNDICE ANALÍTICO

A

Abandono de familia, menores o personas con discapacidad: § 1. Arts. 105, 756, 852, 854, 1388 y 1393.

Abejas: § 1. Art. 612.

Abogados: § 1. Arts. 1459 y 1967.

Abonos: § 1. Arts. 334 y 526.

Aborto: § 1. Arts. 745, 965 a 967.

Abuso del derecho: § 1. Art. 7.

Accesión: § 1. Arts. 353, 372, 479, 1632, 1633, 1770, 1877 y 1897.
- De los bienes inmuebles: accesión natural: § 1. Arts. 358 a 374.
  - Aluvión: § 1. Arts. 366 y 367.
  - Avulsión: § 1. Arts. 368 y 369.
  - Formación de islas: § 1. Arts. 371, 373 y 374.
  - Mutación de cauce: § 1. Arts. 370 y 372.
- De los bienes muebles: § 1. Arts. 376, 377 y 380.
  - Adjunción: § 1. Arts. 375 y 379.
  - Conmixtión: § 1. Arts. 381 y 382.
  - Especificación: § 1. Art. 383.
- Del producto de los bienes: § 1. Arts. 354 a 357.

Acción real: § 1. Arts. 486, 1562, 1623, 1659, 1660 y 1963.

Acción reivindicatoria: § 1. Arts. 464, 1502, 1955 y 1962.

Acción revocatoria: § 1. Art. 1111.

Acciones (en general): § 1. Arts. 38, 88, 168, 192, 347, 400, 652, 653, 762, 812, 815, 870, 885, 1004, 1023, 1026, 1121, 1141, 1147, 1170, 1186, 1188, 1206, 1385, 1433, 1434, 1472, 1526, 1560, 1597, 1716, 1717, 1798, 1805, 1813, 1842, 1869, 1879, 1932, 1961 a 1963, 1965 a 1975. Disp. Trans. 4.

Acciones posesorias: § 1. Art. 1968.

Acogimiento de menores: § 1. Arts. 172 a 174.

Acreedores: § 1. Arts. 403, 867, 873, 1001, 1026 a 1029, 1031, 1032, 1034, 1082 a 1084, 1087, 1095, 1096, 1110, 1111, 1121, 1131, 1132, 1135 a 1138, 1140 a 1149, 1153, 1161 a 1163, 1167, 1169, 1172, 1175, 1179, 1181, 1186, 1188, 1189, 1192, 1193, 1195 a 1203, 1205, 1206, 1209 a 1211, 1213, 1229, 1291.3), 1297, 1298, 1324, 1373, 1401, 1402, 1405, 1483, 1512, 1536, 1650, 1699, 1829 a 1835, 1837 a 1846, 1848 a 1852, 1859, 1860, 1862, 1863, 1866 a 1873, 1875, 1877, 1879, 1881 a 1884, 1886, 1937 y 1974.

Actividades molestas, insalubres, nocivas y peligrosas: § 1. Arts. 590 y 1908.

Actos propios: § 1. Art. 1129.3).

Adjudicación: § 1. Arts. 842, 1061, 1062, 1064 y 1065.

Administración de bienes: § 1. Arts. 164 a 166, 168, 182, 183, 188, 398, 494, 965, 1027, 1032, 1362.3), 1375, 1391, 1394, 1412, 1416, 1437, 1439, 1692 a 1695.

Administración Local
- Entidades locales
  - Islas: § 1. Arts. 371 y 373.
  - Municipios: § 1. Arts. 601, 746 y 1924.
    - Ayuntamiento: § 1. Art. 746.
    - Alcalde: § 1. Art. 615.
  - Provincias: § 1. Arts. 343, 344, 746, 1875 y 1924.

- Diputaciones provinciales: **§ 1.** Art. 746.

Administradores: **§ 1.** Arts. 398, 966, 967, 1026, 1027, 1031, 1032, 1692 a 1695 y 1932.

Adopción: **§ 1.** Arts. 19, 169.3), 169, 772, 823 y 980. Disp. Trans. 11.
- Clases
  - Adopción internacional: **§ 1.** Art. 9.5.
  - Declaración de idoneidad: **§ 1.** Art. 176.
  - Efectos: **§ 1.** Arts. 169, 178 a 180 y 980.
  - Extinción: **§ 1.** Arts. 179 y 180.
- Requisitos
  - Asentimiento a la adopción: **§ 1.** Arts. 177.2 y 177.4.
  - Audiencia a otras personas: **§ 1.** Art. 177.3.
  - Consentimiento a la adopción: **§ 1.** Arts. 177.1 y 177.4.
- Sujetos
  - Adoptando: **§ 1.** Arts. 14.2, 14.3 y 179.
  - Adoptante: **§ 1.** Art. 179.

Aguas: **§ 1.** Arts. 366 a 370, 412 a 416, 420, 422, 425, 552 a 563, 586 y 588.
- Aguas privadas: **§ 1.** Arts. 408, 413 a 416, 423 y 424.
- Dominio público hidráulico: **§ 1.** Arts. 344 y 407.
- Utilización de las aguas
  - Autorizaciones y concesiones
    - Aguas subterráneas
      - Alumbramiento: **§ 1.** Arts. 418 y 419.
      - Utilización: **§ 1.** Art. 417.
    - Concesiones administrativas: **§ 1.** Arts. 409 y 410.
  - Riego: **§ 1.** Art. 562.
  - Usos comunes y privativos: **§ 1.** Art. 412.

Alimentos entre parientes: **§ 1.** Arts. 68, 111, 142 a 153, 648.3), 853, 854, 855.3), 879, 887, 1200, 1362, 1399, 1408, 1791, 1814, 1924 y 1966.
- Alimentantes: **§ 1.** Arts. 143 a 145, 149, 152, 508 y 1894.
- Alimentistas: **§ 1.** Arts. 142, 143, 145, 148, 151, 152, 964 y 1797.

- Juicio de alimentos provisionales: **§ 1.** Art. 145.

Amenazas: **§ 1.** Arts. 756, 852, 854 y 855.

Animales domésticos y de compañía: **§ 1.** Arts. 90.1.b, bis), 333, 333 bis, 348, 431, 432, 437, 438, 460, 465, 610, 611, 914 bis, 1485, 1492 y 1864.

Animales peligrosos: **§ 1.** Art. 465.

Anticresis: **§ 1.** Arts. 1881 a 1886.

Apellidos: **§ 1.** Arts. 111, 772 y 773.

Apoderamiento: **§ 1.** Arts. 183 y 1280.

Arbitraje y mediación
- Arbitraje privado: **§ 1.** Arts. 402 y 1713.

Árboles: **§ 1.** Arts. 334, 369, 390, 391, 483 a 485, 591 a 593 y 1908.

Armas y explosivos: **§ 1.** Art. 346.

Arquitectos: **§ 1.** Arts. 1591, 1593 y 1909.

Arrendamiento de cosa: **§ 1.** Arts. 473, 480, 498, 525, 1280, 1520, 1542 a 1545, 1581, 1588, 1655, 1926 y 1966.

Arrendamiento de obra: **§ 1.** Arts. 1588, 1596 a 1598.
- Elementos del contrato
  - Entrega de la obra: **§ 1.** Arts. 1589, 1590 y 1592.
    - Tácita aprobación del propietario: **§ 1.** Art. 1598.
  - Precio: **§ 1.** Art. 1599.
    - Aumento de obra en los contratos a ajuste alzado: **§ 1.** Art. 1593.
    - Derecho de retención del comitente: **§ 1.** Art. 1600.
  - Revisión
    - Contratos a ajuste alzado: **§ 1.** Art. 1593.
- Extinción
  - Desistimiento: **§ 1.** Art. 1594.
- Ruina por vicios de la construcción
  - Responsabilidad decenal: **§ 1.** Art. 1591.

- Arquitectos: **§ 1.** Art. 1591.
- Plazo para el ejercicio de la acción: **§ 1.** Art. 1591.

Arrendamiento de servicios
- Cuestiones generales: **§ 1.** Arts. 1544, 1546 y 1583.
- Elementos
  - Plazo de duración: **§ 1.** Arts. 1583 y 1586.
- Supuestos: **§ 1.** Arts. 1584 a 1587.

Arrendamientos rústicos: **§ 1.** Arts. 473, 480 y 1549.
- Aparcería: **§ 1.** Art. 1579.
- Derechos y obligaciones del arrendador: **§ 1.** Art. 1556.
  - Obligación de entregar la finca: **§ 1.** Art. 1554.
  - Obligación de mantener el goce pacífico del arrendamiento: **§ 1.** Art. 1554.
  - Obligación de realizar las obras y reparaciones necesarias: **§ 1.** Art. 1554.
  - Otras obligaciones: **§ 1.** Art. 1557.
  - Otros derechos: **§ 1.** Art. 1571.
- Derechos y obligaciones del arrendatario: **§ 1.** Art. 1556.
  - Derecho a realizar mejoras: **§ 1.** Art. 1573.
  - Obligación de devolver la finca: **§ 1.** Art. 1561.
  - Obligación de escriturar el contrato: **§ 1.** Art. 1555.
  - Obligación de notificar los hechos dañosos y las reparaciones necesarias: **§ 1.** Art. 1559.
  - Obligación de pagar el precio: **§ 1.** Arts. 1555 y 1574.
  - Obligación de usar la finca: **§ 1.** Art. 1555.
  - Otras obligaciones: **§ 1.** Arts. 1558, 1563, 1564 y 1578.
  - Otros derechos: **§ 1.** Arts. 1560, 1569 y 1570.
- Duración: **§ 1.** Arts. 1565, 1571 y 1577.
  - Tácita reconducción: **§ 1.** Arts. 1566 y 1567.
- Elementos
  - Arrendador: **§ 1.** Art. 1546.
  - Arrendatario: **§ 1.** Art. 1546.
  - La cosa: **§ 1.** Arts. 1553, 1557, 1562 y 1568.
  - Precio: **§ 1.** Arts. 1547 y 1552.

- Reducción o exoneración del pago: **§ 1.** Arts. 1575 y 1576.
- Revisión: **§ 1.** Art. 1558.
- Extinción: **§ 1.** Art. 1556.
- Procesos arrendaticios
  - Retracto: **§ 1.** Art. 1572.
- Regulación legal: **§ 1.** Art. 1579.
- Sucesión en el contrato
  - Subarriendo y cesión: **§ 1.** Arts. 1550 a 1552.

Arrendamientos urbanos
- Derechos y obligaciones del arrendador: **§ 1.** Art. 1556.
  - Obligación de mantener al arrendatario en el goce pacífico de la cosa arrendada: **§ 1.** Art. 1554.
  - Obligación de reparar la cosa arrendada: **§ 1.** Arts. 1554 y 1580.
  - Otras obligaciones: **§ 1.** Art. 1557.
  - Otros derechos: **§ 1.** Art. 1569.
- Derechos y obligaciones del arrendatario: **§ 1.** Art. 1556.
  - Obligación de devolver la cosa al término del contrato: **§ 1.** Art. 1561.
  - Obligación de notificar las reparaciones necesarias: **§ 1.** Art. 1559.
  - Obligación de notificar los hechos dañosos de tercero: **§ 1.** Art. 1559.
  - Obligación de pagar el precio: **§ 1.** Arts. 1555 y 1574.
  - Obligación de usar la cosa: **§ 1.** Art. 1555.
  - Otras obligaciones: **§ 1.** Arts. 1551, 1552, 1555, 1558, 1563 y 1564.
  - Otros derechos: **§ 1.** Arts. 1550, 1560, 1570 y 1573.
- Duración del contrato: **§ 1.** Arts. 1581 y 1582.
  - Plazo máximo: **§ 1.** Art. 1565.
  - Prórroga: **§ 1.** Arts. 1566 y 1567.
- Extinción y suspensión del arrendamiento
  - Por incumplimiento de las cláusulas del contrato: **§ 1.** Art. 1556.
- Objeto del contrato: **§ 1.** Arts. 1553, 1557, 1562 y 1568.
  - Viviendas amuebladas: **§ 1.** Art. 1582.
- Principios generales: **§ 1.** Arts. 1546 y 1549.
- Renta: **§ 1.** Art. 1552.
  - Modificación de la renta convenida: **§ 1.** Art. 1558.
  - Prueba: **§ 1.** Art. 1547.

D

Derechos civiles forales o especiales: § 1. Arts. 9.1, 9.3, 13 a 16.

Derechos de uso y habitación: § 1. Arts. 523 a 529, 793, 868 y 1407.

Derogación de las normas jurídicas: § 1. Arts. 2.2 y 1976.

Desahucio: § 1. Arts. 1569 a 1572 y 1656.

Deslinde: § 1. Arts. 384 a 387, 593 y 1965.

Despido: § 1. Arts. 1584, 1586 y 1587.

Detención ilegal
  - Secuestro: § 1. Arts. 1757, 1785 a 1789.

Deudas: § 1. Arts. 506, 509, 510, 642, 643, 818, 870, 872, 891, 1023, 1043, 1085, 1156, 1157, 1170, 1187 a 1191, 1195 a 1202, 1205, 1206, 1319, 1365, 1369, 1373, 1398 a 1403, 1440, 1698, 1825 y 1841.

Diplomáticos: § 1. Arts. 11, 17, 22.3, 40, 734 a 736 y 1012.

Documentos: § 1. Arts. 113, 188, 757, 963, 1170, 1188, 1189, 1216 a 1225, 1227 a 1230, 1280, 1327, 1818 y 1875.

Domicilio: § 1. Arts. 40 y 41.

Dominio: § 1. Arts. 447, 486, 596, 605, 606, 1950, 1952, 1955, 1957 y 1959.

Dominio público: § 1. Arts. 338, 339, 341 y 372.
  - Régimen jurídico general del dominio público
    - Utilización del dominio público: § 1. Art. 426.

Donación: § 1. Arts. 10.7, 164.1), 165, 347, 609, 618 a 656, 819, 820, 825, 1035, 1036, 1040, 1045 a 1048, 1187, 1336, 1339, 1341 a 1343, 1353, 1363, 1378 y 1635.

E

Educación: § 1. Arts. 142, 143, 165, 879, 887, 1042 y 1362.

  - Alumnado: § 1. Art. 1903.
  - Profesorado: § 1. Art. 1967.

Emancipación: § 1. Arts. 14.3, 21.3, 24, 157, 169, 239 a 248. Disp. Trans. 5 y 6.

Embargo: § 1. Arts. 396, 509, 1034, 1165, 1297, 1373, 1393, 1775, 1785 a 1789 y 1807.

Empleados públicos: § 1. Art. 1459.

Empresas: § 1. Arts. 1347 y 1360.

Enajenaciones: § 1. Arts. 166, 396, 399, 480, 498, 647, 649, 650, 664, 869.2), 974 a 976, 1077, 1078, 1297, 1637, 1639, 1656, 1713, 1858, 1872, 1878, 1897 y 1935.

Enfermedad: § 1. Art. 1924.

Enriquecimiento injusto: § 1. Art. 10.9.

Epidemiología: § 1. Arts. 701 a 703.

Establecimientos públicos: § 1. Arts. 746, 748, 903 y 994.

Estado: § 1. Arts. 338 a 341, 345, 351, 371, 601, 913, 956 a 958, 1875 y 1903.

Expropiación forzosa: § 1. Arts. 349, 423, 519, 1456, 1627, 1631, 1636, 1869 y 1877.

Extranjeros: § 1. Arts. 10 a 12, 17, 18, 27, 50 y 688.

F

Falsedad: § 1. Arts. 767, 1276 y 1817.

Faltas: § 1. Arts. 152, 1092, 1185, 1305 y 1306.

Farmacia
  - Farmacéuticos: § 1. Art. 1967.

Fianza: § 1. Arts. 491 a 494, 496, 507, 519, 522, 801 a 803, 1050, 1082, 1193, 1197, 1212, 1467, 1528, 1822 a 1856, 1926 y 1975.
  - Beneficio de excusión: § 1. Arts. 1512, 1830 a 1834, 1836 y 1856.
  - Cofiadores: § 1. Arts. 1837, 1844 a 1846 y 1852.

- Subfiador: **§ 1.** Arts. 1846, 1848 y 1856.

Filiación: **§ 1.** Arts. 9.4, 17, 108 a 126, 131 a 134, 136 a 141.
- Acciones de filiación: **§ 1.** Arts. 114, 131, 134, 140 y 141.
  - Acción de impugnación: **§ 1.** Arts. 136 a 141.
  - Acción de reclamación: **§ 1.** Arts. 131 a 134.
- Posesión de estado: **§ 1.** Arts. 113, 131 y 140.

Fincas rústicas: **§ 1.** Arts. 388, 480 y 503.

Fraude de ley: **§ 1.** Arts. 6, 12.4, 673, 674 y 1291.3).

Frutas y frutos: **§ 1.** Arts. 165, 197, 334, 354 a 356, 451, 452, 455, 469, 471, 472, 474, 475, 486, 496, 524, 527, 651, 654, 760, 797, 800, 847, 882, 884, 1049, 1063, 1095, 1120, 1126, 1295, 1303, 1307, 1346, 1347, 1349, 1381, 1408, 1439, 1468, 1478, 1519, 1533, 1571, 1575 a 1578, 1611, 1613, 1614, 1624, 1630, 1632, 1634, 1657, 1708, 1877, 1881, 1882, 1885 y 1896.

Fuentes del Derecho
- Costumbre: **§ 1.** Arts. 1.1, 1.3, 570, 587, 590, 591, 1287, 1520, 1574, 1578 a 1580, 1695, 1750 y 1976.
- Principios generales del Derecho: **§ 1.** Art. 1.4.

Fuerzas Armadas: **§ 1.** Arts. 11, 194 y 716.

Funcionarios públicos: **§ 1.** Arts. 1216, 1227, 1459 y 1903.

Fundaciones: **§ 1.** Arts. 28, 35, 37 a 39, 41 y 993.

G

Ganadería: **§ 1.** Arts. 499, 526, 556, 570, 1350, 1491, 1494 a 1499.

Gastos: **§ 1.** Arts. 356, 369, 395, 422, 452 a 455, 472, 477, 512, 527, 543, 544, 577, 615, 783, 886, 1064, 1168, 1179, 1199, 1386, 1455, 1465, 1478, 1518, 1555, 1612, 1647, 1743, 1751, 1774, 1779, 1838, 1867, 1882, 1893, 1894 y 1898.

Gobernadores: **§ 1.** Arts. 747 y 788.

Gobierno: **§ 1.** Arts. 748 y 994.

Guarda de menores o incapacitados: **§ 1.** Arts. 159, 237, 238, 263 a 267.

Guerra: **§ 1.** Arts. 24.4, 194, 716, 717, 719 a 721 y 1575.

H

Hermanos: **§ 1.** Arts. 143, 144, 770, 925, 927, 946 a 951.

Hijos: **§ 1.** Arts. 17, 19, 79, 93, 103, 111 a 119, 122, 126, 131, 134, 140, 141, 143, 145, 155, 157, 159, 164 a 166, 168, 644 a 646, 756, 761, 771, 772, 807, 814, 819, 823, 825, 828, 831, 833, 841, 842, 844, 847, 853, 857, 927, 931, 932, 934, 951, 1408, 1810, 1824 y 1903.

Hipoteca: **§ 1.** Arts. 396, 399, 405, 509, 522, 645, 647, 649, 650, 867, 978, 1212, 1528, 1713, 1855, 1857 a 1862, 1874 a 1880.
- Ejecuciones hipotecarias: **§ 1.** Art. 1502.

Homicidio: **§ 1.** Arts. 758, 854 y 855.

Hurto: **§ 1.** Arts. 1771, 1956 y 1962.

I

Idiomas: **§ 1.** Arts. 684 y 688.

Iglesia católica: **§ 1.** Arts. 38, 80, 747 y 752.

Impresos: **§ 1.** Art. 377.

Incapacidad para el trabajo: **§ 1.** Arts. 1798 y 1932.

Interés general: **§ 1.** Art. 553.

Intereses: **§ 1.** Arts. 475, 494, 495, 502, 505, 510, 517 a 519, 797, 800, 847, 867, 870, 884, 1049, 1108 a 1110, 1120, 1124, 1126, 1145, 1147, 1152, 1173, 1295, 1303, 1307, 1347, 1349, 1478, 1488, 1501, 1535, 1623, 1682, 1688, 1724, 1728, 1740, 1755,

- Obligaciones de hacer: **§ 1.** Arts. 1088, 1098, 1100, 1120, 1123, 1136, 1151, 1161, 1166, 1184 y 1790.
- Obligaciones de no hacer: **§ 1.** Arts. 1088, 1099, 1120, 1123, 1136 y 1151.
- Obligaciones divisibles e indivisibles: **§ 1.** Arts. 1149 a 1151.
- Obligaciones genéricas: **§ 1.** Arts. 884, 1096 y 1167.
- Obligaciones mancomunadas: **§ 1.** Arts. 894 a 897, 1137 a 1139, 1150, 1194, 1723, 1772, 1837 y 1974.
- Obligaciones potestativas: **§ 1.** Arts. 1115 y 1119.
- Obligaciones principales: **§ 1.** Arts. 1190 y 1207.
- Obligaciones puras: **§ 1.** Art. 1113.
- Obligaciones recíprocas: **§ 1.** Arts. 1100, 1101, 1120 y 1124.
- Obligaciones solidarias: **§ 1.** Arts. 894, 897, 1137 a 1148, 1698, 1723, 1731, 1748, 1772, 1822, 1831, 1837, 1852, 1890 y 1974.

Obras: **§ 1.** Arts. 339, 350, 359, 360, 420 a 422, 428, 476, 503, 543 a 545, 552, 569, 576 a 579, 590, 599, 600, 788, 1558, 1588 a 1599.

Obras públicas: **§ 1.** Art. 344.

Ocupación: **§ 1.** Arts. 609, 610, 612 a 617.

Olivos: **§ 1.** Arts. 483 y 484.

Orden público: **§ 1.** Arts. 1.3, 6, 12.3, 21 y 1255.

P

Pagaré: **§ 1.** Art. 1170.

Pago: **§ 1.** Arts. 504, 506, 509, 527, 642, 643, 844, 1023, 1025 a 1029, 1031, 1032, 1034, 1082, 1085 a 1087, 1110, 1126, 1142, 1145, 1156 a 1175, 1177, 1179, 1181, 1185, 1210, 1211, 1213, 1292, 1399, 1400, 1431, 1432, 1500 a 1505, 1521, 1552, 1574, 1614, 1615, 1621, 1622, 1840, 1842, 1883, 1884, 1895, 1900, 1901, 1921, 1924 a 1929.

Papel: **§ 1.** Art. 377.

Parentesco: **§ 1.** Arts. 73.2), 682, 751, 754, 810, 915 a 923, 927 y 1653.

Participación en el delito
- Complicidad: **§ 1.** Art. 1956.

Parto: **§ 1.** Arts. 31, 142, 959, 961, 965 a 967.

Pastos: **§ 1.** Arts. 600 a 603.

Patria potestad: **§ 1.** Arts. 103, 111, 154 a 170, 172 a 180, 854, 855, 1810 y 1903.
- Derecho a relacionarse con los hijos menores: **§ 1.** Art. 160.
- Privación de la patria potestad o de su ejercicio: **§ 1.** Art. 170.

Peces: **§ 1.** Art. 613.

Penalidad: **§ 1.** Arts. 1152 a 1154.
- Penas privativas o restrictivas de derechos
  - Pérdida de la nacionalidad española: **§ 1.** Art. 25.1.b).

Pensión: **§ 1.** Arts. 97, 101, 151, 336, 475, 785, 788, 793, 880, 1349, 1605 a 1607, 1611, 1613 a 1616, 1620 a 1626, 1629 a 1631, 1648, 1650, 1652, 1657, 1659, 1660, 1802, 1805, 1806 y 1966.

Peritos: **§ 1.** Arts. 579, 1459, 1598 y 1967.

Permuta: **§ 1.** Arts. 424, 1446, 1538 a 1541 y 1635.

Personas con discapacidad: **§ 1.** Arts. 56, 91, 96.1, 236, 238, 300, 665, 756.7), 782, 822 y 1041. Disp. Adic. 4.
- Apoyo a las personas con discapacidad en el ejercicio de su capacidad jurídica: **§ 1.** Arts. 9.6, 15.1, 20.2.d), 21.3.d), 81, 249 a 299 bis.
- Incapacitación: **§ 1.** Arts. 112, 1393 y 1700.

Personas jurídicas: **§ 1.** Arts. 35 a 39.

Pesca: **§ 1.** Art. 553.

Piedra: **§ 1.** Arts. 377 y 476.

Pintura: **§ 1.** Arts. 334 y 377.

Plantaciones: **§ 1.** Arts. 350, 358 a 365, 503, 590 a 593 y 1359.

Plantas: § **1**. Arts. 334, 365 y 617.

Playas: § **1**. Arts. 339, 344 y 617.

Plazos y términos: § **1**. Arts. 5, 805, 844, 904, 906, 1076, 1125 a 1130, 1524, 1530, 1535, 1565, 1581, 1614, 1700, 1775, 1841 y 1843.

Pobreza: § **1**. Art. 749.

Posesión: § **1**. Arts. 10.1, 188, 347, 349, 385, 430 a 466, 760, 762, 805, 1021, 1164, 1473, 1474, 1502, 1647, 1863, 1864, 1940 a 1945, 1947, 1948, 1951, 1955, 1957 y 1968.

Precario: § **1**. Art. 1750.

Premios y recompensas: § **1**. Art. 616.

Prenda: § **1**. Arts. 871, 1191, 1528, 1600, 1730, 1757, 1780, 1855, 1857 a 1873.

Prescripción: § **1**. Arts. 168, 192, 468, 513, 537, 538, 547, 548, 598, 646, 652, 1472, 1490, 1620, 1646, 1899, 1935, 1955 a 1960, 1971, 1972, 1974 y 1975.
- Materia administrativa y tributaria
  - Deudas: § **1**. Arts. 409 y 1390.
- Materia civil: § **1**. Arts. 1930 a 1975.
  - Acción hipotecaria: § **1**. Art. 1964.1.
  - Acciones imprescriptibles
    - Partición de herencia, división de condominio o deslinde: § **1**. Art. 1965.
  - Acciones para recobrar o retener la posesión: § **1**. Art. 1968.
  - Acciones personales sin término especial: § **1**. Art. 1964.2.
  - Acciones que prescriben a los cinco años
    - Otros pagos por años o plazos más breves: § **1**. Art. 1966.
    - Pago de pensiones alimenticias: § **1**. Art. 1966.
    - Pago del precio de arrendamientos: § **1**. Art. 1966.
  - Acciones que prescriben a los tres años
    - Pago a farmacéuticos por suministro de medicinas: § **1**. Art. 1967.
    - Pago de honorarios a profesores, maestros y otros profesionales: § **1**. Art. 1967.
    - Pago de honorarios o gastos a profesionales del Derecho: § **1**. Art. 1967.
    - Pagos de gastos de hospedaje y comida: § **1**. Art. 1967.
    - Venta de mercaderías a no comerciantes: § **1**. Art. 1967.
  - Acciones reales
    - Sobre bienes inmuebles: § **1**. Art. 1963.
    - Sobre bienes muebles: § **1**. Art. 1962.
  - Cómputo del plazo en general: § **1**. Arts. 1969 a 1973.
  - Responsabilidad civil por culpa o negligencia: § **1**. Art. 1968.

Préstamo: § **1**. Arts. 1740 a 1757, 1768 y 1824.
- Comodato: § **1**. Arts. 1200, 1740 a 1752 y 1768.

Presunciones: § **1**. Arts. 33, 34, 69, 79, 102, 113, 116 a 118, 194, 195, 359, 393, 434, 436, 448 a 450, 459, 464, 466, 572, 643, 742, 1009, 1110, 1183, 1188, 1189, 1191, 1209, 1210, 1277, 1297, 1453, 1562, 1621, 1638, 1711, 1768, 1769, 1827, 1901, 1954 y 1960.
- Presunciones legales
  - Presunciones iuris tantum
    - Materia Civil: § **1**. Art. 1361.

Procedimiento de apremio: § **1**. Art. 1816.

Proceso civil
- Medidas cautelares
  - Medidas cautelares específicas
    - Depósito judicial: § **1**. Arts. 445, 1759, 1785 a 1789.

Procuradores: § **1**. Art. 1459.

Prodigalidad: § **1**. Arts. 1393, 1700 y 1733.

Propiedad horizontal
- Elementos comunes: § **1**. Art. 396.

Propiedad industrial: § **1**. Art. 10.4.